本书系国家社会科学基金项目『民国时期巴蜀学术研究』（12BZS014）结项成果

民国巴蜀学术研究

MINGUO BASHU XUESHU YANJIU

彭 华／著

四川大学出版社

项目策划：张伊伊
责任编辑：张伊伊
责任校对：罗永平
封面设计：墨创文化
责任印制：王　炜

图书在版编目（CIP）数据

民国巴蜀学术研究 / 彭华著. — 成都：四川大学出版社，2021.8
ISBN 978-7-5690-4975-6

Ⅰ. ①民… Ⅱ. ①彭… Ⅲ. ①学术思想－研究－四川－民国 Ⅳ. ①B2-61

中国版本图书馆CIP数据核字（2021）第179690号

书　名	民国巴蜀学术研究
著　者	彭　华
出　版	四川大学出版社
地　址	成都市一环路南一段24号（610065）
发　行	四川大学出版社
书　号	ISBN 978-7-5690-4975-6
印前制作	四川胜翔数码印务设计有限公司
印　刷	成都金龙印务有限责任公司
成品尺寸	170mm×240mm
印　张	23.25
字　数	478千字
版　次	2021年11月第1版
印　次	2021年11月第1次印刷
定　价	88.00元

版权所有 ◆ 侵权必究

◆ 读者邮购本书，请与本社发行科联系。
　电话：(028)85408408/(028)85401670/
　(028)86408023　邮政编码：610065
◆ 本社图书如有印装质量问题，请寄回出版社调换。
◆ 网址：http://press.scu.edu.cn

四川大学出版社
微信公众号

目 录

引 言 ·· 001
　一、关于近代四川的基本情况 ····································· 001
　二、影响民国巴蜀学术的因素 ····································· 004
　三、关于本书的交代与说明 ·· 007

第一章　旧学与新知：由近代转型到走向繁荣 ················· 009
　一、新学与教育 ··· 009
　二、学会与学刊 ··· 016
　三、报刊与出版 ··· 025
　四、学科与成果 ··· 039

第二章　由地方而走向全国：以四川大学为例 ················· 070
　一、由地方逐渐走向全国 ·· 070
　二、机构与学刊 ··· 085
　三、学科与学人 ··· 091

第三章　由西化到融汇：以华西协合大学为例 ················· 109
　一、由西化到融汇的历程与特色 ································· 109
　二、"中国文化"与"西方文化" ································ 118

第四章　战时高校内迁：助力巴蜀教育与学术 ················· 145
　一、战时高校内迁四川综览 ·· 145
　二、战时内迁四川著名高校 ·· 154
　三、对高校内迁的几点评价 ·· 185

第五章　李庄：抗战时期的重要文化中心 ······················· 191
　一、中央研究院 ··· 192

二、中央博物院 ·············· 205
　　三、中国营造学社 ············ 210
　　四、同济大学 ··············· 222
　　五、北京大学文科研究所 ········ 226
　　六、其他机构 ··············· 231
第六章　莲花重光：近代佛教的复兴 ···· 233
　　一、佛教院校的创建 ··········· 234
　　二、佛教社团的组建 ··········· 241
　　三、佛教报刊的创办 ··········· 245
　　四、文化交流的进行 ··········· 251
　　五、重要人物与著述 ··········· 259
第七章　蜀学人物论：以宋育仁、谢无量等人为例 ···· 270
　　一、宋育仁的经世之功与蜀学情怀 ··· 270
　　二、谢无量的学术成就与蜀学情缘 ··· 280
结　语　近代巴蜀学术的特色 ········ 289
　　一、经史为基，国学为本 ········ 289
　　二、熔铸古今，会通中西 ········ 294
　　三、但开风气，经世致用 ········ 297
附录一　巴蜀学术编年（1911—1950） ··· 304
附录二　主要参考资料 ············ 348
后　记 ······················ 367

引 言

在引言部分，笔者打算简明扼要地叙述三个方面的问题，以便尽快切入正文的内容。

引言部分的三个问题：一是着眼于政治层面，叙述关于近代四川的基本情况；二是着眼于学术层面，叙述影响民国巴蜀学术的因素；三是着眼于内容层面，叙述关于本书的交代与说明。

一、关于近代四川的基本情况

（一）民国肇兴与军阀割据

中华民国的成立，自然离不开辛亥革命；而辛亥革命的成功，自然离不开四川的保路运动[①]。诚如伟大的革命先行者孙中山（1866—1925）所说："若没有四川保路同志会的起义，武昌革命或许还要迟一年半载的。"[②]

1911年5月，四川发生保路运动。其后，四川的保路运动由反帝爱国运动发展成为反清武装起义，并且成为武昌起义的前奏。10月10日，武昌起义爆发，各省相继起义相应。11月22日，重庆独立，成立蜀军政府。11月27日，成都光复，成立大汉四川军政府。12月8日，成都发生兵变，尹昌衡调兵平定变乱[③]。12月9日，改组大汉四川军政府，尹昌衡任都督。1912年3月11日，成、渝两军政府合并，成立中华民国四川都督府，尹昌衡、张培爵分

[①] 有兴趣的读者，不妨参看戴执礼：《四川保路运动史料》，北京：科学出版社，1959年。四川省档案馆：《四川保路运动档案选编》，成都：四川人民出版社，1981年。隗瀛涛：《四川保路运动史》，成都：四川人民出版社，1981年。

[②] 冯玉祥：《我所认识的蒋介石》，哈尔滨：黑龙江人民出版社，1980年，第182页。

[③] 尹昌衡（1884—1953），字硕权，号太昭，别号止园，四川彭县（今彭州市）人。

别担任正、副都督①。经此革命之后，清王朝在四川 268 年的统治历史宣告终结。

1912 年 1 月 1 日，孙中山在南京就任中华民国临时大总统，宣告中华民国成立。4 月，中华民国临时政府迁往北京，中国进入北洋政府时期。四川省的军政官员等，开始由北京政府任免。这是名义上的中央（北洋政府）与地方（四川省政府），四川实则仍是"自主为政"，而且政令不能在全川通行。

中华民国建立后，四川与许多地区一样，也陷入了军阀割据混战的深渊。四川各地的大小军阀，为了争夺地盘、巩固实力，互相混战，导致防区制逐渐形成，而防区制的形成又加剧了军阀混战。

根据统计，从 1913 年讨袁之役到 1933 年年底"二刘"（刘文辉、刘湘）大战结束，在此 20 年间，四川所发生的各路军阀的大小混战高达 470 余次，平均每月两次。战争之多，居全国之首。②

1919 年 4 月，四川督军熊克武（1885—1970）公布"四川靖国军各军驻防区域表"，四川军阀防区割据制正式形成。四川境内的各路军阀划区割据，在所驻区域内各自为政，任意截留税款，征收捐税，委任行政、财政官员。防区制时期的四川，"类似封建时代的诸侯割据"③，"各个防区俨然就是一个独立王国"④。

（二）防区制结束与统一于中央

1926 年北伐战争开始后，四川军阀先后易帜。1927 年，国民政府成立。1929 年 3 月 22 日，根据国民政府令，四川省政府在成都成立。但是，省政府的号令不能通行于全川，各防区的军阀仍然各自为政，省政府名存实亡。

1933 年"二刘"大战后，刘湘（1888—1938）受到国民政府的支持，被任命为四川省政府主席、川康绥靖公署主任，成为"四川王"，开启了结束军

---

① 张培爵（1876—1915），字列五，号智涵，别署志韩，四川荣昌人。
② 有兴趣的读者，不妨参看四川省文史研究馆：《四川军阀史料》（五辑），成都：四川人民出版社，1981—1988 年。匡珊吉、杨光彦：《四川军阀史》，成都：四川人民出版社，1991 年。四川省文史研究馆：《民国四川军阀实录》（三辑），成都：四川人民出版社，2011 年。
③ 四川省地方志编纂委员会：《四川省志·大事纪述》（中册），成都：四川人民出版社，1999 年，"前言"，第 2 页。
④ 四川省地方志编纂委员会：《四川省志·政务志》，北京：方志出版社，2000 年，第 6 页。

阀混战、废除防区制、统一川政和整编川军的历史进程。

1934年，蒋介石（1887—1975）利用阻止红军长征路过四川、刘湘被红军击败处于困境的机会，开始与刘湘"合作"。所谓"合作"，一方面是"支持"（蒋、刘互相支持），另一方面是"渗透"（蒋介石势力渗透进四川）。换句话说，这其实是一个"博弈"的过程。

先说蒋介石方面。1934年12月29日，蒋介石任命贺国光（1885—1969）为国民政府军事委员会委员长南昌行营驻川参谋团主任，入川督导"剿共"。1935年1月，在重庆成立"国民政府军事委员会委员长行营参谋团"，贺国光任参谋长。10月3日，参谋团改组为"国民政府军事委员会委员长重庆行营"。顾祝同（1893—1987）为重庆行营主任，杨永泰（1880—1936）为秘书长，贺国光为参谋长。11月1日，重庆行营正式成立，参谋团即行撤销。参谋团的入川以及重庆行营的设立，为蒋介石势力打入四川奠定了基础。同时，蒋介石又派遣部分嫡系部队进入四川。1934年12月21日，国民政府明令改组四川省政府。国民政府行政院免去刘文辉（1895—1976）四川省政府主席兼职，任命刘湘为四川省政府主席。川政统一后，蒋介石势力乘机入川，对四川军队进行整编和统一。到1937年，川军的用人权和财经权等都统一于"中央"。

再说四川省方面。1935年2月10日，改组后的四川省政府在重庆成立。7月6日，四川省政府开始由重庆迁往成都。9月1日，四川省政府正式在成都督院街本部办公，刘湘宣誓就任四川省政府主席。同日，刘湘训令成区各县县长，"将往昔代管之一切政务，完全归还省政府"，并称"以后一切政治之设施，统由四川省政府秉承中央之法令切实奉行"①。刘湘还要求各军打破防区制，令各县县长统一在省政府之下活动。刘湘的这些训令与要求，得到邓锡侯（1889—1964）、田颂尧（1888—1975）、罗泽洲（1888—1950）、李家钰（1892—1944）等人的支持与拥护。至此，四川防区制宣告结束，最终实现了川政统一。

---

① 四川省地方志编纂委员会：《四川省志·政务志》，北京：方志出版社，2000年，第10页。

1937年7月抗日战争全面爆发后，四川在抗战中的作用和地位日益突出。10月29日，蒋介石在国防最高会议上作题为《国府迁渝与抗战前途》的讲话，确定四川为抗日战争的大后方，重庆为国民政府驻地。10月30日，国民政府决定迁都重庆。11月20日，国民政府发表移驻重庆宣言。其后，部分中央部门迁至重庆。1938年10月，国民政府正式迁都重庆。1939年1月，中共中央南方局在重庆建立。1939年11月20日，改重庆市为行政院直辖市。1940年9月6日，国民政府发布训令，正式定重庆为"陪都"。从1937年11月国民政府迁都重庆到1946年还都南京，"重庆是中国的战时首都，是大后方政治、军事、经济、文化、教育、外交的中心，又是中共中央南方局的所在地"[1]。

1949年10月1日，中华人民共和国成立。11月30日，重庆解放。12月27日，成都解放。12月31日，中国人民解放军成都市军事管制委员会成立，李井泉（1909—1989）任主任。至此，四川历史进入了新时期。

二、影响民国巴蜀学术的因素

总体看来，影响民国巴蜀学术的因素主要有三个：一是自晚清以来的"新学"与"西学"，由此刺激了"旧学"，也启发了"国学"；二是民国建立以来的政治格局，尤其是四川地方政局的变动对巴蜀学术有着直接的影响；三是抗日战争全面爆发以来的战争因素，以及随之而来的大内迁尤其是高等院校与文化机构的内迁，直接助力于四川的文化与教育。

（一）新学与西学

鸦片战争以来的近代中国，风云激荡、翻天覆地，陈寅恪（1890—1969）说是"值数千年未有之钜劫奇变"[2]。裹挟着坚船利炮、长驱直入的，还有西方的文化与学术、学科体系与价值观念，可谓"莽莽欧风卷亚雨"（梁启超《奉酬星洲寓公见怀一首次原韵》）。随着"新学"与"西学"的涌入，国人一

---

[1] 四川省地方志编纂委员会：《四川省志·政务志》，北京：方志出版社，2000年，第12页。

[2] 陈美延、陈流求：《陈寅恪诗集》，北京：清华大学出版社，1993年，第11页。

时有目不暇接、无所适从之感,"以外族之侵迫,致剧激之变迁;纲纪之说,无所凭依"①。直面"新旧"与"中西",中国士人也开始了学习西方的过程。由器物层面的学习,进而至于制度层面的学习,再进而至于文化心理层面的学习;至"五四"前后,最终演变为"全盘西化"论。

地处内陆腹地的四川,虽然接触"新学"与"西学"要晚于东部沿海,但接受"新学"与"西学"的影响亦自不例外。1891年重庆开埠后,新式学堂开始出现,近代教育在四川随之开启。1897年11月,《渝报》在重庆创办。《渝报》以宣传新思想、主张开发实业为宗旨,开启了四川的"新媒体"时代。1898年2月,"蜀学会"在京成立。"蜀学会"以讲新学、开风气为宗旨,这是四川士人的"集体自觉"。1901年,四川总督奎俊(1843—1916)派出首批留日学生。自此,四川士人"走出夔门",到东西洋求取"新知"。1910年,华西协合大学在成都正式成立。1929年,重庆大学建立。1931年,国立四川大学成立。"新学"与"西学"的教授与传导,进入规范的大学教育。

直面"新学"与"西学",四川学人有其"因应"与"回应"。晚清民国时期的巴蜀士人,或依然固守传统(如曾学传、徐炯等)②,或激烈反对传统(如吴虞等),或融会中西而建立新说(如蒙文通、贺麟、唐君毅等)。在整体风貌上,近代蜀学呈现为"以经史为根柢、顺世变而日新"③。

(二)防区制与教育

王国维(1877—1927)说:"国家与学术为存亡。"④ 学术与国家关系密切,学术与政治关系亦密切,而学术受地方政府与地方政局的影响非常巨大。兹仅以四川防区制前后的对比为例:

在防区制时代,四川的大小军阀把持了教育,各级教育行政部门要以军阀

---

① 陈美延、陈流求:《陈寅恪诗集》,北京:清华大学出版社,1993年,第11页。
② 1913年,曾学传(1858—1930)在成都发起组织"孔教扶轮会",旋改为孔教会成都支会。6月,各县成立支会者20处,并于年底向国会请愿,要求立"孔教"为"国教"。徐炯(1862—1936)也在成都、华阳两县成立孔教会支会;后于1918年改立"大成会",自任会长,鼓吹尊孔读经,恢复名教纲常。
③ 刘复生、徐亮工、王东杰等:《近代蜀学的兴起与演变》,成都:四川大学出版社,2017年,第365—375页。
④ 王国维:《沈乙庵先生七十寿序》,载谢维扬、房鑫亮:《王国维全集》(第八卷),杭州、广州:浙江教育出版社、广东教育出版社,2009年,第620页。

们的意志为转移。县教育局局长直接由驻军委派，学校校长由驻军指派或与驻军疏通后才能任命，以致校长变动频繁。教育经费由军阀划拨，教育经费全无保证。对此，四川教育界从 1920—1932 年不断掀起争取教育行政独立和教育经费独立的斗争。防区制结束、川政统一后，四川对防区制时代各自为政的教育进行了整理。所采取的主要措施有：严格选用教育行政人员，厉行考绩，健全教育行政组织，对中小学教育、师范教育、职业教育分别进行整理改进，对组织不符规定、课程不依标准、用人不问资历、用书不经审定、教导方法不尽合理者均督促改善，并改办、增办了一批师范学校和职业学校；对小学教师进行资格检定，检定合格人员有优先受聘的权利；重订了四川教育经费保障办法，改善会计制度，实行统收统支，教育经费独立。省级教育经费支出占省级军阀支出的比例，由 1933 年的 4.78％增至 1945 年的 21.42％；县教育经费支出占县级经费支出的比例，有 3 个年份占 30％以上，5 个年份占 31％～33％[①]。

（三）大内迁与大后方

抗日战争时期，四川是大后方、大本营。蒋介石认为，"四川为抗战唯一的根据地"[②]。抗日战争时期，四川的重庆、成都、李庄与云南的昆明，并称为"抗战四大文化中心"。

抗日战争全面爆发后，沿海高等院校纷纷迁往内地办学。至 1944 年，先后迁至四川的高校有 48 所[③]，约占当时国统区 108 所高校的 44％。大批专家、教授云集四川，大大繁荣了四川的高等教育和科技文化事业。同时，迁川高校新生中川籍学生的比重一般在 50％以上，又推动了四川中学教育的发展。抗战期间，中央和地方政府及一些社会名流在川新建高校 16 所。加上迁川高校 48 所和四川原有高校 4 所（四川大学、华西协合大学、重庆大学、四川省立

---

① 四川省地方志编纂委员会：《四川省志·教育志》（上册），北京：方志出版社，2000 年，第 10-16 页。统计数字见第 16 页。
② 周开庆：《四川与对日抗战》，台北：台湾商务印书馆，1971 年，第 14 页。
③ 笔者按：抗战期间迁入四川的高校，实际上不止 48 所，至少有 58 所。参看本书第四章第一节。

教育学院），在川高校共计68所，使四川成为当时高等教育的中心。①

除众多高等院校外，抗战时期内迁四川的部门与机构等，还有科研机构（如中央研究院、中央博物院等）、文化机构（如中国营造学社等）、出版社（如七联处等）、报纸、杂志、学会等②。总体而言，"抗战时期是四川文化、教育和社会科学十分兴盛的时期"，"抗战这一特殊时期，给四川社会科学带来了空前的兴盛，产生了深远的历史影响"。③ 不仅社会科学如此，自然科学与技术亦然。抗战时期，"全国的重要科研机构内迁四川，全国科技力量向四川第一次大转移，为四川现代科学技术的兴起创造了基本条件"④。有的学者认为，这是继汉、唐之后"四川历史上第三次最大的文化发展机遇"⑤。

三、关于本书的交代与说明

（一）内容与学科

本书中所说的"巴蜀学术"，其要义大致有三：一是"巴蜀之人"的学术，即四川省籍的学人所进行的学术研究；二是"巴蜀之地"的学术，即在四川省境内所进行的学术研究（包括长期寓川的外省籍人士）；三是与"巴蜀之学"有关的学术，即以"巴蜀文化"为研究对象的学术成果。本书所说的"四川"，既包括现在的四川省，也包括今重庆市。本书所考察的中心时段，是整个中华民国时期（1912—1949）。出于考察的必要与写作的需要，有时上溯至晚清时期，有时下延至中华人民共和国初期。

就学科而言，本书所涉学科以人文社会科学为主（马克思主义、文学、哲学、宗教学、历史学、考古学、民族学、社会学、教育学等），少量文字旁及自然科学与工程技术等（理、工、农、医等）。

---

① 本段内容参考了四川省地方志编纂委员会：《四川省志·教育志》（下册），北京：方志出版社，2000年，第4页。

② 请参看本书第一章第二、三、四节和第五章。

③ 四川省地方志编纂委员会编纂：《四川省志·哲学社会科学志》，成都：四川人民出版社，1998年，第5、6页。

④ 四川省地方志编纂委员会编纂：《四川省志·科学技术志》（上册），成都：四川科学技术出版社，1998年，第9页。

⑤ 谢桃坊：《四川国学小史》，成都：巴蜀书社，2009年，第158页。

（二）方法与写作

本书所采取的研究方法，主要有文献考察法、历史辨析法、实地勘察法、图表法等，而以文献考察法为主。通过对相关文献的考察，比较客观地揭示与展示民国时期巴蜀学术的风貌，并且做出相应的辨析与评价。

就写作而言，本书所遵循的写作思路是描述—分析—评论。对民国时期巴蜀学术进行客观的描述，对部分问题进行一定的分析，并且对相关问题有所评论。大体而言，"述"的成分多于"论"的成分。当然，在将来修订时，笔者将进一步增强"论"的成分。

就体例而言，本书采纳的是目前国内外学术界广泛流行的"新章节体"。在具体的写作过程中，也借鉴了中国传统的"经传体""纪传体""编年体""纪事本末体"与"学案体"等。比如，为了不影响正文的流畅阅读，同时也是为了减少枝蔓，书中将部分不宜置入正文而又不可或缺的文字，直接处理为脚注。为了减少重复，也是为了简省篇幅，本书借鉴了《史记》的"互见法"，以"参看本书第×章第×节"字样提示读者。为了在时间上眉目清晰，本书借鉴了《左传》《资治通鉴》等编年体的长处，特意制作了一份"民国巴蜀学术编年"。

书中还存在不少不足之处，欢迎专家学者和广大读者批评指正，笔者将在未来继续修订。

第一章

旧学与新知：由近代转型到走向繁荣

一、新学与教育

（一）重庆的新学与教育

新学之进入重庆，是在重庆开埠后，随着传教士的传导与新式学校的教育而带来的，是"自外而内"的输入。"在清廷实行'新政'和废止科举的20世纪初，重庆是四川兴办新式学堂最多的地区。"[①] 除此之外，还有"自内而外"的寻求，即通过留学日本、欧美而获取新学。除此之外，还有"自力更生"的方式，即通过自建学校、自办教育而生成新学。

1891年1月18日，英国与清政府在北京互换批准书。3月1日，重庆海关在朝天门附近正式征税，标志着重庆正式开埠。1891年重庆开埠后，新式学堂开始出现，近代教育在四川随之开启。当时所设立的新式学堂，主要出自政府、教会。

1891年，美以美会在重庆曾家岩开办求精中学。1894年，英国基督教公谊会在重庆都邮街开办广益书院。书院后迁至文峰塔侧，改称广益中学。同年，美以美会在重庆戴家巷开办启明小学。1898年，法国教会在重庆开办了法文学堂以及培养天主教神职人员的大、中、小修道院。据统计，基督教在四川各地兴办的学校在1899年只有小学31所，学生807人；到1907年时，小学增加到173所，学生3316人。[②] 就整体而言，到1901年时，外国传教士先

[①] 王川平、李大刚：《中国地域文化通览·重庆卷》，北京：中华书局，2014年，第207页。
[②] 四川省地方志编纂委员会：《四川省志·教育志》（上册），北京：方志出版社，2000年，第7页。

后在四川各州县建有各类学校460所。① 这是教会所办新式学校,以下则是政府所办新式学校。

1892年,川东道黎庶昌(1837—1897)在重庆开办川东洋务学堂,这是四川省第一所新式官立学堂。学堂选拔正副额各20名入学,专攻洋务。所开课程以英语、数学为主,同时兼修国文。②"在四川未废科举以前,此为官立学校之始"(民国《巴县志》卷十一)。特别值得注意的是,川东洋务学堂以西方语言、历史、地理、数学、科普知识取代了传统的四书五经、八股制艺,"堪称四川近代教育的萌芽"③。1897年,川东道开办重庆中西学堂。随后,江津有西文学堂、算学堂等。署理川东道赖鹤年,创设致用书院(1900年改为经学书院)④。整体说来,"新教育的内容较丰富,科目众多,其特点是注重科学,尤其是'物质科学'和'自然科学',而旧教育则完全忽略此点"⑤。

1901年,四川总督奎俊(1843—1916)采纳日本人的建议,派出首批留日学生22人。首批留学生虽然数量不多,但影响很大,四川自此"风气大开,士皆知墨守为非"⑥。1903年锡良(1851—1917)继任四川总督后,又选派了若干批公费、私费的留学生到日本和欧美国家学习。其中,派赴日本留学的人数最多。1903年和1904年,分别选派学生20人和160余人到日本学习"师范速成科"。1905年,又派出若干批学生到外国各种实业学校学习。在日本的四川留学生,1904年为322人,1905年为393人,1906年为800人,1910年为

---

① 隗瀛涛、周勇:《重庆开埠史》,重庆:重庆出版社,1983年,第67页。
② 重庆市地方志编纂委员会总编辑室:《重庆大事记》,重庆:科学技术文献出版社重庆分社,1989年,第26页。四川省地方编纂委员会:《四川省志·大事纪述》(上册),成都:四川人民出版社,1999年,第93页。
③ 隗瀛涛:《试论重庆的城市化和近代化》,载隗瀛涛:《重庆城市研究》,成都:四川大学出版社,1989年,第20页。
④ 重庆市地方志编纂委员会总编辑室:《重庆大事记》,重庆:科学技术文献出版社重庆分社,1989年,第28页。
⑤ 何一民:《重庆新教育的兴起与城市近代化》,载隗瀛涛:《重庆城市研究》,成都:四川大学出版社,1989年,第251页。
⑥ 四川省地方志编纂委员会:《四川省志·政务志》,北京:方志出版社,2000年,第49页。

300余人（其中官费生71人）①，1911年为300人②。在晚清掀起的留学热潮中，"重庆官费、自费出洋留学的人数居全川之首。这些留学生回国后，不仅带回了外国先进的技术，而且带回了西方资产阶级的思想"③。这是新学进入重庆的一个重要渠道。

1929年，重庆建市。重庆建市后，四川省政府根据1925年善后会议议案，开办了重庆大学。1929年秋先设预科，1932年开办本科。1935年春，聘胡庶华（1886—1968）任校长，并在教育部正式立案。抗战前夕，重庆大学已建成理学、工学、商学3院，有数理、化学、地质、土木、电机、采矿、化工、工商管理、会计、银行保险10个系和体育专修科，共有34个班，学生720人，教职员196人④。1933年，刘湘（1888—1938）创办四川省乡村建设学院。1936年，改名为四川省立教育学院。两所大学（学院）成立后，旧学的传承与新学的输入由此迈入正轨。"截至抗战前，重庆的近代教育体系已初步建立。"⑤

（二）成都的新学与教育

与重庆的情形一样，新学在成都的生成也有三种方式与途径，即"自外而内"的输入、"自内而外"的寻求、"自力更生"的生产。

外国教会在成都开办的学校，著名者有华美学堂、华美中学堂、华美女学堂、启华女学堂、华西协合高级中学。1910年，正式成立了华西协合大学。到1920年，基督教在四川开办学校的数目仅次于福建、广东、山东。到1949年，基督教在四川（含西康）办有学校101所，其中大学1所，中学23所，

---

① 四川省地方志编纂委员会：《四川省志·政务志》，北京：方志出版社，2000年，第49页。

② 本处所胪列的数字，除1910年外（已经单独出注），余皆采自：(1) 隗瀛涛：《四川近代史稿》，成都：四川人民出版社，1990年，第409页。(2) 四川省地方志编纂委员会：《四川省志·人物志》，成都：四川人民出版社，2001年，第63页。

③ 王川平、李大刚：《中国地域文化通览·重庆卷》，北京：中华书局，2014年，第207页。

④ 四川省地方志编纂委员会：《四川省志·大事纪述》（中册），成都：四川人民出版社，1999年，第115页。重庆市地方志编纂委员会总编辑室：《重庆大事记》，重庆：科学技术文献出版社重庆分社，1989年，第115—116页。

⑤ 隗瀛涛：《试论重庆的城市化和近代化》，载隗瀛涛：《重庆城市研究》，成都：四川大学出版社，1989年，第21页。

小学 41 所，幼儿园 28 所，职业学校 6 所，盲哑学校 1 所，其他 1 所①。这是"自外而内"的输入。

　　清末民初，四川各州县都有留学生，其中成都最多，重庆次之。据统计，1906 年全国的留日学生达到 8000 余人②，这是历年最高数字；其中，1906 年的四川留日学生就有 800 余人③，占留日学生总数的 1/10。到 1907 年，来去不下千人。1906 年以后，由于日本政府颁布取缔留学生规则，中国的留日学生逐渐减少，而留法勤工俭学则随之兴起。1912 年 2 月，吴稚晖、汪兆铭、李石曾、吴玉章等七人在北京发起"留法勤工俭学会"。其后，吴玉章、黄复生、朱芾煌等亦相继发起"留法勤工俭学四川分会"，并在成都设留法勤工俭学会预备学校。1918 年至 1921 年，留法勤工俭学运动形成高潮。据统计，中国留法勤工俭学学生共有 1600 人左右，四川籍学生约占 1/3，达 500 多人，为全国各省之冠④。这些留学生回国后，在成都设立了医学、商业、政法、铁路、矿物、蚕桑等各种专科学校，在重庆创办了各种新式中、小学堂数十所，对于四川的政治、经济、文化以及新式学校教育的发展起了较为良好的作用。

　　"特别值得一提的是，以爱国为出发点，以革命为救国之途，是四川留学生运动的一个重要特点，不少留学生成为民主革命派的成员和孙中山的追随

---

① 四川省地方志编纂委员会：《四川省志·教育志》（上册），北京：方志出版社，2000 年，第 7 页。
② [日]实藤惠秀：《中国人留学日本史》，谭汝谦、林启彦译，北京：生活·读书·新知三联书店，1983 年，第 39 页。
③ 《四川留沪学生同乡会留学预备科简章序》，《广益丛报》，1906 年第 4 年第 12 号。四川省地方志编纂委员会：《四川省志·政务志》，北京：方志出版社，2000 年，第 49 页。
④ 侯德础：《四川留法勤工俭学运动初探》，《四川师范大学学报》（哲学社会科学版），1989 年第 5 期。四川省地方志编纂委员会：《四川省志·报业志》，成都：四川人民出版社，1996 年，第 1 页。四川省地方志编纂委员会：《四川省志·教育志》（上册），北京：方志出版社，2000 年，第 10 页。

者"①，许多四川留日学生中途"放弃学业，投身革命"②。四川巴县的邹容③，便是其中突出的代表。辛亥革命的成功，与四川和全国各地的留学生尤其是留日学生，有不可分离的关系④。

"自力更生"的生产，主要是通过几所高等院校的教育进行的，它们是尊经书院、中西学堂、存古学堂、国立成都大学、国立成都师范大学、国立四川大学和私立华西协合大学等。抗战时期高校内迁四川，则是辉煌的新篇章。

因笔者将在第二章和第三章对国立成都大学、国立成都师范大学、国立四川大学和私立华西协合大学做专门考察，故本处仅以晚清民初的尊经书院、中西学堂、存古学堂为例，略加论述。

在尊经书院成立前，在四川省城有一所官办书院——锦江书院。在四川历代书院中，锦江书院是"层次最高，存续时间最长，办学最典型的"⑤书院。康熙四十三年（1704），四川提学使刘德芳在成都文翁石室遗址创办锦江书院。雍正十一年（1733），锦江书院被御定为全国22所最著名的省级书院之一。锦江书院的课程设置和教学内容，"先经义而后时文"，"先行谊而后进取"，"但每月月考，则仍以八股为主，不脱考课与时学的窠臼"⑥。光绪年间，四川学政张之洞（1837—1909）在考察锦江书院后，尖锐地指出其弱点，"或空谈讲

---

① 四川省地方志编纂委员会：《四川省志·教育志》（上册），北京：方志出版社，2000年，第6页。

② 熊克武：《辛亥前我参加的四川几次武装起义》，载全国政协文史资料委员会：《辛亥革命回忆录》（第三集），北京：文史资料出版社，1981年，第2页。

③ 邹容（1885—1905），原名绍陶，字蔚丹，或作威丹，四川巴县人。1901年夏，邹容至成都参加选拔留日学生考试，因主张革新，被四川总督奎俊以"聪颖而不端谨"为由取消资格。1902年春，邹容自费留学日本，入日本东京神田区东亚同文书院。在日期间，邹容积极参加中国留日学生的革命活动。邹容所著《革命军》（1903年），在当时被誉为"今日国民教育之第一教科书"。李泽厚说，《革命军》"的特点是全面地、明确地宣告了资产阶级民主革命的口号、纲领、政策、原理，是整个革命派的最早最鲜明的号角"（李泽厚：《中国近代思想史论》，北京：人民出版社，1979年，第300页。）

④ 留日学生所做的大量的舆论宣传工作，为辛亥革命的发生起了促进作用。实藤惠秀（1896—1985）说，"如果没有留日学生，则中国革命，特别是辛亥革命，是难有进展的"。（［日］实藤惠秀：《中国人留学日本史》，谭汝谦、林启彦译，北京：生活·读书·新知三联书店，1983年，第339页。）

⑤ 《四川大学史稿》编审委员会：《四川大学史稿》（第一卷），成都：四川大学出版社，2006年，第6页。

⑥ 胡昭曦：《四川书院史》，成都：四川大学出版社，2006年，第333页。

学，或溺志词章，即皆无裨实用，其下者专摹贴括，注意膏奖，志趣卑陋，安望有所成就？"（《奏陈川省试场积弊整顿办法八条》）张之洞努力改良锦江书院，无奈积习难改，只好另辟蹊径，创办新式的尊经书院，以贯彻其"中学为体，西学为用"的主张。

1875年，尊经书院在成都建成（院址在今成都市文庙西街）。尊经书院的设立，诚如四川学政张之洞所说，目的在于"以通经学古课蜀士"，"欲诸生绍先哲，起蜀学"①。尊经书院严禁学习诗文贴括，八股文被排斥在学习内容之外，凡"经史小学、舆地推步、算术经济、诗古文辞，皆学也"②。尊经书院既注重传统的经史小学等根柢之学（"旧学"与"汉学"），也注意吸纳"新学"与"西学"（"声光电化格致之学"）。吴玉章回忆，"从前的'尊经书院'是最尊崇汉学的，现在却大讲其'新学'了"③。尊经书院的设立，以及"旧学"与"新学"交融学风的形成，对于蜀学的复兴发挥了重要作用。尊经书院开办后，"十余年来登进者历科转盛，风会所趋，人人皆知读书之有益矣"④，"由于倡导通经致用，还聘名师任教，教学方法比较灵活，加以良好的学习条件，尊经书院成了近代四川学术文化的中心，为改良主义思想在四川的产生和传播创造了条件，不仅使四川沉闷的学术空气为之一新，而且培养了大批人才"⑤。比如，杨锐、廖平、吴之英、宋育仁、王秉恩、张森楷、张祥龄、骆成骧⑥、周翔、徐炯、彭家珍、蒲殿俊、罗纶、尹昌衡、吴虞、吴玉章、张澜、颜楷、顾印愚、严雁峰、刘洙源、萧龙友、丁树诚、刘子雄、曾彦、费行简等，都曾在尊经书院学习。

---

① 张之洞：《四川省城尊经书院记》，附录于胡昭曦：《四川书院史》，成都：四川大学出版社，2006年，第352—353页。
② 张之洞：《四川省城尊经书院记》，附录于胡昭曦：《四川书院史》，成都：四川大学出版社，2006年，第354页。
③ 吴玉章：《吴玉章回忆录》，北京：中国青年出版社，1978年，第6页。
④ 伍肇龄：《尊经书院课艺二集序》，《尊经书院二集》，成都：尊经书局，光绪十七年刻本，第1页。转引自魏红翎：《成都尊经书院史》，成都：巴蜀书社，2016年，第412页。
⑤ 四川省地方志编纂委员会编纂：《四川省志·教育志》（上册），北京：方志出版社，2000年，第4—5页。参看周群华：《张栻与王闿运——蜀湘学术文化交流与书院教育》，《社会科学研究》，1988年第3期。
⑥ 骆成骧（1865—1926），字公骕，四川资中人。先后就读于锦江书院、尊经书院。光绪乙未年（1895）殿试"钦定第一"，是清代四川唯一的状元。

1896年，清廷谕令各省开设新式学堂，四川总督鹿传霖（1836—1910）奏准创设四川中西学堂。校址在成都铁板桥三圣祠街。四川中西学堂按照广东等省章程，由总理衙门聘请英法文教习2名、中文教习1名，每期招收学生60名。四川中西学堂初设英文科、法文科，后增设算学科，可谓文理兼备。在教学上，中西学堂采用西方的赫尔巴特教学法，对学生按科类、分程度，编为不同班级授课（"按班次而定"）。学堂根据学生入学时的程度，将其划分为"学长""学生""附学"三个层次。《四川中西学堂章程》说，学堂"分课华文、西文、算学"，培养的是"通达时务之才"[①]，这是与旧式书院截然不同的。可以说，四川中西学堂的创办，"是洋务运动在改良教育方面的试验，也是近代四川高等教育的肇端"[②]。

　　1902年6月，四川省遵照清廷1901年9月14日（光绪二十七年八月初二）有关整顿京师大学堂，令各省开办大学堂、各府厅直隶州均设中学堂、各州县均设小学堂的上谕，裁撤尊经书院，将锦江书院、尊经书院、中西学堂合并改组，成立"四川通省大学堂"。年底，按照清政府指令，改名为"四川省城高等学堂"。至此，"完成了四川高等教育的古今交替，走上了中西结合的道路"[③]。四川省城高等学堂培养了一大批优秀的学生，如朱德（在校用名"朱建德"）、郭沫若（在校用名"郭开贞"）、周映彤（韩素音的父亲）、刘长述（刘光第长子）等。

　　1907年，湖广总督张之洞在湖北武昌创办存古学堂。影响所及，各省纷纷效仿。1910年，四川存古学堂援例创办。校址在成都外南簧门街国学巷。首任监督（校长）是谢无量（1884—1964）。存古学堂所设的专业分为经学、史学、词章三门（科），所开设的课程有理学、经学、史学、词章、声韵、小学（文字学）等主课，后来又增设了地理、算学、篆刻、书画等课程。存古学堂的研习内容以传统学术（"旧学"）为主，也有一些新式的自然科学课程

---

　　① 四川中西学堂档案第一卷。转引自《四川大学史稿》编审委员会：《四川大学史稿》（第一卷），成都：四川大学出版社，2006年，第20页。

　　② 四川省地方志编纂委员会：《四川省志·教育志》（下册），北京：方志出版社，2000年，第14页。

　　③ 《四川大学史稿》编审委员会：《四川大学史稿》（第一卷），成都：四川大学出版社，2006年，第15页。

（"新学"）。但总体而言，存古学堂更多的是对传统学术（"国学""旧学"）的学习与传承，尤其重视经学、史学、词章三科（后来被经学独大的局面取代）[1]。诚如存古学堂的奏请设立者、四川提学使赵启霖（1859—1935）所说，由于"学校虽逐渐推广，国粹反日就湮微"以及东瀛文体"辗转灌输"，以致"吾国文学愈有日即于萎缩之势"，而"中国之所以立国，既在文教，若举数千年优美独到之处，任其消蚀，将来更无以动人民思想之念，而激志士爱国之心"，故而应"选求文理素优之生徒"，"以致力于理学、经学、史学、词章为主，其余必需之学科，亦略予酌量兼习，借收温故知新之益"[2]。赵启霖所说"温故知新"，切中时弊，可谓高明。存古学堂具有承上启下的意义，既保存国粹又开启新知，既尊崇蜀贤又培养通才。

存古学堂的主要教员有张森楷（1858—1928）（经学）、曾学传（1858—1930）（经学）、杨赞襄（约1858—1918）（史学）、吴之英（1857—1918）（词章）、罗时宪（声韵、小学）以及徐炯（1862—1936）等，均为蜀中名家宿儒。存古学堂培养了蒙文通、向宗鲁等新一代的蜀学传人、学术新人[3]，而蒙文通"无疑是清季四川存古学堂学生中的翘楚"[4]。

二、学会与学刊

（一）学会

所谓"学会"，是指研究某一学科或某个学术领域的人组成的学术团体。晚清民国时期的巴蜀学会，与同时期全国的大多数学会一样，以学科门类为名组成学术团体，这是其大宗。除此之外，晚清民国时期的巴蜀学会还具有两个显著特点：一是具有浓厚的过渡性（典型者如"蜀学会"），既有保守传统旧学

---

[1] 参看刘复生、徐亮工、王东杰等：《近代蜀学的兴起与演变》，成都：四川大学出版社，2017年，第161—166页。

[2] 赵启霖：《宣统二年四川提学使赵启霖详请奏设存古学堂文》，载朱有瓛：《中国近代学制史料》（第二辑·下册），上海：华东师范大学出版社，1989年，第518页。

[3] 向宗鲁（1895—1941），原名永年，学名承周，字宗鲁，四川巴县人。宣统三年（1911）考入存古学堂。著有《校雠学》《月令章句疏证叙录》《说苑校证》等。

[4] 刘复生、徐亮工、王东杰等：《近代蜀学的兴起与演变》，成都：四川大学出版社，2017年，第181页。

的老式学会，也有追求新学、西学的新式学会；二是带有浓厚的地域色彩（如"蜀学会"与"巴蜀史地研究会"），但又同时具有世界眼光和跨国界色彩（如"东西文化学社"与"华西边疆研究学会"）。

1. 新旧交融的蜀学会

在近代史上，曾经存在过三个"蜀学会"[①]，分别成立于北京、成都、上海。

(1) 1898年3月，刘光第（1859—1898）、杨锐（1857—1898）联合在京的川籍官绅，在北京四川会馆观善堂旧址成立"蜀学会"。4月，北京"蜀学会"加入康有为（1858—1927）等发起的"保国会"，以"保国、保种、保教"为宗旨。同时，杨锐、刘光第等又发起组织"保川会"，把"保国"与"保川"结合起来。参加"蜀学会"的有73人，如王乃徵（1861—1933）、骆成骧（1865—1926）、傅增湘（1872—1949）、李植（1885—1975）、王晋涵等川籍官绅。该"蜀学会"以"讲新学""开风气"为宗旨，"为近今自强之策"。"蜀学会"办有"蜀学堂"，招收川籍学生，目的在于培养通晓西学的人才。"蜀学堂"聘请中西教习，开设中外政治、英文等课程，大讲"时务之学"；并购置西方图书、仪器，以便随时观览。

(2) 1898年4月，由宋育仁[②]、廖平、吴之英等人发起，在四川成都成立"蜀学会"。总会设在成都，拟在各府、厅、州、县设分会。《蜀学会章程》（1898年3月22日）说[③]，入会者以四川人为主，"外省人愿入会者"，一视同仁，"不分畛域"。《蜀学会章程》要求会员"以忠信为本，孝弟为先，尤须讲求气节，忠君亲上，有勇知方，隐为朝廷干城"，"不得于大节有亏"，并提出戒胶执、戒慢应、戒非笑、戒诋毁、戒忿争、戒羼言"六戒"作为会员守则。该"蜀学会"的宗旨是"振兴蜀学"，"以通经致用为主，以扶圣教而济时艰"，"发扬圣道，讲求实学"。"蜀学会"以"集众会讲"为专事，主讲为宋育仁、廖平、吴之英等，讲演内容有伦理、政事、格致，"伦理以明伦为主，政事首

[①] 以下关于三个"蜀学会"的介绍，借鉴自彭华：《一代名流谢无量——生平志业、学术成就与蜀学因缘》，《关东学刊》，2016年第7期。

[②] 关于宋育仁的其他情况，请参看本书第七章第一节。

[③] 《蜀学会章程》，《蜀学报》第一期，1898年。

重群经"。会员以阅报为首务,每月定期在三公祠集中讨论和讲演。同年 5 月,宋育仁等以"蜀学会"的名义在成都创办《蜀学报》,编印《蜀学丛书》。《蜀学报》"为蜀中开风气而设",积极宣传变法维新,推动四川维新变法运动的发展。

北京与成都的"蜀学会",都成立于维新变法时期,带有强烈的时代特色与政治诉求。这两个"蜀学会"互相支持,可谓志同道合。1898 年 9 月 21 日,慈禧太后发动"戊戌政变",杨锐、刘光第等"戊戌六君子"在北京惨遭杀害,"戊戌变法"失败。随之,"蜀学会"被查禁,《蜀学报》被焚毁。

(3) 1907 年,谢无量(1884—1964)秘密离京至沪,与四川籍进步人士周紫庭(1860—1927)等恢复"蜀学会",与成都"蜀学会"遥相呼应。三年后,谢无量回川。1910 年,谢无量出任四川存古学堂首任监督(校长)。1912 年,谢无量就任四川国学院院副。在此期间,他将"蜀学会"料理得井井有条,焕发出勃勃生机。

根据谢无量《蜀学会叙》的陈述,蜀学会是"蜀人公创论学之会","蜀学会在佐蜀人兴起于学,修其所有者,以达其所未有者。无关于学,则一切不论",表明蜀学会是一个学术性的专业性的学会。"蜀学会以推进全蜀智识学问为旨,凡吾乡荐绅先生、硕士、秀民,于义皆当赞成。凡得本会会员介绍,即可入会。如在远方,而愿为本会会员者,亦可投书讲论,提名会籍","外省人有志蜀学者,亦可由本会会员介绍入会",这两条一则继续强调蜀学会的学术性,二则突出蜀学会的开放性。蜀学会还有谋建"大藏书楼"、订购图书报章、筹建"完全之大学校于成都"、出版《蜀学报》等构想与计划①。

2. 学科与跨学科

【马克思主义】1920 年冬至 1921 年春,王右木等人以成都高师为基地,联合一批进步青年,在成都组建了"马克思主义读书会"。这个读书会是五四运动以后,"四川地区最早诞生的一个以研究和宣传马克思主义为主要任务的群众革命组织"②。1922 年 2 月,在王右木的倡导下,又在原读书会的基础上

---

① 关于谢无量的其他情况,请参看本书第七章第二节。
② 四川大学校史编写组:《四川大学史稿》,成都:四川大学出版社,1985 年,第 77 页。

成立了"马克思主义学会"①。1925年,成都大学进步学生发起组织了"社会科学研究社",其主要活动方式是组织社员学习马列著作,宣传马克思主义。②

【政治学】1916年,吴永权与王兆荣、陈豹隐等筹组"丙辰学社"③,筹办《学艺》杂志。1917年,《学艺》杂志创刊。1932年9月,"中国政治学会"在南京成立,这是全国性的政治学会。1945年8月,在成都成立了"四川政治学会"。

【社会学】1930年2月8日,中国社会学社在上海成立。中国社会学社从成立至1948年止,共举行过9届年会,分别以人口问题、家庭社会学、社会规划、战后社会建设、中国社会学今后发展应取之途径等作为年会的专题。其中,第七届年会于1943年在重庆、成都、昆明三地同时举行,中心议题是"战后社会建设";第八届年会于1947年在北平、成都、南京、广州四地同时举行,中心议题是"中国社会学今后发展应取之途径"④。

【新闻学】1924年,成都青年记者发起组织成都新闻学会,有会员20余人,多在各地任外勤。1936年5月5日,成都新闻学会成立。其宗旨是研究新闻学术,发展新闻事业。会址在华西日报社。7月13日,重庆新闻学会成立。⑤

【教育学】1943年,中国教育学会四川分会成立。学会以"研究改进教

---

① 李莎、易可情:《四川马克思主义启蒙运动的先驱王右木》,载四川省政协文史资料研究委员会、四川省文史馆:《四川近现代文化人物续编》,成都:四川人民出版社,1989年,第320—321页。

② 四川大学校史编写组:《四川大学史稿》,成都:四川大学出版社,1985年,第113页。《四川大学史稿》编审委员会:《四川大学史稿》(第一卷),成都:四川大学出版社,2006年,第113页。

③ 吴永权(1886—1961),字君毅,四川新繁(今新都)人。王兆荣(1887—1968),字宏实,四川秀山(今属重庆)人。国立四川大学首任校长。陈豹隐(1886—1960),原名启修,四川中江人。

④ 四川省地方志编纂委员会:《四川省志·哲学社会科学志》,成都:四川人民出版社,1998年,第221页。关于中国社会学社的更详细的情况,请参看聂蒲生:《抗战时期四川的社会学研究和人口学研究》,《贵州师范大学学报》(社会科学版),2010年第4期。

⑤ 四川省地方志编纂委员会:《四川省志·报业志》,成都:四川人民出版社,1996年,第340页。四川省地方志编纂委员会:《四川省志·哲学社会科学志》,成都:四川人民出版社,1998年,第287页。

育"为宗旨。首届常务理事有郭有守（四川省教育厅厅长）①、傅葆琛（华西教育研究所副所长）等②。据1945年的统计，有会员165人。③

【民族学】1934年12月，中国民族学会成立于南京。曾创办《西南边疆》月刊。1941年秋，学会移至成都，《西南边疆》亦迁至成都，直至抗战胜利。

【哲学】1945年4月，中国哲学会成都分会建立。

【宗教学】1925年11月25日，四川佛学会在成都文殊院召开成立大会。1944年2月，维摩精舍在成都成立。④

【史学】1943年3月24日，中国史学会在重庆成立。

【跨学科】1943年，经世学社在重庆成立，萧一山被选为理事长。⑤ 此前的1937年1月，萧一山创办《经世半月刊》，大力提倡学术"经世致用"。其间，萧一山多次在《经世半月刊》发表文章，呼吁学界唤起民众的民族精神，团结抗战，以达到中华民族建国复兴之目的。

【自然科学】1927年9月，"华西自然科学社"在南京中央大学成立。发起人是在中央大学就读的李秀峰、郑集等川籍同学。1928年7月，在南京举行华西自然科学社第一届年会时，决议改名为"中华自然科学社"。1939年4月15日，批准立案。1932年，中华自然科学社创办《科学世界》月刊。抗战期间，总社址移设重庆沙坪坝，在成都、李庄、贵阳、昆明、遵义等地设有分社。1951年4月，中华自然科学社停止活动，学社宣告解散。中华自然科学社是民国时期影响较大的全国性的、综合性的科技社团。⑥

3. 地域性与国际性

1940年5月，郭沫若、卫聚贤、沈尹默、马衡、金毓黻、胡光炜、程憬、缪凤林、常任侠、杨家骆、邓少琴、商承祚、姜亮夫、杜钢百、蒙文通、卢作

---

① 郭有守（1901—1978），号子杰，四川资中人。张大千表弟。1938—1945年，任四川省教育厅厅长。
② 傅葆琛（1893—1984），四川华阳（今成都市双流区）人。1937年起在华西协合大学、四川大学任教授，兼任华西协合大学教育系主任、教育研究所副所长。
③ 四川省地方志编纂委员会：《四川省志·教育志》（上册），北京：方志出版社，2000年，第607—608页。
④ 关于佛教社团（学会）的其他情况，请参看本书第六章第二节。
⑤ 萧一山（1902—1978），江苏铜山人。
⑥ 沈其益、杨浪明：《中华自然科学社简史》，《中国科技史料》，1982年第2期。

孚等发起组织"巴蜀史地研究会"①。会址设在重庆北碚温泉公园。这是比较典型的地域性的学会。

1922年3月，华西边疆研究学会（West China Border Research Society）在华西协合大学成立。这是一个国际性的学术团体，由来自不同国度的学者组成，具有跨学科、跨地域、跨学校的特点。②

1942年11月19日，东西文化学社在华西协合大学创立。社长罗忠恕。加入东西文化学社的外国学者有艾格斯顿、李约瑟、巴敦、达兹、齐尔门、杜威等人。这两个学会，均属于国际性的学会。③

1946年，谢国安与任乃强等共同发起，成立了中国第一个专门从事康藏研究的民间学术团体——"康藏研究社"。任乃强被推选为理事长，谢国安任研究部主任。出版刊物《康藏研究月刊》。《康藏研究月刊》从1946年10月30日出版到1949年9月30日停刊，共发行29期，受到学术界的重视。

（二）学刊

民国时期的巴蜀学刊，整体呈现出三个特点：一是学科特色比较明显，具有"新知"色彩；二是"国学"色彩浓厚，具有珍爱"旧学"的特征；三是综合性学刊较多。

1. 学科学刊

【文艺学】1943年6月，郭沫若主编的文艺理论刊物《中原》在重庆创刊。1945年10月停刊。

【历史学】1940年6月，《史学季刊》在成都创刊。该刊由顾颉刚、蒙文通、萧一山、吕思勉、黄文弼、金毓黻、张维华等74名史学界同仁发起创办。

【宗教学】民国时期，四川地区的佛教期刊有25种，总数排名全国第四。其中重要的佛教期刊有《四川佛教月刊》《文教丛刊》《佛化新闻报》等。④

【社会学】中国社会学社原先办有学术刊物《社会学刊》，但在抗日战争爆发后停刊。1944年，中国社会学社在重庆另行出版《社会建设》月刊（孙本

---

① 《巴蜀史地研究会草章》，《说文月刊》，1940年第2卷第1期。
② 请参看本书第三章第二节。
③ 请参看本书第三章第二节。
④ 请参看本书第六章第三节。

文主编），内容以讨论社会建设和社会行政为主。除此之外，在重庆出版的社会学刊物还有《边政公论》《西南边疆》《社会工作通讯月刊》《合作事业》等。①

【植物学】1933年8月20日，中国植物学会在重庆北碚中国西部科学院成立。学会决定出版《中国植物学》季刊。

【医学】1942年，英文版《中华医学杂志》在成都创刊（中文版在重庆出版）。每年出版4期，到1945年10月共发行13期。《中华医学杂志》的出版，"推动了当时医学界的科学研究，并使得因战争而中断的医学文献得以延续"②。

【翻译学】1913年6月，《四川译学报》在成都出版。《四川译学报》是月刊，由四川译学会主办。社长李芩皋，总经理李璜（幼椿）。在第一期《刊例》中，明确提出"扶持国粹，输入欧化，巩固共和，发扬国魂"，并主张"无党界，无教界，无国界"，强调翻译新书、输入文明的重要。其译文和论著有所侧重，即轻东洋，重西洋。第一期《四川译学报宣言》指出，以前学习日本太多，对"欧西书籍，大半为东文转译，以讹传讹，展转失真相有之，于输入西化之宗旨，神益实寡。且东语中文混合交杂，于保存国粹之前途，尤为窒碍。译学之无实际，真有毫厘千里之差"。因此，"吸取西欧东美之精神，以铸成共和政体，鲜不为非译学不为功"（《四川译学报序》，《四川译学报》第一期）。并要以道德宗教为务，而不以物质文明为务，"俾人人归于道德宗教之一途，而求免物质之竞争，增世界之幸福"（《四川译学报宣言》）③。

2. 国学学刊

1912年9月，《四川国学杂志》月刊在成都出版。每月一期，共出12期。1914年后，改名为《国学荟编》。廖平、吴之英、刘师培、谢无量等，均曾在

---

① 四川省地方志编纂委员会：《四川省志·哲学社会科学志》，成都：四川人民出版社，1998年，第221页。参看聂蒲生：《抗战时期四川的社会学研究和人口学研究》，《贵州师范大学学报》（社会科学版），2010年第4期。

② 《四川大学史稿》编审委员会：《四川大学史稿》（第四卷），成都：四川大学出版社，2006年，第111页。参看王友平：《近代四川医药卫生报刊述论（1911—1949）》，《天府新论》，2009年第4期。

③ 王绿萍：《四川近代新闻史》，成都：四川大学出版社，2007年，第329页。

该刊发表论著。杂志由四川国学学校主办，由存古书局发行。1919年停刊，共出版63期。

1922年10月，《国学月刊》在成都创刊。四川国学会所办，宋育仁主编。原由成都国学月刊馆出版，后改由成都少城公园图书馆出版，1924年终刊。①

1945年冬，四川大学文学院中国文学系师生组织成立国学研究会。1946年2月，《国学会刊》第一期出版。

以上三刊，均以"国学"命名。以下三刊，刊名虽无"国学"字样，其实亦属于"国学"学刊。

1937年12月，《重光》杂志在成都创刊。李源澄、唐君毅任编辑。1938年6月停刊，共出版六期。《重光》以拯救国难、发展中国文化、复兴中华民族为宗旨，注重阐扬中国优秀的历史文化，致力于"中国学术之整理及西方学术之介绍"。

1941年1月15日，《志学》在四川温江县（今成都市温江区）创刊。1942年1月停刊，1944年11月复刊。社长先后为周儒海、徐仁甫。由成都学道街茹古书局总经销。② 现存最晚一期是1945年10月15日出版的第25期。③

1946年10月，《灵岩学报》在四川灌县（今都江堰市）创刊。仅出版一期。创刊号所载诸文，有蒙文通的《黄老考》《杨朱考》、李源澄的《天人合一说探源》、唐君毅的《佛学时代之来临》等。

以上六刊，办刊地点均在蜀地，且由蜀人编辑。抗战时期，随着高校的内迁，一些"国学"类学刊也随之迁入四川。比如：

1941年9月，《中国文化研究汇刊》在成都创刊。该刊由齐鲁、华西、金陵三所教会大学联合创办，主要发表考证论文、调查报告、重要史料和书报评论，每年出版一卷。④

---

① 成都市地方志编纂委员会：《成都市志·报业志》，成都：四川辞书出版社，2000年，第44页。

② 成都市地方志编纂委员会：《成都市志·报业志》，成都：四川辞书出版社，2000年，第68页。

③ 王绿萍：《四川报刊五十年集成（1897—1949）》，成都：四川大学出版社，2011年，第619页。

④ 请参看本书第三章第二节。

3. 综合性学刊

这一类学刊，自外地迁入四川的较多。比如：

1940年1月，国立东北大学主办的《志林》在四川三台创刊。《志林》分文史号、财经号两种，间隔出版。《志林》共出版发行9期，于1946年3月停刊。①

1940年3月16日，齐鲁大学国学研究所主办的《责善半月刊》在成都创刊。本刊由顾颉刚创办。1942年3月停刊。

1940年11月1日，齐鲁大学国学研究所主办的《齐大国学季刊》在成都创刊。顾颉刚任主编。1941年6月停刊。

1941年1月，《文史杂志》在重庆创刊。顾颉刚任主编。到1948年，共出版6卷63期。《文史杂志》侧重于中国文学、历史、哲学，曾经出过"古代史专号""秦汉史专号""社会史专号""经济史专号""四川专号""南洋史专号""佛教专号"等。

1941年10月、1942年8月，《说文月刊》第3卷第4期、第7期推出"巴蜀文化"专号，刊登卫聚贤、郭沫若、常任侠、于右任、张继、吴敬恒、王献唐、郑德坤、林名均、董作宾、朱希祖、缪凤林、徐中舒、傅振伦等人研究巴蜀文化的论文。学术界认为，"巴蜀文化"命题的最早提出者就是卫聚贤，而提出的时间就是《说文月刊》第3卷第4期的出版时间，即1941年10月15日。②

1942年12月，《理想与文化》月刊在成都创刊，由（成都）路明书店出版。1946年5月停刊，共出版8期。

1943年1月，国立中央大学《文史哲季刊》在重庆创刊。至1945年11月，共出版3卷5期（1943年第1卷第1、2期，1944年第2卷第1期，1945年第3卷第1、2期）。1946年3月停刊，出至第4卷第2期。

---

① 关于《志林》的其他情况，请参看本书第四章第二节。
② 参看胡昭曦：《从〈说文月刊〉辨析"巴蜀文化"命题的含义》，《巴蜀文献》（第一辑），成都：四川大学出版社，2014年。

三、报刊与出版

（一）报刊业

从晚清、民国到中华人民共和国，四川报刊业走过了 100 多年的历程。这 100 多年的报刊史，大致可以分为四个阶段①：第一，从 19 世纪末到五四运动前夕（1897—1918），是四川报业初步发展时期。第二，从五四运动到第三次国内革命战争（1919—1949），是四川报业多样发展时期。其中，1937—1945 年是四川报业发展的高潮时期。第三，从四川解放到中共十一届三中全会召开（1950—1978），是四川社会主义报业从初创、快速发展到曲折前进时期。第四，1978 年 12 月中共十一届三中全会召开后，四川报业进入了改革发展时期。

据现有资料统计，四川省先后出现的报纸近 3000 家。其中，近 2000 家创办于四川解放前。在报业发展初期，"报"与"刊"较难区分。由于政治、经济、社会等方面原因，当时的多数报纸寿命甚短，有的只办了几期、几个月就停刊了；少数报纸历史较长，存在 10 年以上的报纸有 30 余家。② 晚清民国时期的四川报刊业，以重庆和成都为中心。

据现有资料统计，从 1898 年成都开始办报（《蜀学报》），到 1989 年的 91 年间，成都出版了月刊以内（含月刊）的 1000 多种新闻报刊；其中，从晚清到民国出版了月刊以内的报刊 670 多种。③ 从 1897 年《渝报》在重庆创刊，到 1929 年重庆建市前后，有 100 多家报刊先后问世。④ 1936 年 10 月 12 日，重庆市政府社会科学发表登记的合格报社，共计有日报 15 家，夜报 2 家。⑤ 抗日

---

① 以下所说四个阶段，采自四川省地方志编纂委员会：《四川省志·报业志》，成都：四川人民出版社，1996 年，概述第 1—13 页。
② 四川省地方志编纂委员会：《四川省志·报业志》，成都：四川人民出版社，1996 年，概述第 1—2 页。
③ 成都市地方志编纂委员会：《成都市志·报业志》，成都：四川辞书出版社，2000 年，第 1、2 页。
④ 隗瀛涛：《试论重庆的城市化和近代化》，载隗瀛涛：《重庆城市研究》，成都：四川大学出版社，1989 年，第 21 页。
⑤ 重庆市地方志编纂委员会总编辑室：《重庆大事记》，重庆：科学技术文献出版社重庆分社，1989 年，第 148 页。

战争期间，重庆的报刊业进入繁荣时期。

下面，将提纲挈领地介绍近代四川的一些具有代表性的重要报刊。在遴选报刊之时，考虑了时间的早晚性与时代的阶段性以及地域的分布、领域的涵盖、阶层的包容等因素。

1.《渝报》与《蜀学报》

1897年11月，宋育仁与潘清荫、杨道南等在重庆创办《渝报》。总理宋育仁（芸子），协理杨道南（范九），正主笔潘清荫（季约），副主笔梅际郇（黍甫）。《渝报》初创时，馆址设于重庆白象街；到光绪二十四年正月（1898年2月）出版第九册时，迁至夫子池来龙巷。

《渝报》"为广见闻，开风气而设"，提倡变法维新，主张开发实业。《渝报》每期的内容栏目有"上谕恭录""译文择要""各省近闻""本省近闻""外国近闻""渝城物价表"等，"其编排程序类似清代民间报房出版的京报"[1]。其中，最富有特色的是"译文择要"。"译文择要"发表了若干与时局联系密切、针对性强的文章，充分反映了《渝报》的办报目的和宗旨，体现了《渝报》作为重庆维新运动宣传工具的作用。《渝报》是近代四川最早的具有资产阶级改良主义倾向的报刊，推动了四川维新运动的开展。[2]

1898年4月，《渝报》停刊，改出《渝州新闻》小报，以报道重庆本地新闻和川东新闻为主。宋育仁担任成都尊经书院院长后，与杨道南、吴之英、廖平等创办《蜀学报》，继续宣传变法维新，推动四川维新变法运动的发展。

《蜀学报》于光绪二十四年闰三月望日（1898年5月5日）出版第一期（册），是成都第一家近代报刊。《蜀学报》的形式与内容与《渝报》完全相同，实际上是《渝报》的继续（《蜀学报》创刊号亦自云"续《渝报》"）。馆址设于成都尊经书局内，由尊经书局担任出版、发行事务。总理宋育仁，协理杨道南，主笔吴之英，总纂廖平。

《蜀学报》创刊之初为半月刊，至第四期（册）改为旬刊。1898年5月5日（光绪二十四年闰三月望日），出版第一期（册）。1898年9月，出版至第

---

[1] 四川省地方志编纂委员会：《四川省志·报业志》，成都：四川人民出版社，1996年，第18页。

[2] 请对照参看本书第七章第一节。

十三期（册），因"戊戌政变"发生而被查禁。《蜀学报》每期（册）约25页。

《蜀学报》"为蜀中开风气而设"，意在"昌明蜀学，开通邻省"①。《蜀学报》大量刊载维新变法的文章，积极宣传变法维新，推动四川维新变法运动的发展。《蜀学报》每期（册）的栏目有"谕旨""奏折""论撰""学会讲义""蜀中近事""中国近事""海外近事"等，其中以宣传维新变法、介绍西学的评论文章为多。②

就四川报业史而言，"《蜀学报》在思想内容、新闻写作、编排技巧、标题制作等方面都比《渝报》进步，注重宣传效果。特别是议论文，形式多样，深入浅出，层层剖析，图文并茂，有说服力"③。

2.《启蒙通俗报》与《广益丛报》

1901年末，傅樵村在成都创办《启蒙通俗报》。④ 1906年，傅樵村将《启蒙通俗报》改名为《通俗日报》。1910年3月，又改名为《通俗报》。1911年2月，又改回原名《通俗日报》。1911年7月，又改名为《通俗新报》。民国初期停刊。

为便于推广进行启蒙教育，《启蒙通俗报》用白话文撰稿，是成都首家通俗报刊。《启蒙通俗报》设有"论说""中史""中西新事""丛书""杂录""新书""丛录"等栏目，偏重于提倡办教育、启民智、兴实业、强国家。而特别开辟的"新知识""新思想"专栏，尤其值得注意。⑤

就四川报业史而言，"《启蒙通俗报》是《蜀学报》停刊以后四川唯一的报纸，直到1903年时，才有了重庆的《广益丛报》《渝城日报》和成都的《蜀报》旬刊，所以它填补了这一时段的报业空白"⑥。

1903年三月十九（4月16日），由杨庶堪（1881—1942）、朱蕴章等人创

---

① 《蜀学报章程》，《蜀学报》第一期，1898年。
② 关于宋育仁与《渝报》《蜀学报》，另请参看彭华：《宋育仁与近代蜀学略论》，《历史教学问题》，2011年第2期。
③ 王绿萍：《四川报刊五十年集成（1897—1949）》，成都：四川大学出版社，2011年，第4页。
④ 傅樵村（1873—1919），又名崇榘，四川简州（今简阳）人。
⑤ 成都市地方志编纂委员会：《成都市志·报业志》，成都：四川辞书出版社，2000年，第9—10页。
⑥ 王绿萍：《四川近代新闻史》，成都：四川大学出版社，2007年，第294页。

办的《广益丛报》正式出版。社址设于重庆上都邮街，由广益丛报社和广益书局编辑发行。1912年1月，《广益丛报》在出完第287号后停刊。

《广益丛报》集时事、政治、学术、文艺于一体而以政治、学术为主，是具有集纳性质的综合性刊物。《广益丛报》以传播新学、启迪民智为主旨，兼容革命派、改良派思想。1905年同盟会成立后，《广益丛报》竭力宣传孙中山（1866—1925）提出的"三民主义"。1906年，《广益丛报》连续五期以大量篇幅转载严复（1854—1921）翻译的孟德斯鸠（Charles Louis de Secondat Montesquieu, 1689—1755）名著《法意》（*De L'esprit des Lois*），"系统传播民主革命思想"[①]。辛亥革命前，该报具有明显的革命倾向，同时兼容各派思想；辛亥革命后，则成为四川革命党人的宣传工具。

无论是在内容上，还是在新闻业务上，《广益丛报》都较《渝报》等前期报刊略胜一筹，已经完全具备现代报刊的四大因素（新闻、言论、副刊、广告），从而奠定了"《广益丛报》在近代重庆新闻发展史上举足轻重的地位"[②]。

3.《蜀报》与《新蜀报》

1910年8月，《蜀报》在成都创刊，是四川谘议局的机关报。1911年9月，《蜀报》被四川总督赵尔丰（1845—1911）查封。《蜀报》共出12期。四川谘议局议长蒲殿俊任社长[③]，朱山任总编辑兼发行代表（并撰《发刊辞》）[④]，吴虞、叶治钧任主笔（后由邓孝可接任）。四川的名流、学者如蒲殿俊、萧湘、廖平、吴之英、吴虞、谢无量等，均有作品在该报发表。

《蜀报》的宗旨是"以专监督行政，促进立宪为目的；间一讨论国学，译述外籍，以备学界采择；对于本省事件，尤加注意，精心结撰，据事直书"。《蜀报》在为实现宪政呐喊的同时，也宣传西方资产阶级的思想文化，抨击旧

[①] 四川省地方志编纂委员会：《四川省志·报业志》，成都：四川人民出版社，1996年，第31页。

[②] 蒋晓丽：《重庆的新闻业与城市的近代化》，载隗瀛涛：《重庆城市研究》，成都：四川大学出版社，1989年，第21页。

[③] 蒲殿俊（1875—1934），字伯英，四川广安人。

[④] 朱山（1886—1912），字荣实，四川江安人。

思想、旧道德。① 在四川保路运动中,《蜀报》起了相当重要的作用。② 在学术方面,《蜀报》发表了廖平、吴之英、吴虞、谢无量等人的著作,以及刘光第的遗著,一时具有"蜀中报界巨擘"的美誉。

1921年2月1日,《新蜀报》在重庆正式发刊。《新蜀报》由川东道尹公署秘书长陈愚生同刘泗英共同开办的新文化印刷社创办,社长陈愚生,编辑刘泗英、穆济波、邓少琴。陈毅、萧楚女、漆树芬、周钦岳等曾任主笔。③ 抗战时期,《新蜀报》由宁芷邨任董事长,鲜英任社长④,周钦岳任总经理,杨丙初任总编辑,漆鲁鱼、刘尊棋、萨空了、高天等一度担任要职⑤。1950年1月停刊,共出10579号。

《新蜀报》以"输入新文化,交流新知识"为宗旨,"把知识、新闻、趣味、真理、美德贡献给一般的读者"⑥。《新蜀报》注重宣传新思潮,支持学生抵制日货的爱国行动,在新文化方面发挥过积极作用。《新蜀报》的发行量,由最初的500多份,逐渐增加到万余份,最高时超过3万份,成为重庆乃至四川新文化运动的宣传阵地。抗日战争期间,增加了一批进步人士担任编辑,使《新蜀报》成为宣传抗日主张的重要阵地。⑦

4.《女界报》《新四川》与《大义周刊》

1912年6月13日,《女界报》在成都创刊。《女界报》是四川最早的妇女报纸。《女界报》"专对于女界立言","以提倡女界道德,增长智识为宗旨"。

---

① 四川省地方志编纂委员会:《四川省志·报业志》,成都:四川人民出版社,1996年,第22页。

② 四川省地方志编纂委员会:《四川省志·大事纪述》(上册),成都:四川人民出版社,1999年,第215—216页。

③ 陈毅(1901—1972),名世俊,字仲弘,四川乐至人,中国无产阶级革命家、军事家、外交家。萧楚女(1893—1927),原名树烈,湖北黄陂人,中国共产党早期青年运动领导人之一。漆树芬(1892—1927),字南薰,四川江津(今属重庆)人,著有《经济侵略下之中国》(上海:光华书局,1925年)。周钦岳(1899—1984),又名静宜,四川巴县(今属重庆)人。

④ 鲜英(1885—1968),字特生,四川西充人。

⑤ 向纯武:《抗日时期的四川报刊》,载中国人民政治协商会议政协西南地区文史资料协作会议:《抗战时期西南的文化事业》,成都:成都出版社,1990年,第362页。

⑥《新蜀报》四千号纪念特刊,1933年。转引自隗瀛涛:《近代重庆城市史》,成都:四川大学出版社,1991年,第796页。

⑦ 四川省地方志编纂委员会:《四川省志·大事纪述》(中册),成都:四川人民出版社,1999年,第57页。四川省地方志编纂委员会:《四川省志·报业志》,成都:四川人民出版社,1996年,第36—38页。

《女界报》由孙少荆、方琢章、饶伯康等创办，主要撰稿人有吴虞及其妻曾兰等[1]。曾兰所写的发刊词《女界缘起》，抨击了男尊女卑的封建礼教，是成都报纸第一篇宣传妇女解放的社论。《女界报》内容丰富，社论有特色，颇受读者欢迎。从第二号起，就销售700余份。由于人员变动，经费无固定来源，《女界报》于次年停刊[2]。

1920年1月4日，由王光祈[3]、吴芳吉、陈启修、叶麟[4]、杨廉等人发起，成立《新四川》杂志社。该社宗旨是：集合同志，砥砺学行。为四川青年谋文化交流，以创造新四川。社约为：一不嫖，二不赌，三不纳妾。信条是：一真实，二奋斗。该社在北京、上海均有会员。[5]

1945年2月，《大义周刊》在成都创刊。发行人王白与（1902—1949），社长杜重石。《大义周刊》以宣扬袍哥的民族意识、爱国思想，以激励袍哥抗日救亡为宗旨。发起人有张澜、谢无量等民主人士以及川康军人、袍哥将领、社会名流、工商业者。主要撰稿人有杨伯恺、沈志远、张友渔等。《大义周刊》发刊后，主张抗日民族统一战线，反对国民党独裁。1946年秋，《大义周刊》被国民党当局查封[6]。

5.《人声》与《大声》

1922年2月7日，《人声》报在成都创刊发行，"标志着四川无产阶级报刊的诞生"[7]。由王右木[8]、袁诗荛等人创办，王右木自兼社长和主笔。编辑、发行处在大坝巷5号王右木家。最初出日刊，后出周刊，后又改为旬刊。6月

---

[1] 曾兰（1876—1917），字仲殊，号香祖，四川华阳人。
[2] 四川省地方志编纂委员会：《四川省志·报业志》，成都：四川人民出版社，1996年，第25—26页。成都市地方志编纂委员会：《成都市志·报业志》，成都：四川辞书出版社，2000年，第18—19页。
[3] 王光祈（1892—1936），字润玙，笔名若愚，四川温江人。音乐家、社会活动家。其论著后结集为《王光祈文集》出版（全5册，成都：巴蜀书社，2009年）。
[4] 叶麟（1893—1977），字石荪，四川古宋（今属兴文县）人。
[5] 四川省地方志编纂委员会：《四川省志·大事纪述》（中册），成都：四川人民出版社，1999年，第49页。
[6] 参看彭华：《谢无量年谱》，《儒藏论坛》（第三辑），成都：四川大学出版社，2009年。
[7] 王绿萍：《四川报刊五十年集成（1897—1949）》，成都：四川大学出版社，2011年，第99页。
[8] 王右木（1887—1924），原名王丕昌，又名王燧，四川江油人。

初，因王右木要全力领导教育经费独立运动，《人声》报停刊。①《人声报》的出版，"使青年们知道马克思主义的概要和改革社会的正确途径"②。张秀熟（1895—1994）说："在中国共产党领导下的《向导》周刊出版前，《人声》在四川起了它不可磨灭的战斗作用。"③

1937年1月17日，《大声》周刊在成都出版。社长兼编辑车耀先④，发行人薛特恩，编辑有彭文龙、周海文等。社址在成都祠堂街172号"努力餐"饭店楼上。次年初，编务由胡景祥负责。该刊始终坚持宣传中共全面抗战的方针，刊登爱国人士的抗日救亡言论，深受读者欢迎。发行量由初期的1500份，迅速上升到5000多份。《大声》周刊还团结群众组成"大声抗日救亡宣传社"，在成都、泸县、绵阳等地发展社员近千人，以抗日救亡为内容，组织多次"大声读者座谈会"，慰问抗日军属和募捐为八路军购买防毒面具。因被国民党查禁，先后更名为《大生》周刊和《图存》周刊。1937年11月恢复刊名后，继续出版到第61期，于1938年8月13日被迫停刊。⑤

6.《商务日报》与《四川日报》

1914年4月25日，重庆总商会机关报《商务日报》创刊。重庆总商会主席曾禹钦聘请周文钦（家桢）为该报社长兼总编辑。1951年，因经济困难，自动申请停办。

《商务日报》具备了现代报刊的装帧设计，开始时每日出一大张，每半月采其精华汇编一册，名为《商务日报汇要》，以后定为每日出三大张，不再编

---

① 四川省地方志编纂委员会：《四川省志·大事纪述》（中册），成都：四川人民出版社，1999年，第63页。成都市地方志编纂委员会：《成都市志·报业志》，成都：四川辞书出版社，2000年，第23页。

② 四川大学校史编写组：《四川大学史稿》，成都：四川大学出版社，1985年，第79页。

③ 李莎、易可情：《四川马克思主义启蒙运动的先驱王右木》，载四川省政协文史资料研究委员会、四川省文史馆：《四川近现代文化人物续编》，成都：四川人民出版社，1989年，第326页。

④ 车耀先（1894—1946），原名荣华，四川大邑人。中共地下党员。

⑤ 傅会：《大声疾呼抗日 唤起民众救亡——车耀先与〈大声周刊〉》，《成都新文化文史论稿》（第2辑），1994年。四川省地方志编纂委员会：《四川省志·大事纪述》（中册），成都：四川人民出版社，1999年，第180-181页。成都市地方志编纂委员会：《成都市志·报业志》，成都：四川辞书出版社，2000年，第29页。王绿萍：《四川报刊五十年集成（1897—1949）》，成都：四川大学出版社，2011年，第376-377页。

汇要。《商务日报》重视现代新闻的客观性、真实性、中正性，力求在新闻报道中不带倾向性，但在大是大非面前仍有自己鲜明的立场，如反对帝国主义的侵略、制止军阀卖国和打内战、支持抗日救国运动等。①

1936年8月7日，《四川日报》在重庆创刊。陈远光（地下党员）任社长兼总编辑，蒲剑秋任总主笔。日出对开报纸一张。该报宗旨为"唤起民众，努力救国"。1937年5月5日，该报迁到成都出版。社址在华兴正街49号。车耀先任董事长，陈远光任社长兼总编辑。1939年4月30日停刊，共出710号。②

《四川日报》"报纸版面除少量赞扬刘湘外，主要用于揭发日本侵华罪行和宣传我国军民英勇战绩以及后方的救亡活动。同时大量发表抗日救亡言论。其中，中共领导人的言论和有关解放区抗日救亡活动的报道较为突出"③。

7.《新新新闻》

《新新新闻》创刊于1929年9月1日。社长马秀峰，总经理陈斯孝，总编辑刘启明。1950年1月12日，《新新新闻》因刊载谣言，被成都市军管会勒令停刊。《新新新闻》是成都市在中华人民共和国成立前出报时间最长、发行量最大、经济效益最好、影响面最广的一份民办商业性报纸。

《新新新闻》的社址，初设成都市春熙路中段33号，后迁春熙路东段29号。初由美利利、球新印刷厂代印，后自办印刷厂。该报每日出四开版两张半。最初每天只印500份，后来每天销售逐渐攀升。最高销售达到2万多份，"成为解放前成都第一大报"。《新新新闻》在外县聘有特约通讯员，在上海、重庆有特派员、特派记者，地方新闻多是该报显著的特点。

《新新新闻》在创立之初，标榜志在催促"新中国、新社会、新生活"的降临。而该报"为国民党服务是该报的基本立场"，并于1946年1月31日获

---

① 四川省地方志编纂委员会：《四川省志·大事纪述》（中册），成都：四川人民出版社，1999年，第19页。四川省地方志编纂委员会：《四川省志·报业志》，成都：四川人民出版社，1996年，第27—28页。

② 四川省地方志编纂委员会：《四川省志·大事纪述》（中册），成都：四川人民出版社，1999年，第175—176页。王绿萍：《四川报刊五十年集成（1897—1949）》，成都：四川大学出版社，2011年，第362—363页。

③ 成都市地方志编纂委员会：《成都市志·报业志》，成都：四川辞书出版社，2000年，第29—30页。

得蒋介石亲笔题写的"日新又新"金匾①。因此，《新新新闻》被认为"是地方封建势力的工具，是国民党反动派的传声筒"②。

（二）出版业

自古以来，巴蜀地区就有刻书、印书、出书的悠久传统。晚清时期，新式印刷技术进入四川，促进了四川出版业的发展。抗日战争爆发前，四川地区出版业的发展势头是较为良好的。抗日战争爆发后，东部沿海的出版机构逐渐向内陆、向大后方转移。随之，武汉、重庆、成都、桂林、昆明等地，一跃而为全国的出版中心。在抗日战争的中后期，重庆的出版业盛极一时，一举取代了昔日的上海和战初的武汉③，成为全国最大的出版中心④。抗战胜利后的几年，四川的出版业走向衰落。

大体说来，民国时期巴蜀地区的出版业，可以分为两个阶段——1937年前与1937年后，出版中心有两个——成都与重庆。

1. 1937年前

在晚清和民国前期，成都和重庆的书店、书局、出版公司等图书机构，在弘扬国学、引进新学等方面做出了不可磨灭的贡献。在成都，有老资格的二酉山房等一批书店，有优秀的志古堂、茹古书局、尊经书局、存古书局等多家出版机构⑤。在重庆，有中西书局、广益书局、渝商书局、圣家书局、新民印书馆等出版机构。

先说成都。

---

① 四川省地方志编纂委员会：《四川省志·报业志》，成都：四川人民出版社，1996年，第41—42页。四川省地方志编纂委员会：《四川省志·大事纪述》（中册），成都：四川人民出版社，1999年，第118页。成都市地方志编纂委员会：《成都市志·报业志》，成都：四川辞书出版社，2000年，第26—27页。王绿萍：《四川报刊五十年集成（1897—1949）》，成都：四川大学出版社，2011年，第213—214页。关于《新新新闻》更详尽的情况，请参看王伊洛：《〈新新新闻〉报史研究》，成都：巴蜀书社，2008年。

② 陈祖武：《成都〈新新新闻〉始末亲历》，《新闻与传播研究》，1982年第5期。

③ 1938年10月25至27日，汉口、武昌、汉阳三镇相继陷落，武汉新闻出版业的"黄金时代"宣告结束。

④ 参看吴永贵：《抗战时期我国出版业的后方大转移》，《出版科学》，2008年第2期。

⑤ 关于尊经书局、存古书局的出版情况，可参看张忠：《民国时期成都出版业研究》，成都：巴蜀书社，2011年，第51—55页。

1884年，樊孔周①与高石铭在成都学道街创设"二酉山房"书店。直至清末，二酉山房陆续出售《明夷待访录》《扬州十日记》《嘉定屠城记》等宣传反清意识的禁书以及《天演论》《民约论》《革命军》《猛回头》《警世钟》《新民丛报》《民报》等新学书报②，吸引了四川法政学堂、四川武备学堂学生前往购书、阅览。"二酉山房书店，给成都文化界带来了新鲜空气。"③对于传播西方民主主义思想和反清革命意识、启迪青年的政治觉醒，二酉山房起到了不可忽视的作用。

1848年，"志古堂"在成都创设。经营者周达三④，对古籍版本、校勘有一定研究，与藏书家缪荃孙、四川总督吴棠、四川学政张之洞及状元骆成骧等人均有交往。周达三主持成都志古堂40余年，刻书500余种，亲自校勘者有《玉海》《读史方舆纪要》《文史通义》《湘军志》等百余种2000余卷，这些图书的质量达到了较高水平。志古堂所刻《说文解字》《外台秘要》《十七史商榷》《盛世危言》等，"皆补益学术，挽救颓俗之书"⑤。受张之洞委托，志古堂为尊经书院生徒校刊段玉裁《说文解字注》，代吴棠校勘"望三益斋"（吴棠斋名）本《韩诗外传》《杜诗镜铨》，以校刻俱佳闻名于世。在当时四川的出版界，"志古堂"的名声是最大的。

志古堂所出版的图书，多与张之洞在尊经书院提倡的尊经、读史、通小学的精神相一致，所刻图书备受尊经书院师生青睐。戊戌变法期间，志古堂顺应历史潮流，出版了康有为（1858—1927）、梁启超（1873—1929）的著作及《盛世危言》《劝学篇》等，在青年群体中产生了积极影响。吴玉章在回忆录中写道，他当初之所以"成为康梁的信徒，一心要做变法维新的志士"⑥，就是因为读了志古堂出版的有关康有为、梁启超的新书。

1922年10月27日，周达三病逝。生前好友、著名经学家廖平为周达三

---

① 樊孔周（1875—1917），字起鸿，四川华阳（今成都市）人。
② 绍英：《出版家樊孔周》，《成都志通讯》，1986年第3期。
③ 绍英：《献身文化事业和实业建设的樊孔周》，载四川省政协文史资料研究委员会、四川省文史馆：《四川近现代文化人物续编》，成都：四川人民出版社，1989年，第209页。
④ 周永德（1856—1922），字达三，四川华阳（今成都市）人。
⑤ 廖平：《周达三先生墓志铭》，《华阳县志》（卷17），民国二十三年（1934）刻本。说明：《廖平全集》没有收录此文。
⑥ 吴玉章：《吴玉章回忆录》，北京：中国青年出版社，1978年。

撰写了墓志铭，文中写道："此三十年蜀学之盛比于齐鲁，虽诸贤之自立为不可及，而达三补苴提挈之功不可没也。"① 周达三和志古堂的业绩，值得后人尤其是蜀人永远铭记。

周达三和志古堂的这种优良风格与良好作风，影响了当时成都地区的出版业。1930年，黄致祥开设茹古书局，便继承了周达三优良的作风，同时也形成了自己的风格。

1910年，樊孔周集资创办昌福印刷公司，地址在成都总府街，樊自任总经理。昌福公司规模较大，拥有石印、铅印，并能自制铜模，兼有真色彩印设备。自成立以来，昌福公司出版了大量图书（如《全蜀艺文志》《蜀鉴》《刘杨合刊》等），还承印《四川公报》《四川政报》《法政杂志》《娱闲录》《四川群报》《川报》等报刊②。辛亥革命后，昌福印刷公司扩展为四川第一家设备完备的印刷厂。③

据不完全统计，民国时期成都的官营出版企业有13家，私营出版机构有80家。④ 其中，影响较大的有世界书局成都分局、正中书局成都分局、中华书局成都分局、大东书局成都分局、商务印书馆驻蓉委托送货处、开明书店成都编译所等。

再说重庆。

1897年，重庆成立中西书局，重庆开始有了新的印刷术。此后，重庆陆续成立了广益书局、渝商书局、圣家书局等。1930年，重庆派人赴上海购回二、三、四、五号仿宋铜模，开办了新民印书馆等。同年，肇明印刷公司购买橡皮机一部，竞争铅石印公司亦购办制造铜锌版机械，"重庆的印刷技术开始居于西南前列"。20世纪30年代初，重庆印刷业已经有置备铅印机的大厂12家、置备石印机的小厂100余家，并且成立了印刷业同业工会。据1935年的

---

① 廖平：《周达三先生墓志铭》，《华阳县志》（卷17），民国二十三年（1934）刻本。说明：上述三句话又见四川省地方志编纂委员会：《四川省志·人物志》，成都：四川人民出版社，2001年，第445页。
② 王绿萍：《四川近代新闻史》，成都：四川大学出版社，2007年，第388-393页。
③ 四川省地方志编纂委员会：《四川省志·人物志》，成都：四川人民出版社，2001年，第391页。
④ 张忠：《民国时期成都出版业研究》，成都：巴蜀书社，2011年，第101-109页。

统计,重庆已有较大的印刷局17家,大小书店40余家。据1935年的统计,重庆已有较大的印刷局17家,大小书店40余家。① 这固然难以与当时出版业发达的上海、南京、北平、天津等城市相提并论,但对于落后的西南地区而言,已然居于先进者之列。②

2. 1937年后

抗日战争时期,国民政府移驻重庆,重庆成为战时首都,被定为陪都。抗日战争时期的重庆,不仅是全国政治、经济、文化中心,也是全国出版中心。除重庆外,成都也是当时全国出版中心。

1938年武汉沦陷后,原先在武汉的民营出版机构一部分迁往桂林,大部分迁往重庆,如生活书店、读书出版社、上海杂志公司、华中图书公司、求是出版社、乡村书店、自强出版社、抗战知识社、大公报馆、芒种书屋等。1944年桂林大疏散前,原先在桂林的一些出版机构也迁到了重庆,如桂林文化供应社、科学书店、文献出版社等。另外,抗战期间,重庆的一些文化人也在重庆兴办了不少新的出版机构,如群益书店、文津出版社、文林出版社、文信书局、文光书局、文风书局、五十年代出版社、万光书局、天地出版社、时与潮社、生生出版社等。太平洋战争爆发后,商务印书馆、世界书局的总管理处也迁到了重庆。原先在上海的几大书局,都在重庆落户,从而彻底奠定了重庆出版在全国的中心地位。③

在此,需要特别提一下"七联处"。所谓"七联处",指的是抗日战争时期七家出版单位组成的联合机构,全称是"国定本中小学教科书七家联合供应处"。1942年,国民政府教育部为控制教材的出版,解决大后方中小学教科书供应问题,指定在重庆的商务印书馆、中华书局、正中书局、大东书局、世界书局、开明书店、文通书局组成联合机构,承担印刷发行国立编译馆主编的

---

① 吴永贵:《民国出版史》,福州:福建人民出版社,2011年,第104页。李庆:《重庆历史文化》,上海:格致出版社、上海人民出版社,2014年,第151页。说明:二书均未交代统计数字的来源。

② 参看吴永贵:《抗战时期我国出版业的后方大转移》,《出版科学》,2008年第2期。

③ 吴永贵:《民国出版史》,福州:福建人民出版社,2011年,第105页。

"国定本教科书"("国定本")中小学教科书的任务。① 其中，商务印书馆、中华书局、正中书局各占23％，大东书局占12％，世界书局占8％，开明书店占7％，文通书局占4％②。"七联处"的渝版书，占整个抗战时期渝版书的一半左右③。

下面，将以几组数字说明这一时期的出版情况。

1936年，全国出版图书9438种，接近一万种。而根据国民政府内政部的统计，从1937年7月到1939年年底，全国一共出版书刊10014种④。在两年多的时间内，所出版的书刊才一万出头。与战前的1936年相比，确实过于黯淡、过于失色。

从1939年下半年到1941年，是抗战时期出书最少的时期。1941年全国出书不过1890种，是抗战以来的最低谷。到了1942年，出版情况有所改观，出现了较为明显的复苏迹象。1942年全年出书3879种，1943年出书4408种⑤。

"从单本书的印数和销量来看，1943年前后两三年时间，称得上是抗战期间大后方书业的黄金年代。赵家璧所称道的桂林出版业，主要是指这个时期。重庆的出版业情况，也大致类似。"⑥ 从1942年和1943年两个年度全国十三区的出版统计数字中（见表1—1）⑦，便可见一斑。

---

① 参看吴永贵：《抗战时期我国出版业的后方大转移》，《出版科学》，2008年第2期。贺金林：《"七联处"与1940年代的教科书发行》，《广东社会科学》，2011年第3期。
② 唐慎翔：《抗战期间重庆的出版发行机构及图书业》，载中国人民政治协商会议政协西南地区文史资料协作会议：《抗战时期西南的文化事业》，成都：成都出版社，1990年，第438页。
③ 郝明工：《抗战时期的重庆文化》，北京：商务印书馆，2016年，第173页。
④ 王余光、吴永贵：《中国出版通史·民国卷》，北京：中国书籍出版社，2008年，第137页。
⑤ 王余光、吴永贵：《中国出版通史·民国卷》，北京：中国书籍出版社，2008年，第137页。参看吴永贵、王静：《抗战时期大后方书刊出版概览》，《中国编辑研究》，2009年。
⑥ 王余光、吴永贵：《中国出版通史·民国卷》，北京：中国书籍出版社，2008年，第138页。参看吴永贵、王静：《抗战时期大后方书刊出版概览》，《中国编辑研究》，2009年。
⑦ 统计数据，来源于苏朝纲：《抗战时期陪都重庆出版业的发展变化及其特点》，《出版史料》，2004年第2期。参看吴永贵：《抗战时期我国出版业的后方大转移》，《出版科学》，2008年第2期。

表 1—1　1942、1943 年出版统计数字

科目 年份	印刷厂数量			书店数量			图书数量			期刊数量		
	重庆	全国	百分比	重庆	全国	百分比	重庆	全国	百分比	重庆	全国	百分比
1942	131	1311	10%	145	1286	11%	1292	3879	33.3%	220	776	28.4%
1943	225	709	31.7%	149	629	23.7%	1642	4408	37.3%	250	786	31.8%

就出版地出书而言，重庆、成都、桂林无疑为前三甲。1942 年，国民政府发布全国 13 个区出版图书的统计数字。各区所出图书占全国的比重，重庆占 33.3%，桂林占 25.7%，成都占 12.1%；位列其后的是西安、昆明等，与重庆、成都、桂林三城差距较大[①]。

就出版社与书店而言，在 1941 年 12 月，重庆有出版社、书店 80 家[②]，同年成都有 143 家[③]；1942 年 7 月，重庆有出版社、书店 151 家，同年 10 月成都有 112 家[④]。这两则材料说明，"至少在 1942 年以前，成都出版社和书店的数量超过重庆，位居全国之首"，"换言之，重庆也只是到抗战中期，其出版社和书店的数量才超越了成都，跃居全国第一"。[⑤]

1945—1949 年，国民政府滥发纸币，造成严重的通货膨胀。物价飞涨的结果是出版的各种原料和工本价格也水涨船高，给出版业带来沉重的打击。成都解放前夕，众多小型出版企业纷纷倒闭，剩余的出版企业也难以支撑局面，整个出版行业奄奄一息。[⑥]

---

① 项英杰：《出版业之发展及均衡分部论》，《出版界》，1944 年第 1 卷第 4 期。
② 叶再生：《中国近现代出版通史》（第三卷），北京：华文出版社，2002 年，第 311 页。
③ 潘公展：《抗战七年来之出版事业》，《文化先锋》，1944 年第 3 卷第 23 期。
④ 叶再生：《中国近现代出版通史》（第三卷），北京：华文出版社，2002 年，第 314—316 页。
⑤ 张忠：《民国时期成都出版业研究》，成都：巴蜀书社，2011 年，第 109 页。
⑥ 张忠：《民国时期成都出版业研究》，成都：巴蜀书社，2011 年，第 93—95 页。

四、学科与成果

（一）语言文字学

1. 总体概况

自古以来，四川就有研究语言文字学的传统。从汉代的司马相如、扬雄、《尔雅》犍为文学（郭舍人）等，到唐、宋、元、明的李焘、魏了翁、杨慎、李实、李调元等，到晚清以降的吕调阳[①]、张慎仪、廖平、宋育仁、吴玉章、郭沫若、李亚农、余永梁以及向楚、赵少咸、李植、张怡荪等，可谓绵延不绝、代有其人。

大致而言，自廖平、宋育仁以上的语言文字学研究，基本上都属于传统的"小学"范围（文字、音韵、训诂）。到20世纪30年代，随着新的理论、方法、观点的传入与应用，四川的语言文字学研究逐渐突破了传统"小学"的范围和限制，真正进入了"语言文字之学"的研究领域。[②]抗日战争期间，随着大批高校的内迁，一大批语言学家相继入川，给四川地区封闭式的"小学"研究带来了新鲜的活力，注入了新鲜的血液。同时，他们继承和发扬了四川地区重视方言俗语研究的优良传统，因地制宜地对四川地区和西南地区的方言、少数民族语言进行调查和研究。当然，在整个民国时期，和其他人文社会科学一样，语言文字学研究也处于新旧的交替过渡与两相交融之中。在以下几个领域，都可以比较清楚地看出来。

2. 几个领域

（1）传统小学研究

所谓"小学"，即研究文字字形、字义及字音的学问，包括文字学、声韵学及训诂学。汉代称文字学为"小学"，隋唐以后为文字学、训诂学、音韵学之总称。近代四川研究小学的学人，大致有三个群体：一是受张之洞影响的尊

[①] 吕调阳（1832—1892），字晴笠，号竹庐，四川彭县（今彭州市）人。治学广博，博通经史小学、舆地之学，为蜀中耆儒。语言文字学著作有《解字赘言》一卷、《六书十二声传》十二卷、《商周彝器释铭》六卷、《蜀语》一卷等，多收入《观象庐丛书》。

[②] 一般认为，是章太炎首倡"语言文字之学"。章太炎说："今欲知国学，则不得不先知语言文字。此语言文字之学，古称小学。……其实当名语言文字之学，方为确切。"（章绛：《论语言文字之学》，《国粹学报》，1907年第24期。）

经书院学子群体，如宋育仁、廖平、吴之英、张森楷、刘光谟等；二是受章黄学派影响的学人群体，如赵少咸、李植、殷孟伦等；三是本土自产的学人群体，如向楚等。

宋育仁（1857—1931）①，字芸子，又字芸岩，号道复，别署问琴阁主，四川富顺人。宋育仁是维新思想家，其实也是学问家。宋育仁的小学功夫亦较深，撰有《说文部首笺正》《说文讲义》《同文略例小篆通古文举要》《尔雅今释》《夏小正文法今释》等。在办《国学月刊》时，宋育仁将其连载其中，影响了刘师培等诸多学人。

廖平（1852—1932），字季平，四川井研人。廖平和宋育仁同年入成都尊经书院，早期都遵循张之洞的教诲，即"由小学入经学"、再"由经学入史学"、后"经学、史学入理学"②。在小学方面，廖平著有《文字源流考》《六书旧义》《六书说》《尔雅舍人注考》等。《六书旧义》认为造字始于形，其次是事、意、声；象形皆实字，象事在半虚半实间，象意则全为虚字；形声字系后来创造，以济象形、象事、象意之不足；转注、假借为用字之法，一字之义以数字形容为转注，本无其字而以声定名为假借，"假借异实而同名，转注异名而同实"。

除宋育仁、廖平外，尊经书院其他学子的小学著作还有很多。比如，名山吴之英（1857—1918）著有《音均蘷固》《雅名蘷固》等。再如，合川张森楷（1858—1928）著有《文字类要》《叠韵无双谱》《通俗正名杂字书》《同声字谱》《六书半解》等。复如射洪刘光谟（1846—1916），著有《六书经义浅说》等。又如华阳吕翼文（？—1906），著有《朴学报》《说文释例》《释文理董》等，而《说文释例》"尤为治小学者所推许"③。

赵少咸（1884—1966），名世忠，字少咸。四川成都人，祖籍安徽休宁（今属黄山市）。早年毕业于四川高等学堂，师事莫友芝（1811—1871）的学生

---

① 关于宋育仁更全面、更详细的情况，请参看本书第七章第一节。
② 张之洞著，范希曾补正：《书目答问补正》附二《国朝著述诸家姓名略总目》，上海：上海古籍出版社，2001年，第258页。
③ 四川省地方志编纂委员会：《四川省志·人物志》，成都：四川人民出版社，2001年，第746页。

祝同曾（1884—1941）。曾先后执教于成都石室中学、成都高等师范学校、成都大学、华西协合大学、重庆中央大学等，40年代后，一直任教于四川大学。精通音韵文字之学，程千帆（1913—2000）誉之为"近世小学之大师"，"盖自乾嘉以来，三百年中，为斯学者，既精且专，先生一人而已"[1]。其学生中知名者，有殷孟伦（1908—1988）、徐仁甫（1901—1988）等。子赵幼文（1906—1993）、赵吕甫（1919—1999），孙赵振铎，皆学有所成，且多有建树。

赵少咸的著作有《〈广韵〉疏证》（28册，300万字，存残稿8册）、《〈经典释文〉集说附笺》（30多卷，300万字，存残稿9卷）、《新校〈广韵〉》《古今切语表》、《〈说文〉集注》（14卷，存抄本）、《〈广韵〉谐声表》（山东大学油印本）等专著，均未正式出版；论文有《新校〈广韵〉叙例》、《古今切语表叙》、《斠段》、《跋十三经音略》、《史籀篇疏证辨》、《批判胡适的〈入声考〉》（合作）、《谈反切》、《〈广韵〉和〈广韵疏证〉》、《〈切韵序〉注释》（其长女赵苑云整理补辑）等。2010年，其皇皇巨著《〈广韵〉疏证》（套装十册）经整理后由巴蜀书社出版。中华书局2017年出版的《赵少咸文集》（十种）、2017年出版的《赵少咸论文集》，比较完整地收录了赵少咸的语言文字学论著。

赵少咸在学术上承传乾嘉学派，服膺戴震、段玉裁、钱大昕、王念孙、王引之，讲究根柢之学，推崇"以声音通训诂"的语言文字学研究方法。在近代学者中，他与章炳麟（1869—1936）、黄侃（1886—1935）交往密切[2]，深受其影响。[3] 曾仔细批点章太炎《文始》等书，并把章氏《文始》《小学答问》作为初学者入门之书。在其《〈说文〉集注》等著作中，多次引用章太炎的说法。

李植（1885—1975），字培甫，四川垫江人。早年入四川高等学堂肄业，并加入同盟会。后赴日本早稻田大学留学，又跟随章太炎习国学。武昌起义爆发后返回四川，参加反清斗争，任大汉四川军政府参赞。不久即退出政坛，从

---

[1] 程千帆：《〈赵少咸先生遗著〉序》，《俭腹抄》，上海：上海文艺出版社，1998年，第399页。
[2] 黄侃生前曾推荐赵少咸到中央大学任教，而赵少咸之撰著《广雅疏证》亦出于黄侃之建议。（谢桃坊：《四川国学小史》，成都：巴蜀书社，2009年，第148、149页。）
[3] 参看彭华：《章太炎与巴蜀学人的交往及其影响》，《淮阴师范学院学报》，2013年第4期。

事治学和教育工作。历任成都高等师范学校、成都大学、四川大学、华西协合大学、成华大学等校教授，一度任成都高等师范学校国文部主任、四川大学及成华大学中文系主任。对文字、音韵钻研较深，造诣较高，兼工散文和诗歌。著有《声韵学》①《古今声类损益说》《异平同入考》《双声释例》《叠韵释例》等。

李植对章太炎极为信服，但并不盲从师说。比如，章太炎在审定古纽时，并喻纽于影纽。这是误袭钱大昕（1728—1804）旧说，傅会等韵之例，见一等大呼，有影无喻，遂断喻纽不变纽。李植于是作《喻纽为古声说》，最终断定"喻纽虽杂他纽变声，而本纽卓然具在，自不得悉归影纽"②。这种学术求实精神，极其难能可贵。

殷孟伦（1908—1988），字石臞，四川郫县人。早年在成都读书，曾受业于著名诗家林思进（1873—1953）③、经学家龚道耕（1876—1941）④、史学家祝同曾、语言文字学家赵少咸⑤。后入南雍，从黄侃问学，并接受过章太炎的启发和指导。1941 年任四川大学中文系教授，1953 年起调任山东大学中文系教授。殷孟伦的语言文字学著作，有《中国语文学概说》（1949）、《中国语言文字学导论》（1949）、《批判胡适的"入声考"》（1957，合著）、《古汉语简论》（1979）等。

向楚（1877—1961），字先乔，一作先樵、仙樵，号䑀公，四川巴县人。青年时期从师于东川书院赵熙（1867—1948），被誉为"赵门三杰"之首（另二人是周善培、江庸）。早年从政，中年从教。先后任四川省政府政务厅厅长、

---

① 在《声韵学》中，李植主张使用新记音工具。
② 郭君穆：《文字、音韵学家李培甫》，载四川省政协文史资料研究委员会、四川省文史馆：《四川近现代文化人物续编》，成都：四川人民出版社，1989 年，第 74 页。
③ 林思进（1873—1953），字山腴，别号清寂翁，四川华阳（今成都市）人。诗人、学者。光绪二十八年壬寅（1902）举人，官内阁中书。辛亥革命后，孜孜注意于文化教育事业，曾任四川省图书馆馆长，成都大学、四川大学、华西协合大学等校教授。著作有《中国文学概要》《清寂堂诗录》《清寂堂词录》《清寂堂文录》《清寂堂联语》《清寂堂集》《华阳人物志》等。
④ 龚道耕（1876—1941），字向农（一作相农），一字君迪，别署蛛隐，自号瞵翁。祖籍浙江会稽，生于四川成都。著有《经学通论》《礼记旧疏考证》《三礼要》《丧服经传五家注》《仓颉篇续补》《说文逸字笺记》《字林重订补遗》《补宋书宗室世系表》《旧唐书札迻》《中国文学史略述》等。关于龚道耕更详细的学术情况，请参看本书第二章第三节。
⑤ 赵少咸又是殷孟伦的岳父。

代理教育厅厅长,成都高等师范学校教授兼国文部主任,四川大学教授、文学院院长、代理校长。推崇章太炎(1869—1936)的音韵学,并与章太炎有交往。① 工古文辞及诗,尤长于音韵、文字之学。

向楚的音韵学、文字学论著,有《古四声通说》《戴东原〈声类表〉释例》《古音韵部分析》《论鱼歌麻古音答邓永龄问》《分韵等位歌》《音学辨微序》《订转注》《高邮王氏释大序》等。② 其中,《订转注》以"六书惟转注多异说",斟酌古今学者之说,提出自己的见解,认为"转注属文字之创造,实由音理孳乳而成"。向楚又为《巴县志》的《礼俗》篇特撰《方言》一章,一方面推寻巴郡方言之根源,一方面在理论上精辟地指出掌握方音应寻求对应规律。《巴县志》的《方言》一章,高屋建瓴,辨析精审,已经成为学术名篇。

(2)古文字学研究

从事古文字学研究的学者,有四川人士郭沫若、李亚农、余永梁、周传儒等,以及长期寓蜀的外省人士徐中舒等。

郭沫若(1892—1978),原名郭开贞,四川乐山人。民国时期,郭沫若相继写成并陆续出版了以下古文字学著作:

1930年8月,《甲骨文字研究》由(上海)大东书局出版。作者序云:"余之研究卜辞,志在探讨中国社会之起源,本非拘拘于文字史地之学。然识字乃一切探讨之第一步,故于此不能不有所注意。且文字乃社会文化之一要征,于社会之生产状况与组织关系略有所得,欲进而追求其文化之大凡,尤舍此而莫由。"看得出来,郭沫若之研究甲骨卜辞,力求以小见大,并且具有宏观眼光。

1931年,《殷周青铜器铭文研究》由(上海)大东书局出版。

1932年,《两周金文辞大系》《金文丛考》《金文馀释之馀》在日本东京文求堂出版。1935年,《两周金文辞大系》增订为《图录》和《考释》两卷出版。本书对两周重要的青铜器进行了编年、考订,在学术界产生了极大的影响。

---

① 参看彭华:《章太炎与巴蜀学人的交往及其影响》,《淮阴师范学院学报》,2013年第4期。
② 以上诸文,曾经编入《皕公汇稿》。近年,《皕公汇稿》以影印本形式,收入陶道恕、蓝泽苏:《向楚集》,北京:中华书局,2015年。

1933年5月，《卜辞通纂》在日本东京文求堂出版。作者通过卜辞对商代社会经济、政治、文化、风俗等各方面进行了研究。

1933年12月，《古代铭刻汇考四种》在日本东京文求堂出版。

1934年5月，《古代铭刻汇考续编》在日本东京文求堂出版。

1939年，《石鼓文研究》在（上海）商务印书馆出版。

在甲骨学方面，郭沫若的《甲骨文字研究》开辟了运用马克思主义观点研究甲骨文的新途径。在青铜器研究方面，郭沫若的贡献之一就是通过"标准器"来断代。郭沫若创立的标准器断代法，使传世的青铜器及其铭文形成科学的体系，成为古代实物史料的重要组成部分。

郭沫若虽然因治学善变而不免为人所诟病，但他关于卜辞、铭文的考释，却"为有关专家所推许"。比如，《两周金文辞大系》之《序说》及《图录》之《考释》的三、四两篇，其"创通条理，开拓阃奥"之功，"前可与王氏（按：即王国维）铭文考释四例媲美，后足与董氏（按：即董作宾）甲骨断代分派十条争辉"①。1948年，郭沫若当选中央研究院院士（人文组），凭借的就是他在古文字学与考古学上的造诣与成就。

李亚农（1906—1962），又名旦丘，四川江津（今属重庆市）人。早年留学日本，喜欢阅读河上肇（1879—1946）等人的马克思主义著作，并加入中国共产党，从事革命活动。1929年被捕入狱，1931年保释出狱，1933年回国。在学术研究中，注重用马克思主义做指导来研究中国历史；又因受郭沫若影响，试图通过对古文字的研究，进而探索中国古代社会的历史规律。从1937年至1941年，他利用上海孔德图书馆的资料，先后写成《铁云藏龟零拾》、《殷契摭佚》（正续编）、《金文研究》、《殷契摭佚续编》等书，并相继出版。

李旦丘：《铁云藏龟零拾》，上海：中法文化出版委员会，1939年。

李旦丘：《殷契摭佚》，上海：来薰阁书店，1941年。

李亚农：《金文研究》，上海：来薰阁书店，1941年。

---

① 许冠三：《新史学九十年》，长沙：岳麓书社，2003年，第376-412页。

李旦丘：《殷契摭佚续编》，北京：中国科学院①，1950年②。

毫无疑问，李亚农"在四十年代开始的古文字研究，奠定了他五十年代研究中国古代史的基础"③。除此之外，李亚农还著有《殷代社会生活》《西周与东周》《中国的奴隶制与封建制》《中国的封建领主制和地主制》等。后以《李亚农史论集》为名结集出版（再版时改名为《欣然斋史论集》）。

以下三位古文字学者（余永梁、周传儒、徐中舒），都是王国维（1877—1927）的学生。其中，两位是四川人士（余永梁、周传儒），但工作在外省；一位是外省人士（徐中舒），但工作在四川。

余永梁（1904—1951），字绍孟，四川忠县（今重庆忠县）人。1925年由东南大学考入清华国学研究院，1926年毕业。④ 在清华所登记的研究题目是"古文字学"，毕业论文有三篇之多——《说文古文疏证》《殷虚文字考》《金文地名考》，成绩是甲二；因成绩优良而获奖学金100元。曾任清华国学研究院助教，后供职于中山大学语言历史研究所。余永梁主要从事甲骨学、民族学研究，古文字方面的重要论文有《殷墟文字考》《殷墟文字续考》《新获卜辞写本后记跋》《记散氏盘》等。⑤

周传儒（1900—1988），号书舱，四川江安人。1925年入清华国学研究院，师从梁启超、王国维。1926年毕业后，又留校继续研究一年。1932年留学英国，1934年转学至德国柏林大学，1936年获博士学位。1937年毕业归国，历任山西大学、西北大学、兰州大学、四川大学、辽宁大学教授。⑥ 周传

---

① 按：1950年9月，《殷契摭佚续编》作为中国科学院考古研究所特刊出版。发行者是中国科学院，承印者是商务印书馆。
② 《殷契摭佚续编》完成于1941年，亦为李亚农在孔德研究所期间的著作之一。参看姜义华：《史魂：上海十大史学家》，上海：上海辞书出版社，2002年，第93页。
③ 《史林》编辑部：《光辉的一生——李亚农同志传略》，《史林》，1986年第3期，第3页。
④ 以下关于余永梁、周传儒、徐中舒在清华国学研究院的学习情况，除特别说明者外，均采自以下二书：(1)孙敦恒：《清华国学研究院史话》，北京：清华大学出版社，2002年，第54—79页；(2)苏云峰：《从清华学堂到清华大学（1911—1929）：近代中国高等教育研究》，北京：生活·读书·新知三联书店，2001年，第295—304页。
⑤ 参看彭华：《王国维与巴蜀学人》，《淮阴师范学院学报》，2011年第3期。
⑥ 关于周传儒的简历，综合参考(1)周传儒：《周传儒自述》，载高增德、丁东：《世纪学人自述》（第一卷），北京：北京十月文艺出版社，2000年，第346—361页；(2)晓吟：《我国著名的历史学家周传儒教授》，《辽宁大学学报》，1984年第3期，封三。(3)彭华：《王国维与巴蜀学人》，《淮阴师范学院学报》，2011年第3期。

儒的研究领域比较宽泛，涉及中国古代史、中国近代史、中外关系史等。周传儒早年曾经研究过古文字学，撰有《甲骨文字与殷商制度》（开明书店1934年9月版）。该书共八章，叙述了"殷墟之由来及其经过""甲骨文之发现及其印行""系统的发掘""文字之研究""殷史之二重证""新史料之提供""殷代工艺文化之推测"等，书末附录"甲骨文书目"。该书近年有新版。①

徐中舒（1898—1991），初名裕朝，后改名道威，字中舒，以字行，安徽怀宁（今安庆市）人。1925年入清华国学研究院，师从王国维。徐中舒在清华国学研究院所登记的研究题目是"古文字学"，毕业论文两篇——《殷周民族考》《徐奄淮夷群舒考》，成绩是甲八；因成绩优良而获奖学金100元。1926年毕业后，在中央研究院历史语言研究所工作。1937年起执教于四川大学历史系，直至1991年去世。② 1949年以后，兼任西南博物馆馆长、四川省博物馆馆长、中国科学院哲学社会科学部学部委员、国务院古籍整理小组顾问、四川省历史学会会长、中国先秦史学会理事长、中国古文字学会常务理事、中国考古学会名誉理事、《中国大百科全书·中国历史》编辑委员会委员等职务。

徐中舒专攻先秦史，尤长于古文字学的研究，还博涉民族史、地方史、明清史、中国文学史等领域。③ 主要著作有《先秦史论稿》、《徐中舒历史论文选辑》、《甲骨文字典》（主编）、《殷周金文集录》（主编）、《汉语大字典》（主编）、《汉语古文字字形表》（主编）等，重要论文有《耒耜考》《从古书中推测之殷周民族》《殷周文化之蠡测》《殷人服象及象之南迁》《殷周之际史迹之检讨》《井田制度探源》《论东亚大陆牛耕的起源》《论周代田制及其社会性质》《周原甲骨初论》《陈侯四器考释》《西周墙盘铭文笺释》等。

（3）文字改革研究

从事文字改革研究和实践的巴蜀学者，有廖平、蒲殿俊、吴玉章、车耀先等人，而吴玉章的成就最为突出。

1913年，廖平以四川代表身份赴京，参加教育部召集的全国读音统一会，

---

① 周传儒：《甲骨文字与殷商制度》，太原：山西人民出版社，2014年。
② 参看彭华：《王国维与巴蜀学人》，《淮阴师范学院学报》，2011年第3期。
③ 关于徐中舒的"科研成就"与"人师风范"，请参看本书第二章第三节。

参与了制订注音字母的讨论。20 年代，蒲殿俊在北京主编《晨报》副刊期间[1]，也发表过有关文字改革的文章。1931 年起，车耀先组建国语研究社和四川省注音符号促进会，编写《成都话注音符号分韵读本》，帮助"吾国失学之劳苦同胞，借注音符号学习文化"。

1927 年 10 月，党组织安排吴玉章前往苏联学习和工作[2]。当年，吴玉章、瞿秋白（1899—1935）、林伯渠（1886—1960）、萧三（1896—1983）等人共同研究，草拟了《中国拉丁式字母草案》。1930 年，又发表了《中国拉丁化字母》。吴玉章亲自到海参崴、伯力等地，在华侨工人中进行宣传。1931 年 9 月 26—29 日，在海参崴主持召开了"中国文字拉丁化第一次代表大会"，会议通过了"中国汉字拉丁化的原则和规则"。会上，吴玉章当选为远东边区新字母委员会委员（委员共 29 名）[3]。吴玉章 1938 年 4 月回国，1939 年 11 月到延安。吴玉章在担任陕甘宁边区政府文化委员会主任、鲁迅艺术学院院长、延安大学校长等职务期间，积极倡导汉字改革，并在陕甘宁边区倡导成立了"陕甘宁边区新文字协会"，创办了《新文字报》。从 1933 年到 1949 年中华人民共和国成立，吴玉章始终把提倡汉字改革与普及大众文化和扫盲教育结合在一起，致力于提高文字在劳动群众中的交际和表达作用。这一时期，吴玉章撰写和发表了近十篇关于文字改革的文章和报告。比如：

吴玉章：《文学革命与文字革命》，《中国文化》，1940 年创刊号。

吴玉章：《新文字与新文化运动》，《中国文化》，1940 年第 2 期。

吴玉章：《新文字与新文化运动（续）》，《中国文化》，1940 年第 3 期。

吴玉章：《新文字与新文化运动（续完）》，《中国文化》，1940 年第 4 期。

吴玉章在民国时期关于文字改革的思考、探索与实践，为中华人民共和国成立以后的汉字改革提供了宝贵的经验。中华人民共和国成立后，在简化汉字、推广普通话、制订汉语拼音方案等方面，吴玉章都做出了极大的贡献。

吴玉章关于文字改革的著作，有《中国新文字的新文法》《中国文字的源流及其改革的方案》《新文字与新文化运动》《汉语拼音方案》《利用拼音字母

---

[1] 蒲殿俊（1875—1934），字伯英，又字沚庵，四川广安县人。
[2] 吴玉章（1878—1966），原名永珊，号树人，四川荣县人。
[3] 刘文耀、杨世元：《吴玉章年谱》，成都：四川人民出版社，1998 年，第 195 页。

帮助扫盲和推广普通话》《文字改革文集》等。

(4) 四川方言研究

民国时期，从事四川方言调查与研究的学者，有张慎仪、唐枢、徐德庵、董同龢、杨时逢、唐幼峰等人。有些调查是在民国时期的四川进行的，但成果发表在 1949 年以后。

张慎仪 (1846—1921)，字淑威，号芋圃，晚号厬叟，四川成都人。著有《诗经异文补释》《广释亲》《续方言新校补》《方言别录》《蜀方言》等，汇刻为《蘐园丛书》。[①]《蜀方言》二卷，主要收录见于文字记载而且仍然在使用的四川方言词语。《蜀方言》收录四川方言 785 条，每条考证其本字，注明其出处，征引相当广博。《蜀方言》"在考求方言本字和探讨古今方言词语方面对我们很有帮助"[②]，至今仍然具有宝贵的价值。

唐枢，字林皋，四川遂宁人。唐枢所辑《蜀籁》一书，是专门搜集四川方言、俗语的集子。原书曾于 1930 年石印出版，后于 1962 年和 1982 年由四川人民出版社初版和再版。全书共四卷，收四川方言词语及熟语 5000 余条。其体例以熟语的首字为纲，以字数的多少为序，字数相同的归为一组。所收熟语，既有通语，也有方言。分析比较这些方言、熟语，"对我们了解四川方言的历史及现状，无疑是有益的"[③]。

徐德庵 (1902—1984)，山东临朐人。1926 年，毕业于武昌高等师范学校。后返山东，任山东第三师范学校国文教员、曲阜师范学校校长。抗日战争期间入川，先后任成都中学教员，华西协合大学中文系、四川大学夜校讲师，重庆相辉学院文史系副教授、教授，重庆大学中文系教授。中华人民共和国成立后，一直任西南师范学院中文系教授。[④]

中华人民共和国成立前，徐德庵发表的《方言丛考》《蜀语札记》《李实〈蜀语〉订补》《庄子连语音训》等著作，受到学术界的重视和好评。中华人民

---

① 《张淑威著述》，有光绪三十二年（1906）成都昌福公司排印本、民国八年（1919）成都刻本。
② 崔荣昌：《四川方言研究述评》，《中国语文》，1994 年第 6 期。
③ 崔荣昌：《四川方言研究述评》，《中国语文》，1994 年第 6 期。
④ 四川省地方志编纂委员会：《四川省志·人物志》，成都：四川人民出版社，2001 年，第 948 页。

共和国成立后,他重点研究古汉语语法,发表《文言句中的实词活用》、《古文语法分析百篇》《文言语法》等著述。其方言研究论文的发表情况如下:

徐德庵:《方言丛考》,《国文月刊》,1942年第12期。

徐德庵:《方言丛考(续)》,《国文月刊》,1942年第16期。

徐德庵:《方言丛考(续)》,《国文月刊》,1947年第55期。

徐德庵:《蜀语札记》,《国文月刊》,1947年第57期。

徐德庵:《李实蜀语订补》,《大学》,1943年第5期。

随中央研究院历史语言研究所迁居四川并且从事四川方言调查与研究的语言学者,除董同龢外[1],还有杨时逢。当时,杨时逢参加了对四川成都、李庄等地方言的调查与研究,只是他的成果发表在1949年后。这些成果的发表情况如下:

杨时逢:《成都音系略记》,"中央研究院"历史语言研究所集刊第23本上,1951年。

杨时逢:《四川李庄方言略记》,"中央研究院"历史语言研究所集刊第28本上,1956年。

杨时逢:《李庄方言记》,"中央研究院"历史语言研究所专刊之87,1987年。

杨时逢:《四川方言声调分布》,《庆祝董作宾先生六十五岁论文集》上册,"中央研究院"历史语言研究所集刊外编第四种,1960年。

杨时逢:《四川方言中的几个常用的语汇》,"中央研究院"历史语言研究所集刊第53本第1分,1982年。

杨时逢:《四川方言调查报告》,"中央研究院"历史语言研究所专刊之82,1984年。

除上述诸人及其著述外,关于四川方言的著作还有《重庆方言》。《重庆方言》的作者是唐幼峰,1942年在重庆旅行指南社出版。该书广辑重庆方言,按方言首字笔画编排,可由重庆方言检查普通话。另外,赵熙总纂的《荣县志》、向楚总纂的《巴县志》,都有关于四川方言的考察与论述。

---

[1] 参看本书第四章第一节。

(5) 少数民族语文研究

民国时期致力于少数民族语文研究的巴蜀学者有张怡荪等人以及寓蜀学者闻宥等人，研究机构有张怡荪创建的西陲文化院以及华西协合大学的中国文化研究所、华西边疆研究所。闻宥与中国文化研究所、华西边疆研究所的相关内容详见第三章，本处仅就张怡荪与西陲文化院略加叙述。

张怡荪（1893—1983），原名张煦，四川蓬安人。藏语学家。1920年毕业于北京大学，留校任教。1922年，尝就《老子》成书年代与梁启超展开辩论，显露其才华。其后，历任北京女子师范大学、清华大学教授，山东大学教授兼中文系主任，四川大学教授兼文科研究所所长，西康省通志馆总纂，中国科学院四川省分院研究员。①

张怡荪受清华大学同事陈寅恪（1890—1969）的影响，早在1928年便"萌发编纂藏汉大辞典的念头"②，遂致力于西藏文化研究。1937年12月，在四川省政府的支持下，张怡荪在成都正式成立西陲文化院，张怡荪自任院长。西陲文化院的院址，数度迁徙。最初设在成都厅署街217号，后迁苦竹林街2号，继迁江汉路2号。1941年，为躲避日机空袭，迁徙至崇庆县（今崇州市）大北街刘家祠。1945年12月，西陲文化院在崇庆县宣告解散。③

西陲文化院是私立藏学研究机构，以研究西陲文化尤其是藏族文化为宗旨，中心工作则是编纂藏汉辞典。1937年，编成《藏汉集论词汇》《藏汉语对勘》《藏文书牍轨范》和《汉藏语汇》。1938年，刊印《藏文书牍轨范》《汉藏语汇》《汉藏字典》。1939年，编成《藏汉译名大词汇》。1940年，编译成《藏文异名录》《梵文文法》等。1945年，编成《藏汉大辞典资料本》10大册，"这是解放前全国藏汉辞书中资料最为丰富的一部稿本"④。1946年，由于研究人员不足、经费匮乏，西陲文化院结束各种活动。

---

① 黄显铭：《西藏文化研究专家张怡荪教授》，《中国西藏》（中文版），1996年第5期。四川省地方志编纂委员会：《四川省志·人物志》，成都：四川人民出版社，2001年，第705—707页。
② 礼闻：《社会主义使他有了闪光的晚年——访〈藏汉大辞典〉主编张怡荪》，《文汇报》，1981年5月3日第3版。
③ 黄显铭：《西陲文化院》，载成都市政协文史学习委员会：《成都文史资料选编·蓉城杂俎卷》，成都：四川人民出版社，2007年，第511—514页。关于西陲文化院更详细的论述，请参看周茂江：《西陲文化院（1937—1945）研究》，四川师范大学硕士学位论文，2005年。
④ 黄显铭：《〈藏汉大辞典〉评介》，《西藏研究》，1986年第1期。

1985年,《藏汉大辞典》终于出版。① 张怡荪主持完成的《藏汉大辞典》,全书收词5.3万余条,约350万字,是"我国第一部供读者阅读藏文典籍、研究藏学课题以及解决实际问题使用的大型综合性工具书"②。《藏汉大辞典》出版之后,1986年荣获四川省社会科学优秀科研成果一等奖,1987年荣获吴玉章奖金语言文字学一等奖,2006年荣获首届中国藏学研究珠峰奖特别奖。吴玉章奖金评委会的评论是,《藏汉大辞典》"在各方面都超过一直被国际上奉为权威辞书的达斯《藏英辞典》"。

(二)历史学与考古学

1. 历史学一分为三

民国时期的巴蜀史学,大致可以一分为三:一是固守传统的旧派,注重史料的收集、史志的编纂、史书的校勘、方志的修纂等,以宋育仁、张森楷、向楚等人为代表;二是吸纳西学(新学)的新派,以新的理论与观点审视中国历史,以新的方法与手段研究历史文化,以郭沫若为典型代表;三是熔铸新旧、会通中西的融会派,以蒙文通为典型代表。下面将以四个人为例,对此略做论述。

(1)张森楷勤奋著史

张森楷(1858—1928),原名家楷,字元翰,又字式卿、石亲,晚号端叟,四川合州(今重庆合川)双凤场人。早年入成都尊经书院深造,后转入锦江书院就读。1893年中举。张森楷平生勤奋治史,为近世著名历史学家。张森楷一生著书48部,1300余卷,近2000万字。其中,影响较大的有《史记新校注》《二十四史校勘记》《通史人表》《华夏史要》《四川历代地理沿革表》《合川县志》等③。

张森楷的史学著述,在当时是有影响的。比如,顾颉刚(1893—1980)对《史记新校注》的评价便极高。顾颉刚说:"张森楷《史记新校注》一百三十

---

① 张怡荪:《藏汉大辞典》,北京:民族出版社,1985年。
② 黄显铭:《〈藏汉大辞典〉评介》,《西藏研究》,1986年第1期。
③ 杨家骆:《四川一大史学家——张石亲先生》,《新中华》,1943年第11期。刘放皆:《史学家张森楷的著作及其治学精神》,《四川文史资料》(第三十三辑),成都:四川人民出版社,1984年,第121—131页。刘放皆:《著述终身的历史学家张森楷》,载四川省政协文史资料研究委员会、四川省文史馆:《四川近现代文化人物》,成都:四川人民出版社,1989年,第98—108页。

卷、《二十四史校勘记》三百二十卷、《通史人表》二百四十八卷。《史记新校注》，为张氏一生精力所聚，甫成定稿而卒。此书荟萃众本，复详加校勘，订正讹误，折衷异同，皆极精审。《史记》校注前此有日人泷川龟太郎的《史记会注考证》，去取不精，剪裁失当，无足观取。张氏此书，甚盼能早日刊行。"① 有人甚至如此评价张森楷，"自宋三季以来，史学之渊懿，著述之宏富，有如先生者，实未之见，可谓七百年中蜀中一人而已"②。

（2）《巴县志》与《合川县志》

1932 年，巴县重修县志，聘向楚为总纂。1935 年，向楚告假返渝，主持修纂《巴县志》。前后历时两年之久，最终成书 23 卷，附文征 1 卷。其中的《叙录》《事纪》《蜀军革命始末》《礼俗》诸篇，均为向楚亲笔撰写。黄稚荃（1908—1993）说，向楚"所主修之《巴县志》，为民国以来国内稀有之名志"，"其所去取，矜慎周密，随处以良史笔法行之"，"诚地方志之最优者"。③

1918 年，张森楷应合川县知事郑贤书（1882—1965）之礼聘修纂《合川县志》。张森楷历时五年修纂而成的《合川县志》④，是民国时期的著名县志。《合川县志》凡 83 卷，约 400 万言，是合川县志中最庞大、最完备的一部，具有极高的学术水准和历史价值。《合川县志》成书之后，即受到各界有识之士的珍视，并且深获好评。梁启超认为，《合川县志》"出学者之手"，属于"斐然可列著作之林者"⑤。

赵熙（1867—1948）修纂的《荣县志》，也是值得一提的巴蜀名志。1922 年，赵熙受聘担任《荣县志》总纂。1928 年，《荣县志》成书。1929 年，《荣

---

① 顾颉刚：《当代中国史学》，上海：上海古籍出版社，2002 年，第 100 页。
② 戴藩瑨：《序》，载唐唯目：《张森楷史学遗著辑略》，重庆：西南师范大学出版社，1998 年，第 4 页。
③ 黄稚荃：《对辛亥革命及四川教育、文化事业卓有贡献的学者向楚》，载四川省政协文史资料研究委员会、四川省文史馆：《四川近现代文化人物续编》，成都：四川人民出版社，1989 年，第 314—315 页。
④ （1）郑贤书等修，张森楷纂：《民国新修合川县志》，成都：巴蜀书社，1992 年。（2）张森楷：《民国新修合川县志》，北京：方志出版社，2017 年。前者是影印本，后者是点校本。
⑤ 梁启超：《清代学者整理旧学之总成绩》，北京：商务印书馆，1999 年，第 142 页。说明：原文将作者误作"孙亲石（森楷）"，请读者务必留意。

县志》付梓。选择所修《荣县志》，"名曰续修，全不与旧志立一同，事成创举"①，"被誉为巴蜀名志之一"②。

(3) 郭沫若开创史学新风

1930年3月，郭沫若《中国古代社会研究》由（上海）联合书店出版。本书主要汇集作者在流亡日本期间所撰论文，如《中国社会之历史的发展阶段》《卜辞中之古代社会》《诗书时代的社会变革与其思想上之反映》《周金中的社会史观》《周易时代的社会生活》等。作者认为，"大抵在西周以前就是所谓'亚细亚'的原始共产社会，西周是与希腊罗马的奴隶时代相当，东周以后，特别是秦以后，才真正的进入了封建时代"。作者自述，"大体上西周是奴隶社会的见解，我始终是维持着的"③。郭沫若在自序中说，"本书的性质可以说是恩格斯《家庭、私有制和国家的起源》的续篇"，"研究的方法便是以他为向导"。毋庸置疑，这是郭沫若史学"开新"的明确宣示。同时，郭沫若在自序中讥讽了守旧的"国故"派，"谈'国故'的夫子们哟！你们除饱读戴东原、王念孙、章学诚之外，也应该知道还有马克思、恩格斯的著作，没有辩证唯物论的观念，连'国故'都不好让你们轻谈"④。

郭沫若的《中国古代社会研究》，在中国现代学术史上具有划时代的意义。胡厚宣说："结合甲骨文资料，运用马克思主义的历史唯物主义的观点来研究中国古代史的，郭老是第一人。他创造性地把古文字学和古代史的研究结合起来，开辟了史学研究的新天地。"⑤ 评论说，"郭氏把旧石器与新石器、新石器和铜石并用以及铜器与青铜器时代分开论述的意见，体现了西方史前分期的理论与中国考古发现的初步成功的结合"⑥，"他（按：指郭沫若）运用辩证唯物

---

① 陶道恕：《赵熙》，载任一民：《四川近现代人物传》（第一辑），成都：四川省社会科学院出版社，1985年，第193页。
② 四川省地方志编纂委员会：《四川省志·人物志》，成都：四川人民出版社，2001年，第489页。
③ 郭沫若：《中国古代社会研究》，《郭沫若全集》（历史编·第一卷），北京：人民出版社，1982年，"后记"，第311页。
④ 郭沫若：《中国古代社会研究》，《郭沫若全集》（历史编·第一卷），北京：人民出版社，1982年，"自序"，第9页。
⑤ 胡厚宣：《郭沫若同志在甲骨学上的巨大贡献》，《考古学报》，1978年第4期。
⑥ 陈星灿：《中国史前考古学史研究（1895—1949）》，北京：社会科学文献出版社，2007年，第9页。

主义和历史唯物主义的科学方法，在资料缺乏的条件下，开展了对中国古代社会的研究，首先提出了中国古代经历了奴隶社会这一创见，为马克思主义史学在中国的建立奠定了基石"①，郭沫若由此成为"马克思主义史学最为杰出的奠基人"②。

其实，郭沫若还借鉴和参考了人类学的理论与结论。诚如张荫麟（1905—1942）所说，郭沫若的《中国古代社会研究》是"拿人类学上的结论做工具去爬梳古史的材料，替这些结论找寻中国记录上的佐证"③。

在《中国古代社会研究》的影响下，李亚农、翦伯赞、侯外庐、吕振羽、范文澜、邓初民等都在从事着中国古代历史、近代历史及其理论的创造性研究。相对而言，传统史学（史料学、史考、史辑等）便黯然失色了。

（4）蒙文通由经学而史学

蒙文通（1894—1968），原名尔达，四川盐亭人。经学家、史学家。1911—1916年，在四川存古学堂、四川国学院、四川国学学校读书，从廖平、刘师培（1884—1919）、吴之英（1857—1918）治经学。1929年，至南京支那内学院，从欧阳渐（1871—1943）治佛学。游学江苏之时，蒙文通与章太炎有直接交往。④ 1925年起，先后执教于成都佛学院、成都大学、成都师范大学、中央大学、河南大学、北京大学、河北女子师范学院（天津）、四川大学、东北大学（三台）、华西大学、金陵大学（成都）等。20世纪40年代，曾任四川省图书馆馆长。1949年后，兼任中国科学院历史研究所研究员。

蒙文通对经学、哲学（诸子、道学、佛学、理学）、史学颇多发明，对古代民族史与古代社会经济史贡献尤著。如，蒙文通提出上古民族、文化"三系

---

① 刘令蒙、李华飞：《卓越的无产阶级文化战士郭沫若》，载四川省政协文史资料研究委员会、四川省文史馆：《四川近现代文化人物续编》，成都：四川人民出版社，1989年，第24页。
② 黄兴涛：《中国文化通史·民国卷》，北京：北京师范大学出版社，2009年，第294页。
③ 张荫麟：《评郭沫若〈中国古代社会研究〉》，《素痴集》，天津：百花文艺出版社，2005年。
④ 参看彭华：《章太炎与巴蜀学人的交往及其影响》，《淮阴师范学院学报》，2013年第4期。

说"①，打破了中国古史三皇五帝一系相乘的传统看法。主要著作有《古学甄微》《古族甄微》《经史抉原》《古地甄微》《古史甄微》《道书辑校十种》《周秦少数民族研究》《经学抉原》《儒学五论》《中国史学史》《巴蜀古史论述》《越史丛考》等。所有著作，经其哲嗣蒙默（1926—2015）整理，收入《蒙文通全集》（全六册）②。

蒙文通治学以博通、精深见长，不喜"支离破碎"而推崇"贯通之识"③。孟子说："观水有术，必观其澜。"（《孟子·尽心上》）蒙文通接着说："观史亦然，须从波澜壮阔处着眼。……读史也须能把握历史的变化处，才能把历史发展说个大概。"④ 今人将蒙文通的学术精神与治学领域概括为"通观明变，百川竞发"⑤，言简意赅而又得其精要。当今学者明确指出，蒙文通的学术有两个重点，一是"古史多元论"，二是"大势变迁论"，两者皆牵涉近代从经学向史学过渡的复杂学术背景，尤与其老师廖平的独特经学观念相关。"古史多元论"这一震撼当时人心的新说，是蒙氏用历史思维处理廖平这位经学家所提出问题的结果；而"大势变迁论"强调史事发展变化之过程，及其间各分子的交互关系，故必须联系到社会、政治、文化等各层面来观察，体现出蒙氏日益成为一位新学术体制中的专业史家。从经学到史学这一学术转变的进程，也反映出那一时代价值层面上发生的深刻而广泛的变化。⑥

2. 考古学迅速发展

考古学在四川产生得比较晚，但发展比较迅速。民国时期四川的田野调查

---

① 在《古史甄微》中，蒙文通提出了上古民族、文化、地域"三系说"。蒙文通以地域分布称此三系为"江汉民族""河洛民族""海岱民族"，又以传说的"炎帝"、"黄帝"、"泰帝"（太昊伏羲氏）之名而分称三系为"炎族""黄族""泰族"。

② 蒙文通著，蒙默编：《蒙文通全集》（全六册），成都：巴蜀书社，2015年。

③ 蒙文通说："治经、治史方法，目的都不同，但也有部分人始终不免以清人治经之法治史，就是以考据治史，所以不免于支离破碎，全无贯通之识，这远不如以治诸子之法治史。"［蒙文通：《治学杂语》，《蒙文通学记》（增补本），北京：生活·读书·新知三联书店，2006年，第34页。］

④ 蒙文通：《治学杂语》，《蒙文通学记》（增补本），北京：生活·读书·新知三联书店，2006年，第1页。

⑤ 刘复生：《通观明变，百川竞发——读〈蒙文通文集〉兼论蒙文通先生的史学成就》，《四川大学学报》，2004年第6期。

⑥ 王汎森：《从经学向史学的过渡——廖平与蒙文通的例子》，《历史研究》，2005年第2期。

与考古发掘，有以下一些亮点：

(1) 三星堆遗址的发掘

1929年春，在汉州（今四川广汉）南兴镇真武宫燕家院沟内，乡民燕道诚与其子燕青保因掏水沟发现了圭、璋、璧、斧等大量玉器、石器。这是三星堆遗址的最早出土物。消息传出，随即引起各界注意。1931年，华西协合大学教授戴谦和（Daniel Sheets Dye，1884—1976）帮英国牧师董宜笃（A. H. Donithonrne）鉴定了玉石器，断定为商周之物。1934年3月初，华西协合大学博物馆美籍学者葛维汉（David Crockett Graham，1884—1962）和中国学者林名均等前往广汉。3月16日，对三星堆遗址进行科学发掘。在未经扰乱的地层中，获得了大量陶片、石器和玉器。①

根据考古发掘材料，葛维汉整理而成《汉州发掘简报》（*A Preliminary Report the Hanchow Excavation*）②，林名均整理而成《广汉古代遗物之发现及其发掘》③。当时，葛维汉、林名均曾经写信给旅居日本的郭沫若，报告这次发掘的收获。郭沫若随即回信（1934年7月9日），对三星堆的发现予以高度评价，"希望将来你们在这项工作上能取得更大的进展"，"也希望今后有一系列的发掘，以探索四川史前文化，包括民族、风俗习惯以及它们与中国区域接触的历史"，并且认为"这些都是极为重要的问题"，而且"这一工作将产生丰硕的成果"。④ 这些发掘与研究，拉开了日后"三星堆文化"发掘与研究的序幕。

1986年，三星堆第一、二号祭祀坑相继现世：大型青铜立人、青铜神树、纵目面具、青铜神像、黄金面罩、金杖、大量玉器和象牙不断出土，轰动国内外。此次发现，对重新认识巴蜀文化乃至中国古代文化，都有极大的启发意义。

---

① 发掘过程及考古简况，可参看郑德坤：《四川古代文化史》，成都：巴蜀书社，2004年，第45—62页。

② 原载《华西边疆研究学会杂志》（第6卷），1933—1934年。后经翻译，收入〔美〕葛维汉著，李绍明、周蜀蓉：《葛维汉民族学考古学论著》，成都：巴蜀书社，2004年，第176—198页。

③ 《说文月刊》，1942年第3卷第7期。

④ 郭沫若：《致林名均》，《郭沫若书信集》（上册），北京：中国社会科学出版社，1992年，第398—399页。

(2) 唐代雕版印本和孟蜀石经的发现

1944年4月，冯汉骥、杨有润在清理成都锦江（俗称府河）河畔四川大学校园内的一座唐代墓葬时，发现了唐代雕版印本《陀罗尼经咒》。印本31×34厘米，对角紧紧卷裹，装置于银镯之内。印本右边首题汉文一行，有"［成都府］成都县□龙池坊□□□近下□□印卖咒本□□□……"等字①。这是国内现存的最早的印刷品之一（原藏四川省博物馆，现藏中国国家博物馆）。

1938年，成都老南门城垣发现孟蜀石经残石十余块，内容有《周易》《尚书》《诗经》《仪礼》等②。四川省博物院藏有孟蜀石经残石六块③，编号分别为3534、5533、10342、103422、103424、113524，是《周易》《尚书》《诗经》三经的片段。

(3) 王建陵墓的发掘

1942年9月，因挖掘防空洞，偶然发现排列整齐的砖砌地下建筑。华西协合大学教授、考古学家冯汉骥闻讯前往考察，断定为一座古代陵墓。经四川省古物保管委员会和四川省博物馆组织发掘和专家鉴定，这个长期被称作"抚琴台"的土丘，实际上是五代时期前蜀皇帝王建的"永陵"。

1942—1943年，中央研究院历史语言研究所考古组、中央博物院筹备处、四川古物保管委员会、四川省博物院联合发掘前蜀王陵王建墓。发掘工作由吴金鼎主持，冯汉骥、王振铎等参与。这是国内首次用科学方法发掘的帝王陵墓，"成就蜚声中外"④。在永陵墓中，发现了壁画百余幅，以及石刻、石棺等大量文物资料，它们具有重要考古价值⑤。1961年，王建墓被公布为全国重点文物保护单位。

(4) 川南悬棺葬的调查与清理

所谓悬棺葬，是指将死者灵柩高置于下临江河的悬崖绝壁之上或岩壁洞穴

---

① 冯汉骥：《记唐印本陀罗尼经咒的发现》，《文物参考资料》，1957年第5期。
② 综合参看罗希成：《蜀石经残石跋》，《说文月刊》，1940年第2卷第4期。周尊生：《近代出土的蜀石经残石》，《文物》，1963年第7期。袁曙光：《孟蜀石经残石》，《文物天地》，1989年第5期。王天然：《近代所出蜀石经残石考略》，《出土文献研究》（第十七辑），上海：中西书局，2018年。
③ 雷玲：《四川博物院藏"蜀石经"残石碑文考》，《博物院》，2017年第4期。
④ 霍巍：《川大史学·考古学卷》，成都：四川大学出版社，2006年，前言第3页。
⑤ 冯汉骥：《前蜀王建墓发掘报告》，北京：文物出版社，1964年。

之中而不加葳盖不起坟丘的一种奇特的丧葬形式。① 它主要流行于青铜时代至早期铁器时代，至唐宋而大盛；但在四川南部和贵州等地，其下限可到明代。② 悬棺葬主要分布于中国长江流域及其以南地区，以福建武夷山地区和川黔交界的高县、珙县、兴文、长宁、筠连、镇雄、昭通等地最为集中，其中尤以宜宾珙县麻塘坝的"僰人悬棺"最为有名，最具代表性。③

1946年，中央研究院历史语言研究所芮逸夫、石钟健考察四川珙县、兴文两地的悬棺葬，并对三具悬棺进行了清理。1947年，芮逸夫发表《川南民族的悬棺问题：僰人悬棺乎？僚人或仡佬悬棺乎？》④，专门考察川南悬棺葬。1948年，芮逸夫发表《僚（獠）为仡佬（犵獠）》⑤，并且在论文中第一次把"悬棺葬"作为专有名词提了出来。

石钟健认为，"四川的悬棺葬都是僚人的。僚是古代百越之后，所以他们拥有和越人相同的葬俗，都行悬棺葬"⑥。凌纯声经过综合考察、比较研究，认为崖葬（即悬棺葬）是中国东南古代濮越文化之特质，日后渐次传播到东南亚和太平洋诸岛⑦。在石钟健看来，凌纯声对悬棺葬所作介绍"显然是不够全面的"，并批评凌纯声"仅据文献资料，不曾作过实地调查，缺乏感性认识，特别对于与悬棺葬有关事物遗迹的注意不够，看不到遗迹同悬棺葬的密切关系，这便不能据以作出正确的判断，并提出深刻的理解"。⑧

---

① 彭华：《百仞高崖之上的千古奇观——中国悬棺葬管窥》，《贵州文史丛刊》，1999年第2期。
② 四川省博物馆、珙县文化馆：《四川珙县洛表公社十具"僰人"悬棺清理简报》，《文物》，1980年第6期。
③ 四川省博物馆、珙县文化馆：《四川珙县洛表公社十具"僰人"悬棺清理简报》，《文物》，1980年第6期；四川省博物馆、珙县文化馆：《四川珙县"僰人"悬棺及岩画调查记》，《文物资料丛刊》（第二辑），北京：文物出版社，1978年。
④ 芮逸夫：《川南民族的悬棺问题：僰人悬棺乎？僚人或仡佬悬棺乎？》，《中央周刊》，1947年第9卷第11期。
⑤ 芮逸夫：《僚（獠）为仡佬（犵獠）试证》，中央研究院历史语言研究所集刊（第20本），1948年。
⑥ 石钟健：《四川悬棺葬》，《民族学研究》（第四辑），北京：民族出版社，1982年。
⑦ 凌纯声：《中国与东南亚之崖葬文化》，"中央研究院"历史语言研究所集刊（第23本），1952年。
⑧ 石钟健：《论悬棺葬的起源地和越人的海外迁徙》，《贵州社会科学》，1983年第1期。

（5）大足石刻的调查与研究

1945年4月27日，大足石刻考察团杨家骆、陈有刚、马衡、顾颉刚、傅振伦、何遂、朱锦江等一行10余人抵达重庆市大足县，开始考察大足石刻。考察团对大足石刻进行测量、著录、编号、断代、拓片，并对其历史价值、艺术价值等予以评价。5月10日，大足唐代石刻考察团返渝。中国辞典馆馆长、考察团成员杨家骆及朱锦江在渝报告北山、宝顶山石刻考察的丰硕成果。自此，大足石刻的艺术价值开始为世人所认识。

1946年，考察团纂集成《大足石刻图征初编》[①]，认为大足石刻"可与云冈、龙门鼎足而三"。由此，大足石刻闻名于世。

（三）中国哲学与西方哲学

1. 中国哲学

民国时期巴蜀之地的中国哲学，大致也可以划分为三个路数：一是渊源于传统而又反戈一击，以廖平、吴虞等人为代表。他们或疑古辨伪而又托古改制（如廖平），或批判儒学而欲建立新知（如吴虞），但总体而言是学养不足。二是吸纳西学（新学）的理论与方法，转而研究传统中国哲学，以谢无量、蒙文通、郭沫若为典型代表，他们在学术史上的贡献值得重视。三是在熔铸古今、会通中西的基础上创建新说、构建流派，以贺麟、唐君毅为典型代表，他们在思想史上的建树不可抹杀。

（1）由经学而哲学：廖平与吴虞

廖平（1852—1932），原名登廷，字旭陔，一作勖斋；后改名平，字季平；初号四益，继改四译，晚号六译。四川井研人。近代学者、经学家。

同治十三年（1874）参加院试，受四川学政张之洞（1837—1909）赏识，录取第一，入成都尊经书院深造。光绪五年（1879）中举人，光绪十五年（1889）中进士，选授龙安府（治今四川省平武县）教授。历任射洪县训导、绥定府（治今四川达州）教授，尊经书院襄校及嘉定九峰书院、资州艺风书院、安岳凤山书院山长等职。1903年，因被劾为"离经叛道""逞臆说经"，遭革职。宣统三年（1911），任《铁路月刊》主笔，支持四川保路运动。1911

[①] 民国三十五年（1946）中国学典馆北泉分馆印刷。

年大汉四川军政府成立后，廖平任枢密院院长，对于川中军政多有谋略。民国三年（1914），任四川国学学校校长。民国八年（1919），患风湿麻痹症，右肢偏废，仍坚持讲学著作。民国十年（1921），兼成都高等师范学校、华西协合大学教授。民国十三年（1924），回井研。民国二十一年（1932），卒于返家途中。

廖平著作甚丰，已出版的著作达140余种之多。主要作品被辑为《四益馆经学丛书》，后又增益为《六译馆丛书》。代表作有《今古学考》、《知圣篇》《古学考》、《辟刘篇》等。其著述后经整理，结集出版，是为《廖平全集》①。

廖平是公认的具有重要影响的晚清著名经学大师。今人云，"我国治经之士，自明清以来，各标汉宋，聚讼纷纭，而能汇通百家，冠冕诸子，摧郑马之藩篱，窥古贤之堂奥，独树新帜，扶坠衰落者，惟廖平一人而已"②，"先生在中国经学史上，既具相当地位；而在晚清思想史上，亦握有严重转折之革命力量"③。

廖平早年研究宋学，后受王闿运（1833—1916）影响，转而治经学，专研经学之今古文问题，旁及岐黄医道。廖平自称治学凡"六变"，而以初变、二变影响较大，首创以"礼制"别今古之说。初变平分今古，二变尊今抑古，三变分小大，四变分人学与天学，五变融天人大小为一；六变则愈益玄远神妙，提出用孔学包罗一切，由此汇成庞大的"孔经哲学"体系。廖平所建构的"孔经哲学"体系，虽然有其内在的理路，但若跳出"庐山"审视，实又有为"旧学"所囿的局限，即"尊孔过甚"。诚如其晚年弟子李源澄（1909—1958）所说④，"廖师精卓宏深，才实天纵，惟为时代所限，囿于旧闻，故不免尊孔过

---

① 舒大刚、杨世文：《廖平全集》（全十六册），上海：上海古籍出版社，2015年。
② 傅振伦：《七十年所见所闻》，上海：华东师范大学出版社，1997年，第348页。
③ 王森然：《廖平先生评传》，《近代二十家评传》，北京：书目文献出版社，1987年，第62页。笔者按：正文所引对廖平的评语，并非王森然之语，实则出自侯堮：《廖季平先生评传》，《中国新书月报》，1932年第2卷第8期。
④ 李源澄（1909—1958），字浚清（又作俊卿），四川犍为人。1928年，考入四川国学专门学校，从蒙文通、伍非百学。1929年8—10月，因蒙文通之荐，李源澄至井研，从廖平问学二月，成为廖平的关门弟子。出版的著作有《经学通论》《诸子概论》《秦汉史》《李源澄学术论著初稿》等。

甚，千溪百壑皆欲纳之孔氏"①。

一般认为，康有为（1858—1927）之作《新学伪经考》《孔子改制考》，其理论与学说均来源于廖平。顾颉刚说："（康）有为的书在当时影响很大，其学术价值也很高，但其学则出于廖平。《伪经考》及《孔子改制考》二书的议论，已由廖氏粗引其绪，不过由（康）有为加以敷衍发皇而已。（廖）平所著有《今古学考》二卷，《古学考》一卷。自许慎作《五经异义》以后，直至廖平才第二回作今古文的分析，而成《今古学考》一书。他后来所作的《古学考》，中有《知圣》《辟刘》两篇，是为《孔子改制考》及《伪经考》的蓝本。他首先发现了孔子的托古改制，所以孔子说的三年之丧，他的弟子和时人都来问难。这是给（康）有为一个极大的提示。只因廖平为学不甚谨严，文笔又不足以达意，所以这个风气要待康有为来提倡。"②

吴虞（1872—1949），原名永宽，字又陵，亦署幼陵，别号爱智，四川新繁（今属新都区）人。1891 年，入成都尊经书院。戊戌政变后，转学西方社会政治学说。1905 年赴日本留学，入东京法政大学。1910 年回国，先后在成都县中学、四川法政学堂任教。辛亥革命后任《西成报》总编辑、《公论日报》主笔、《四川政治公报》主编等职。1917 年后任四川法政专门学校、外国语专门学校等校教师。1921 年起，先后受聘在北京大学、北京师范大学、中国大学、成都大学、四川大学任教。著述有《吴虞文录》《秋水集》《吴虞日记》《吴虞文集》，编有《蜀十五家词》《国文撰录》《宋元学案粹语》等。

新文化运动期间，吴虞在《新青年》杂志上发表《家族制度为专制制度之根据论》《儒家主张阶级制度之害》《吃人与礼教》《礼论》《读荀子书后》等文章，猛烈抨击封建专制制度和封建伦理道德，产生了极大的影响，成为新文化运动的代表人物之一，被陈独秀（1880—1942）称为"蜀中名宿"③、被胡适（1891—1962）誉为"中国思想界之清道夫""只手打倒孔家店的老英雄"④。

---

① 转引自蒙文通：《廖季平先生传》，《经学抉原》，上海：上海人民出版社，2006 年，第 200 页。
② 顾颉刚：《当代中国史学》，上海：上海古籍出版社，2002 年，第 38 页。
③ 转引自吴虞：《吴虞集》，成都：四川人民出版社，1985 年，第 386 页。
④ 胡适：《吴虞文录序》，《吴虞文录》，合肥：黄山书社，2008 年。

吴虞运用西方资产阶级革命初期的"民主""自由"思想和中国古代道家、法家、墨家的反孔言论，猛烈抨击儒学和礼教，尤其是儒家提倡的礼、忠、孝、悌和封建家族制度。他认为，"儒家以孝、弟二字为二千年来专制政治与家族制度联接之根干"，"其流毒诚不减于洪水猛兽"。他把封建礼教斥为"吃人的礼教"，"孔二先生的礼教讲到极点，就是非杀人吃人不成功，真是惨酷极了"。吴虞指出，"君主专制"和"教主专制"是阻碍社会发展的两大祸患，"天下有二大患焉"，"君主之专制，钳束人之言论；教主之专制，禁锢人之思想"。为使国家兴盛，必须革儒教和专制政治之命，使"真理益明，知识益进"；必须创立新思想、新学说，"鼓舞言论思想自由之风潮"。①

(2) 中国哲学研究：谢无量与郭沫若

谢无量（1884—1964），名大澄，字仲清，号希范，别号啬庵，四川乐至人。近代著名学者、诗人、书法家。② 在此，仅简单介绍谢无量的一个观点与一部著作。

近代以来，学界流行"以西格中"，即以西学"格义"、剪裁国学。按照西学的标准来衡量国学，有人甚至以为中国没有哲学。对于这样的论调，谢无量持反对意见。谢无量在《佛学大纲》中指出，"并不是说中国没有哲学，道术、儒学、理学、佛教的义学均是哲学"。接着，他进一步区分哲学与科学，"哲学必起于宇宙之观察"，"见其全者为哲学，哲学者全备之学"，"见其偏者为科学，科学者偏备之学"。谢无量认为，近世哲学大致可以分为形而上学、认识论、伦理学三类。③ 谢无量的这些观点，又见于《中国哲学史·绪论》。④ 虽然在表述上略有不同（如谓"道术即哲学也，方术即科学也"），但意思则是一致的。而谢无量的《中国哲学史》，正是按照这样的分类，根据中国哲学自身的特点，论述各家各派哲学思想的源流，揭示各家各派哲学之义蕴、特点。

谢无量的《中国哲学史》，初版于1916年10月。这是近代中国的第一部

---

① 吴虞：《吴虞文录》，合肥：黄山书社，2008年，第3—4、31页。
② 关于谢无量更全面、更详细的情况，请参看本书第七章第二节。
③ 谢无量：《佛学大纲》，扬州：江苏广陵古籍刻印社，1994年。
④ 谢无量著，王宝峰等校注：《中国哲学史校注》，上海：华东师范大学出版社，2018年，第1—3页。

《中国哲学史》，早于胡适（1891—1962）的《中国哲学史大纲》（卷上）和冯友兰（1895—1990）的《中国哲学史》（上下册）。

谢无量说，《中国哲学史》一书"起自上古，暨于近代。凡哲人巨子，树风声于当时，标新义于后代者，皆掇其学说之要，用今世哲学分类之法述之"①。全书分为《上古哲学史》《中古哲学史》《近代哲学史》三编，论述了从先秦到清末各时期哲学的渊源、发展、变迁及各时期哲学家的主要观点。全书的内容以儒学为中国哲学的正宗，在体裁上带有明显的"学案"的痕迹。在形式和体例方面，谢无量虽然未能将自己的想法完全贯彻实施，"但是为后人重写中国哲学史奠定了基础，也树立了参照，其重要贡献不可磨灭"②。

1945年11月，郭沫若在重庆出版了两本论文集——《青铜时代》《十批判书》。《青铜时代》由（重庆）文治出版社出版，《十批判书》由（重庆）群益出版社出版。这两本论文集，都可以归入本处所说的"中国哲学研究"领域。

《青铜时代》收录了作者1934年至1945年间撰写的研究先秦社会和学术思想的12篇论文：《先秦天道观之进展》《周易之制作时代》《由周代农事诗论到周代社会》《驳说儒》《墨子思想》《公孙龙子与其音乐理论》《述吴起》《老聃·关尹·环渊》《宋钘尹文遗著考》《初见秦篇发微》《秦楚之际的儒者》《青铜时代》。书末附录3篇：《〈两周金文辞大系〉序说》、《周代彝铭进化观》、《彝器形象学初探》。该书后收入《郭沫若全集》。③

《十批判书》收录了作者1943年到1945年撰写的研究先秦时期社会和学术思想的10篇论文：《古代研究的自我批判》《孔墨的批判》《儒家八派的批判》《稷下黄老学派的批判》《庄子的批判》《荀子的批判》《名辩思潮的批判》《前期法家的批判》《韩非子的批判》《吕不韦与秦王政的批判》。书末附录《我怎样写〈青铜时代〉和〈十批判书〉》。该书后收入《郭沫若全集》。④

---

① 谢无量著，王宝峰等校注：《中国哲学史校注》，上海：华东师范大学出版社，2018年，第3页。
② 覃江华：《"兼总百家，必归于儒"——谢无量的中国哲学史研究》，《理论月刊》，2013年第12期。
③ 郭沫若：《青铜时代》，《郭沫若全集》历史编第一卷，北京：人民出版社，1982年。
④ 郭沫若：《十批判书》，《郭沫若全集》历史编第二卷，北京：人民出版社，1982年。

《青铜时代》偏重考证，《十批判书》偏重评论，可以称之为姊妹篇。在这两本书中，郭沫若指出：孔子与儒家是有区别的，孔子时代的儒家与秦汉之际的儒家更是不同。孔子的立场是"顺应着当时的社会变革的潮流的"，"是站在代表人民的利益方面的"。孔子思想的核心是"仁"。墨家是作为孔子学说的反命题而出现的，其基本立场与儒家是"完全相反的"。前期法家是历史的必然产物，具有进步的思想政治倾向，而后期法家则是反动的。黄老道家是稷下学宫中的重要一派。黄老道家又可分为三派：一是宋钘、尹文派，他们以调和儒墨的态度而出现；二是慎到、田骈派，他们把道家的理论向法理的一方面发展；三是关尹、老聃派，而《道德经》是关尹为发明老子旨意而作的。庄子是从颜氏之儒出来的，《庄子》全部继承了黄老学派的宇宙观和本体论。名辩思潮的出现有其时代必然性，是因应名实矛盾而产生的。荀子是先秦诸子中的最后一位大师，"他不仅集了儒家的大成，而且可以说是集了百家的大成的"。在《先秦天道观之进展》一文中，郭沫若利用甲骨文、金文和古代典籍，探讨了先秦天道观念的起源。郭沫若指出，殷人已有至上神和祖宗神的观念，起初称作"帝"，后来称为"上帝"，到殷周之际又称为"天"。周代统治者利用了殷人关于天的思想来维护统治。到了春秋时期，周室衰微，"天"的观念也受到许多为政者怀疑。进而老子提出了派生一切物质和观念的"道"，孔子则以"天"为自然、"命"为自然中的必然性。

（3）现代新儒家：贺麟与唐君毅

贺麟（1902—1992），字自昭，四川金堂人。著名哲学家、哲学史家、黑格尔哲学专家、教育家、翻译家，现代新儒家的代表人物之一。早年就读于当地私塾和小学，1917年考入成都石室中学。1919—1926年，求学于清华学校（清华大学的前身），深受梁启超、吴宓等人的影响。1926—1931年，先后留学美国奥柏林大学、芝加哥大学、哈佛大学和德国柏林大学。回国后，历任北京大学、西南联合大学、中国社会科学院教授、研究员。

贺麟著述宏富，著有《德国三大哲人处国难时之态度》、《近代唯心论简释》、《当代中国哲学》（后改名为《五十年来的中国哲学》）、《文化与人生》、《现代西方哲学讲演集》、《黑格尔哲学讲演集》、《哲学与哲学史论文集》等，译有《黑格尔学述》、《致知篇》（后改名为《知性改进论》）、《伦理学》、《小逻辑》、《哲学史讲演录》(与王太庆合译)、《精神现象学》(与王玖兴合译)等。上海人民出版社陆续推出的《贺麟全集》,既方便学人使用,也具有一定的权威性。

贺麟的哲学思想走的是一条中西哲学比较参证、融会贯通的道路,具有非常鲜明的"会通"特色①。贺麟是研究西方哲学尤其是黑格尔哲学的专家,但他研究西方哲学的目的仍在于建立具有中国特色的哲学思想体系。贺麟研究中国哲学,特别注重调解程朱"理学"与陆王"心学",并以陆王"心即理"的原则统贯其哲学思想。早在20世纪40年代,贺麟就建立了"新心学"思想体系,成为"中国现代新儒家思潮中声名卓著的重镇"②,"代表了新儒家运动的一个主要方向"③。贺麟的"新心学"是对中西文化的融通,是中国的陆王心学与西方的新黑格尔主义相结合的产物。贺麟"新心学"思想体系的特点之一,就是调解两个对立面,使之融和合一。诚如研究者所说,"在中国哲学界,贺先生是较早走上中西哲学融会贯通、比较参证的道路的先驱者。在他的学术生涯中,中西哲学形影不离,相得益彰。一方面致力于西方哲学中国化,一方面致力于中国哲学的世界化,为推进中西文化交流作出了奠基性的工作"④。评论说,"贺麟的学术活动、著作和学说,以其内在的思想素质和成就,在他那个时代的哲学界中属于最出色之列"⑤。

唐君毅(1909—1978),四川宜宾县人。哲学家、哲学史家,现代新儒家的代表人物之一。曾就读于中俄大学、北京大学,毕业于中央大学哲学系。青年时代的唐君毅,颇受梁启超(1873—1929)、梁漱溟(1893—1988)、熊十力(1885—1968)等人的影响。曾任教于华西大学、中央大学、金陵大学,曾任

---

① 宋祖良、范进编有《会通集:贺麟生平与学术》(北京:生活·读书·新知三联书店,1993年)。书名中的"会通"二字,非常贴切。
② 宋志明:《贺麟学案》,载方克立、李锦全:《现代新儒家学案》(中册),北京:中国社会科学出版社,1995年,第225页。
③ 中国社会科学院哲学研究所西方哲学史研究室:《出版说明》,《贺麟先生百年诞辰纪念文集》,北京:中国社会科学出版社,2009年,第1页。
④ 李景源:《纪念贺麟先生百年诞辰座谈会上的开幕辞》,《贺麟先生百年诞辰纪念文集》,北京:中国社会科学出版社,2009年,第4页。
⑤ 张祥龙:《〈贺麟全集〉出版说明》,《贺麟全集》,上海:上海人民出版社,2009年,第2页。

江南大学教务长。1949年6月，唐君毅和钱穆（1895—1990）移居香港。终其后生，以游子身份客居异乡，直至埋骨台北。①

唐君毅的著述极其宏富，主要著作有《道德自我之建立》《人生之体验》《中国哲学原论》《生命存在与心灵境界》等。台湾学生书局1991年所推出的《唐君毅全集》，有皇皇三十卷之巨，蔚为壮观。

唐君毅学问渊博，学贯中西，对中、西、印哲学思想无不尽心钻研，尤用力于中、西、印三大文化传统中所体现的人文精神。唐君毅的哲学思想具有很大的包容性，对中、西、印的不同哲学流派都力图加以客观评价，再找出圆融之道。唐君毅被牟宗三（1909—1995）誉为"文化意识宇宙中之巨人"②，并被西方有的学者誉为"中国自朱熹、王阳明以来的杰出哲学家"③。他的学术思想进路，被海外学者概括为：以黑格尔型的方法及华严宗型的系统，展开其"生命存在与心灵境界"都为"一心"所涵摄的文化哲学体系，名曰"唯心论的本体——文化论的哲学系统"④。

2. 西方哲学

西方哲学传入四川较晚。1930年前后，华西协合大学、四川大学等院校开设过"西洋哲学史"课程，多属于简单的介绍和对个别人物（如黑格尔）的专题宣讲。1936年，张颐回川执教，先后在四川大学（1936—1939年）、武汉大学（1936—1946年）讲授"西方哲学史""德国哲学""黑格尔哲学"等课程，"受到专业同学的极大重视"⑤。抗战时期，中央大学、复旦大学、武汉大学、金陵大学等高校内迁四川，方东美、宗白华、陈康、牟宗三、熊伟等人在高校讲授外国哲学。民国时期，有一批川籍学者从事西方哲学的翻译、教学、研究工作，为中国的西方哲学学科建设做出了重要贡献，其中以张颐、贺麟、

---

① 关于唐君毅之生平与学术，可参看唐端正：《唐君毅先生年谱》，《唐君毅全集》（卷廿九），台北：台湾学生书局，1991年，第1—243页。

② 牟宗三：《悼念唐君毅先生》，《唐君毅全集》（卷三十），台北：台湾学生书局，1991年，第26页。

③ 中国大百科全书出版社《简明不列颠百科全书》编辑部：《简明不列颠百科全书》（第七卷），北京：中国大百科全书出版社，1986年，第677页。

④ 参看彭华：《唐君毅的中国哲学史研究——关于方法论的讨论与比较》，《宜宾学院学报》，2001年第1期。

⑤ 萧萐父：《冷门杂忆》，《吹沙二集》，成都：巴蜀书社，1999年，第384页。

杨一之最为引人注目。颇为巧合的是，它们三人都非常喜爱并且推崇黑格尔哲学。

张颐（1887—1969），字真如，四川叙永人。张颐是中国现代专门研究黑格尔哲学的先驱，对西方古典哲学尤其是黑格尔哲学有精深研究。1913年赴美国入密歇根大学留学，相继获文学学士、教育硕士及哲学博士学位。1919年，入英国牛津大学继续深造。1923年，向牛津大学提交英文论文《黑格尔的伦理学说——其发展、意义与局限》（*The Development, Significance and Some Limitations of Hegel's Ethical Teaching*），经公开答辩后获哲学博士学位。张颐是中国第一位牛津大学哲学博士学位获得者。1921年，赴德国入埃尔朗根大学和柏林大学研究康德哲学和黑格尔哲学。后赴法国、意大利考察，为英国皇家学会会员。1924年回国，主持北京大学哲学系，讲授康德（Immanuel Kant，1724—1804）和黑格尔（Georg Wilhelm Friedrich Hegel，1770—1831）的哲学，是为西方古典哲学进入近代中国大学之始。至此，"西方古典哲学才开始真正进入了中国近代大学的哲学系"，"我们中国才开始有够得上近代大学标准的哲学系"。① 其后，任厦门大学教授兼文学院长、代理校长。1936年任四川大学教授、文学院长，1937年6月代理校长。其后，任武汉大学教授。抗战胜利后，任北京大学教授。1948年底回川，"一心想终老本乡，不再复出"②。中华人民共和国成立后，任四川省文史馆研究员。1957年返北大任教，指导研究生。③

在贺麟看来，康德、黑格尔哲学在中国的传播可以分为三个时期——前期（戊戌变法至五四运动）、中期（五四运动至中华人民共和国成立）、后期（中华人民共和国成立以后），而张颐是中期"最早研究黑格尔哲学首屈一指的人物"，"他的那本《黑格尔伦理学》是用英文写成的，书名是《黑格尔伦理学说

---

① 贺麟：《五十年来的中国哲学》，沈阳：辽宁教育出版社，1989年，第96、25页。按：贺麟两处文字均云1923年，实属记忆之误。张颐于1924年4月回国，7月就任北京大学哲学系教授。详见张文达：《张颐年谱》，侯成亚、张桂权、张文达：《张颐论黑格尔》，成都：四川大学出版社，2000年，附录第256—257页。

② 熊伟：《恩师张颐》，《自由的真谛——熊伟文选》，北京：中央编译出版社，1997年，第323页。

③ 参看彭华：《贺麟与蜀学——关于现代蜀学的梳理与思考》，《西华师范大学学报》，2013年第4期。

的发展、意义及其局限》。……这书在国外是有不少影响的","张颐先生对黑格尔哲学独创的看法可以从他对黑格尔《逻辑学》中范畴关系的解释看出";但不无遗憾的是,"张颐先生回国后,除了讲课外,很少再有这方面的论著发表,致使国人很少了解他的哲学见解"。① 而尤其遗憾的是,张颐用英文写成的博士学位论文《黑格尔的伦理学说》,虽然早在1925年就由商务印书馆出版了,但直至2000年才有中文译本问世。② 除博士学位论文外,张颐还发表过为数甚少的论文,如《读克洛那、张君劢、瞿菊农、贺麟诸先生黑格尔逝世百年纪念论文》③《关于黑格尔哲学回答张君劢先生》《余与张君劢先生讨论黑格尔哲学之经过》《黑格尔与宗教》《从哲学周刊征文联想到圣路易哲学运动》等④。

贺麟之翻译《黑格尔学述》,曾经得到过张颐的帮助,"此稿译成后,曾经两三位朋友校阅过。吾国研究黑格尔学先进张真如先生曾校阅大部分,哈佛同学谢幼伟君曾对照原文看过一遍"⑤。贺麟的弟子洪汉鼎说,"贺先生蛮佩服张颐的","贺先生经常跟我说,他的前辈就是张颐,认为张颐搞得不错"。⑥

杨一之(1912—1989),原名杨元靖,四川潼南(今属重庆)人。1928—1929年,就读于上海复旦大学特修班。1929—1936年,先后在法国巴黎大学、奥地利维也纳大学、德国法兰克福大学、汉堡大学、巴黎大学研读哲学,兼修自然科学。1936年回国,先后任北平大学、重庆北碚复旦大学、上海同济大学、上海复旦大学教授,讲授西方哲学等多门课程。自1956年起,任中国科学院哲学社会部(今中国社会科学院)哲学研究所研究员。杨一之谙熟西方哲学,对德国哲学和法国哲学的研究尤为深入。译著有黑格尔《逻辑学》⑦、肖

---

① 贺麟:《五十年来的中国哲学》,沈阳:辽宁教育出版社,1989年,第104—105页。
② 侯成亚、张桂权、张文达:《张颐论黑格尔》,成都:四川大学出版社,2000年。
③ 张颐:《读克洛那、张君劢、瞿菊农、贺麟诸先生黑格尔逝世百年纪念论文》,《大公报·文学副刊》第207期,1931年12月23日。哲学界知悉此文者不多,故标注出处信息于此。
④ 以上诸文,均收入侯成亚、张桂权、张文达:《张颐论黑格尔》,成都:四川大学出版社,2000年。
⑤ 贺麟:《译序》,《黑格尔学述》,上海:上海人民出版社,2012年,第174页。
⑥ 洪汉鼎:《客居忆往:哲学人生问答录》,北京:中国人民大学出版社,2016年,第208页。
⑦ [德]黑格尔:《逻辑学》(上下卷),杨一之译,北京:商务印书馆,1966年。

尔兹《简明逻辑史》等①，著作有《康德黑格尔哲学讲稿》等②，文集有《理性的追求——杨一之著述选粹》③。

回顾历史，巴蜀文化、巴蜀学术曾经出现过三次高峰：第一次是汉魏时期，第二次是两宋时期，第三次是晚清民国时期。其中，第三次高峰离我们最近，更具有现代性，也更值得继承与弘扬。

李学勤（1933—2019）说："从晚清以后，中国传统文化发展的中心位置有所转移，当时迁移的重心，我认为，一个是'湘学'，一个是'蜀学'。'湘学'与'蜀学'是在那时新形势下形成的人文学术的两大中心。"④ 这是客观地概括，也是积极地嘉勉。

---

① ［德］肖尔兹：《简明逻辑史》，杨一之译，北京：商务印书馆，1977年。
② 杨一之：《康德黑格尔哲学讲稿》，北京：商务印书馆，1996年。
③ 杨一之著，冯静编：《理性的追求——杨一之著述选粹》，北京：社会科学文献出版社，2000年。
④ 李学勤：《弘扬国学的标志性事业》，《西南民族大学学报》，2005年第9期，第1页。

第二章

由地方而走向全国：以四川大学为例

一、由地方逐渐走向全国

国立四川大学的"远源"虽然可以追溯到锦江书院（1705—1902）、尊经书院（1875—1902）[①]，但其"近源"则是"三大学"——国立成都大学、国立成都师范大学、公立四川大学。从"三大学"时期到国立四川大学时期，在政府、学校、师生的共同努力之下，四川大学逐渐成为"全国性"的、"现代化"的大学。

1922年，北洋政府根据全国教育联合会的提议，对高等教育进行了改革。这是继"壬子·癸丑学制"（1912—1913年）改革之后，中华民国时期所进行的第二次大规模的学制改革，史称"新学制改革"。

1926年，根据"新学制改革"精神，成都高等师范学校一分为二——国立成都大学、国立成都师范大学。1927年，四川省的五大专门学校（四川公立法政专门学校、四川公立农业专门学校、四川公立外国语专门学校、四川公立工业专门学校、四川公立国学专门学校）合并组建公立四川大学。这一时期，被称为四川大学历史上的"三大学"时期。

1931年11月9日，国立成都大学、国立成都师范大学、公立四川大学合并为国立四川大学，是为"三水汇流"。合并成立的国立四川大学，是当时国内13所国立大学之一。"三水汇流"是四川大学学校发展史上的重要里程碑，"标志着四川大学国立化和现代化的进一步启动"[②]。

[①] 参看本书第一章第一节。
[②] 党跃武：《四川大学校史读本》，成都：四川大学出版社，2013年，第33页。

（一）国立成都高师：新派与新潮

在国立成都高等师范学校（以下简称"国立成都高师""成都高师"）的校长中，吴玉章是最著名的一位。吴玉章（1878—1966），原名永珊，号树人，四川荣县人。老同盟会会员。早年就读于成都尊经书院，后留学日本，又赴法国勤工俭学。① 1917年，吴玉章被教育部委任为欧美学务调查员，考察过欧洲和日本的许多学校，对日本和西方的新式教育有较多了解。

1922年8月16日，吴玉章被任命为国立成都高等师范学校校长。9月4日，吴玉章到校视事，正式就任国立成都高等师范学校校长。吴玉章到校后，实行大刀阔斧的教育改革。1924年3月，由于军阀混战，成都易帜，吴玉章被迫辞职。②

在担任国立成都高等师范学校校长期间（1922.8—1924.3），吴玉章进行了一系列改革，而这些改革是富有成效的。具体情况如下。③

1. 全力改善办学条件

就任国立成都高师校长后，吴玉章把改善办学条件作为第一任务。由于学校面临着办学经费拮据的问题④，吴玉章努力争取四川省财政厅和社会各界的经济支持，积极联络校友和校外机构支持学校办学。到校不久，吴玉章就为学校经费事宜专门致函四川省财政厅追索欠款。在吴玉章的大力争取下，川军总司令部下达了严禁军队进入学校操演的命令，并且有关方面对破坏学校围墙的盗窃犯和绑架附小学生的罪犯等进行了严厉惩处，使学校的治安环境得到了

---

① 关于吴玉章的其他情况，请对照参看本书第一章的第一、四节。
② 四川省地方志编纂委员会：《四川省志·大事纪述》（中册），成都：四川人民出版社，1999年，第66页。
③ 以下内容，直接借鉴自以下（1）（2）（3）三书，但笔者根据（4）《吴玉章年谱》进行了校核与补充。(1) 四川大学校史编写组：《四川大学史稿》，成都：四川大学出版社，1985年，第94—101页。(2)《四川大学史稿》编审委员会：《四川大学史稿》（第一卷），成都：四川大学出版社，2006年，第83—99页。(3) 党跃武：《四川大学校长传略》（第一辑），成都：四川大学出版社，2014年，第33—45页。(4) 刘文耀、杨世元：《吴玉章年谱》，成都：四川人民出版社，1998年。
④ 1922年3月1日，成都教师为索薪而罢教。四川教育经费独立运动由此发端，由成都波及全省。6月，四川教育界发生大规模的教育经费独立运动。参看刘文耀、杨世元：《吴玉章年谱》，成都：四川人民出版社，1998年，第93—95页。四川省地方志编纂委员会：《四川省志·大事纪述》（中册），成都：四川人民出版社，1999年，第64—65页。

改善。

2. 大力宣传进步思想

吴玉章利用自己独特的身份和地位，与杨闇公（1898—1927）等人一起组织了马克思主义团体，积极宣传进步思想。刚到校不到两个月，吴玉章就把四川地区马克思主义先驱王右木（1887—1924）续聘回校担任教员。[①] 当恽代英（1895—1931）在泸州川南师范被军阀赖心辉（1886—1942）扣押时，吴玉章立即去电保释恽代英，并于 1923 年 2 月把恽代英聘请到学校担任教育学教员，还让他在礼堂给全体学生讲《阶级斗争》。吴玉章说，恽代英在成都高师任教期间是"最受学生欢迎的教师"，他"把马克思主义在四川的宣传活动推向了一个更高的阶段"。1924 年 1 月 12 日，吴玉章与恽代英、杨闇公等人在杨闇公寓所秘密组织成立"中国青年共产团"（简称"C. Y"，后定名为"中国 Y. C 团"）。1924 年 5 月 1 日，中国 Y. C 团刊物《赤心评论》在成都创刊，刊出吴玉章《人类生活问题当如何解决》的前半部分。[②] 吴玉章还积极保护进步学生，支持学生的革命实践，"使学校成了传播革命思想、培养革命干部的基地"。

3. 积极任用新派人物

在国立成都高师，吴玉章明确提出了"崇尚科学，启用新派"的思想，通过积极引进和任用新派人物，力图改变成都高师长期以来比较严重的"重文轻理"的积习，尤其注意延聘学有专长的具有理工科知识背景和海外学历背景的教师。吴玉章所启用的新派人物，有郭鸿鸾（留学日本，取代贺孝齐担任教务主任）、李植（语言文字学）、傅振烈（英文）[③]、张幼房（化学）、夏峋（数学）、何邦著（数学）、黄振国（动、植物学）等。而在五四运动的影响下，使

[①] 1922 年 7 月，王右木因组织教育经费独立运动，带头参加有关活动，为当局所不容，被迫从成都高师辞职。参看刘文耀、杨世元：《吴玉章年谱》，成都：四川人民出版社，1998 年，第 95 页。

[②] 刘文耀、杨世元：《吴玉章年谱》，成都：四川人民出版社，1998 年，第 114 页。

[③] 傅振烈（1893—1972），又名子东，四川江油人。1918 年毕业于北京大学经济系，1919 年至 1922 年留学于美国。回国后，历任国立成都高等师范学校、武汉大学、中山大学等校教授，曾任国立成都高等师范学校校长。著有《傅氏文典》《傅氏白话文法》《语法理论》《古代汉语语法大纲》等。参看党跃武：《四川大学校长传略》（第一辑），成都：四川大学出版社，2014 年，第 75—81 页。

其顽固反对新文化运动的"蜀学宿儒"如宋育仁、曾学传、龚煦春等，则从成都高师的教师名单中消失了。吴玉章将国文部的《经学通论》课由原先的每周6—11学时，压缩、减少为每周2学时①。通过调整与改革，改变了学校"重文轻理"，以及"蜀学宿儒"掌控学校的局面。

经过吴玉章的努力，学校师资队伍的阵容已经颇为整齐、强大了。1922年10月，成都高师的教职员人数是56人；其中，有海外学历背景的29人，外籍教师4人。1923年12月，成都高师的教职员工人数是72人；其中，有海外学历背景的32人，外籍教师7人。以国文科为例，其教员有李植、林思进、祝同曾、赵少咸、龚道耕、余苍一、萧仲伦、萧汉勋（外国史地、人类学）、彭昌南（外国史地）、文龙、谭焯、胡中渊等。国立成都高等师范学校师资队伍阵容之强大，由此可见一斑。

4. 不断健全规章制度

为了办好国立成都高师，吴玉章十分注意学校各项规章制度的建设。他先后审定了《国立成都高等师范教育参观团组织及进行办法》《国立成都高等师范学校各部学科编制大纲》等办学文件，为国立成都高师的不断发展创造了良好的条件。1923年4月和1924年4月，吴玉章两次派学生去国内的重庆、武汉、南京、无锡、南通、上海、北京等地，以及国外的朝鲜和日本等国考察。"各生考察回川，学业增进，服务成绩愈益优良"（吴玉章1923年10月致四川省公署公函）。

5. 稳步扩大办学规模

国立成都高等师范学校本科原设有国文、英语、数理、博物四部，专科设有图画、手工两科。经过筹备和规划，本科的数理部扩大为数理化部，后又分设为数学部和理化部；专科增设了体育、英语两科；附中设有文、理、农、工、商五科。至此，国立成都高师的学科趋于完善。同时，也适当扩大了招生规模。

6. 推动教师海外进修

在国立成都高师期间，吴玉章十分注重推动教师海外进修。因为吴玉章认

---

① 刘文耀、杨世元：《吴玉章年谱》，成都：四川人民出版社，1998年，第109页。

为，实行新的办学理念，改进传统的教学方法，教师的进修都很重要，而"派人出洋研究精深之术"，是"为国家、教育前途储备人才"。1922年11月，吴玉章在刚担任校长两月之后，即派遣教员邓胥功（1888—1976）取道德国去美国留学①，同时考察欧美的教育发展和教育制度。并且规定，教员在出洋留学期间，发放半薪。这在成都高师历史上是第一次，在当时四川地区的高等学校中也是绝无仅有的。

7. 逐步完善课程体系

执掌国立成都高师之后，吴玉章即着手对学校课程体系进行了大力度的改革。国立成都高等师范学校实行的是有指导的选课制，要求"必修课约占全单位之四分之三，选修课约占全单位之四分之一"。国立成都高等师范学校的整个课程体系主要由通习科目（即通识课）、分习科目（即专业课）、随意科（即任意选修课）组成，与今天的高等学校课程体系几乎完全一致。

8. 重视改进教学方法

在授课方法上，吴玉章提倡采用西方的"自学辅导主义"等教学方法，要求教师积极引导学生"感触时代思潮"，阅读进步书刊。同时，吴玉章根据学校"养成师范学校及中等学校教育人才"的宗旨，十分重视学生的业务实践和社会实践能力的培养。国立成都高等师范学校采用的方法主要包括：一是以附中和附小为场所实地练习教学方法，二是实行毕业见习活动，三是按照专业要求开展实地教学。

9. 热情关爱广大学生

吴玉章出身于贫困家庭，知晓民间疾苦。在任国立成都高等师范学校校长期间，吴玉章热情关爱广大学生，积极支持学生的爱国民主运动。1923年10月，吴玉章曾就云南籍学生国内外考察所需经费事，专门致函云南省教育司，希望"由原籍县知事、视学在地方款项下关给"②。关于吴玉章之关爱学生，

---

① 邓胥功（1888—1976），字只淳，四川巴县（今重庆市巴南区）人。撰有《教育学大纲》《教育通论》《吕氏春秋教育思想的研究》等。

② 刘文耀、杨世元：《吴玉章年谱》，成都：四川人民出版社，1998年，第108页。

姜亮夫（1902—1995）曾经有过真切的回忆。①

10. 促进学生全面发展

吴玉章非常重视学生的全面发展。吴玉章认为，"不学经济，不知道中国将来前途怎样走"。因此，他亲自为学生讲授"经济学"，而且备课十分认真。为了发展学生的业余爱好，吴玉章支持学生按学科组织学术团体（如国文学会、英文学会、数理学会、音乐学会、体育学会等），并支持他们出版学术杂志、开展学术交流。

吴玉章虽然在成都高师任职前后不到两年，但他在学校发展史上的贡献是巨大的，影响是深远的。1959 年，吴玉章曾经深情回忆他在成都高师的改革，"教过一番整顿，学校面貌大大改观，师生员工团结得很紧密，树立了一种崭新的学风。同学们有秩序、有朝气，追求知识，孜孜不倦，议论政治，意气焕发，成都高师成了进步势力的大本营"②。

（二）国立成都大学：开放与自由

在国立成都大学（以下简称"成都大学""成大"）的办学史上，张澜③是永远值得铭记的一位校长。1925 年 12 月，四川善后会议在成都召开。1926 年 2 月，四川善后会议赞成成立成都大学。4 月初，张澜被省长公署任命为国立成都大学校长。4 月 6 日，张澜正式就职。12 月 1 日，北京政府正式任命张澜为国立成都大学校长。1930 年 8 月，因不满军阀迫害学生、摧残教育，张澜愤而辞职。

张澜是"杰出的人民教育家"④。在担任国立成都大学校长期间，张澜的

---

① 姜亮夫：《忆成都高师》，载王元化：《学术集林》（卷二），上海：上海远东出版社，1994 年。

② 吴玉章：《回忆"五四"前后我的思想转变》，《吴玉章回忆录》，北京：中国青年出版社，1978 年。

③ 张澜（1872—1955），字表方，四川南充人。早年毕业于成都尊经书院，后赴日留学。著名的民主革命家、优秀的社会活动家、杰出的人民教育家，被誉为"川北圣人""今日之管仲""党的益友"。著有《张澜文集》。

④ 1982 年，民盟中央主席史良（1900—1985）高度评价了张澜办成都大学的思想与成就，称赞张澜为"杰出的人民教育家"。（史良：《与日俱进，奋斗不息——纪念张澜同志一百一十周年诞辰》，《人民日报》，1982 年 4 月 1 日。）

办学思想和办学成就主要表现在以下方面①：

1. 广延名师，用人唯才

张澜深知，要办好教育，优秀的师资是关键。张澜上任之后，提出了"打开夔门，广纳英才，欢迎中外学者来川讲学"的响亮口号。为此，张澜千方百计延聘省内外、国内外的专家、学者与名师。据统计，1929年的国立成都大学共有专任教师142人，其中教授、副教授83人，讲师56人（其中有外籍教师28人②）。不仅在四川的三所大学中领先，即使在当时由教育部立案的21所国立大学中，国立成都大学也是名列前茅。③国立成都大学的这一优势，一直保持到张澜辞职的1930年。

张澜在延聘教师方面有以下一些特点：一是既注意到"蜀学宿儒"（如刘咸荥、林山腴、龚道耕等），更欢迎新派人物（如吴虞、吴芳吉、李劼人等）。二是注重自然科学人才。如数学系的魏时珍④，生物系的罗世嶷⑤、周太玄⑥，化学系的曹四勿，就是张澜通过任鸿隽用重金聘请的"庚款"特聘教授。三是来源多元、海纳百川。以前国立成都高师的教师以毕业于日本的居多数，而张澜则注意广为延聘毕业于欧美的教师，并且聘请了许多外国人到校任教。四是

---

① 本小节内容，综合参考以下诸书而成：(1) 四川大学校史编写组：《四川大学史稿》，成都：四川大学出版社，1985年，第102—109页。(2)《四川大学史稿》编审委员会：《四川大学史稿》（第一卷），成都：四川大学出版社，2006年，第102—109页。(3) 谢增寿、康大寿：《张澜传略》，北京：档案出版社，1992年，第50—60页。(4) 党跃武：《张澜与四川大学》（上），成都：四川大学出版社，2013年，第50—58页。

② 根据1929年教职员名册统计，国立成都大学有外籍教师28人。参看谢增寿、康大寿：《张澜传略》，北京：档案出版社，1992年，第52页；党跃武：《张澜与四川大学》（上），成都：四川大学出版社，2013年，第52、202—208页。

③ 国民政府教育部：《全国高等学校统计》，1930年。

④ 魏时珍（1895—1992），名嗣銮，字时珍，四川蓬安人。1920年赴德国留学，1924年获德国哥廷根大学博士学位。魏时珍曾与爱因斯坦讨论相对论，是最早向中国传播相对论的学者之一。1926年回国后，历任国立同济大学教授和国立四川大学教授兼理学院院长。参看范敬一：《最早向中国传播相对论的魏时珍教授》，载成都市政协文史学习委员会：《成都文史资料选编·教科文卫卷》（下册），成都：四川人民出版社，2007年，第243—258页。

⑤ 罗世嶷（1889—1956），字沅叔，四川威远人。植物学家。1924年毕业于法国耶鲁理科大学，获理学硕士学位。长于植物形态学、分类学。著有《科学的家庭》等。

⑥ 周太玄（1895—1968），原名焯，号朗宣，后改名无，号太玄，四川成都人。教育家、翻译家、政论家、社会活动家、诗人、著名生物学家，被公认为中国腔肠动物研究鼻祖。1920年留学法国，1930年获法国国家理学博士学位。参看党跃武：《四川大学校长传略》（第一辑），成都：四川大学出版社，2014年，第128—133页。

敢于重用有真才实学的年轻人。比如，毕业于日本东京帝国大学的曾济实，年仅 26 岁，即被任命为化学系主任。

兹谨据《国立成都大学一览》（1929 年 9 月）[①]，将国立成都大学的教师阵容制表如下：

表 2—1　国立成都大学教师阵容

系别	教师
中文系	熊晓岩（文学院院长）、吴芳吉（系主任）、吴虞、李劼人、龚道耕、林山腴、李植、赵少咸、蒙文通、伍非百、刘咸荥、刘复、卢冀野、余苍一
外文系	廖天祥（系主任）、刘星垣、谢文炳、王敬驹、何光玖、焦永孚（外籍教师略[②]）
历史系	叶秉诚（教务长兼系主任）、张森楷、何鲁之、刘掞黎[③]、洪承中、张大和
教育系	宋懋欧（系主任）、刘绍禹（后任系主任）、景昌极、刘天予、陈希虞、陈修平、徐朴生
政治系	吴君毅（法学院院长兼系主任）、熊晓岩、张铮、黄季陆、杨兰荪、张萍洲、杨伯恺
经济系	张与九（系主任）、黄子度、沈月书、杨国镇、尹伯恺
数学系	魏时珍（理学院院长兼系主任）、胡少襄（后任系主任）、谢苍璃（后任系主任）、何邦著、周润初、张鼎铭、杨世英、周子高、饶泰让
物理系	沈懋德（理学院院长兼系主任）、郑愈（后任理学院院长兼系主任）、吕子方、郭鸿鸾、任永珍、谢宝善
化学系	曾济实（系主任）、曹四勿（后任系主任）、彭用仪、李季伟、林兆综、张幼房、隆华、杨秀夫、张汉良、熊祖同、顾葆常、周太岳
生物系	罗世嶷（系主任）[④]、刘运筹（后任系主任）、周太玄、黄振国、张叔源
艺术系	宋居田、陶又点等

[①]　《国立成都大学一览》选自四川大学档案馆藏《国立成都大学全宗》（第 1 卷）。原档批注："本册约成于 1929 年 9 月。"见党跃武：《张澜与四川大学》（上），成都：四川大学出版社，2013 年，第 151 页。

[②]　国立成都大学的外籍教师主要来自英国和美国，其名录见党跃武：《张澜与四川大学》（上），成都：四川大学出版社，2013 年，第 206—207 页。

[③]　说明：《四川大学史稿》第一卷第 104 页误作"刘黎"。刘掞黎（1899—1935），字楚贤，湖南新化人。1928 年，刘掞黎应国立成都大学之聘，任历史学系教授。期间，刘掞黎撰有《中国政治史》《中国民族史》《史学与史法简编》等。

[④]　说明：《四川大学史稿》第一卷第 104 页误作"罗世疑"。罗世嶷，字元叔，四川富顺人。参看党跃武：《张澜与四川大学》（上），成都：四川大学出版社，2013 年，第 205 页。

2. 民主办校，发挥教授的作用

对学校的领导体制，张澜进行了较大改革。他先后主持制订了《国立成都大学组织大纲》，文、理、法科通则，学生通则、教员延聘细则，教职员薪俸规程等，并组织实施《国立成都大学组织大纲》。校务会议是学校最权威的机构，由张澜、教务长、各科学长（1930年以后称院长）、总务长、斋务长、系主任、部主任和图书馆馆长组成。这些会议的参加者基本上都是教授，有利于集思广益。这是张澜学习蔡元培（1868—1940）民主办学、教授治校的一种重要形式。

在所设的各个委员会中，聘任委员会是当时成都大学聘任教职员的一个权力很大的专门机构。聘任委员会由张澜及教务长、总务长、院长、系主任和教授代表组成，以投票方式表决，以票数多少决定取舍。这也是张澜民主办学、用人公开的开明表现。

3. 改革学科和课程设置，严格要求学生

在主持国立成都大学期间，张澜还对学科、课程设置进行了一些改革。1926年，国立成都大学第一次招收本科生，并且第一次招收了三名女生，实行男女同校。这也是张澜效仿蔡元培办学的一项内容。1928年设文、理、法科，增加法律科。1930年，改科为院。在课程设置上，分必修科目、选修科目两大类。其中，选修科目又多于必修科目。只要完成了必修科目规定的学分，都可自由选修其他科目。

在办学中，张澜严格要求学生，要求学生关心国家的前途，以天下为己任，积极参加改造社会环境的工作。张澜反对学生读死书，认为"读书不是为自己装门面，而是为社会尽力量"，读书的目的就在于改造社会，推动社会的发展。张澜热切希望学生成为国家的栋梁、社会的骨干。

4. 兼容并包，主张学术自由和思想自由

张澜对校内的各党各派、各家学说兼容并包，主张学术自由、思想自由。这也是张澜学习蔡元培办学的一项内容。在当时的国立成都大学，各种政治派别的人都有。既有国民党人熊晓岩、张铮、曹四勿、黄季陆等，也有共产党人杨伯恺等，还有国家主义派的何鲁之等；既有传统保守的"蜀学宿儒"刘咸荥、林山腴、龚道耕等，也有新派人物吴虞、吴芳吉、李劼人等。对于这些人物，张澜允许他们按自己的流派、观点讲课。

对于不同党派、流派的学生，张澜也允许他们同时并存、自由争鸣。在张澜的影响和支持下，国立成都大学各系的学生组成了自己的学术团体，并出版了专业学术刊物。比如，历史系学生成立了"史学研究会"，编辑出版了《史学杂志》。中文系学生成立了"中国新文学研究会"，编辑出版了《文学汇刊》。教育系学生成立了"教育学会"，编辑出版了《现代教育》。经济系学生成立了"经济学会"，编辑出版了《经济科学》。

张澜还亲自为这些刊物撰写文章，引导和鼓励学生探求真知。1929年，张澜专门为《现代教育》撰写了《我们对于教育的主张》一文，作为该刊的发刊词。张澜在文章中盛赞"民主与科学"的精神，谴责封建的"奴隶教育"，强烈呼吁"教育精神的独立自由化与教育制度的贫民民主化"，鼓励学生投身于中国"社会和政治的改造"，以完成"教育的改造"。张澜认为，"这是为世界中国整个的历史发展和社会进化的趋势所决定的，从事教育的人，应该顺着这个趋势来尽他推动教育即所以推动历史，改造社会即所以改造教育的伟大责任"[①]。

（三）国立四川大学：巩固与发展

1931年11月9日，国立成都大学、国立成都师范大学、公立四川大学合并为国立四川大学（以下简称"四川大学""川大"）。自此之后，至1949年10月1日中华人民共和国成立，四川大学共计有过五位校长。

五位校长的姓名及其任职时间，具体如下：王兆荣（1932—1935），任鸿隽（1935—1937），张颐（1937—1938），程天放（1938—1943），黄季陆（1943—1949）。

王兆荣（1887—1968），字宏实，四川秀山（今属重庆）人。早年留学日本时，参加李大钊（1889—1927）组织的"民权运动大同盟"。1932—1935年，任四川大学校长。在任四川大学校长期间，正值四川的多事之秋，客观上注定王兆荣不能有多少作为。加之王兆荣并无深厚的政治背景，又面临着经费困难、军阀压迫的深重危机，使王兆荣如履薄冰、战战兢兢。就是在如许恶劣

---

① 龙显昭：《张澜文集》，成都：四川教育出版社，1991年，第99—103页。

的条件之下，王兆荣依然努力推进学校各方面的发展，尽其所能地为国立四川大学的发展而多方奔走，如为筹措经费而奔走、领导师生反对变卖皇城校产等。①《国立四川大学一览》（1935年）在评价王兆荣的业绩时说："他筚路蓝缕，奠定基础之功，均啧啧尚在人口。"② 可谓允当！

总体而言，"自三大学合并至1935年，尽管学校处境十分困难，但在王兆荣校长的艰苦维持之下，各方面的建设均有一定推进，发展虽然缓慢，意义却很特殊。如果没有这一阶段的艰苦维持和初步整顿，学校在军阀混战结束后的较大发展是不可能出现的"③。

1935年8月，国民政府教育部同意王兆荣的辞职。此后，任鸿隽就任国立四川大学校长。与王兆荣相比，任鸿隽之出任川大校长，可谓得其天时、地利、人和。

1935年2月，即任鸿隽上任之前半年，四川省政府主席刘湘废除防区制，实现川政统一。自此，四川由"地方"而融入"全国"，开始了作为"中华民族复兴策源地"的"地方中央化过程"④；而此后的四川大学，亦由"立足地方"而"走向全国"。任鸿隽是四川人⑤，对故乡一往情深，对发展四川的文化与教育倍感义不容辞。早在1919年协助四川都督熊克武（1885—1970）筹

---

① 参看四川大学校史编写组：《四川大学史稿》，成都：四川大学出版社，1985年，第161-168页。
② 四川省地方志编纂委员会：《四川省志·人物志》，成都：四川人民出版社，2001年，第584页。
③ 《四川大学史稿》编审委员会：《四川大学史稿》（第一卷），成都：四川大学出版社，2006年，第152页。
④ 王东杰：《国家与学术的地方互动：四川大学国立化进程（1925—1939）》，北京：生活·读书·新知三联书店，2005年，第139页。
⑤ 任鸿隽（1886—1961），字叔永。祖籍浙江吴兴，生于重庆垫江，后改籍为巴县。1908年留学日本，次年入同盟会，曾任同盟会四川分会书记、会长。辛亥革命后回国，任南京临时政府总统府秘书。后临时政府北迁，任国务院秘书，旋赴天津办《民意报》。1913年留学美国，入康奈尔大学。1914年6月10日，发起成立"中国科学社"，任董事长兼社长。1917年获康奈尔大学化学学士学位，1918年获哥伦比亚大学化学硕士学位。回国后，历任北洋政府教育部专门教育司司长、北京大学教授、上海商务印书馆编辑、东南大学副校长。1935年8月任四川大学校长，1937年6月辞职。1938年被聘为国民参政会参政员，任中央研究院秘书长、总干事兼化学研究所所长。抗战胜利后，任中国科学社社长，不久赴美考察。1947年回国，埋头著述。中华人民共和国建立后，任全国政协委员、上海市科联主任委员、上海图书馆馆长等职。主要著作有《科学概论》等，部分论著后结集为《科学救国之梦——任鸿隽文存》《中国近代思想家文库·任鸿隽卷》出版。

建钢铁厂时，任鸿隽即上书四川省长公署，建议仿美国各州立大学之例，把四川大学建成名副其实的"现代化"的大学。任鸿隽是老同盟会会员，曾经担任过孙中山（1866—1925）临时总统府的秘书，有留学美国名校的学历背景，国学功底深厚，又是著名的化学家，且与政界、学界交游广泛。因此，"任鸿隽就任国立四川大学，以他的名望、资历和影响，引起国内和四川各方人士的极大关注，被视为国立四川大学振兴的一大吉兆"，甚至被认为是"四川教育界的福音"。[1]

任鸿隽上任后，便明确提出四川大学的"两大目标"和"三大使命"，这是任鸿隽的建校方略与奋斗目标。所谓目标、所谓使命，就是为了"把川大办成一座规模宏大、师资设备齐全、有国内第一流学术水平的综合大学"[2]。这既是任鸿隽的"川大梦"，又是他的"四川梦"，也是他的"中国梦"。

任鸿隽所说的"两大目标"，指的是"国立化"与"现代化"。关于四川大学的"两大目标"，任鸿隽多次说起。1936年6月，他在学生毕业典礼上说，"四川不能说是四川大学的四川，四川大学不能说是四川的大学，而是中国的大学"，"我们要以全国为我们的目标。无论人才的造就，学术上的探讨，应与全国要有关系"。以上说的是四川大学"国立化"，以下则说的是四川大学的"现代化"。他说，"四川大学要在世界上生存竞争，使他成为现代化的大学。我们要把眼光放大，看看世界上的学术进步到什么地方，我们应奋起直追"[3]。1936年9月，任鸿隽又在开学典礼上说，要"把学校现代化"，"把学校办成名副其实的国立大学，就是把'国立'二字真实化"[4]。

任鸿隽所说的"三大使命"，指的是"输入世界的智识""建设西南文化的

---

[1] 《四川大学史稿》编审委员会：《四川大学史稿》（第一卷），成都：四川大学出版社，2006年，第154页。

[2] 以下内容，综合参考下述三书而成：(1) 四川大学校史编写组：《四川大学史稿》，成都：四川大学出版社，1985年，第177—209页。(2) 《四川大学史稿》编审委员会：《四川大学史稿》（第一卷），成都：四川大学出版社，2006年，第153—178页。(3) 党跃武：《四川大学校长传略》（第一辑），成都：四川大学出版社，2014年，第91—111页。说明：笔者参照《川大记忆——校史文献选辑》进行了校核与补充。

[3] 《华西日报》，1936年6月5日。

[4] 《本校举行本学期开学典礼》，《国立四川大学周刊》第5卷第1期，1936年9月21日。转引自党跃武：《川大记忆——校史文献选辑》（第一辑），成都：四川大学出版社，2010年，第131页。

中心""担负起民族复兴的责任"。

任鸿隽首先告诉学校师生,"四川大学的第一个大使命就是要输入世界的智识,使我们睁开眼睛,晓得世界的进步到了什么程度,人类的大势是个什么情形"。用今天的话说,就是要有面向国际的视野,要与当今世界的时代特征和基本趋势保持同步,要使四川乃至中国的文化"与世界的潮流并驾齐驱"。这样,四川大学就不仅仅是"西南最高文化之根芽",而且是中华文化和民族复兴的一面旗帜。

任鸿隽接着告诉川大师生,"第二个使命就是要建设西南文化的中心","我们现在所谓西南,是指黄河、扬子江两水的上游省份而言。大概说来,黄河流域,要包(括)陕西、甘肃、青海;扬子江流域,要包括四川、云南、贵州。在这个广大流域之中,只有四川土地比较肥饶、物产丰盛,有做文化策源(地)的资格。这个文化中心的要求,四川大学当然是责无旁贷的"。

任鸿隽最后告诉广大师生,"第三个大使命,当然是在现今国难严重之下,我们要担负底民族复兴的责任。……我们有一天要民族复兴,就不能不向大学去做预备工夫。反过来说,四川大学对于民族复兴的责任,是非常的重大,我们虽欲委卸而不可能的"[①]。

为了实现"两大目标"和完成"三大使命",任鸿隽排除阻力,大刀阔斧实施整顿和革新:海纳百川,广延名师,并且任人唯贤;大力推行教学改革,提高教学质量;充实各种教学和科研设备;活跃学术气氛,发展学术社团;大力开展体育运动,增强广大师生体质。任鸿隽还为学校争取到300万元建筑费,力主将校址由皇城搬迁到外东望江楼附近(即今四川大学望江校区)。不到两年,学校在各方面都出现了可喜的新气象:教师阵容强大,学者云集、名师荟萃;学生朝气勃勃,生机盎然;教学与科研相得益彰。这一时期,被誉为

---

① 以上关于四川大学"三大使命"的引文,出自任鸿隽:《四川大学的使命——在本学期第一次纪念周演说》(1935年9月16日),原载《国立四川大学周刊》,1935年第4卷第2期。转引自党跃武:《川大记忆——校史文献选辑》,成都:四川大学出版社,2010年,第115—116页。

川大建校以来的"黄金时期"①，也是"川大'国立化'进程中最为关键的时期"②。

1937年6月16日，在举行四川大学新校舍破土动工典礼后，任鸿隽辞去了四川大学校长职务。任鸿隽辞职之后，当时的《独立评论》第242号曾经发表评论，"任鸿隽先生此次坚决辞去国立四川大学写作职务，是我们关心高等教育的人都很惋惜的。他在川大的两年，真可以说是用全副精力建立了一个簇新的四川大学"③。《独立评论》此语，可谓与任鸿隽"心有戚戚焉"。1937年12月，任鸿隽在庐山提笔写作《五十自述》。任鸿隽在文中回顾自己在四川大学的两年时说，"吾窃顾以此两年工作殿吾五十年之生命而自慰焉"④。

任鸿隽辞职之后，张颐代理四川大学校长。张颐（1887—1969）是严谨而优秀的学者，长于西方哲学的研究，对黑格尔哲学研究尤其有开创之功。⑤ 行政管理虽非张颐之所长，但他在代理校长期间（1937—1938），仍秉承任鸿隽的办学方针，多方争取教育经费，增聘名教授（如朱光潜、束世澂、张奚若、萧公权、赵人隽、吴大猷、李珩、张洪沅、方文培、黄建中、宋君复、冯汉骥、徐中舒、蒙文通、向宗鲁等），推进学术研究（如成立应用化学研究处），添置图书、设备和教学仪器，收藏和保护四川文物，一时"名流学者荟萃，蔚为大观"，而四川大学在抗战前期的各项办学指标均列全国高校前列。⑥

继张颐之后，出任四川大学校长的是国民党政要程天放⑦。程天放之出任

---

① 四川省地方志编纂委员会：《四川省志·人物志》，成都：四川人民出版社，2001年，第543页。
② 王东杰：《国家与学术的地方互动：四川大学国立化进程（1925—1939）》，北京：生活·读书·新知三联书店，2005年，第233页。
③ 转引自党跃武：《四川大学校长传略》（第一辑），成都：四川大学出版社，2014年，第109页。
④ 任鸿隽：《五十自述》，载党跃武：《川大记忆——校史文献选辑》（第一辑），成都：四川大学出版社，2010年，第196页。
⑤ 关于张颐之生平与学术，请参看本书第一章第四节。
⑥ 参看《四川大学史稿》编审委员会：《四川大学史稿》（第一卷），成都：四川大学出版社，2006年，第178—182页。
⑦ 程天放（1899—1967），江西新建人。毕业于上海复旦大学，后留学美国、加拿大。1926年回国后，历任国民党江西省党部委员兼宣传部部长、江西省政府委员兼教育厅厅长、安徽省政府委员兼教育厅厅长、代理安徽省政府主席、国民党中央党部宣传部副部长、中央政治学校教务主任、驻德国大使、四川大学校长、中央政治学校教育长、国防最高委员会常务委员、立法院立法委员等。1950年2月赴台湾，主管教育部门。

四川大学校长，可谓不孚众望。上任之初，即在四川大学引发"拒程"风潮。在担任四川大学校长期间（1938—1943），程天放将四川大学迁至峨眉，并在学校厉行"党化"教育，对师生进行压制，学校处于艰难发展之中[①]。

1943年1月，黄季陆[②]就任四川大学校长。黄季陆认为，"峨山风景固佳，然只堪为学佛游玩之地。若用以训练荷负建国重任之青年干部，实不相宜"。因此，他就职后所作的第一件事，就是把四川大学迁回成都。3月18日，在"春江水暖鸭先知"的季节，四川大学在锦江河畔的望江校区开课了。正如《黄季陆先生纪念文集》所述，迁回成都的川大师生"于锦江边上课，教学设备齐全，环境优美，使万余学子，得安心于学"[③]。

关于高等教育与高等院校，黄季陆有一个基本的看法与主张，"建校时期，重点在立规模；治校时期，重点在立制度；弘扬学术时期，制度在充实内容"。在担任四川大学校长期间（1943—1949），黄季陆坚持的办学主张如下[④]：

1. 强调抗战胜利后四川大学的重要作用

在黄季陆看来，"科学知识、科学技能、科学思想和方法的普遍化，是对教育功能的发挥"[⑤]。因此，"必须弘扬学术，发展科学，然后才能对世界文化迎头赶上去，把中华民族从根救起来"。

黄季陆长校后，在不同场合的多次演讲中一再强调，"四川为中华民族复兴根据地，要建设中国必须先建设四川。要建设四川，必须搞好川大，为四川培养人才"。黄季陆一再呼吁，四川大学要"在建国的大业中竭尽其国立大学应尽的义务"。黄季陆强调，学校的发展要"适应国家的需要"。

---

① 参看《四川大学史稿》编审委员会：《四川大学史稿》第一卷，成都：四川大学出版社，2006年，第205－218页。
② 黄季陆（1899—1985），名谆，字季陆，四川叙永人。1919年赴美留学，就读于加利福尼亚州立大学、俄亥俄州立大学，获学士、硕士学位。曾任加拿大《醒华日报》总编辑、成都大学教授、中国国民党内政部常务次长、四川大学校长等职。著有《我们的总理》《对俄外交问题》《民主典例与民主宪政》等，主编《总理全集》《革命人物志》《中华民国史事纪要》等。
③ 黄乃兴：《黄季陆先生纪念文集》，转引自党跃武：《四川大学校长传略》（第一辑），成都：四川大学出版社，2014年，第122页。
④ 以下四点内容，直接借鉴自《四川大学史稿》编审委员会：《四川大学史稿》（第一卷），成都：四川大学出版社，2006年，第223－224页。
⑤ 黄季陆：《黄季陆先生怀往文集》，台北：传记文学出版社，1986年。转引自《四川大学史稿》编审委员会：《四川大学史稿》（第一卷），成都：四川大学出版社，2006年，第237页。

2. 力主把四川大学办成有名的"万人大学"

黄季陆曾经雄心勃勃地宣称,"不但要使川大成为全国最高最完善的学府,还要使川大成为世界上有名的完善的学府"。黄季陆一来川大就提出,要在三五年内把四川大学办成"万人大学"。

在任职期间,黄季陆多方筹集经费,修建望江楼新校舍,扩充院系,延聘师资。在黄季陆的努力下,四川大学的规模日益扩大。到1947年,四川大学已有6个学院40个系,学生已达7000多人,成为当时全国规模最大的大学。校舍横跨锦江两岸,沿江而下,从九眼桥到三瓦窑,连绵近10里。

3. 倡导"川大精神",保持"川大的优良传统"

关于"川大精神",黄季陆概括为以下三点:一是"尊师重道,养成优良的学术风气",二是"朴实敦厚,勇敢牺牲",三是"自觉、自强、自治,蔚成国家大器"(《川大在艰苦中奋斗,在困难中成长》)。

1947年5月,他在校务会上重申,"要保持川大的优良传统,发扬学术思想自由","延聘中外学术名流"。

4. 主张发展成人教育

黄季陆主张推广大众化教育,注重发展成人教育。1944年起,在黄季陆力主下,利用在南较场的校舍(原川大理学院所在地),四川大学办起了"夜大学"和先修班(相当于预科)。在当时的中国,这是推行夜间成人教育之始。"夜大学"的招生规模一度达到2000余人,得到社会的普遍认可和接受。

客观而言,"作为校长,黄季陆的办学主张,他尽力办好川大的愿望,对川大发展成为当时全国规模最大的大学,起了积极的作用"[①]。

二、机构与学刊

(一)机构举纲

这里所说的机构,可以一分为二:一是直接与"教学"有关机构(院系),二是直接与"科研"有关机构(研究所)。今亦"花开两朵,各表一枝"。

---

① 《四川大学史稿》编审委员会:《四川大学史稿》(第一卷),成都:四川大学出版社,2006年,第224页。

1. 教学机构

国立四川大学自1931年成立以来，诚如上节所说，一直处于巩固与发展之中。1943年初四川大学由峨眉迁回成都时，设有文、理、法、农、师5个学院23个系，1个专修科，3个初级师范科。到1949年年底，四川大学有文、理、法、农、工、师6个学院25个系，2个专修科。具体如下[①]：

文学院：设中国语文学系、外国语文学系、史学系[②]。

法学院：设法律学系（司法组）、政治学系、经济学系。

理学院：设数学系、物理系、化学系、生物学系、地学系。

农学院：设农艺学系（双班）、森林学系、园艺学系、植物病虫害学系、蚕桑学系、农业经济学系、农业化学系、畜牧兽医学系。

工学院：设航空工程学系、土木水利工程学系、机械工程学系、电机工程学系、化学工程学系。

师范学院：教育学系、文理两院各系师范班（专修科）。

2. 科研机构

（1）西南社会科学研究处

1935年夏，四川大学成立了西南社会科学研究处。西南社会科学研究处主要从事四川及西南地区的经济、民俗和人口的调查研究工作。下设社会经济组、人文组。社会经济组主要调研社会经济（经济发展状况、物价指数等）；人文组主要开展少数民族地区调查，搜罗蜀中文献，考察蜀中金石、古物等。第一任处长为徐敦璋，1938年曾天宇继任处长。冯汉骥、赵人隽为研究所指导员。由于迁校往返，研究处停顿了六年之久。1946年1月，校长黄季陆与经济系主任彭迪先筹商，在学校第23次行政会议上决定恢复西南社会科学研究处，并新建下属机构经济研究部。校长黄季陆兼任研究处处长，经济研究部主任由彭迪先兼任。1946年2月，经济研究部招收研究生2名。主要项目是

[①] 《四川大学史稿》编审委员会：《四川大学史稿》（第一卷），成都：四川大学出版社，2006年，第225页。

[②] 历史学系和地学系曾经一度合并，称为"史地系"。1947年秋，经教育部批准，将文学院的史地系分成史学系、地学系，并将地学系并入理学院。参看《四川大学史稿》编审委员会：《四川大学史稿》（第一卷），成都：四川大学出版社，2006年，第233页。

四川的工矿业管理。①

（2）文科研究所

1940年，经教育部批准，四川大学成立文科研究所，分史学、中国文学、语言文字学三组。1941年，文科研究所得到教育部经费补助3万元（理科研究所是4万元）②。1947年，奉教育部令，文科研究所改称中国文学研究所。向楚任所长，专任教师有向楚（仙樵）、林思进（山腴）、庞俊（石帚）、彭举（云生）等。在所研究生有十多人。1941年开始招研究生，文科招4名，理科招4名，各科研究生每年由教育部拨款1200元培养费③。1943年，筹办《史地季刊》④。

（3）理科研究所

1942年，四川大学在峨眉山成立理科研究所。由杨秀夫教授主持，研究生仅1人。1943年迁返成都后，研究所逐渐扩大。到1944年，研究所已有专任指导教授4人（杨秀夫、汤腾汉、曹四勿、张贻侗），研究生17人。研究所虽然只设化学部（张洪沅任主任）⑤，但分工细密，包括无机组、有机组、理论组、药学组。多数项目与军事工业、医药有关⑥。

（4）自然科学研究社

1945年春，为了团结理、工、农各系同学，使学生运动更加广阔，由化学系和物理系进步学生发起成立了自然科学研究社。负责人刘承俊、蒋国基，成员有40多人，参加了川大历次学生运动。出版《情报导刊》，举办哥白尼纪

---

① 《四川大学史稿》编审委员会：《四川大学史稿》（第一卷），成都：四川大学出版社，2006年，第238页。李有为：《黄季陆略历及长川大建树》，载成都市政协文史学习委员会：《成都文史资料选编·教科文卫卷》（下册），成都：四川人民出版社，2007年，第22—23页。
② 四川大学校史编写组：《四川大学史稿》，成都：四川大学出版社，1985年，第280页。
③ 四川大学校史编写组：《四川大学史稿》，成都：四川大学出版社，1985年，第280页。
④ 四川大学校史编写组：《四川大学史稿》，成都：四川大学出版社，1985年，第300页。《四川大学史稿》编审委员会：《四川大学史稿》（第一卷），成都：四川大学出版社，2006年，第237页。
⑤ 《四川大学史稿》编审委员会：《四川大学史稿》（第一卷），成都：四川大学出版社，2006年，第216页。
⑥ 四川大学校史编写组：《四川大学史稿》，成都：四川大学出版社，1985年，第280页。《四川大学史稿》编审委员会：《四川大学史稿》（第一卷），成都：四川大学出版社，2006年，第237页。

念晚会、居里夫人纪念晚会，邀请袁翰青、杨秀夫等教授作学术报告。参加该社的学生，学业成绩一般较好，后来许多人成为专家、学者。①

(二) 学刊举隅

学科，往往与学术机构、学术团体有关。民国时期的四川大学，曾经组建过各类学术团体若干个，如文艺研究会、历史研究会、戏剧研究会、经济研究会、教育研究会、体育研究会等。这些学术团体，分别办有《文艺月刊》《半月文艺》《经济季刊》《史学月刊》《教育半月刊》等学刊。这些学刊登载各个学科师生的论著，极有助于人才的培养与精品成果的产生。

1. 学术团体

关于学术团体，兹谨介绍文、史学界的两个团体：

(1) 文艺研究会。文艺研究会是四川大学较老的学术团体，成立于王兆荣时期，活跃于 1935 年以后。该研究会的发起人和首批会员有方敬、蔡天心、张宣、缪光钦、蒲孝荣、张国佐、黄绍鑫、柴让、林丰、李永和、刘利模、袁圣时（袁珂）、徐中玉、何结等。1935 年有会员 30 余人，会员最多时达到 100 余人。对于该研究会，经常予以指导的教师有刘大杰、朱光潜、谢文炳、罗念生、熊佛西、卞之琳、叶麐、顾寿昌、饶孟侃、周煦良、刘盛亚等，老舍、叶圣陶、孙付园、李劼人、曹葆华、陈白尘、萧军、沙汀、何其芳、陈翔鹤、黄药眠等亦尝应邀演讲、座谈。该研究会出版有《文艺月刊》《半月文艺》等刊物。该研究会的活动持续时间长，一直持续至 1949 年。文艺研究会不仅培养了一批文艺工作者，而且培养了一批革命志士。②

(2) 历史研究会－史地研究会。1935 年 12 月 25 日，由四川大学史学系师生组织的"历史研究会"举行成立大会。选举何鲁之、张云波、周谦冲、束世澂、吴天墀等 7 人为执行委员，聘请陈衡哲为名誉指导，杨宗瀚、周太玄、祝同曾、洪承中为指导。1939 年 4 月，该会改名为"史地研究会"，其研究部下设中国历史组、西洋历史组、西南民族组、考古调查组、地理组。"该会虽

---

① 《四川大学史稿》编审委员会：《四川大学史稿》（第一卷），成都：四川大学出版社，2006 年，第 249 页。
② 《四川大学史稿》编审委员会：《四川大学史稿》（第一卷），成都：四川大学出版社，2006 年，第 171、248 页。

主要是一学术团体，但也多少反映出官方和教师中的某些意旨。"①

2. 学术刊物

这里主要对 12 个刊物加以介绍：

（1）《文艺月刊》，四川大学外文系学生李伏伽、何仁（何白李）等创办。1936 年，中文系张宣、陈思苓接手主办。在中文系系主任刘大杰教授（1904—1977）的积极支持下，《文艺月刊》"思想倾向越来越明显，变成了一个政治性较强的进步刊物"②。

（2）《半月文艺》，1939 年 4 月 21 日创刊，国立四川大学文艺研究会主编。16 开本，半月刊，每月 6、21 日出刊。因印刷困难，经常不能按时出刊。尤其是在四川大学迁至峨眉以后，到成都印刷更不方便。于是，文艺研究会便用出壁报的方式弥补。1942 年 9 月 15 日，《半月文艺》在出版第 10 期后停刊。③

（3）《史学杂志》，1929 年 7 月创刊，国立成都大学史学研究会主编。16 开本，铅印，横排，季刊。《发刊词》称该杂志"乃国立成都大学欲创造历史与著述历史者发表其所得之刊物也"。该刊 1930 年 5 月出版第二期后，即行终刊，现存四川省图书馆、四川大学图书馆。④

（4）《四川大学季刊》，1935 年 7 月 1 日出版。16 开本，成都彬明印刷社代印，国立四川大学季刊编辑委员会编辑。每年 1、4、7、10 月各出一期。并以"文、理、法三学院之顺序分为三组，每组轮流负责编辑一期，各期内容如系某学院之稿件者，称'某学院代刊'"，遇必要时出增刊。第一期为"文学院专刊"，仅见此一期，存四川大学图书馆。⑤

---

① 刘复生、徐亮工、王东杰等：《近代蜀学的兴起与演变》，成都：四川大学出版社，2017 年，第 267 页。

② 《四川大学史稿》编审委员会：《四川大学史稿》（第一卷），成都：四川大学出版社，2006 年，第 196 页。

③ 王绿萍：《四川报刊五十年集成（1897—1949）》，成都：四川大学出版社，2011 年，第 502 页。

④ 王绿萍：《四川报刊五十年集成（1897—1949）》，成都：四川大学出版社，2011 年，第 211—212 页。

⑤ 王绿萍：《四川报刊五十年集成（1897—1949）》，成都：四川大学出版社，2011 年，第 333 页。

(5)《教育半月刊》，1936年1月创刊。16开本，铅印。任鸿隽题写刊名，国立四川大学文学院教育学系教育研究会编辑。设有短评、特载、论著栏目。内容是关于教育理论之研究、实际问题之讨论与实际资料之调查报告等。1943年1月，出至第6卷第12期停刊。1946年5月复刊，卷期另起。1949年1月终刊。存四川大学图书馆。①

(6)《经济季刊》，1941年11月创刊。16开本。国立四川大学经济学系编辑发行。设有"专载""论著""译述""调查"等栏目。1941年11月出第1卷第1期，1942年2月出第1卷第2期，1943年2月出第1卷第3期，此后未见出版。存四川大学图书馆、中国国家图书馆、重庆市图书馆。②

(7)《气象月刊》，1932年8月创刊，16开本，铅印。国立四川大学物理实验室逐日对成都地区的气候进行观测，每月汇编成《气象月刊》出版。内容包括天气状况、气温变相图、井水温度变相图、雨量总计图、风向平均图、气温、井水温度、气压、相对温度、水气压力、各时风向、逐日风向、逐日风力、雨量及蒸发量、云量、云状、云向等20余项。记载翔实，为今天研究成都地区气候变化提供了历史资料。1942年时仍在出刊。存四川大学图书馆。③

(8)《国立四川大学理科研究所所刊》，1947年2月出版，国立四川大学理科研究所编辑发行。16开本。内容是理化方面的专业论文，多是该所研究生的文章。仅出一期④。

(9)《国立四川大学农学院林学丛刊》，1938年上半年创刊，国立四川大学农学院森林学系编辑发行。32开本。四川大学图书馆存有1938年10月出版的第3期，内容是成都市用材调查。⑤

---

① 王绿萍：《四川报刊五十年集成（1897—1949）》，成都：四川大学出版社，2011年，第348页。

② 王绿萍：《四川报刊五十年集成（1897—1949）》，成都：四川大学出版社，2011年，第608页。

③ 王绿萍：《四川报刊五十年集成（1897—1949）》，成都：四川大学出版社，2011年，第276页。

④ 王绿萍：《四川报刊五十年集成（1897—1949）》，成都：四川大学出版社，2011年，第849页。

⑤ 王绿萍：《四川报刊五十年集成（1897—1949）》，成都：四川大学出版社，2011年，第437页。

（10）《川大农学季刊》，国立四川大学农学院出版委员会编辑发行。32开本。1949年1月出版第一期，同年4月出版第二期。第二期是"畜牧研究专号"。①

（11）《川大文摘》，国立四川大学文摘社编辑发行。周刊。1948年3月出版第一期，1948年4月停刊。共出三期。② 1948年夏，川大文摘社被查封。③

（12）《川大学生》，国立四川大学学生自治会学术部主编。16开本，黄季陆题写刊名。1948年1月8日创刊。同年5月1日出第二期，6月10日出第三期。第三期后未见出版。该刊既有时论性、学术性的文章，也有文艺作品和校园生活报道。该刊提倡自由思想、独立精神。诚如第三期《写在前面》所言，"本刊既出生且成长于一个最高学府里面，则必须尊重并珍惜思想自由和学术独立的精神"，"我们无意且不该把一个刊物完全萦绕于一个主义或一个思想体系之下，否则如同公园里的柏树墙，剪裁得整整齐齐，而缺乏蓬勃自然的生气了。所以凡是持之有故，言之有理，而即与编者意见相左的文章，我们都一律予以刊载，这是本刊的特点"。④

三、学科与学人

（一）学科举要

关于四川大学的文、理、工、医等学科门类，《四川大学校史读本》有过简明的概况。今以其概况为基础，在此略作"学科举要"。

《读本》说，四川大学的自然科学源于1896年四川中西学堂的算学科，在数论、拓扑学、泛函分析、原子分子物理、辐射技术、植物育种、大熊猫生殖理论、植物病虫害等领域的科学研究成果具有国际、国内重要影响。四川大学

---

① 王绿萍：《四川报刊五十年集成（1897—1949）》，成都：四川大学出版社，2011年，第898页。
② 王绿萍：《四川报刊五十年集成（1897—1949）》，成都：四川大学出版社，2011年，第879页。
③ 《四川大学史稿》编审委员会：《四川大学史稿》（第一卷），成都：四川大学出版社，2006年，第249页。
④ 王绿萍：《四川报刊五十年集成（1897—1949）》，成都：四川大学出版社，2011年，第875页。

的工程技术源于1908年的四川通省工业学堂，在高分子材料、水力学、制革及鞣料、材料成型加工、多维图像融合处理、磷铵化工、航管雷达等领域的人才培养、科学研究和科技服务处于国内先进行列。四川大学的医学源于华西协合大学1914年开设的医科和1917年开设的牙科，是中国现代高等口腔医学教育、西南地区现代医学和药学教育、中国眼耳鼻喉科学的重要发源地，在内科学、外科学、口腔临床医学、肿瘤生物治疗学和生物医学工程等领域均处于国内领先水平。相关学科的代表人物，有钱崇澍、林则、王琎、周太玄、启真道、魏时珍、李珩、方文培、张铨、刘承钊、童第周、杨允奎、张洪沅[1]、陈志潜、乐以成、袁翰青、侯光炯、吴大猷、吴大任、柯召[2]、曹钟樑、李国平、张文裕、张琼仙、鲍文奎、陈荣悌、徐僖、段镇基等。[3] 诚如本书"引言"所说，"本书所涉学科以人文社会科学为主"，故对四川大学理、工、医等学科门类的介绍与概述便到此为止。

《读本》说，四川大学的人文社会科学上承锦江书院、尊经书院，源于1896年四川中西学堂的英法文科。110多年来，四川大学在将蜀学兼容并包、经世理念、创新思想、朴学方法融于一炉的教育传统之上，继承和发展了中外优秀文化传统和教育思想，一大批人文大师在这里辛勤耕耘，培育了"厚德博学，虚心从善"的精神风貌和"知行并重，服务社会"的能力素养。相关学科

---

[1] 张洪沅（1902—1992），字佛宇，四川华阳人。1924年赴美留学，1930年获美国麻省理工学院博士学位。1931年回国后，在重庆大学、四川大学、四川化工学院、成都工学院和成都科技大学等校任教。张洪沅是中国化学工程教育的奠基人之一、中国化工学会和中国化学会的创办人之一，为中国的化工教育、化工科技进步和化学工业的发展作出了卓越贡献，在国内素有"侯碱张酸"之称。参看鲁元晖：《化工博士张洪沅》，载成都市政协文史学习委员会：《成都文史资料选编·教科文卫卷》（下册），成都：四川人民出版社，2007年，第296—304页。党跃武：《四川大学校史读本》，成都：四川大学出版社，2013年，第124—125页。

[2] 柯召（1910—2002），字惠棠，浙江温岭人。1933年毕业于清华大学，1937年毕业于英国曼彻斯特大学，获博士学位。1938年回国，在四川大学等校任教，曾任四川大学副校长、校长、名誉校长等职。柯召是著名的"柯氏定理"的创立者，中国科学院资深院士。参看范敬一：《最早向中国传播相对论的魏时珍教授》，载成都市政协文史学习委员会：《成都文史资料选编·教科文卫卷》（下册），成都：四川人民出版社，2007年，第243—258页。党跃武：《四川大学校史读本》，成都：四川大学出版社，2013年，第127—128页。党跃武：《四川大学校长传略》（第一辑），成都：四川大学出版社，2014年，第138—142页。

[3] 党跃武：《四川大学校史读本》，成都：四川大学出版社，2013年，第117—130页。

的代表人物，有彭端淑[①]、王闿运、廖平、宋育仁、谢无量、李宗吾、陈寅恪、李劼人、郭沫若、杨佑之、张怡荪、蒙文通、舒新城、吴宓、叶圣陶、向宗鲁、钱穆、吴芳吉、萧公权、朱光潜、徐中舒、冯汉骥、毛坤、饶孟侃、姜亮夫、罗忠恕、胡寄窗、巴金、缪钺、萧涤非、罗玉君、彭迪先、王利器、殷孟伦、杨明照、卞之琳、蒋学模、郎毓秀、萧萐父等。[②]

《读本》对四川大学的人文社会科学概况介绍，可谓大体可信、细部可究。而所枚举的代表人物，居然遗漏了一些重要的川籍学人。比如，遗漏了经学家龚道耕，语言文字学家向楚[③]，历史学家何鲁之、蒙思明、胡鉴民，民族学家任乃强，等等。对此，下文将做专门介绍。至于《读本》所列举的民国时期的其他代表学人，有些人士因非川籍且寓川时间短（如陈寅恪、钱穆、舒新城、叶圣陶、萧公权、朱光潜、姜亮夫、萧涤非、卞之琳、郎毓秀等），在此不便列入论述行列；有些川籍人士或因寓川时间短、或因其他章节有相关论述（如廖平、宋育仁、谢无量、郭沫若、张怡荪、蒙文通、巴金等），故下文亦不再做专门介绍。

（二）学人举例

下面，笔者将以学科门类（或学科）、学人为例，对四个学科门类的若干位学人进行扫描与叙述，以"管窥一斑"。

1. 经学与小学

本书第一章第四节在论述"语言文字学"时，其中便有作为辅翼"经学"的"小学"（文字学、音韵学、训诂学），而部分人物即为四川大学教师（如向楚、赵少咸、李植等），读者不妨对照参阅。本处将补充介绍一套音韵学丛书、一位经学家。一套丛书，即严氏父子"贲园书库"邀约学者编辑、校勘、刻印的"音韵学丛书"。一位经学家，即龚道耕。

[①] 彭端淑（1699—1779），字仪壹，号乐斋，四川丹棱人。雍正十一年（1733）登进士第，授吏部主事。乾隆二十六年（1761）辞官归川，任锦江书院主讲和山长近二十年。彭端淑与李调元、张问陶以文名鼎立蜀中，被誉为"清代四川三大才子"。著有《白鹤堂文集》《雪夜诗谈》《晚年诗稿》等。

[②] 党跃武：《四川大学校史读本》，成都：四川大学出版社，2013年，第96—117页。

[③] 参看本书第一章第四节。

(1)《音韵学丛书》

严雁峰（1855—1918），原名祖馨，字德舆，后以岳莲名，更字雁峰，别号贲园居士，陕西渭南人。严氏三世行商于蜀，以盐业起家，号称巨室。严雁峰幼时随母入川，定居成都。后特批入尊经书院，与杨锐、廖平、宋育仁、吴之英、张森楷等切磋学问，深受山长王闿运的器重与赏识。严雁峰无子，以陕西老家族人之子严谷声为嗣。严谷声（1890—1976），原名式海，能守父业。严氏父子酷爱图书典籍，不惜重金收购。藏书处名"贲园书库"，藏书30余万卷，一时有"藏书甲蜀中"之誉。成都解放后，严谷声毅然将书库及藏书捐献国家，图书现藏于四川省图书馆。①

"贲园书库"虽然享有"藏书甲蜀中"之誉，但并不视藏书为古玩与摆设，而是作为读者读书、学者研究之用。王闿运、廖季平、宋育仁、张森楷、谢无量、蒙文通、向仙樵、龚道耕、林思进、庞石帚、陶亮生、陈寅恪、吴宓、顾颉刚、卢冀野、任二北、刘庐隐、张大千②、于右任、沈尹默、叶浅予、张寒杉、谢稚柳、孙科等，都是"贲园书库"的读者与座上宾。严谷声继承乃父遗志，着手编辑《渭南严氏孝义家塾丛书》，而首先编辑的便是《音韵学丛书》。严谷声延请蜀中学者龚道耕、向楚等到贲园进行校雠工作，前后达数年之久；并专程到苏州就教于章太炎，章太炎欣然为之作序③。《音韵学丛书》凡32种、123卷，"集唐宋以来音韵大成"④。《音韵学丛书》刊刻精良，具有重要的版本价值和学术价值，近年被国家图书馆出版社影印出版。⑤

(2) 龚道耕

龚道耕（1876—1941），字向农（一作相农），一字君迪，别署蛛隐，晚年

---

① 关于严氏父子的生平、藏书与学术等情况，请参看陶亮生、严韵谟：《爱国藏书家严谷孙》，载四川省政协文史资料研究委员会、四川省文史馆：《四川近现代文化人物续编》，成都：四川人民出版社，1989年，第241—250页。孙恭等：《严雁峰　严谷声（合传）》，载任一民：《四川近现代人物传》（第六辑），成都：四川大学出版社，1990年，第373—378页。四川省地方志编纂委员会：《四川省志·人物志》，成都：四川人民出版社，2001年，第631—634页。

② 张大千（1899—1983），原名正权，字季爱，别号大千，四川内江人。著名美术家。

③ 章太炎：《音韵学丛书序》，《太炎文录续编》（卷二），《章太炎全集》（五），上海：上海人民出版社，1985年。

④ 四川省地方志编纂委员会：《四川省志·人物志》，成都：四川人民出版社，2001年，第632页。

⑤ 严式海：《音韵学丛书》（全十二册），北京：国家图书馆出版社，2011年。

因患耳病，自号聱翁。祖籍浙江会稽，生于四川成都。著名经学家、文学家、教育家。光绪二十六、二十七年并科乡试举人，援例授为内阁中书。终生执教于成都各大学，曾任四川高等师范学堂监督、成都师范大学校长、成都大学校长，成都大学、四川大学、华西大学教授。

龚道耕早年出游上海，曾同邓守瑕向丹徒马相伯学习西语，并对西洋历史时事用心阅览，详细笔记。大体而言，龚道耕早年治小学、考据，一度从事辑校。中年以后，则专治经史。龚道耕一生治学广博，著作勤奋，但所著多未定稿；且素不喜表曝，教学生亦以草率成书为戒，故生前、死后声名不显。

平生著述甚丰，著有《经学通论》《唐写残本尚书释文考证》《礼记旧疏考证》《礼记义疏发凡》《三礼述要》《丧服经传五家注》《仓颉篇续补》《说文逸字笺记》《字林重订补遗》《慧琳一切经音义节本》《补宋书宗室世系表》《旧唐书札迻》《荀子名学说》《重校颜氏家训》《中国文学史略述》等。所著《经学通论》一书，阐述经学流变，主张治经要"博观而慎取"。晚年所著《礼记义疏发凡》一书，主张"破汉宋门户之见，合义理、考据为一家"，如此"庶于经义或有所当"①。

其实，龚道耕学问、人品俱佳，"门人弟子与时人皆奉为大儒、纯儒"②。今人云，龚道耕"博学渊深，学贯四部""汉宋兼宗，不废今古""气度恢宏，独具通识""经史皆通，善于文学""持论平实，发人深省""关心国事，切近日用"③。

2. 语文学与文献学

《四川大学校史读本》在追溯四川大学的人文社会科学的渊源时（见上文），其实遗漏了一个比较重要的来源，即重庆大学的文科④。下文将叙述的三位川东学人，其中的向宗鲁即来自重庆大学文学院，而王利器和杨明照则是

---

① 四川省地方志编纂委员会：《四川省志·人物志》，成都：四川人民出版社，2001年，第478—480页。

② 姜亮夫：《学兼汉宋的教育家龚向农》，载四川省政协文史资料研究委员会、四川省文史馆：《四川近现代文化人物》，成都：四川人民出版社，1989年。

③ 舒大刚、李冬梅：《序》，载龚道耕著，李冬梅选编：《龚道耕儒学论集》，成都：四川大学出版社，2010年。

④ 1935年，重庆大学的文学院并入四川大学。

向宗鲁的学生。

(1) 向宗鲁

向宗鲁（1895—1941），原名永年，学名承周，字宗鲁，四川巴县（今重庆市巴南区）人。文献学家。

1908年考入巴县中学堂，次年转入两年制的川大师范学堂。1911年，考入成都存古学堂（后又改为国学院、国学学校），受业于经学家廖平。廖平很器重向宗鲁，向宗鲁亦很尊敬廖平，但向宗鲁并不赞成廖平的许多观点。向宗鲁"经常发疑问难，据理争辩"，"廖平坚持己见，但也赞赏向宗鲁实事求是的精神，往往为之心折"。国学学校毕业后，向宗鲁曾在巴县木洞小学和江北中学教书。1922年，到武汉做家庭教师，遂与武昌徐行可（恕）、蕲春黄季刚（侃）交游。1931年，向宗鲁回川，应聘到四川大学任教。不久回重庆，任重庆大学中文系教授兼系主任。1937年，向宗鲁受四川大学之聘，复来成都执教。1939年，四川大学疏散到峨眉山。1940年，向宗鲁兼任中文系系主任。1941年11月，卒于峨眉。向宗鲁讲课朴质精审，最恶哗众取宠之风。门下之士成名者不乏其人，如四川大学第五班的杨明照、第九班的王利器以及屈守元（1913—2001）[1]、王叔岷（1914—2008）等[2]，都是向宗鲁门下的翘楚。

向宗鲁博闻强记（有"向书柜"的雅号），博通经史，尤以校注见长。向宗鲁"继承、发展了清代顾（炎武）、阎（若璩）、惠（栋）、戴（震）、钱（大昕）、段（玉裁）、汪（中）、王（念孙）诸大师的业绩，用宏取精，衔华佩实"[3]。向宗鲁逝世后，其《校雠学》[4] 一书，由弟子屈守元整理出版；其绝笔之作《月令章句疏证叙录》[5]，由弟子王利器整理出版。所著《说苑校证》[6]，后由弟子屈守元整理出版。《说苑校证》是向宗鲁流寓武汉十年间所作，此时

---

[1] 屈守元（1913—2001），名爰艮，字守元，号匾翁，四川成都人。向宗鲁弟子。著有《经学常谈》《览初阁论著辑录》《韩诗外传笺疏》《文选导读》、《中国文学简史》等，主编《韩愈全集校注》。

[2] 参看本书第五章第五节。

[3] 屈守元：《向宗鲁》，载任一民：《四川近现代人物传》（第六辑），成都：四川大学出版社，1990年，第346－347页。

[4] 向宗鲁：《校雠学》，重庆：商务印书馆，1944年。

[5] 向宗鲁：《月令章句疏证叙录》，重庆：商务印书馆，1945年。

[6] 刘向撰，向宗鲁校证：《说苑校证》，北京：中华书局，1987年。

正值其壮年，且得到藏书家徐行可的支持，"所以这部书校勘资料既很完备，疏证工作又精审，是一部古籍整理的典范著作"①。除此之外，向宗鲁校勘过的典籍还有《周易正义》《管子》《淮南子》《水经注》《史通》等。可惜的是，不少已经散佚。

(2) 王利器

王利器 (1912—1998)，字藏用，号晓传，四川江津 (今属重庆) 人。文学史家。

1933 年，考入重庆大学高中部。当时在高中部授课的老师，大多数是大学本科的教授 (如向宗鲁等)，王利器受益良多。毕业后，在达材学校教书半年。1936 年，考入四川大学中文系。在四川大学学习期间，王利器深受蜀中学术名家向宗鲁、庞俊、赵少咸、吴芳吉、吕子方、林山腴、龚向农、文幼章 (James Gareth Endicott，1899—1993) 等人的培养与熏陶，由此走上了国学研究之路。1940 年，毕业于四川大学中文系。1941 年，考入北京大学文科研究所，师从汤用彤 (1893—1964)、傅斯年 (1896—1950) 读研究生。② 1944 年毕业后，回母校工作，任四川大学文科研究所讲师，兼成华大学教授。1946 年后，任北京大学中文系、图书馆学系讲师、副教授。1952 年，任北京政法学院副教授。1954 年，调至人民文学出版社。1956 年，正式调入文学古籍刊行社工作。在郑振铎直接领导下，王利器致力于古典文献特别是古典小说和历代诗集的整理出版工作。1977 年，王利器提前退休。退休之后，王利器以著述、讲学为务。1998 年 7 月 25 日，在北京去世。

王利器的大半生虽然不是在四川度过的，但他对四川、对四川大学是有深厚感情的。晚年的王利器曾经深情回忆："当时的四川大学很注意教师阵容，尽力网罗有真才实学的名家学者来执教，学校办得很有生气，一时蔚为蜀学中心。"③ 王利器在四川大学的毕业论文是《风俗通义校注》，后由学校推荐参加

---

① 四川省地方志编纂委员会：《四川省志·人物志》，成都：四川人民出版社，2001 年，第 481 页。
② 参看本书第五章第五节。
③ 《成都晚报》，1985 年 3 月 13 日。

第一届全国大学生毕业论文竞赛，被评为中国文学组第一名。[①] 钟肇鹏（1925—2014）说，"我看过王先生的《风俗通义校注》，的确征引详赡，功力深厚"[②]。1941 年 11 月，向宗鲁在峨眉逝世。王利器闻讯，立即赶回峨眉料理后事。王利器把与人合伙在江津开设创业银行的全部股金用作路费，将恩师灵柩和书箱运回故乡巴县。往返千里，情深义重，故庞石帚（1895—1964）称赞王利器"行芳而名高"。

王利器学识渊博，功底深厚，治学勤奋。王利器著述宏富，逾两千万言，号称"两千万富翁"。王利器所校注、整理的古代典籍，以子部和集部为主，旁及史部。王利器整理的古籍有《绎史》、《文子疏义》、《吕氏春秋注疏》、《新语校注》、《盐铁论校注》、《风俗通义校注》、《文心雕龙校正》、《文镜秘府论校注》、《颜氏家训集解》、《苕溪渔隐丛话》、《越缦堂读书简端记》（校录）、《水浒全传》（校点）、《历代笑话集》（辑录）、《元明清三代禁毁小说戏曲史料》、《耐雪堂集》等，个人著作有《郑康成年谱》《李士桢李煦父子年谱》《晓传书斋文史论集》《晓传书斋集》《王利器学述》《往日心痕——王利器自述》《当代学者自选文库：王利器卷》等。

（3）杨明照

杨明照（1909—2003），字弢甫，四川大足（今属重庆）人。文艺理论家，文献学家。

1930 年，考入重庆大学文科预科。1932 年秋，升入本科国文系，开始攻读《文心雕龙》。1935 年秋，重庆大学文学院并入四川大学，杨明照亦成为四川大学学生。预科和大学阶段的老师，有吴芳吉[③]、向宗鲁等。1936 年夏，毕业于四川大学。1936 年秋，考入燕京大学研究院国文学部，研究生导师是郭绍虞（1893—1984）。1939 年毕业后，先后执教于燕京大学、中国大学、四川大学等校，历任四川大学中文系系主任，兼任中国古代文学理论学会会长、中

[①] 四川大学校史编写组：《四川大学史稿》，成都：四川大学出版社，1985 年，第 187 页。党跃武：《四川大学校史读本》，成都：四川大学出版社，2013 年，第 114 页。
[②] 钟肇鹏：《业精于勤　持之以恒——纪念王利器先生》，《中华文化论坛》，2000 年第 3 期。
[③] 吴芳吉（1896—1932），字碧柳，自号白屋吴生，世称白屋诗人，四川江津（今属重庆）人。著有《白屋诗选》《吴芳吉集》等。

国《昭明文选》学会名誉会长、四川省文联副主席、四川省作协副主席等。

杨明照毕生致力于中国古代文论和古代文献研究，涉猎领域广泛，成果丰硕精审。杨明照对《文心雕龙》的整理与研究贡献尤其卓著，其成果被学界认为"为后人树立了一个新的断代"，其本人被誉为"龙学泰斗"。1939 年夏，硕士学位论文《文心雕龙研究》定稿，成为他学术生涯的奠基之作。1959 年，《文心雕龙校注》出版，"书面世后很快脱销"[①]，并在国内外产生影响。1982 年，《文心雕龙校注拾遗》出版，被日本、美国、荷兰及中国香港、台湾地区多种书刊介绍，被国内外学者誉为"研究《文心雕龙》的小百科全书"。2000 年，《增订文心雕龙校注》[②] 出版。除《文心雕龙》之外，杨明照校注的古籍还有《抱朴子外篇》[③] 和《刘子》[④] 等。所出版的个人论文集，有《学不已斋杂著》[⑤] 和《炼辞凝意出文心》[⑥] 等。

3. 中国史与世界史

历史学是四川大学的优势学科，也是办学历史最为悠久的学科之一。在 1902 年开设的四川通省大学堂、1903 年开设的四川省城高等学堂中，即要求学生入校先学习包括世界史在内的公共科。在 1910 年创办的四川存古学堂中，史学与经学、词章并列。嗣后，史学于 1918 年改为历史科。1924 年，国立成都大学正式组建了史学系，这是四川大学历史上最早设立的 10 个系之一。1932 年，华西协合大学成立了历史学系。1952 年，华西大学的历史学科全部并入四川大学。

回顾四川大学的历史学科的发展史，至少可以辨识出三种主要的学术流派。首先是近代"蜀学"，尤其是其中的"文史之学"的传统。包括先后在四川大学史学系任教的张森楷、叶秉诚、祝同曾、蒙文通等，以及在史学系之外的龚道耕、刘咸炘、庞石帚等。其次是一批基本为 20 世纪中国新史学所包纳

---

① 杨明照：《我的〈文心雕龙〉》，载张世林：《学林春秋：著名学者自序集》，北京：中华书局，1998 年，第 197 页。
② 黄叔琳注，李详补注，杨明照校注拾遗：《增订文心雕龙校注》，北京：中华书局，2000 年。
③ 杨明照：《抱朴子外篇校笺》（上下册），北京：中华书局，1991、1997 年。
④ 杨明照：《刘子校注》，成都：巴蜀书社，1987 年。
⑤ 杨明照：《学不已斋杂著》，上海：上海古籍出版社，1985 年。
⑥ 杨明照著，段渝编：《炼辞凝意出文心》，北京：生活·读书·新知三联书店，2018 年。

而又与主流有所疏离的学人，包括何鲁之、刘掞黎、李思纯①、周谦冲（1903—？）、束世澂（1896—1978）等。上述两批学者在文化态度、史学意义的认知上都颇有同调之处，与其时在国内学界占据主流地位的新史学有着较大差异，他们的学术取向对后者不无纠偏的作用，但也在一定程度上限制了川大史学的影响力。自20世纪30年代中期开始，尤其是抗战以来，一批主流派新史家进入川大，对史学系的发展产生了深远的影响，为川大史学灌注了新的活力，也推动了川大史学地位的迅速提升。注重新材料的发掘和利用，是这一学派的突出特点之一。在注重实地调查风气的影响下，一批新的学术领域如人类学、民族学也日益受到重视。如徐中舒之于古文字学，冯汉骥之于考古发掘，任乃强、胡鉴民之于民族调查，等等。百余年来，四川大学的史学研究形成了既注重新材料的搜集运用和实地调查，又注重基本文献的整理和研究；既注重专业化的"问题意识"，又注重"通识"眼光的学术特色。②

（1）何鲁之

何鲁之（1891—1968），四川华阳（今成都市）人。历史学家，中国青年党首领。

1919年加入少年中国学会，任成都分会《星期日》周刊记者。同年秋，赴法国留学，入巴黎大学攻读西洋史。曾任巴黎华法教育会秘书长兼总干事、巴黎通讯社记者等职。1923年，与曾琦、李璜等在巴黎发起组织中国青年党。1926年回国后，历任国立成都大学、国立成都师范大学、国立四川大学等校教授及系主任，朝阳大学、华西协合大学等校教授。1947年，任国民政府委员。1949年后赴香港，创办自由出版社。其后，出任台湾"总统府国策顾问"。1968年，在香港病逝。

在成都各高校担任教职时，何鲁之教授的是西洋史和欧洲史。1928年3

---

① 李思纯（1893—1960），字哲生，四川成都人。著有《元史学》等，译有《史学原论》等。

② 说明：以上关于四川大学历史学科的归纳与概括，借鉴自《川大史学》"序"。该"序"冠于《川大史学》各卷之首（成都：四川大学出版社，2006年）。

月1日起，何鲁之接替叶秉诚[①]，任国立成都大学史学系代系主任。1931年，任国立四川大学史学系第一届系主任。1939年后，何鲁之在成都各高校多次作关于第二次世界大战形势的报告，并在当地媒体上发表相关时评。何鲁之的著述其实不少，前后出版的著作有《希腊史》[②]《欧洲近古史》[③]《欧洲中古史》[④]，并编有《国家主义概论》[⑤]。由青年党人士整理的《何鲁之文存》[⑥]，也是何鲁之重要的作品集。

总体看来，何鲁之"作为青年党中常委频频闪现于中国政党史上，但他的学术知名度有限，似乎不能在中国史学史上树立自己的地位"[⑦]。其实，何鲁之是有思想的历史学家。在担任四川大学史学系系主任时，何鲁之主张兼容并包"新史学"与"旧史学"。1931年12月，在四川大学文学院讨论课程标准的制订时，与会者指出，史学系"一为偏重历史整理方面，北平各大学即系如此；一为主张历史智识之研究，中央大学、东北大学即系如此"。对此，何鲁之提议：史学系应侧重"对史学上之智识之研究"，盖"能研究中外各国历史有心得者，不难为整理旧史之人才。故本系宜以养成研究史学之人才为主"。[⑧]所谓"历史整理"，即当时所谓"新考据学"，强调的是纯学术的专业研究；而所谓"历史智识之研究"，在很大程度上沿袭了中国传统史学观念。对于后者，何鲁之"抱有深厚的同情"[⑨]。

[①] 叶秉诚（1876—1937），名治均，号茂林，四川罗江（今德阳市）人。清末举人，曾任四川谘议局议员，四川保路运动领导人之一。后离政从教，历任成都大学教授、教务长兼史学系主任，四川大学史学系教授。长于史学，尤精于宋、辽、金、元史。编有《史心》、《中国通史》（讲义）等。
[②] 何鲁之：《希腊史》，上海：商务印书馆，1934年。
[③] 何鲁之：《欧洲近古史》，上海：商务印书馆，1934年。
[④] 何鲁之：《欧洲中古史》，上海：商务印书馆，1937年。
[⑤] 何鲁之：《国家主义概论》，中国人文研究所，1948年。
[⑥] 何鲁之著，宋益清、黄欣周编：《何鲁之文存》，青岛：青城出版社，1978年。
[⑦] 朱晶进、徐鸿琳：《国家主义政治与历史书写——以"中国青年党"中常委何鲁之史学思想为中心的探讨》，《西部发展研究》，2018年第1期。
[⑧] 《文学院二十年度第一学期第一次教务会议录》，1931年12月23日。转引自刘复生、徐亮工、王东杰：《近代蜀学的兴起与演变》，成都：四川大学出版社，2017年，第263页。参看王东杰：《学术"中心"与"边缘"互动中的典范融合：四川大学历史学科的发展（1924—1949）》，《四川大学学报》（哲学社会科学版），2006年第4期。
[⑨] 刘复生、徐亮工、王东杰等：《近代蜀学的兴起与演变》，成都：四川大学出版社，2017年，第263页。

换句话说，在本处所列三位史学家（何鲁之、徐中舒、蒙思明）中，何鲁之具有一定的"过渡性"与"兼容性"，即由"旧"到"新"过渡而又带有兼容"旧"与"新"的特点。

(2) 徐中舒

徐中舒（1898—1991），初名裕朝，后改名道威，字中舒，以字行，安徽怀宁（今安庆市）人。历史学家、古文字学家。本书第一章第四节在概述民国时期巴蜀古文字学研究时，曾对徐中舒的生平及其著述有过简介。为避免重复，兹谨陈述徐中舒对四川大学、四川学术的影响。

大体说来，徐中舒对四川大学、四川学术的影响，集中体现在"以学示范"和"以身示范"两个层面。套用吴天墀（1913—2004）的话说，前者是"科研成就"，后者是"人师风范"①。

徐中舒的科研业绩可以分为两大部分：一是史学，以先秦史、明清史和四川史为其重点；二是古文字学。徐中舒一生都把精力集中在史学和文字学的研究上，"由于识度阔大，触类旁通，就是对于考古学、民族学、社会学、文献学、工艺学诸多方面的知识，也得心应手，运用自如，所以在研究问题进行必要的分析、比较、归纳、综合时，不囿一隅，得其肯綮"。徐中舒研究古史和古文字学有一大特色，"就是把两者结合起来，互相印证"，即"利用古文字来探索古史的工具，又以古代历史社会背景来阐明古文字的制作及其演变，既打通了捍格，许多事实得以说明，新意也纷出了"。徐中舒在文献学上有精深的造诣，在治古史时"并以考古学为工具，结合古史文献进行论证，增加了翔实可信的内容"。徐中舒之读书、治学，"十分重视事物联系和发展的观点，反对割裂和片面性"，反对"用孤立静止的眼光"看待历史。以上这些，可以说是徐中舒在治学方法上的示范与践履。尤其难能可贵的是，徐中舒一直坚持"务实创新的治学作风"。诚如荀子所说："真积力久，则入。"（《荀子·劝学》）徐中舒科研成就的取得，"无妨说也正是可信的必然性的体现和结果"。因此，有的学者进一步指出，"有别于贺昌群研究历史以求现实功用，徐中舒的历史学

---

① 吴天墀：《徐中舒先生对学术、教育的贡献》，载四川大学历史系：《徐中舒先生九十寿辰纪念文集》，成都：巴蜀书社，1990年，第330—344页。说明：以下论述，除有特别注明者外，主要取材于此文。

研究始知关注历史本身"①。

徐中舒先后教过两个小学，两任家庭教师，又教过两个中学；此后执教大学，则有八个之多（上海复旦大学、暨南大学、北京大学、四川大学、乐山武汉大学、成都燕京大学、华西大学、南京中央大学）。自1937年起，便一直执教于四川大学，"工作最久，为众望所归"。徐中舒在四川大学工作期间，长期担任历史系（或史地系）系主任一职，"因品学兼优，任事负责，深受师生爱戴"。徐中舒言传身教，影响了一代代巴蜀学人。

吴天墀说，"总之，从徐中舒先生一生的工作生活实践进行全面考察，在他身上确实体现了正义感和爱国主义的坚定立场。他不愧是杰出的史学家，同时也是受人尊敬的教育家。他在执教的七十年中，勤勤恳恳，忘我劳动，嘉惠青年，启迪后学，做出了辉煌的成绩。他品格高尚，正直不阿，鞠躬尽瘁，卓然师表"。

（3）蒙思明

蒙思明（1908—1974），原名尔麟，又名弘毅，四川盐亭人。元蒙史专家。1928年东渡日本留学，"五卅"惨案后愤然回国。1929年，考入华西协合大学社会及历史系，专攻中国古代社会史。1933年毕业后，留校任教，并兼做一部分哈佛燕京学社的研究工作。1935年考入燕京大学研究院，专修中国史。1938年毕业，以《元代社会阶级制度》获硕士学位。同年回成都，任华西协合大学讲师、副教授。经顾颉刚介绍，蒙思明参加了齐鲁大学国学研究所的研究工作。1944年，获哈佛大学远东语文系的奖学金，赴美国深造。1949年，以《总理各国事务衙门的组织和功能》获得哈佛大学博士学位。1950年回国后，历任华西大学教授、哲史系和外文系主任、文学院院长。1952年高校院系调整后，任四川大学历史系教授、副教务长、教务长等职。在承担大量繁重的教务行政工作外，还先后兼授中国近代史、中国近代史资料整理和史学方法等课程。晚年专门讲授元史，并招收研究生，并培养青年教师。

蒙思明在学术研究中取得多方面学术成果，尤其长于元史和蒙古学。所著

---

① 李殿元、李松涛：《巴蜀高勍振玄风——巴蜀百贤》，成都：四川人民出版社，2001年，第387页。

《元代社会阶级制度》[1]，备受中外史学界赞誉。日本学者铃木正推荐说，相信该著应该作为中国社会机构研究者的"必备必读之书"[2]。此外，还发表了《曹操的社会变革》《六朝世族形成的经过》《元魏的阶级制度》，后结集为《魏晋南北朝的社会》出版[3]。作者在书中指出，"魏晋南北朝四百年的历史，实为一部世族兴衰史"，"以世族问题为中心，则一切问题皆有迎刃而解之势"。《魏晋南北朝的社会》对这一时期世族的形成、衰落、崩溃及其对当时政治、经济、社会风尚的影响与表现等，都进行了全面深入而集中的剖析。顾颉刚说《魏晋南北朝的社会》"精审详博"，"较前书（按：即《元代社会阶级制度》）为尤善"[4]。

4. 考古学与民族学

（1）冯汉骥

冯汉骥（1899—1977），字伯良，湖北宜昌人。考古学家，人类学家，民族学家，四川大学考古学科的开创者。[5]

1919年，考入武昌文华大学，攻读文科，兼修图书馆科。1923年毕业后，到厦门大学图书馆任襄理，次年升主任。1931年，赴美深造。先在哈佛大学人类学系学习，后转入宾夕法尼亚大学人类学系（1933年）。1936年，获哲学博士学位（人类学）。1937年归国，任四川大学历史系教授[6]。自此定居四川，终身再未离开。1941年，兼四川省博物馆筹备主任。1943年，又兼任华西协合大学社会学系教授。1944年，代理社会学系系主任。1949年以后，曾担任西南博物院副院长（馆长是徐中舒）、四川省博物馆馆长、四川大学历史系考古教研室主任等职。

冯汉骥的学术专长在考古学、民族学和社会学，并且往往能融会贯通。冯汉骥是较早运用现代民族学和社会学的理论与知识来研究中国古代典籍、古代

---

[1] 蒙思明：《元代社会阶级制度》，北平：哈佛燕京学社，1938年。
[2] 陈世松：《蒙思明》，载任一民：《四川近现代人物传》（第六辑），成都：四川大学出版社，1990年，第329页。
[3] 蒙思明：《魏晋南北朝的社会》，上海：上海人民出版社，2007年。
[4] 顾颉刚：《当代中国史学》，上海：上海古籍出版社，2002年，第98页。
[5] 四川省地方志编纂委员会：《四川省志·人物志》，成都：四川人民出版社，2001年，第650—653页。
[6] 李济曾拟聘冯汉骥至中央博物院工作，后因故而未果。

社会的学者之一。他的早期英文著作《中国亲属制》（*The Chinese Kinship System*，1937），利用当代人类学中"叙述式亲属制"与"类分式亲属制"原理，从古代亲属称谓入手，探讨中国古代亲族关系、婚姻制度方面的若干重要问题，使千古聚讼的若干问题得到科学合理的解释，在当时的国内外有较大的影响。另如《作为中国亲属制构成部分的从子女称》《玉皇的起源》及《傈僳之历史起源》等，均理论新颖，推理精确，得到学术界较为广泛的关注。

1937年回国后，冯汉骥多次主持或参与西南地区的重要考古发掘和民族考察，把注重田野调查和实地发掘的风气引入四川考古学界，"尤为西南考古开山之祖"[①]。1938年夏，冯汉骥获四川大学西南社会科学研究所资助，只身前往岷江上游地区的松潘、理县、茂县、汶川等地考察羌族社会。前后历时3个月，备历艰辛。此行除在民族学上获得大量资料外，又在汶川县雁门乡清理了一座石棺墓[②]，开创了川西高原考古发掘研究的先声。1942—1943年，冯汉骥主持了成都前蜀王建墓（永陵）的发掘工作[③]，这是中国首次大规模地下墓室的发掘，也是"这一时期国立四川大学科研工作的一大亮点"[④]。冯汉骥在抗日战争时期艰苦复杂的条件下主持其事，显示了较高的组织能力和科学发掘技术。[⑤] 冯汉骥不但撰写了王建墓的考古发掘报告[⑥]，而且发表了一系列论文[⑦]，综合考证永陵的沿革，唐、宋的驾头制度、坐卧风俗的改变，以及唐、五代的音乐、建筑、工艺美术等。

冯汉骥又擅长综合现代人类学、民族学、民俗学、历史学资料，用以解释考古学的问题。冯汉骥所著《云南晋宁石寨山出土文物的族属问题试探》《云南晋宁石寨山出土铜器的研究——若干主要人物活动图像试释》《云南晋宁出

[①] 张勋燎：《冯汉骥先生师门从学考古记》，载四川大学历史文化学院考古学系：《冯汉骥教授百年诞辰纪念文集》，成都：四川大学出版社，2001年，第77页。
[②] 冯汉骥、童恩正：《岷江上游的石棺葬》，《考古学报》，1973年第2期。
[③] 请对照参看本书第一章第四节。
[④] 《四川大学史稿》编审委员会：《四川大学史稿》（第一卷），成都：四川大学出版社，2006年，第216页。
[⑤] 参看陈国生、郑家福：《抗战时期西南地区的史学研究》，《史学史研究》，1998年第3期。
[⑥] 冯汉骥：《前蜀王建墓发掘报告》，北京：文物出版社，1964年。
[⑦] 冯汉骥：《前蜀王建墓内石刻伎乐考》，《四川大学学报》（社会科学版），1957年第1期。冯汉骥：《王建墓内出土"大带"考》，《考古》，1959年第8期。冯汉骥：《前蜀王建墓出土的平脱漆器及银铅胎漆器》，《文物》，1961年第11期。

土铜鼓研究》等文，不仅学术价值很高，而且在研究方法上也兼收并蓄，有新的突破，在西南民族史研究领域很有影响。同时，冯汉骥还重译了摩尔根（Lewis Henry Morgan，1818—1881）的《古代社会》① 一书。冯汉骥的译文准确、畅达，被商务印书馆列入"汉译学术名著"丛书，并且一再重印。

冯汉骥的部分论文，先后结集为《冯汉骥考古学论文集》《冯汉骥论考古学》《川大史学·冯汉骥卷》《川大史学·冯汉骥英文卷》，分别由文物出版社、上海科学技术文献出版社、四川大学出版社出版。②

(2) 任乃强

任乃强（1894—1989），字筱庄，四川南充人。著名历史地理学家、民族学家，中国现代藏学的开拓者。

1915年，考入北平农业专门学堂（今北京农业大学）。1920年毕业后，到北平《晨报》馆工作。1921年，返回南充，协助张澜进行地方自治，任南充县实业局局长，兼县立中学南充中学教务主任、史地教员。后经胡子昂介绍，被四川军阀刘文辉任用为川康边区视察员，于是便辞去在南充县所担任的各种职务，举家西迁。1927—1928年，首次考察川边。1929年，从理化（今理塘县）返回成都。为冲破民族隔阂和语言障碍，与上瞻对甲日土司之女罗哲情措结婚。1933年，应张澜之邀，赴广西等地考察。一年后返川，相继任重庆大学教授、四川省三中校长等职。1936年西康建省后，被推为建省委员会委员。1940年，受聘担任西康省通志馆筹备委员会主任委员。1943年，受华西协合大学之聘，任边疆研究所教授、研究员。1944年，随李安宅再次入康藏地区考察，着重对德格等地寺庙和土司进行研究。1945年，返回华西协合大学。1946年，受聘担任四川大学教授。为推动国内的藏学研究，任乃强募捐成立了"康藏研究社"，被推为理事长，并创办发行了《康藏研究》月刊，担任主编。中华人民共和国成立后，虽然一度受到不公正待遇，但仍未间断研究工

---

① [美] 摩尔根著：《古代社会》（全三册），杨东莼、张栗原、冯汉骥译，北京：商务印书馆，1971年。
② 冯汉骥：《冯汉骥考古学论文集》，北京：文物出版社，1985年。冯汉骥：《川大史学·冯汉骥卷》，成都：四川大学出版社，2006年。冯汉骥：《川大史学·冯汉骥英文卷》，成都：四川大学出版社，2015年。冯汉骥：《冯汉骥论考古学》，上海：上海科学技术文献出版社，2008年。

作。直到去世前，一直笔耕不辍。

任乃强之治学，由农学而地理学，由地理学而历史学与民族学，功底深厚，视野开阔。任乃强一生发表论文 300 余篇，撰有专著 25 部，在多个领域取得了杰出的成就。其学术贡献主要体现在藏学、民族史和四川地方史三个方面。任乃强的藏学著作，主要有《西康札记》《西康诡异录》《西康图经》《康藏史地大纲》《德格土司世谱》《〈西藏政教史鉴〉校注》《吐蕃音义考》《英藏汉文对照康藏全图》《川康藏农业区划意见》《川边历史资料选编》等。任乃强对康巴藏区的调查和研究，确立了他在藏学领域的地位，对人们认识康区社会历史，开发康区做出了重要贡献。在民族史方面，任乃强撰有《羌族源流探索》《达布人族源问题》《四川十六区民族发布》《天全土司世系考》等。在四川地方史方面，任乃强撰有《四川史地》《四川上古史新探》《四川地名考释》《四川州县建置沿革图说》《泸定考察记》《华阳国志校补图注》等。此文，任乃强还是中国"格学"（"格萨尔学"的简称）的奠基者。任乃强最早将《格萨尔》史诗翻译为汉语并推介于国内。他关于《格萨尔》产生年代、人物原型的论断和对史诗版本、内容和艺术价值、民间影响等的研究，为国内《格萨尔》研究打下了基础，在国际"格学"界拥有重要影响。在治学方法上，任乃强奉行理论与实证的统一，文献与田野调查的互证，时间与空间的参证。求真务实，敢于修正，勇于创新，是任乃强的治学精神。[①]

（3）胡鉴民

胡鉴民（1897—1966），江苏宜兴人。社会学家，民族学家。

1922 年，赴法国勤工俭学。毕业于法国里昂斯坦斯堡大学，获社会学硕士学位。毕业论文《中国社会的分析》受到齐尔教授（Paul Gille）的高度评价，并以法文发表。其后，胡鉴民又赴德意志、比利时等国继续钻研社会学。1931 年春回国，参与创办"上海劳动大学"。学校开学后不久，即被勒令停办。1932 年，经胡焕庸（时任牛津大学教务长）介绍，胡鉴民受聘于中央大学，任社会学系教授。1936 年，胡鉴民应四川大学校长任鸿隽之聘，任四川

[①] 关于任乃强的学术成果与治学精神，参考了任新建：《川大史学·任乃强卷》，成都：四川大学出版社，2006 年。

大学教育学系教授。中华人民共和国成立后，历任四川大学文学院代理院长、历史系主任、亚洲史教研组组长。1954 年后，因身体欠佳，胡鉴民辞去行政职务，专任历史系教授。①

胡鉴民对社会学、民族学和历史学均有一定研究。1937 年春，胡鉴民多次访问熟悉本民族风俗文化的苗人杨鸣安。随后，胡鉴民又参阅有关苗族的零星文献，最终写成了一篇富有学术价值的论文《苗人的家族与婚姻习俗琐记》②。《苗人的家族与婚姻习俗琐记》一文，"虽只限于某些特定时间、地点和苗人，但已较一般论著深刻而有说服力，为后来码头历史文化的研究，起了奠基石作用"③。1937 年暑假，胡鉴民又自费深入四川汶川、茂县、理县等羌族居住区，进行实地考察，获得了有过羌族地理分布、物质生活、社会制度、文化信仰、风俗人情等多方面的宝贵资料，并拍摄了大量地理风貌和羌人生活照。在此基础上，胡鉴民相继发表了《羌族之信仰与习为》④ 和《羌民的经济活动模式》⑤ 等文。胡鉴民发表的这些文章，至今仍是研究羌族的重要参考文献。1949 年以后，胡鉴民转入历史学的教学与研究。1957 年，发表历史学论文《西周社会性质问题》⑥。文章认为，西周是奴隶社会，在西周的井田制度下主要从事劳动的并非农奴，而是失去人身自由的奴隶。1958 年，胡鉴民写成《印度喀拉拉邦的昨天和今天》，对印度喀拉拉邦的基本情况提出了自己新的看法。除此之外，胡鉴民还对老子、庄子思想进行过研究。

---

① 四川省地方志编纂委员会：《四川省志·人物志》，成都：四川人民出版社，2001 年，第 873 页。
② 《边疆研究论丛》（民国卅一至卅三年度），成都：金陵大学中国文化研究所，1945 年。
③ 彭崇实：《胡鉴民》，载任一民：《四川近现代人物传》（第六辑），成都：四川大学出版社，1990 年，第 370 页。
④ 《边疆研究论丛》（民国三十年度），成都：私立金陵大学中国文化研究所，1941 年。
⑤ 《民族学研究集刊》，1944 年第 4 期。
⑥ 《四川大学学报》（社会科学版），1957 年总第 5 期。

第三章

由西化到融汇：以华西协合大学为例

地处内陆腹地四川成都的华西协合大学（West China Union University）[1]，是西方基督教差会（Missions）在华设立的13所教会大学之一[2]。在中国近现代教育史、中西文化交流史、四川近现代文化史上，华西协合大学都占有其重要的一席之地。

在华西协合大学42年的办学历史上（1910—1951），一直面临着"中西"问题，存在着由"明显西化"到"逐渐华化"再到"中西融汇"的现象。这是与四川大学不一样的地方。因此，本书继第二章考察四川大学之后，将在本章考察华西协合大学。

一、由西化到融汇的历程与特色

（一）由西化到融汇的历程

华西协合大学建校42年（1910—1951），大致经历了三个发展阶段：外国人在华创办的洋学校（1910—1933）；向中国政府注册立案后的私立学校（1933—1950）；人民政府接办后的公立大学（1951年开始）。华西协合大学的

---

[1] 在历史上，华西协合大学曾经简称"华西大学""华大""华西"等。
[2] 基督教在华设立的十三所教会大学，其学校名称和所在城市如下：燕京大学（北京）、齐鲁大学（济南）、金陵大学（南京）、金陵女子大学（南京）、东吴大学（苏州）、圣约翰大学（上海）、沪江大学（上海）、之江大学（杭州）、华中大学（武昌）、华西协合大学（成都）、华南女子大学（福州）、福建协和大学（福州）、岭南大学（广州）。

发展与三位校长密切相关，这三位校长是毕启①、张凌高②、方叔轩③。毕启奠定了华西协合大学的发展基础，是华西协合大学的奠基人。张凌高扩大和发展了华西协合大学，使华西协合大学逐渐由一所地区性的教会大学跃升为在全国具有相当影响力的综合性大学。方叔轩则继续发展了华西协合大学，使华西协合大学完成了又一次转变。

华西协合大学筹建于1905年，正式成立于1910年3月11日。华西协合大学是由当时基督教的四个教会（美国浸礼会、英国公谊会、加拿大英美会、美国美以美会）和1918年加入的英国圣公会联合创办的，故华西协合大学被成都市民称为"五洋学堂"④，而大学校名也因此有"协合"（Union）一词。大学在美国纽约注册。校址位于四川省城成都南门外南台寺侧（即锦江南岸的华西坝）。当年入校新生11人，教师8人（中籍2人，西籍6人）。

办学之初的华西协合大学，和当时中国的其他教会大学一样，具有非常浓

---

① 毕启（Joseph Beech, 1867—1954），美国人。文学博士，神学博士。1898年来华传教，1903年来川，创办重庆求精中学、成都华美中学。1905年代表美国美以美会与加拿大英美会、英国公谊会、美国浸礼会决定联合创办华西协合大学，1913年当选华西协合大学首任校长，1930年改任华西协合大学校务长，1946年退休回国。在办学过程中，毕启注重将西方现代科学与四川的实际相结合，注意融合中西、全面发展，坚持高起点、严要求的标准，并首开男女合校的先河。在毕启1946年返美前夕，中国政府循美国杜威博士、哥伦比亚大学校长勃兰克之先例，授予毕启外国人特殊功绩荣誉奖——红蓝镶绶四等彩玉勋章。参看党跃武：《四川大学校长传略》（第一辑），成都：四川大学出版社，2014年，第10—15页。

② 张凌高（1890—1955），四川璧山（今属重庆）人。1919年毕业于华西协合大学，获文学学士学位。1920年赴美，先后入美国芝加哥西北大学研究院、耶鲁大学研究院深造。1922年毕业，获文学硕士学位。1927年，任华西协合大学副校长。1931年，升任华西协合大学校长，成为首任华籍校长（直至1946年）。张凌高奉行欧美流行的杜威实用主义教育思想，着重于实业、实验和生活教育。在其担任校长期间，学校规模不断扩大，图书馆、教育学院、育德宿舍、女子宿舍、制药厂相继建成，文学院、理学院、医学院陆续成立，学校又增设了农业、染色、制革等专业，并健全了学位制和奖学金制。参看党跃武：《四川大学校长传略》（第一辑），成都：四川大学出版社，2014年，第112—118页。

③ 方叔轩（1894—1982），又名方睿、方孔祖，四川成都人。1919年毕业于华西协合大学教育系，由教会报送入英国剑桥大学。1933年再度赴英，入伯明翰大学学习，获教育学硕士学位。回国后，相继担任华西协合大学中文秘书、教务长、代理校长、校长等职。1946—1951年，任华西协合大学代理校长、校长。在其担任校长期间，继承了张凌高校长的办学风格。1951年，辞去华西大学校长职务。1953年，入四川省文史研究馆。方叔轩注重素质教育，注重培养学生的独立思考能力。

④ 成都市民称华西协合大学为"五洋学堂"，"不仅是因为这所大学是由5个洋人的差会共同兴办的，而且因为在他们眼里，华西坝的一切都如同看西洋镜一般"。（党跃武：《四川大学史话》，成都：四川大学出版社，2017年，第91页。）

厚的宗教化、西方化、国际化的色彩。1908年拟定的华大筹备方案，其办学宗旨是"借助教育为手段以促进基督事业"（To further the Cause of Christian truth by means of education.）。1910年开学时，学校章程规定："本大学之目的拟在中国西部于基督教主办之下，以高等教育为手段促进天国的发展。"①（The object of the university shall be the advancement of the kingdom of God, by means of higher education in West China under Christian Auspices.）当然，推广高等教育是大学的主调。华西协合大学的筹备人之一、当时大学理事部书记客士伦（C. R. Carscallen）曾对此加以解释，"这个大学是要发展为一个最完备的高等学府，使西部各省的学生不必远到外国去留学，就可以学得他们所需要的任何科学。这些科学都将在这所大学里面被基督教精神所渗透……人们将受到这高尚理想的灌输。这就是创立者们的宗旨"②。华西协合大学副校长林则（Ashely Woodward Lindsay，1884—1968）在校庆题词中写道，"惟本校以基督教事业之立场，最高目标固在学术，而道德之涵养，亦未尝以为□图"③。该校教材除中国文史外，大都采自国外教材。

华西协合大学初期的教师，西籍教员占绝大多数。他们不仅遍及学校的各个科系，而且几乎囊括了所有课程——从文科的哲学、教育系，到理科的物理学、化学、生物系，到医科的病理学、产科学，到道科的宗教课程，全都由西籍教员承担。仅仅在安排与中文有关的课程时，学校才聘请一些前清进士、举人担任教员。以必修科"国文"教员为例：1915年为廖平（前清进士），1916年为刘洙源（前清拔贡）④，1919年为刘咸荥（前清拔贡）⑤，1924年为文龙（前清翰林），1925年为林思进（前清举人），1926年为龚道耕（前清举人）、

---

① 《华西基督教协合大学章程》（1910年），附录于张丽萍：《中西合冶：华西协合大学》，成都：巴蜀书社，2013年，第521页。
② 本段引文，均采自《四川大学史稿》编审委员会：《四川大学史稿》（第四卷），成都：四川大学出版社，2006年，第10-11页。
③ 林则：《三十八年校庆题词》（1949年），张丽萍：《中西合冶：华西协合大学》，成都：巴蜀书社，2013年，附录第542页。
④ 请参看本书第六章第五节。
⑤ 刘咸荥（1857—1949），字豫波，别号豫叟，四川双流人。清光绪拔贡。博通经史，尤长诗文及书画。其道德文章，名重一时，被称为成都"五老七贤"之一。著有《静娱楼诗文》《静娱楼楹联》等。

余舒（前清举人）。

直到学校正科学生陆续毕业以后，从1920年起，才有中国人留校任教，如刘子明（教育）、方叔轩（师范教育）、黄天启（牙科）、陈永淮（医科）、钱嘉鸿（解剖）等。同时，学校外聘的中国学者也逐渐增加。比如，朱青长（前清举人）、龚道耕（前清举人）、林思进（前清举人，内阁中书）、赵少咸、钟稚琚、庞石帚、余舒、吴君毅、刘绍禹等，都曾经应聘到校讲课。

五四运动后，全国各大城市掀起了收回一切外国人在华教育权的斗争。1925年上海"五卅惨案"后，收回教育权运动开始震荡全川。1926年"万县惨案"后，收回教育权运动在四川如火如荼。1927年10月，在华西协合大学师生爱国运动的推动下和中外进步人士的努力下，华西协合大学向四川省教育厅申请立案。1931年5月，华西协合大学向国民政府教育部申请立案。1933年9月23日，四川省教育厅转发教育部指令："私立华西大学，应准予立案。"至此，华西协合大学完成了大学转型和改组。随后，华西协合大学更名为"私立华西协合大学"。自此，华西协合大学开始了大学历史的新篇章。

向中国政府立案后，华西协合大学修改了办学宗旨。依据中华民国教育精神，华西协合大学将办学宗旨修改为"以博爱牺牲服务之精神，培养高尚品格，教授高深学术，造就专门人才，适用社会需要"[①]。1936年，又增加了"创造将来文化，复兴中华民族"[②] 的内容。立案后，华西协合大学的校训是"仁智，忠勇，清慎，勤和"[③]，体现了儒家文化精神。

向中国政府立案后，中国人参加主持校政。华西协合大学原设校长一人，副校长二人，均由外籍教授担任。1927年向四川省政府立案时，张凌高进入学校领导层（副校长）。1931年，张凌高任华西协合大学校长，成为首任华籍校长。作为校内最高决策机关的理事部，也进行了调整。在1927年向四川省

[①]《私立华西协合大学组织纲要》（1942年）、《私立华西协合大学概况》（1950年），附录于张丽萍《中西合冶：华西协合大学》，成都：巴蜀书社，2013年，第532、543页。

[②]《四川大学史稿》编审委员会：《四川大学史稿》（第四卷），成都：四川大学出版社，2006年，第63页。

[③]《四川大学史稿》编审委员会：《四川大学史稿》（第四卷），成都：四川大学出版社，2006年，第66页。

政府立案时，理事部的中国人超过半数。① 立案后，校董会与托事部分别设立，而新设的校董会多数为中国人。无疑，这是"收回华大教育权的一个重要步骤，是华大立案后的重大变化"②。

向中国政府立案后，华西协合大学取消了道科专业，将宗教课由必修课改为选修课。自 1913 年起附设的"华西协合神道学校"，也从大学分离出去了。这是华西协合大学教育史上的重大变化。立案后，学校进一步健全了学位制和奖学金制。

向中国政府立案后，大学增聘了一批非宗教界的学者和名流，如林思进（山腴）、龚道耕（向农）、李植（培甫）、庞俊（石帚）、朱师辙（少滨）、闻宥（在宥）、周太玄、魏时珍、姜蕴刚、傅葆琛、毕天民、杨佑之、沈嗣庄、李思纯、张铨等。华西协合大学发生的这种变化，在文科和文学院中体现得较为明显。③

抗战时期，随着东部沿海高校的渐次内迁，华西坝迎来了"五大学"联合办学时期。④ 这是中国现代教育史上可歌可泣的一章，也是四川现代学术史上浓墨重彩的一章。

1950 年 1 月，人民政府对华西协合大学实行军管监督。1951 年 3 月，华西协合大学改为华西大学，成为公立学校。10 月，人民政府接办私立华西协合大学，将校名改为"华西大学"。动物学家刘承钊（1900—1976）出任新校长。1952 年，全国高等院校调整，华西大学由综合大学变成了多专业性的高等医药院校。1953 年 10 月，国家卫生部将华西大学更名为"四川医学院"。1985 年 5 月，四川医学院更名为"华西医科大学"。2000 年 9 月 28 日，经教育部和四川省人民政府报国务院批准，原四川大学与原华西医科大学合并，定名为"四川大学"。

---

① 《四川大学史稿》编审委员会：《四川大学史稿》（第四卷），成都：四川大学出版社，2006 年，第 64 页。

② 《四川大学史稿》编审委员会：《四川大学史稿》（第四卷），成都：四川大学出版社，2006 年，第 65 页。

③ 详见本章第二节。

④ 请参看本书第四章第二节。

（二）四十年来的办学特色

华西协合大学四十余年的办学历史，大致有以下四个办学特点[①]：

1. 医牙为主，文理并重

开办初期，华西协合大学设有文、理、医、牙、教育、宗教六科。其后，在不到十年的时间内，华西协合大学发展成为一所以医牙为主、文理并重的综合大学。到1949年新中国成立前夕，华西协合大学的院系已经相当完整，规模已经相当可观。以1949年为例[②]：

表3—1　1949年华西协合大学院系设置

文学院	中国文学系——中国文化研究所	
	外国文学系	
	哲学史学系	
	教育系——初中实验班	
	社会学系——边疆研究所——乡村实验站	
	经济系	
	乡村建设学系——乡村实验站	
	音乐学系	
	宗教学系	
	华语学校	
理学院	药学系——华西药厂	
	数理学系	
	化学系	
	生物系系	生物材料制造所
		自然历史博物馆
	农艺学系——乳牛场——园艺厂——农业研究所	
	家政学系——托儿所	

[①] 以下内容直接采自：（1）华西校史编委会：《华西医科大学校史（1910—1985）》，成都：四川教育出版社，1990年，第149—179页。（2）《四川大学史稿》编审委员会：《四川大学史稿》（第四卷），成都：四川大学出版社，2006年，第172—194页。

[②] 《四川大学史稿》编审委员会：《四川大学史稿》（第四卷），成都：四川大学出版社，2006年，第151—152页。

续表3-1

医学院	医科 麻风病院 肺病疗养院 存仁医院 四圣祠医院 大学医院	机器房
		医学史陈列室
		检验专修科
		护士专修科
		物理治疗系
		耳科学系
		眼鼻喉科学系
		妇产科学系
		小儿科学系
		外科学系
		内科学系
		公共卫生系——校医院
		生物化学系——生物化学研究所
		病理系——病理陈列室
		生理及药理——药理陈列室
		细菌学系
		解剖系——解剖陈列室
口腔医院	牙科	牙病预防学系
		赝复学系
		牙周学系
		口腔外科学系
		牙体修复学系
		口腔组织及病理学系
		口腔解剖生理学系

华西协合大学的牙科是中国现代口腔医学的发源地，它是在国内外有影响的一流专业。医科在中国华西地区是最早的现代医学专业，它的众多毕业生是内地医疗事业的主要建设者和开拓者。理科各系也很有特色。其中的药学系建成于1932年，是中国最早的药学专业之一。化学系对制革和染色颇有研究，农艺系在良种引进、植物保护上也有特色和许多贡献，家政系具有营养和保育两方面的特长。

文科学术氛围浓厚，并且注重社会考察，对四川及西南边疆少数民族的社会、历史、文化、古物、语言文字、民情风俗等方面的研究成果尤为显著。其积累的标本资料所形成的历史博物馆，在国内大学中是一流的，并且富有特色。文科在东西方文化交流上做了不少工作，其实验教育体系和乡村建设研究也颇有特点和影响，英语的教学水平居华西地区前列。

华西协合大学的教育还有三个显著特点，即实业教育、实验教育和生活教育。一是实业教育。华西协合大学办学的一个重要指导思想是强调从中国发展的实际需要出发，突出技术科学、应用科学，注意学生毕业后的职业出路，使各学科专业体现出实业性的特点。二是实验教育。华西协合大学重视培养学生的实际工作技能。除教育科（系）有一套实验教育的体制和方法外，各科系都十分重视实验实习，规定有具体的项目、内容、操作方法、考核要求。学生必须达到规定标准，才能毕业。三是生活教育。华西协合大学提倡学生管理自己的生活、自办伙食，组织学生参与社会服务和社会考察，实行学舍制[①]、导师制，组织各自团体来辅导学社开展社会活动、文娱活动、平民教育活动和平民医药服务活动，组织边疆服务团等，都是生活教育思想的具体体现。

2. 中西文化交融，促进地区社会发展

华西协合大学对促进中西文化交流和华西地区的社会发展作出过许多贡献。特别是抗战时期"五大学"联合办学，使当时的华西坝成为中国大后方的一个重要学术中心和对外进行学术交流的窗口。

在医药学方面，华西协合大学引进和推广了现代医药科学技术，建立了当时属于第一流的牙科技术。在农艺和生物学方面，在数理化等基础科学方面，华西协合大学都有其贡献，并且积极服务于地方经济建设和社会发展。而吸收西方现代文化学术和向外介绍中国历史文化，是华西协合大学的一大特点。如本章第二节将要介绍的文学院、中国文化研究所、国学研究所、历史研究部、中国社会史研究室、华西大学博物馆、华西边疆研究所、"东西文化学社"等

---

① 华西协合大学采用了牛津大学的"学舍制"，"即大学设有共享的中心大学校区，建有公共的大学教学楼、行政楼、图书馆、礼拜堂等共用校舍，而各差会则自建自管各差会全权拥有的位于自己社区的住宿和社区活动楼，取名学舍（colleges）"。（罗照田：《东方的西方：华西大学老建筑》，成都：四川人民出版社，2018年，第174页。）

机构（学会）以及李安宅、罗忠恕、闻宥等人物，都是非常明显的例子。而"巴蜀文化"命题的提倡与研究，也是值得一提的亮点。

3."全才"教育，崇尚求实与服务社会

以德、智、体、美全面发展作为举办教育、培养人才的目标，是古今中外教育家的一致认识，也是华西协合大学的办学宗旨。先以德育为例。华西协合大学校长张凌高多次在演讲中语重心长地对学生说，"不仅要有丰富的学识，尤望有高尚之品德"，"物质落后，尚不足以为害；如果民族自信力完全消失，即等于精神上的亡国，最是可畏"。[1] 再以智育为例。华西协合大学副校长林则反复强调，"保证学术质量，而不是数量，造就合格的毕业生，要求学术真正实用于社会"[2]（校庆35周年在成都广播电台的讲话）。"重质量，求实用"，这是对华西协合大学抓智育的最本质的概括。

4. 热爱祖国，坚持进步，追求真理

华西协合大学办学的40年间，中国正处于反帝反封建斗争的高峰期。因此，师生热爱祖国，坚持进步，追求真理，也是学校的一个重要特色。综观华西协合大学各时期的爱国运动，具有以下特点：一是广泛深入，内容丰富。二是坚持进步，不怕牺牲。三是追求真理，寻求马列主义、毛泽东思想的指导。四是爱国运动始终接受中国共产党的领导。五是得到了国际友人的同情、支持和帮助。

有人将华西协合大学的办学特色进一步提炼，将其上升、概括为"华西精神"。所谓"华西精神"，李怀义曾于1949年将其概括为"忠厚朴实的性格""坚忍刻苦的毅力""宽大包容的度量""冒险进取的野心"[3]。近年来，校史研究者又将"华西精神"浓缩为十二字："华西一家""铸我国秀""华西之光"[4]。

---

[1] 转引自党跃武：《四川大学校长传略》（第一辑），成都：四川大学出版社，2014年，第117页。

[2] 转引自《四川大学史稿》编审委员会：《四川大学史稿》（第四卷），成都：四川大学出版社，2006年，第183页。

[3] 《四川大学史稿》编审委员会：《四川大学史稿》（第四卷），成都：四川大学出版社，2006年，第92页。

[4] 参看张丽萍：《中西合冶：华西协合大学》，成都：巴蜀书社，2013年，第472—479页。

二、"中国文化"与"西方文化"

积极吸收"西方文化",同时向外介绍"中国文化",是华西协合大学文科的一大特色。诚如华西协合大学的早期毕业生、文学院院长罗忠恕所说,"当今天下,国际文化亟需交流。本校对中西文化之沟通,应有特殊任务。外籍教师可指导学生研究西方文化优点,但中国文化具有足以维持世界和平之因素,如文学、美术及政治思想等,确可贡献于人类。今天学校之教育方针,不仅当尽量吸收西洋文化之优点,尤应发扬中国文化之特色精神"①。在沟通中西文化、发扬中国文化方面,华西协合大学做出了重要贡献。

(一) 由文科到文学院②

1927年华西协合大学向四川省政府申请立案后,设有文科。科长最初由张凌高兼任,1930年改由费尔朴(Dryden Linsley Phelps,1892—?)担任。文科设有国文系、英文系、社会学系、经济学系、哲学系等。1931年华西协合大学向教育部申请立案时,按教育部大学组织法规定,教育科与文科合并,筹建文学院,下设各系。1932年,文学院成立。第一任院长是费尔朴,1934年由罗忠恕继任。他们对文学院的建设都有贡献,而罗忠恕对文学院的建设尤其用心良苦。罗忠恕针对华西协合大学重视理科特别是医牙科而轻视文科这一积弊,提出了两大方针,以求发展。一是充实文学院,二是多聘本国籍教授。罗忠恕的这些主张,得到校长张凌高的支持和其他学院教授的赞同,遂得以逐步付诸实施,而文学院在学校的地位也日渐提高。

文学院所聘请的教师多为著名专家,如葛维汉(美国)、费尔朴(美籍)、钱穆、蒙文通、罗忠恕、程芝轩、林思进(山腴)、龚道耕(向农)、钟正楸

---

① 转引自 (1)《四川大学史稿》编审委员会:《四川大学史稿》(第四卷),成都:四川大学出版社,2006年,第179页。(2) 成都市武侯区地方志编纂委员会办公室:《华西坝记忆》,北京:中国文史出版社,2016年,第73页。说明:《四川大学史稿》(第四卷)的引文属于节引,但中间没有加省略号。

② 本小节综合参考了以下文献: (1) 华西校史编委会:《华西医科大学校史(1910—1985)》,成都:四川教育出版社,1990年,第44—48页。(2)《四川大学史稿》编审委员会:《四川大学史稿》(第四卷),成都:四川大学出版社,2006年,第73—77、112—113页。(3) 张丽萍:《中西合冶:华西协合大学》,成都:巴蜀书社,2013年,第404—408页。

(稚琚)、祝彦和（屺怀）、李植（培甫）、庞俊（石帚）、朱师辙（少滨）、赵世忠（少咸）、余舒（苍一）、李安宅、冯汉骥、黄方刚、沈嗣庄、姜蕴刚、朱青长、郑德坤、蒙思明、陶亮生、彭举、李炳英、许寿裳、闻宥、吕叔湘、韩儒林、刘朝阳、刘之介、傅葆琛、孙伏园、沈祖棻等。

华西协合大学文学院下属各系及各系的情况如下：

1. 中国文学系

中国文学系成立较早，正式创设于1926年。首任系主任是程芝轩①（直至1936年），之后是庞俊②。中国文学系的办学宗旨是："发扬中国固有学术，兼收罗古物评确考证，贡献于海内外。"学校得到美国人霍尔（Charles Martin Hall，1863—1914）捐助的基金50万美元，专以发扬中国文化，因而中国文学系得以发展。1933年，中国文学系有教师13人，其中教授12名，助教授1名。1937年，中国文学系有教师18人。自1933年起，开始出版《华西学报》，每年一期。为了推广和发扬中国文学，中国文学系还于1932年开办了国学专修班。

中国文学系在华西协合大学的成立，凸显了"中国文化"在"五洋学堂"的盎然崛起。华西协合大学中国文学系所设置的课程，便充分地显示了这一特点。华西协合大学中国文学系1933年的课程安排如下③：

---

① 程芝轩（1866—1941），名昌祺，字芝轩，以字行，别号静观居士，四川黔江（今属重庆）人。1925年受聘于华西协合大学，1926年创建中国文学系，并任主任（直至1936年）。期间，主立案事。1936年出家，法号能观。生前著有《阴符经解》一书行世。

② 庞俊（1895—1964），名俊，初字少白，因慕白石道人姜夔（约1155—约1221）歌词，更字石帚。四川綦江（今属重庆）人，生于成都。历任华阳县立中学（今成都三中）、成都联立中学（今成都石室中学）教员，成都高等师范学校教授、成都师范大学教授兼中文系主任、四川大学教授、华西协合大学教授兼中文系主任、光华大学（后改名为成华大学）教授兼中文系主任。中华人民共和国成立后，任四川大学中文系教授兼古典文学研究室主任。著有《国故论衡疏证》《养晴室笔记》《养晴室遗集》等。

③ 转引自《四川大学史稿》编审委员会：《四川大学史稿》（第四卷），成都：四川大学出版社，2006年，第74页。

表 3—2　华西协合大学中国文学系课程安排（1933 年）

年度	第一组	第二组
第一学年	小学、声韵学、国文、经学通论、史学通论、诸子通论、文学概论、论语或孟子、外国文学	
第二学年	专经、专史、声韵学、各体文、考古学、小学、选修	诸子、文集、史传文、修辞学、古近体诗、选修
第三学年	专经、专史、经传词例、目录学、各体文、考古学	诸子、文集、史传文、目录学、古近体诗、词曲
第四学年	专经、专史、目录学、古籍校雠、各体文、选修	诸子、文集、史传文、目录学、专家诗、专家词、选修
选修科目	伦理学、哲学史、人生哲学、印度哲学、心思运用法、中国国文教学法、中国教育行政、中国文化史、国故论衡、近代文学之比较研究、地方志研究、语录文研究、佛教文学、清代史、古今小说、英文、法文、德文、日文、梵文、钟鼎文、甲骨文	

2. 外国文学系

外国文学系的办学宗旨是："灌输学生以西方历史文学知识，俾将来能藉以求学识上之深造，并能以完善之外语与外文发表其思想。培养部分学生成为良好之英文教师或能利用外文作高深之研究工作及造成良好之翻译人才。"外国文学系的系主任，1932 年是孟克明，一度曾由胡正德（Pearl Fosnot）代理。1934 年，全系有教师 22 人，其中教授 4 人，副教授 3 人，讲师 8 人，助教 5 人。1936 年，外国文学系分为两个组——外国语言组，主任是孟克明；英国文学组，主任是施美兰（Streeter Mary Elizabeth）。

3. 哲学系

哲学系的办学宗旨是："使学生养成深刻思考之习惯，明了人生旨趣，并培养分析的批评的眼光，以解决各种思想上之重要问题。"哲学系的系主任，由宋道明副校长兼任。1932 年，哲学系有教师 11 人，其中有方叔轩（教务主任）、费尔朴（文学院院长）。抗战期间，姜蕴刚主持哲学系[①]，前来讲学的著名学者有钱穆、张东荪、萧公权、伍非百[②]等。其中，"墨学大师伍非百来系

---

① 姜蕴刚（1900—1982），四川彭山人。1929 年毕业于日本早稻田大学，1936 年到华西协合大学工作。著有《边区问题之理论与实际》《社会哲学》《社会学原理》《历史艺术论》《中国古代社会史》等。
② 伍非百（1890—1965），四川蓬安人。著有《中国古名家言》等。

讲学时，曾轰动一时"①。

4. 历史学系

历史学系的办学宗旨是："造成史学专门人才，作科学的史学研究工作和充当中学校之史学教师；并使他系学生对于历史的眼光及方法有相当之了解。"历史学系的系主任是罗成锦（Harold Deeks Robertson，加拿大籍）。1932年，历史学系有教师13人。1935年，与社会学系合并，称为"史社系"。抗战时期，哲学、历史合并为"哲学史学系"，由文学院院长罗忠恕兼任系主任。教师队伍较强，有顾颉刚、钱穆、张东荪、何鲁之、蒙文通、徐中舒、常燕生、萧公权、郑德坤、蒙思明等知名学者。该系设有专门的图书室，还定期举办专题讲座。下属机构历史研究部，还招收研究生。

5. 社会学系

社会学系的办学宗旨是："使研究之学程期能尽量适应中国之三种特别需要为标准，一是社会化之良好，培养公民与社会建设事业之领袖人才；二是科学化之社会工作；三是科学化之社会研究。"系主任由罗成锦（加拿大籍）代理。1932年，社会学系有教师8人。社会学系曾组织学生到四川新都、新繁进行社会调查。抗战时期，李安宅任社会学系主任，聘请的教师有冯汉骥、姜蕴刚、于式玉等。1949年6月，社会学系成立了人口研究室。

6. 教育学系

原为教育科，设立于1927年。1932年文学院成立后，改为文学院的一个系。教育系的办学宗旨是："研究教育学术，培养中小学教师及教育行政专门人才。"1934年，系主任由刘之介担任，全系教师有15人。

1935年，学习英国牛津大学经验，将教育系、哲学系和美术系合并成为哲学教育系，分设教育组、哲学组、美术组；将社会系与历史系合并为历史社会系，系主任由罗成锦（加拿大籍）担任。抗战时期，教育组按教育部规定，独立建设成为乡村教育系，后又改为乡村建设系（1945年）。

---

① 华西校史编委会：《华西医科大学校史（1910—1985）》，成都：四川教育出版社，1990年，第117页。《四川大学史稿》编审委员会：《四川大学史稿》（第四卷），成都：四川大学出版社，2006年，第145页。

7. 美术系

美术系设立于 1932 年。美术系的办学宗旨是:"陶冶精神生活使之更加丰富,培养美术教师及教堂之音乐领袖,训练学生因欣赏西方美术之故进而发展中国之美术。"分音乐及美术两组。开设了 7 门课程。除培养专业学生外,还开设全校选修课程,并组织全校音乐美术活动,增进学生的美育。美术系的系主任,1932 年为安德生夫人(Mrs. Eleanor W. Anderson),1934 年改由费尔朴夫人(Mrs. Margaret H. Phelps)担任。美术系培养的优秀学生,音乐方面有刘才斌、张爱德(钢琴家)等,美术方面有石鲁[1]等。

8. 经济系

经济系成立得比较晚,至 1940 年方始成立。经济系聘请的教师有程英祺、潘源来、杨佑之、谢霖甫、彭迪先、薛迪靖等,开设的课程有财政学、统计学、会计学、国际贸易与金融、中国经济史、经济思想史、中外金融市场等,注重理论与技术的结合。

9. 音乐系

1949 年,在原有音乐组的基础上,又新建成音乐系。系主任是汪德光教授。著名声乐家朗毓秀也在系上执教。从音乐组到音乐系,他们一直是全校音乐活动的组织者。

立案后,文学院的学生人数逐年增加。1932 年有 81 人,1933 年有 147 人,1934 年有 166 人。[2] 到抗战时期,文学院的学生人数增至全校之冠。1936 年有 113 人,占全校学生 335 人的 30%;1945 年有 500 多人,占全校学生 1300 多人的 40%;到 1949 年之时,学生人数增至 728 人。[3]

文学院的教育目标是比较高远的,要求学生具有"远大的眼光,广阔的胸襟,深刻的认识,明确的判断,灵活的应事力"[4]。当然,华西协合大学文学

---

[1] 石鲁(1919—1982),原名冯亚珩,四川仁寿人。中国画大师,长安画派旗手。
[2] 华西校史编委会:《华西医科大学校史(1910—1985)》,成都:四川教育出版社,1990 年,第 48 页。
[3] 《四川大学史稿》编审委员会:《四川大学史稿》(第四卷),成都:四川大学出版社,2006 年,第 113、145 页。
[4] 罗忠恕:《我对文学院的一点希望》,1947 年 8 月华大校刊。转引自《四川大学史稿》编审委员会:《四川大学史稿》(第四卷),成都:四川大学出版社,2006 年,第 152 页。

院（包括建院前的文科）的教育是富有成效的，不少毕业生日后成为著名的专家、学者。其中，成才的四川籍学子有张凌高、方叔轩、杨重熙、罗忠恕、蒙思明、林名均、甄尚灵、王仲镛、白敦仁、王文才、罗元铮、李绍明、宋诚之、刘之介等。胡昭曦（1933—2019）在列举和简介这些川籍优秀毕业生后说，"（这）可谓挂一而漏万，但已可见到华大培养蜀中文科人才和巴蜀文化研究学者斐然成绩之概貌"[1]。

（二）中国文化研究所

中国文化研究所于1939年筹建，1940年春正式成立。旧址在今成都市武侯区人民南路三段14号华西口腔医学院内，在当时名为天竺园院落的一栋楼上。[2]

中国文化研究所是附属于中国文学系的一个机构，后来改由校长办公室直属。哈佛燕京学社曾经提供经费资助，资助中国文化研究所对中国文化特别是人类学、考古学、语言学、历史学等方面，进行"专门而高深的研究"。所长闻宥[3]。中国文化研究所聘请韩儒林[4]、吕叔湘[5]、刘朝阳[6]、缪钺[7]等人为研究员，函聘陈寅恪、刘咸、李方桂、吴定良、滕固、董作宾等人为特约研究员和名誉导师。中国文化研究所聘请的这些研究员和导师，都是国内外有名的学

---

[1] 胡昭曦：《华西协合大学与巴蜀文化研究（代序）》，载张丽萍：《中西合冶：华西协合大学》，成都：巴蜀书社，2013年，第17—20页。

[2] 成都市武侯区地方志编纂委员会办公室：《华西坝记忆》，北京：中国文史出版社，2016年，第17页。

[3] 闻宥（1901—1985），字在宥，江苏松江（今属上海）人。1937—1954年，任华西协合大学中国文化研究所所长、博物馆馆长、中文系主任，四川大学教授、博物馆馆长。在成都的学术生涯，是闻宥学术事业的顶峰。

[4] 韩儒林（1903—1983），字鸿庵，河南舞阳人。1933年赴欧洲留学，师从法国著名汉学家伯希和（Paul Pelliot，1878—1945）。1936年回国，1940—1942年任教于华西协合大学。著有《穹庐集》《成吉思汗》《韩儒林文集》等。

[5] 吕叔湘（1904—1998），原名吕湘，字叔湘，中年后以字行，江苏丹阳人。1936年赴英国留学，1938年回国，1940—1942年任教于华西协合大学。著述甚多，后结集为《吕叔湘全集》（十九卷）出版（沈阳：辽宁教育出版社，2002年）。

[6] 刘朝阳（1901—1975），浙江义乌人。1943—1946年，任华西协合大学教授。部分著作收入《刘朝阳中国天文学史论文选》（郑州：大象出版社，2000年）。

[7] 缪钺（1904—1995），字彦威，原籍江苏溧阳，生于河北迁安。1946—1951年，任华西大学中文系教授兼中国文化研究所研究员。著有《诗词散论》《读史存稿》《冰茧庵丛稿》《冰茧庵剩稿》《缪钺说词》等，后被整理为八卷本《缪钺全集》（石家庄：河北教育出版社，2004年）。

者。抗战期间，中国文化研究所还先后接收过德国学者傅吾康（Wolfgang Frank，1912—2007）、瑞典学者马悦然（Goran Malmqvist，1924—2019）[①]、西门华（Harry Simon）[②] 等前来进修和合作研究。

中国文化研究所出版的刊物有《华西协合大学中国文化研究所集刊》（英文名为 STUDIA SERICA）、《华西协合大学中国文化研究所专刊》，并与金陵大学中国文化研究所、齐鲁大学国学研究所联合出版《中国文化研究汇刊》。集刊主要用于发表论文和书评，专刊主要用于出版专书，汇刊专门发表金陵大学、齐鲁大学、华西协合大学研究所专任学者的研究成果。

《华西协合大学中国文化研究所集刊》发表了闻宥、韩儒林、刘咸、刘朝阳、董作宾、徐中舒、颜阎、吴定良、傅懋勣、吕叔湘等人的许多重要论文，堪称一时之佳作。比如：

闻宥：《民家语中同义字之研究》，《华西协合大学中国文化研究所集刊》，1940 年第 1 期。

闻宥：《倮罗译语考》，《华西协合大学中国文化研究所集刊》，1940 年第 1 期。

闻宥：《论黑水羌语中之 Final Plosives》，《华西协合大学中国文化研究所集刊》，1940 年第 1 期。

闻宥：《撒尼语小考》，《华西协合大学中国文化研究所集刊》，1941 年第 2 期。

闻宥：《嘉戎语中动词之方向前置及其羌语中之类似（附图）》，《华西协合大学中国文化研究所集刊》，1943 年第 1—4 期。

闻宥：《川西羌语之初步分析》，《华西协合大学中国文化研究所集刊》，1943 年第 1—4 期。

闻宥：《汶川罗卜寨羌语音系》，《华西协合大学中国文化研究所集刊》，1943 年第 1—4 期。

闻宥：《论唐蕃会盟碑中所见之藏语前置子音与添首子音》，《华西协合大

[①] 马悦然的第一任妻子是四川成都人陈宁祖（1931—1996），二人于 1950 年 9 月 24 日在香港举行婚礼。马悦然的第二任妻子是台湾媒体人陈文芬（1967—）。

[②] 西门华的父亲是汉学家 Walter Simon（1893—1981）。

学中国文化研究所集刊》，1945年第1期上册、下册。

韩儒林：《突厥官号研究》，《华西协合大学中国文化研究所集刊》，1940年第1期。

韩儒林：《吐番之王族与宦族》，《华西协合大学中国文化研究所集刊》，1940年第1期。

韩儒林：《成吉斯汗十三翼考》，《华西协合大学中国文化研究所集刊》，1940年第1期。

韩儒林：《女真译名考》，《华西协合大学中国文化研究所集刊》，1943年第1—4期。

韩儒林：《成都蒙文圣旨碑考释》，《华西协合大学中国文化研究所集刊》，1943年第1—4期。

董作宾：《禨三百有六旬有六日新考》，《华西协合大学中国文化研究所集刊》，1940年第1期。

董作宾：《再谈殷代气候（附表）》，《华西协合大学中国文化研究所集刊》，1945年第5卷。

刘咸：《亚洲狗祖传说考》，《华西协合大学中国文化研究所集刊》，1949年第1卷。

刘朝阳：《三代之火出时间》，《华西协合大学中国文化研究所集刊》，1943年第1—4期。

Liu Ch'ao-yang: *Fundamental Questions About The Yin And The Chou Calendars: Being the First Part of the Chronology of the Late Yin and the Early Chou Periods*，《华西协合大学中国文化研究所集刊》，1945年第4期。

颜闇、何光篯：《推测中国人颅骨颅高及容量之公式》，《华西协合大学中国文化研究所集刊》，1943年第1—4期。

吴定良：《中国人肱骨之初步研究》，《华西协合大学中国文化研究所集刊》，1943年第1—4期。

徐中舒：《九歌九辩考》，《华西协合大学中国文化研究所集刊》，1949年第1卷。

傅懋勣：《维西麼些语研究（附图表、照片）》，《华西协合大学中国文化研究所集刊》，1941 年第 4 期。

吕叔湘：《释您俺咱喒附论"们"字（附图表）》，《华西协合大学中国文化研究所集刊》，1949 年第 1 卷。

中国文化研究所的刊物，在国内外备受称誉与重视，被认为是"中国同类刊物中之最杰出者"[1]。欧美各国、东亚日本的学术机构，如英国的皇家人类学会、东方语言学院以及美国的康奈尔大学、加利福尼亚大学、哈佛大学等，都来函订购刊物，或者交换刊物[2]，"尤以日本东方学界表示敬慕"[3]。国内的许多学术机关，如国立编译馆、蒙藏委员会研究室、厦门大学等，均来函订购刊物。期间，闻宥完成论文《西藏语音研究》（Studies in Tibetan Phonetics），1947 年在巴黎第 22 届国际东方学者会上宣读（闻宥因病未能出席，论文由巴黎东方学教授 R. Slein 代为宣读），"得到出席会议的法、英、丹麦、匈牙利等国学者的好评"[4]。

列入《华西协合大学中国文化研究所专刊》的专书（Monographs），虽然数量非常少，但都是高质量的学术成果。比如吕澂编校的《汉藏佛教关系史料集》（专刊乙种一，1942 年），刘朝阳撰写的《周初历法考》（专刊乙种二，1944 年）、《晚殷长历》（专刊乙种三，1945 年），以及 D. Pokotilov 著、罗文达翻译的《明代东蒙古史》（History Of The Eastern Mongols）（专刊甲种一，1947 年），等等。

《中国文化研究汇刊》每年出版一卷（共计出版八卷），刊登考证论文、调查报告、重要史料、书报评论。《中国文化研究汇刊》的编辑事宜，由齐鲁大学、华西大学、金陵大学轮流负责。八年之中（1941—1948），《中国文化研究

---

[1] 华西校史编委会：《华西医科大学校史（1910—1985）》，成都：四川教育出版社，1990 年，第 35 页。《四川大学史稿》编审委员会：《四川大学史稿》（第四卷），成都：四川大学出版社，2006 年，第 118 页。

[2] 参看《华西协合大学中国文化研究所集刊》第 2 期"序"，1941 年。

[3] 《四川大学史稿》编审委员会：《四川大学史稿》（第四卷），成都：四川大学出版社，2006 年，第 118 页。

[4] 华西校史编委会：《华西医科大学校史（1910—1985）》，成都：四川教育出版社，1990 年，第 130 页。《四川大学史稿》编审委员会：《四川大学史稿》（第四卷），成都：四川大学出版社，2006 年，第 157 页。

汇刊》发表了陈寅恪、钱穆、闻宥、顾颉刚、韩儒林、刘朝阳、董作宾、胡厚宣、李方桂、吕叔湘、孙次舟、徐中舒、缪钺、杨明照、甄尚灵等人的许多重要论文①。比如：

陈寅恪：《连昌宫词笺证（元白诗笺证之一）》，《中国文化研究汇刊》第4卷，1944年。

顾颉刚：《古代巴蜀与中原的关系说及其批判》，《中国文化研究汇刊》第1卷，1941年。

韩儒林：《读蒙古世系谱》，《中国文化研究汇刊》第1卷，1941年。

胡厚宣：《殷代年岁称谓考》，《中国文化研究汇刊》第2卷，1942年。

胡厚宣：《气候变迁与殷代气候之检讨》，《中国文化研究汇刊》第4卷，1944年。

李方桂：《古台语喉塞音及带喉塞音声母对于剥隘声调系统之影响》，《中国文化研究汇刊》第4卷，1944年。

刘朝阳：《殷末周初日月食初考》，《中国文化研究汇刊》第4卷，1944年。

刘朝阳：《夏书日食考》，《中国文化研究汇刊》第5卷，1945年。

吕叔湘：《"相"字偏指释例》，《中国文化研究汇刊》第2卷，1942年。

缪钺：《吕氏春秋撰著考》，《中国文化研究汇刊》第6卷，1946年。

缪钺：《吕氏春秋中之音乐理论》，《中国文化研究汇刊》第6卷，1946年。

缪钺：《清谈与魏晋政治》，《中国文化研究汇刊》第8卷，1948年。

缪钺：《颜延之年谱》，《中国文化研究汇刊》第8卷，1948年。

钱穆：《论宋代相权》，《中国文化研究汇刊》第2卷，1942年。

孙次舟：《说文所称古文释例》，《中国文化研究汇刊》第2卷，1942年。

闻宥：《论汉藏语族中 $m>\eta$ 之演化》，《中国文化研究汇刊》第1卷，1941年。

---

① 杨明照（1909—2003），字弢甫，重庆大足人。四川大学中文系教授。著有《文心雕龙校注拾遗》《刘子校注》《抱朴子外篇校笺》《学不已斋杂著》等。

闻宥：《论嘉戎语动词之人称尾词》，《中国文化研究汇刊》第4卷，1944年。

闻宥：《论唐蕃会盟碑中所见之藏语》，《中国文化研究汇刊》第5卷，1945年。

闻宥：《川滇黔罗文之比较》，《中国文化研究汇刊》第7卷，1947年。

闻宥：《记西昌夷语的元音（附表）》，《中国文化研究汇刊》第8卷，1948年。

徐中舒：《井田制度探原》，《中国文化研究汇刊》第4卷，1944年。

杨明照：《汉书颜注发覆》，《中国文化研究汇刊》第5卷，1945年。

甄尚灵：《论汉字义符之范围》，《中国文化研究汇刊》第3卷，1943年。

甄尚灵：《汉字俗解小考》，《中国文化研究汇刊》第5卷，1945年。

除中国文化研究所外，华西协合大学所成立的与"中国文化"有关的研究所（部、室），还有：

1. 国学研究所

1943年，国学研究所成立。研究所由中国文学系李植、林思进、庞石帚、钟稚琚等人发起，李植任所长。国学研究所的成立，主要基于以下两个因素：一是在世界化、全球化的潮流中，有保存国粹的必要；二是效法其他高校，为从事国学研究者提供"专精研究之地"。

该所发布的募集基金启事，明确阐释了设立国学研究所的这两点初衷。启事称："华西大学者，成都开设最早之学校也。三十年来，分设院系，规模寖备，惟是从事国学研究者，毕业以后，尚无专精研究之地。南北各大学多有研究所之设，兹独阙然。同人等以谓世界科学，日新月嬗，负笈以外求，独吾国数千年来，六艺经传诸子百家，其渊广磅礴，无乎不赅，绝非殊邦异域所得并。举凡政教礼俗，文章制度，因革损益之端，盛衰存亡之故，备载其中，而一切以土苴刍狗视之，郭郛虽存，本实先拔矣。用是夙夜思维，奋此绵力，爰于去年八月，创设国学研究所。"[①]

---

① 《为发起设立华西国学研究所募集基金启事》，1944年。转引自张丽萍：《中西合冶：华西协合大学》，成都：巴蜀书社，2013年，第413页。说明：笔者调整了标点，并且改正了笔误。

2. 历史研究部

1942年,华西协合大学成立历史研究部,由钱穆主持,先后招收研究生10多名。钱穆晚年回忆,早在授课于齐鲁大学之时,"华西大学生亦同班听课";"一九四三秋,齐鲁国学研究所停办,华西大学文学院长罗忠恕,邀余转去华西大学任教"。①

3. 中国社会史研究室

1944年,华西协合大学成立中国社会史研究室。研究室由姜蕴刚主持,出版《中国社会》月刊。研究室的成员有郭祝崧、杨秋声、王维明,主要从事中国近百年国耻史的研究,并发起民族狂飙运动,出版《狂飙月刊》,宣扬"狂飙精神"②。

《狂飙月刊》除宣扬"狂飙精神"外③,也刊载研究四川的论文。比如,《狂飙月刊》1947年第1卷第2期刊有《四川盆地的地形与地形区》(张保昇),1949年第3卷第1期刊有《北朝史上所谓蜀》(李源澄)、《邛崃发现唐代龙兴寺残石之报告》(杨谷)。

1945年,顾颉刚在重庆主持编辑《文史杂志》,曾经委托中国社会史研究室为杂志编辑"中国社会史专号"。

(三) 华西大学博物馆

华西大学博物馆是中国近代最早成立的博物馆之一,在中国近代博物馆史尤其是西部博物馆史上,具有重要意义。

1914年,华西大学博物馆开始筹建(当时称博物部)④,着手筹建工作的是理学院教授戴谦和(Daniel Sheets Dye,1884—1976)。筹建之初,由于经费有限,进展颇为缓慢,而标本多为戴谦和亲自采集,或为热心人士无偿捐赠。

---

① 钱穆:《八十忆双亲 师友杂忆》,北京:生活·读书·新知三联书店,1998年,第250页。
② 参考张丽萍:《中西合冶:华西协合大学》,成都:巴蜀书社,2013年,第413页。说明:原文将《狂飙月刊》误作《狂飙半月刊》,本处已经改正这一错误。
③ 比如,《狂飙月刊》1947年第1卷第2期刊有《超人与至人》(姜蕴刚),1949年第3卷第1期刊有《狂飙社三周年纪念宣言》和《文化运动者的信念与使命》(姜蕴刚)。
④ 华西大学博物馆有三:古物博物馆、自然历史博物馆、医学博物馆。本小节所说华西大学博物馆,指的是古物博物馆。

筹建初期的华西大学博物馆，得到了两位美国藏学研究专家陶然士（Thomas Torrance，1871—1959）和叶长青（James Huston Edjar，1872—1936）的大力支持，使得藏品渐为可观。1930年，获得美国哈佛燕京学社的资金援助，使得藏品日渐丰富起来。至1931年之时，已有标本6000余件，悉数储藏陈列于华西协合大学的赫裴院（The Hart College，在医牙楼中）。

1932年，鉴于收藏文物的重要性和藏品的丰富性，华西大学博物馆正式成立。因为当时还没有为博物馆修建专门的建筑，博物馆借用的是华西协合大学图书馆二楼，将其辟为陈列室。接受美国哈佛燕京学社的委派，葛维汉（David Crockett Graham，1884—1962）任首任馆长。葛维汉才学兼长，搜罗宏广，研究精审。在葛维汉的主持下，博物馆进入了快速发展时期。1936年，馆藏文物已达15885件，主要是民族文物、川康所得之新旧石器等。其中，清代服装及刺绣700余件，瓷器约1000件，鼻烟壶400件，还有铜器、玉器、古泉，清代珠翠及装饰品，汉俑、广汉遗物等。陈列物品分设30余柜，已经斐然可观。1933年12月23日，《成都国民日报》发表记者所写《参观华大博物馆》一文。文章盛赞华大学博物馆，"收藏珍贵之历史遗物甚多，永为西南最完善之博物馆"[①]。

葛维汉1941年回国后，由郑德坤[②]主持馆务。在郑德坤的主持下，博物馆进入了良好发展时期。郑德坤把博物馆建成了一个收藏中心、教育中心和学术中心，并积极主持和参加考古发掘工作。至1947年，馆藏标本、文物约有3万余件，分为古物美术品、边民文物和西藏标本三大类，分为中国石器与雕刻，中国金属器，四川陶瓷器，华东、华北陶瓷器，西藏文物，西南民族用具和其他艺术品七个部分陈列。博物馆不仅收藏中华民族的文物（苗族、羌族、彝族、藏族等），也收藏外国民族的文物，如爪哇人、马来土人、澳洲土人、美洲印第安人的一些精美器物。

[①] 转引自成都市武侯区地方志编纂委员会办公室：《华西坝记忆》，北京：中国文史出版社，2016年，第36页。

[②] 郑德坤（1907—2001），福建厦门人。1930年毕业于燕京大学，1936年到华西协合大学工作。著有《水经注引得》、《四川古代文化史》、《中国考古学》（全三卷）、《中华民族文化史论》等。

当时的华西大学博物馆，产生了强大的社会影响力和崇高的社会口碑。郑德坤在《五年来之华西大学博物馆》中说，华西大学博物馆"已成为本市重要名胜之一"，"当地教授、学生及对文物有兴趣之人士，常有目的地来参观"，而"来自外省及国外之人士，达官要员，国际名士，友邦空军，来此一游者颇多"。1942年6月19日，《党军日报》第六版发表古董所写《介绍华西大学博物馆》一文。文章说："成都为中国西部文化中心，边疆研究工作机关之成立不下十数，而尤以华西大学博物馆成绩最为突出。"[①]

1951年，闻宥继任华西大学博物馆馆长。闻宥积极推进馆务，着手清点标本，同时在民间购入大量珍贵文物，尤以书画艺术品为甚，并努力筹划出刊《华西文物》，鼓励全馆同仁从事研究。到1951年年底，博物馆藏品已达3.5万余件。1952年全国高等学校院系调整，华西大学改建成"四川医学院"，华西大学博物馆的全部标本、图书资料、人员设备均拨归四川大学，更名为"四川大学历史博物馆"。

华西大学博物馆的功能主要有四：一是调查、收集、收藏各类文物，发挥收藏功能；二是进行文物调查与发掘工作，发挥考古功能；三是推出各类展览，发挥教育功能；四是开展各类研究，发挥学术功能。1947年，华西大学博物馆第二任馆长郑德坤提出，要使华西大学博物馆成为"中国标准博物馆之一，……成为一近代教育圣地，华西研究之中心，甚至国际学术研究之大本营"[②]。华西大学博物馆所发挥的收藏功能，不妨参看相关文章；本处将略述其另外三项功能：

1. 考古

1933年冬至1934年年初，葛维汉与林名均一起主持了广汉三星堆遗址的首次考古发掘，拉开了"三星堆文化"研究的序幕。[③]葛维汉还主持并参加了其他考古发掘工作，如四川部分汉墓、唐宋邛窑、琉璃厂窑的发掘。

---

① 转引自成都市武侯区地方志编纂委员会办公室：《华西坝记忆》，北京：中国文史出版社，2016年，第38页。一般认为，该文作者"古董"就是郑德坤。

② 成都市武侯区地方志编纂委员会办公室：《华西坝记忆》，北京：中国文史出版社，2016年，第37页。

③ 请参看本书第一章第四节。

郑德坤曾经先后四次主持四川地区的考古发掘。诚如他在汇报中所说，"我们已经参与四个地方的发掘工作，一个汉墓、一个唐墓、王建的皇陵和老孔庙的院子"①。郑德坤还对成都西北部一些制陶场进行了相当程度的研究，完成了博物馆馆藏目录的编写工作。

2. 展览

华西大学博物馆除常规展览外，还不定期推出各类特别展览。比如，1942年的馆藏灯影展，1944年的馆藏古玉展，1945年的馆藏佛教雕刻展和馆藏书画展，1946年的馆藏陶瓷展，1947年的馆藏古代名纸展、英国刻画展、美国建筑展，等等。这些展览既满足了成都民众的文化需求，也发挥了博物馆的文化教育功能。

华西大学博物馆举办的各类展览，吸引了各界人士。比如，著名学者顾颉刚、商承祚、蒙文通、徐中舒、马寅初、朱光潜、郭沫若、启功、李政道、杨振宁等，都曾到博物馆参观、交流、鉴定，还为博物馆的文物考古工作提出了不少意见和建议。博物馆不定期推出的各类特别展览，吸引了许多政府要员前往参观，蒋介石、张群②、宋氏三姐妹（宋霭龄、宋庆龄、宋美龄）、戈尔（美国副总统）等都是博物馆的客人；而王维舟、陆志韦等各界名流也时常到博物馆参观鉴赏。博物馆更名为"四川大学历史博物馆"后，著名考古学家贾兰坡、秦学圣、夏鼐、苏秉琦、宿白、张文彬等，都先后到博物馆指导工作。

3. 研究

华西大学博物馆在成为文物收藏中心的同时，也积极加强学术研究，广泛进行学术交流，良好地发挥了博物馆的学术功能。

华西大学博物馆的研究人员，除葛维汉、郑德坤、闻宥三位馆长外，还有林名均、宋蜀华③、宋蜀青、梁钊韬④、苏立文（Michael Sullivan，1916—

---

① 成都市武侯区地方志编纂委员会办公室：《华西坝记忆》，北京：中国文史出版社，2016年，第37页。

② 张群（1889—1990），字岳军，四川华阳人。国民党要员，国民政府首脑之一。

③ 宋蜀华（1923—2004），四川成都人。1946年毕业于燕京大学社会学系，1949年毕业于悉尼大学人类学专业。1949—1951年在华西协合大学工作，1952年调入中央民族学院。著有《中国少数民族文库·百越》《中国民族学理论探索与实践》等。

④ 梁钊韬（1916—1987），广东顺德人。1944—1946年在华西协合大学工作，1946年回中山大学工作。著有《中国古代巫术：宗教的起源和发展》《梁钊韬民族学人类学研究文集》等。

2013）等。抗战时期，华西大学博物馆聘请的专家、学者有陈寅恪、钱穆、冯汉骥、闻宥、庄学本[①]、朱光潜、梁漱溟、潘光旦等。华西大学博物馆还与华西边疆研究学会合作，合聘硕学喇嘛陈趣言氏襄助藏传佛教的研究。

华西大学博物馆的研究成果，一部分发表于《华西边疆研究学会杂志》，一部分以书刊形式发布。1941—1947年间，博物馆共出版手册丛刊十种，抽印丛刊十种，专刊一种，译著两种，特殊出版一种。细目如下[②]：

手册丛刊：《古玉概说》（郑德坤著，1945年），《蜀陶概说》（郑德坤著，1945年），《西藏图画》（郑德坤著，1945年），《西藏文化导言》（郑德坤、苏立文著，1945年），《西南民族导言》（郑德坤、梁钊韬著，1945年），《四川考古学》（郑德坤著，1947年），《中国青铜器概论》（郑德坤著，1947年），《中国石刻概论》（郑德坤著，1947年），《中国名纸录》（郑德坤著，1947年），《四川古泉概论》（郑德坤著，1947年）。

抽印丛刊：《四川史前石器文化》（郑德坤，1942年），《喇嘛庙概说》（李安宅，1942年），《羌民风俗考》（葛维汉，1942年），《云南边民之社会风俗》（林耀华，1944年），《新疆民族概说》（吴蔼宸，1944年），《理番民族概说》（刘思兰，1944年），《理番版岩葬》（郑德坤，1945年），《四川古代小史》（郑德坤，1945年），《王建墓》（郑德坤，1945年），《中国之敦煌研究》（郑德坤，1947年）。

专刊：《四川古代史》（郑德坤，1947年）。

译著：《史记·西南夷列传》（郑德坤译，1945年），《史前史纲要》（郑德坤译，1946年）。

特殊出版：《敦煌画像题识》（史岩著，博物馆、比较文化学会、敦煌国家研究会共同出版，1947年）。

（四）华西边疆研究所

华西边疆研究所的建立，与"华西边疆研究学会""中国边疆研究学会"

[①] 庄学本（1909—1984），上海人。中国影像人类学的先驱，纪实摄影大师。著有《羌戎考察记》《羌族影像志》等。

[②] 张丽萍：《中西合冶：华西协合大学》，成都：巴蜀书社，2013年，第416页。

有密切关系，与《华西边疆研究学会杂志》也有合作关系，故本处将一并介绍这两个学会、一份期刊。

1922年3月，"华西边疆研究学会"（West China Border Research Society）在华西协合大学成立。学会的创始人是美籍人类学家、解剖学家莫尔思（William Reginald Morse，1874—1939），成员有华西协合大学理学院教授戴谦和、叶长青等，荣誉会员有英国传教士、汉学家、英国皇家地理学会成员陶然士等。前期会员以西方学者为主（以在华西坝的加拿大、美国、英国人士为主），后期会员以中国学者为主，会员一度达540余人。会员有莫尔思、戴谦和、叶长青、费尔朴、詹尚华、傅士德、冬雅德、司特图、布礼士、缪尔、路门、胡祖遗、李哲士、彭普乐、毕启、葛维汉、陶然士、启真道、林则、黄思礼、罗成锦、刘威廉、杨少荃、刘延龄、方叔轩、侯宝璋、李安宅、郑德坤、闻宥、吴金鼎、冯汉骥、罗忠恕、蒙思明、刘承钊、蓝田鹤、方文培、宋蜀青、宋蜀华、成恩元、周乐钦、于式玉、邓光禄、李永增等。① 华西边疆研究学会是一个国际性的学术团体，由来自不同国度的学者组成，具有跨学科、跨地域、跨学校的特点。华西边疆研究学会的会址设在华西大学内，与华西大学的关系极为密切。学会的目的是研究华西（包括甘肃、西藏、云南、贵州、四川等地区）的政治、人文、风俗习惯及自然环境等，特别是其对外国人的影响。学会的主要活动有：进行调查、发掘和科学研究，举办展览，举办学术讲演会，发表论文，出版刊物（《华西边疆研究学会杂志》），出版图书，进行图书馆建设，与国外大学、图书馆开展交流。② 1950年以后，学会停止活动。

1922年，华西边疆研究学会创办了大型学术刊物《华西边疆研究学会杂志》（Journal of the West China Border Research Society，简称JWCRS）。杂志每年出版一期，以英文向全世界公开发行，是当时研究这一流域的世界性的

---

① 关于以上人物的简介，请参看成恩元著，易艾迪整理：《华西边疆研究学会始末记》，《南方民族考古》（第十一辑），北京：科学出版社，2015年。

② 参看成恩元著，易艾迪整理：《华西边疆研究学会始末记》，《南方民族考古》（第十一辑），北京：科学出版社，2015年。周蜀蓉：《发现边疆：华西边疆研究学会研究》，北京：中华书局，2018年。

权威刊物。自1922年创刊至1946年停刊，共发行16卷22册，刊文341篇①。从1940年起，分为A、B两编，A编为人文科学版，B编为自然科学版（其中1941年的第13卷为A、B合编）②。

《华西边疆研究学会杂志》在当时具有相当高的权威性，所发表的论文极有学术价值。比如，戴谦和的《中国西部发现的石器》（1924—1925），葛维汉的《四川古代的白（僰）人墓葬》（1932）、《汉州（广汉）发掘简报》（1933—1934）、《川南古代白（僰）人墓葬》（1935），冯汉骥的《成都平原之大石文化遗迹》（1946），郑德坤的《四川史前时期文化》（1942）、《四川古代小史》（1945），林耀华的《云南及周边土著人的社会生活》（1944），李安宅的《萨迦派喇嘛教》（1946），闻宥的《云南四种罗文之比较》（1946），等等。《华西边疆研究学会杂志》完整收录了华西边疆研究学会中外成员叶长青、陶然士、莫尔思、布礼士、葛维汉、戴谦和、方文培、郑德坤、冯汉骥、李安宅、闻宥、林耀华等人有关华西人文科学、自然科学的学术论文，是中国近代边疆研究的论文集成类的文献。时至今日，《华西边疆研究学会杂志》仍然是"华西边疆"研究者必须参考、必须引证的重要文献，被人称为"无价之宝"③。

抗战时期，曾经存在过三个同名学会——"中国边疆研究学会"，分别成立于重庆、成都、榆林三地。1941年6月1日，中国边疆学会（总会）在重庆成立。总会由位于重庆、成都、榆林的三个同名学会合并成立，以赵守钰为会长，以赵守钰、顾颉刚等人为常务理事。总会刊行《中国边疆》月刊，成都分会刊行《边疆》周刊，陕西分会刊行《边疆》双周刊。1946年，中国边疆学会随国民政府迁回南京，会址设在南京江苏路8号。④

1942年，华西协合大学校董会决定，在华西边疆研究学会的基础上成立正式研究机构——华西边疆研究所，以期与学校的博物馆及各院系配合，深入

---

① 关于341篇文章的信息，详见周蜀蓉译编：《〈华西边疆研究学会杂志〉目录》。该文作为附录二，收入《葛维汉民族学考古学论著》，成都：巴蜀书社，2004年，第265-413页。
② 参看周蜀蓉：《研究西部开发的珍贵文献——〈华西边疆研究学会杂志〉》，《中华文化论坛》，2003年第1期。
③ 黄思礼：《华西协合大学》，秦和平、何启浩译，珠海：珠海出版社，1999年，第123页。
④ 顾潮：《顾颉刚年谱》（增订本），北京：中华书局，2011年，第350页。

开展科研、教学与实地考察等工作。由校长张凌高任所长，李安宅①任副所长。研究所的研究工作，实际上由李安宅主持。抗战期间，华西边疆研究所与华西边疆研究学会、中国边疆研究学会既互相配合又各自独立开展调查与研究，并主办公开演讲，举办文物展览，出版书刊等，"表现出研究边疆问题的繁荣景象"②。

1944年秋，华西边疆研究所曾组织考察团赴西康，分南北两路进行实地考察，并收集西藏经典史籍。1945年，华西边疆研究所又增加了谢国安（1887—1966）、刘立千（1910—2008）两位西藏问题专家。华西边疆研究所的主要成果，除发表于《华西边疆研究学会杂志》的论文外，还有刘立千编译的《印藏佛教史》③《续藏史鉴》，于式玉（1904—1969）等的《西北民歌》，以及李安宅的《藏族宗教史之实地研究》《拉卜楞——李安宅的调查报告》（英文）等，任乃强（1894—1989）的《德格土司世谱》《喇嘛教与西康政治》等，胡鉴民（1896—1966）的《羌族之信仰与习为》《羌民的经济活动型式》《苗人的家庭与婚姻习俗琐记》等。

（五）"东西文化学社"

抗战时期，成都是中国与外国进行学术文化交流的中心之一。地处成都的"华西坝五大学"（华西协合大学、金陵大学、金陵女子文理学院、齐鲁大学、燕京大学），在国际学术文化交流中承担着重要角色。其中，较为活跃、颇为突出的是罗忠恕发起成立的"东西文化学社"。

罗忠恕（1903—1985），字贯之，号之道，四川武胜人。1922年就读于华西协合大学（先读医科，后转文科），1929年毕业。1931年毕业于燕京大学研

---

① 李安宅（1900—1985），字仁斋，笔名任责，河北迁西人。1941—1947年，任华西协合大学社会学系主任、教授，兼华西边疆研究所副所长。著有《〈仪礼〉与〈礼记〉之社会学的研究》《边疆社会工作》《社会学论集》《李安宅藏学文论选》《藏族宗教史之实地研究》等，译有《巫术科学宗教与神话》《知识社会学》等。妻于式玉（1904—1969），山东临淄人。著有《于式玉藏区考察文集》《李安宅、于式玉藏学文论选》等。
② 《四川大学史稿》编审委员会：《四川大学史稿》（第四卷），成都：四川大学出版社，2006年，第119页。
③ 刘立千：《印藏佛教史》，成都：华西大学华西边疆研究所，1946年。该书分前后编。前编含绪言、印度佛教等6章，后编含西藏佛教、结论等5章。附参考书目及"印藏佛教大事年表"。

究生院，获硕士学位（硕士学位论文是《柏拉图的逻辑思想》），并以优异成绩荣获美国哈佛大学文学"金钥匙"奖。1931—1937 年，先后任华西大学哲学系讲师、副教授、教授、教务长、文学院院长。1937 年，赴英国牛津大学研究中国哲学和西方哲学。1946 年，到欧美各国考察、讲学，并担任联合国教科文组织哲学顾问。代表联合国教科文组织出席世界哲学会和英国亚里士多德学会，与英国、美国、法国、荷兰、比利时、丹麦、瑞典等国的大学教授研究学术问题。1947 年，在联合国年会上发表了题为《中国传统的人权思想》的研究，强调反对战争，拥护和平。1947 年 12 月 16 日，在美国新泽西州普林斯顿高等研究所，罗忠恕拜会了科学家爱因斯坦（Albert Einstein，1879—1955）[1]。在纽约之时，罗忠恕与哲学家杜威还有过五次长时间的讨论，"他们共同叹息，当今人类的精神贫困与哲学的不景气"[2]。1948 年回国，再次担任华西大学文学院院长、哲学系主任。中华人民共和国成立后，仍从事高等学校教育工作。1952 年全国院系调整，由华西大学转到四川师范学院（今四川师范大学），任校部委员，外语系教授及心理学、公共课教研室主任，兼任四川省心理学会理事、秘书长、顾问。1977 年退休后，仍在成都科技大学外语教研室、四川大学原子能所外文编译室任教，协助培养外语教师、出国深造的科技和外事工作人员。继后又受聘为四川大学人口研究所兼职教授，并承担该所和校领导对外学术交流的函件及合作协定的翻译任务。罗忠恕对实验心理学、希腊哲学、荀子哲学、哲学与现代教育等，都有较深研究。撰有《孟子的心理学思想》《荀子的唯物主义心理学思想》《中国古典心理学》《中国古代的法家思想》《道家哲学：老子和庄子》《王充及其评论》《墨子与墨家哲学》《孔子——中国古代教育家的教育理论和实践》《中国传统的人权思想》《英国的教育概况》《哲学与教育》等文，为《中国大百科全书·心理学》撰写"孟子""荀子"条目。所写《康德》一书，收入《万有文库》，受到国际友人的好评。

---

[1] 罗忠恕：《忆与爱因斯坦的一次会晤》，《成都日报》，1979 年 3 月 22 日。
[2] 岱峻：《罗忠恕：战时游走欧美的布衣使者》，《粤海风》，2013 年第 2 期。

译有《希腊哲学》、《世界各国基本情况手册》、《成都画册》（中文译英文）等①。

在推动国际文化交流方面，罗忠恕是有重要贡献的。出国期间（1937—1940），罗忠恕深感学习西方文化的重要、促进中西文化交流的必要。罗忠恕认为，"文化是推动社会前进，为人类谋福利的必不可少的工具，如果能实现东西方文化交流，就更有助于人类的发展"②。有鉴于此，1939 年 11 月，他在英国牛津大学倡议成立"中英大学文化合作委员会"，得到该校奥利尔学院院长罗斯爵士（Sir David Ross）、白礼乐院长林则爵士（A. D. Lindsay）、基督学院院长李文斯登爵士（Sir Richard Livingstone）、万灵学院院长亚当博士（W. G. Adams）、新学院院长费希尔博士（A. A. Fisher）以及巴登教授、齐门教授等人的热情赞助。"中英大学文化合作委员会"以修中诚（Ernest Richard Hughes，1883—1956）为秘书。1939 年 12 月，在剑桥大学李约瑟博士（Joseph Needham，1900—1995）等著名学者的支持下，又成立了"剑桥大学与中国大学合作委员会"，会长是剑桥大学皇后学院院长费恩博士（J. A. Venn），书记是李约瑟博士③。两个委员会均赞同加强中英文化的交流，并且得到国际知名学者如爱因斯坦、怀特海（Alfred North Whitehead，1861—1947）、杜威（John Dewey，1859—1952）、罗素（Bertrand Russell，1872—1970）等人的认可与赞赏。1941 年回国后，罗忠恕继续联合"华西坝五大学"，积极推动中英文化的交流与合作。1941 年，他约请李约瑟博士来成都讲学，并为李约瑟写作《中国科学技术史》，收购中国古籍（如《古今图书集成》）。

---

① 关于罗忠恕的生平与著述，主要采自以下二书而又有所补充：(1) 杨质先、罗义蕴：《积极从事中西文化交流的著名学者罗忠恕》，《成都文史资料选辑》（第二十八辑）《蜀都俊彦》，成都：成都出版社，1995 年，第 114—139 页。(2) 四川省地方志编纂委员会：《四川省志·人物志》，成都：四川人民出版社，2001 年，第 954—955 页。

② 周汝齐：《罗忠恕传》，载政协武胜县委员会文史工作委员会：《武胜文史》（第一辑），1987 年，第 18 页。

③ 华西校史编委会：《华西医科大学校史（1910—1985）》，成都：四川教育出版社，1990 年，第 90 页。《四川大学史稿》编审委员会：《四川大学史稿》（第四卷），成都：四川大学出版社，2006 年，第 122 页。张丽萍：《中西合冶：华西协合大学》，成都：巴蜀书社，2013 年，第 451—452 页。

1942年，罗忠恕与顾颉刚、钱穆、蒙文通等人在成都组织"东西文化学社"①。11月19日，东西文化学社成立大会在华大事务所礼堂举行。名誉社长孔祥熙、张岳军（张群）、张公权、孙哲生、顾维钧，社长罗忠恕，副社长倪青原，总干事何文俊，中文书记姜蕴刚，英文书记夏敬亭、D. N. Sargent，常务委员钱穆、施友忠、蒙文通、何鲁之，基本社员钱穆、蒙文通、施友忠、何鲁之、姜蕴刚、倪青原、罗忠恕、何文俊、王云五、杭立武、冯友兰、萧公权、萧一山、张君劢、冯汉骥、李安宅、汤腾汉、刘国钧、闻宥、李珩、董时进、常乃德、侯宝璋、顾颉刚、罗念生、郑集、陈钟凡、梁仲华、于斌、王绳祖、吴共玉、吴俊升、高翰、张其昀、郑德坤、唐君毅、贺百群、刘崇鋐、吴蔼宸、牟宗三、郭本道、吕湘、蒙思明、陈国桦、王云槐、叶叶琴、陈志良、潘泰封、Frederi Eggleston（艾格斯顿）、Joseph Needham（李约瑟）、A. F. Lutley、W. Fenn、E. R. Dodds（陶育礼）、A. E. Zinern、R. F. Piper、D. N. Sargent、D. L. Phelps（费尔朴）、R. G. Agnew、F. W. Price、H. J. Paton、A. E. Taylor、A. D. Lindsay（林则）、G. Murray、W. D. Ros、J. L. Hyres、John Dewy（杜威），名誉社员张凌高、方叔轩、梅贻宝、汤吉禾、陈裕光、张伯苓、黄季陆、朱经农、郭泰祺、蒋梦麟、郭子杰、何北衡、郭有守、Prof. Radhakrishnan、H. N. Spalding，赞助社员张澍霖、黄应乾、胡传藩、罗慎庄、徐明远、郭祝崧、高尚仁。

"东西文化学社"正式成立时，还草拟了简章。简章规定："本社联络国内外学者，以客观的批判精神，检讨东西文化之价值，并直接交换思想，共同努力于文化之交融及新文化之建设为宗旨。"简章规划：学社将同时出版中英文学术刊物《东西文化》，登载国内外学者的论文；举办演讲及讨论会；拟筹建东西文化研究所及图书馆；拟筹建编译所；与各国学术机关交换出版物等。②

---

① 罗忠恕：《中国与国外大学学术合作之建议及东西文化学社之缘起》，成都：东西文化学社，1941年。这是关于东西文化学社的基本文献。该文献介绍了东西文化学社的缘起、简章，并包括《中外大学学术合作意见书要点》《牛津大学教授致中国各大学教授与学者论高等教育之宜改进及哲学教育与人生理想之应持重书》，以及爱因斯坦、泰戈尔、蒲兰克、杜威、罗素等人的来函，又附《东西文化学社简章》。

② 钱穆：《东西文化学社缘起》，《文化与教育》，北京：生活·读书·新知三联书店，2009年。

罗忠恕在担任社长期间，邀请国内学者张东荪、冯友兰、梁漱溟、邵力子诸人以及国外学者怀特海、罗素、杜威、爱因斯坦等参加"东西文化学社"，亲自主持学术讲座，交流东西文化。1942年11月29日，英国议会访华团一行四人，在团长艾尔文爵士率领下，来四川成都访问。12月2日，访问团专门到华西坝五大学参观。在华西大学广场，代表团团员卫德波向成都各大学同学作了题为《战后的问题》的演讲，获得与会者的热烈欢迎。1943年5月3日下午，李约瑟在华西大学体育馆作了题为《科学与社会》的演讲。

后来，"东西文化学社"得到刘文辉的赞助，在成都华西后坝101号购置了学社社址，成立了"东西文化研究所"。以该地为中心，经常集会讨论有关世界学术和文化交流问题。1945年4月，在美国旧金山制订联合国宪章时，"东西文化学社"起草了有关联合国文化交流意见书，提出教育、科学、文化合作规划。意见书由中国代表团散发给出席该会的各国代表，其主要建议在联合国宪章中都得到了体现。1946年11月，联合国教育、科学及文化组织（简称"联合国教科文组织"，英文名 United Nations Educational, Scientific and Cultural Organization，缩写 UNESCO）正式成立。由此可见，"罗忠恕等人的构想，顺应了战后世界科教文化交流与合作发展的需要"[①]。

（六）"巴蜀文化"命题

抗日战争时期的20世纪40年代，"巴蜀文化"命题被正式提出，并且得到了初步的研究。自此之后，"巴蜀文化"成为国内学术界重点研究的领域之一。毋庸置疑，这是民国巴蜀学术史的重要篇章之一。

"巴蜀文化"命题的提出与研究，与以下两方面的因素有关：一是巴蜀古文物的出现与古遗址的发掘，在客观上使得"巴蜀文化"成为研究的对象，这是内因；二是抗战时期学术机构与研究人员的内迁，从而使"巴蜀文化"成为他们的关注对象与研究对象，并且最终促成"巴蜀文化"命题的提出，这是外因。

因为与"巴蜀文化"有关的古遗址的发掘与古文化的研究，都与华西协合

---

① 汪洪亮：《蜀中学者罗忠恕人生史研究的学术意义》，《四川师范大学学报》（社会科学版），2017年第4期。

大学博物馆有关，与博物馆的葛维汉、郑德坤、林名均等直接相关，故在本章安排本小节。

促成"巴蜀文化"命题提出的重要考古发现（包括流传文物），有广汉的三星堆遗址①、重庆和乐山等地的汉墓、成都白马寺出土的青铜器等。其中，最为耀眼的是四川广汉的三星堆遗址，对其的发掘与研究工作持续至今。在民国巴蜀学术史、巴蜀文化研究史上，这些都是具有开创意义的考古发现。诚如郑德坤《六年来之华大博物馆》所说，"汉州（广汉）遗址，汉墓，唐宋窑址之发掘报告，实为四川考古学开一新纪元。其对西南区边疆部落之研究成绩，对现代人类学颇多贡献"②。

在广汉真武宫遗址（即后来命名的三星堆遗址）发掘后，郑德坤于1946年出版了《四川古代文化史》一书（华西博物馆专刊之一）。该书第四章以《广汉文化》为名，从"调查经过""土坑遗物""文化层遗物""购买所得遗物""广汉文化时代之推测"五个方面加以讨论与研究。郑德坤怀疑，广汉土坑的性质"应为晚周祭山埋玉遗址"；至于年代，"假定广汉文化层为四川史前文化新石器时代末期之遗址，正在土坑时代之前，当无不可，其年代约在公元前1200至前700年以前"③。郑德坤"广汉文化"的提出，"表明当时的学者对广汉遗物与中原文化有异有同的现象开始给予关注"，但"由于种种原因，广汉文化在当时并没有引起更多学者的特别重视"④。

"巴蜀文化"命题的正式提出，与抗战时期的入川学者直接相关。学术界认为，"巴蜀文化"命题的最早提出者就是卫聚贤⑤，而提出的时间就是《说文月刊》第3卷第4期的出版时间，即1941年10月15日。⑥

---

① 请参看本书第一章第四节。
② 转引自金开泰：《百年耀千秋——华西协合大学建校百年历史人物荟萃（1910—2010）》，北京：中国文化出版社，2010年，第99页。
③ 郑德坤：《四川古代文化史》，成都：巴蜀书社，2004年，第45—62页。
④ 段渝：《抗战时期的四川》，成都：巴蜀书社，2005年，第273页。
⑤ 卫聚贤（1899—1989），字怀彬，号介山，又号卫大法师，山西万泉人。著有《十三经概论》《古史研究》《中国考古学小史》《山西票号史》《历史统计学》《中国统计学史》《中国人发现美洲初考——文字及花纹》《中国帮会》等。
⑥ 参看胡昭曦：《从〈说文月刊〉辨析"巴蜀文化"命题的含义》，《巴蜀文献》（第一辑），成都：四川大学出版社，2014年。

1941年10月,《说文月刊》第3卷第4期推出"巴蜀文化"专号。1942年8月,《说文月刊》第3卷第7期再次推出"巴蜀文化"专号。这两期"巴蜀文化"专号,刊登了卫聚贤、郭沫若、常任侠、于右任、张继、吴敬恒、王献唐、郑德坤、林名均、董作宾、朱希祖、缪凤林、徐中舒、傅振伦等人研究"巴蜀文化"的论文。在这两期"巴蜀文化"专号中,有卫聚贤同题为《巴蜀文化》的两篇文章。与此同时,缪凤林(1898—1959)也发表了两篇以"巴蜀文化"为题的文章。①

在这两篇同名文章(《巴蜀文化》)中,卫聚贤同样提到了以下考古与文物:在成都忠烈街古董商店购得的兵器,在成都的私人收藏家(罗希成、唐少波、殷静僧)处见到的文物,在重庆某收藏家处购买的文物,重庆江北试掘的汉墓,等等。这些考古与文物不仅包括古代的蜀国,也包括古代的巴国,故卫聚贤将所作论文的标题由"蜀国文化"改为"巴蜀文化"。标题的改动与论文的发表,标志着"巴蜀文化"命题的正式提出。

"巴蜀文化"命题的提出,激起了学术界的强烈反响,学者们纷纷撰文发表意见。诚如于右任(1879—1964)所说,"'巴蜀文化'的命题提出后,在学术界引起了十分热烈的讨论,直接导致了巴蜀文化作为一个科学命题的最终确立"②。

有的学者固守"中原中心论",认为巴蜀地区蛮荒落后,否认巴蜀文化的存在。但是,大多数学者赞成"巴蜀文化"命题,认为巴蜀文化是客观存在的,并且进而对巴蜀文化进行多方面、多角度的研究。这些赞成"巴蜀文化"命题的学者,或通过相关文献史籍钩沉巴蜀古史(如扬雄《蜀王本纪》、常璩《华阳国志》等),或调查文物古迹、发掘考古遗址以获取新知,或从人类学、民族学等角度探索相关问题,从而推进了"巴蜀文化"命题的研究。

比如,金祖同(1914—1955)在"巴蜀文化"专号的《冠词》中写道,巴蜀文化"于中华文化,实多所贡献。巴蜀之于中国,虽地近边陲,而于学术文

---

① 缪凤林:《漫谈巴蜀文化》,《说文月刊》,1942年第3卷第7期。缪凤林:《古代巴蜀文化》,《国立中央大学文史哲季刊》,1943年第1卷第2期。
② 于右任:《巴蜀古文化之研究》,《说文月刊》,1942年第3卷第7期。

物有与中原、吴越相长相成者，安可不加注意者乎？"① 金祖同不仅充分肯定了巴蜀文化的历史地位，而且明确提醒学界注意巴蜀文化的独特地位。傅振伦（1906—1999）从石经、雕版、陶瓷、织造、钱币交子等九个方面论述巴蜀古代文化的贡献和地位，认为巴蜀在历史上"有特殊的供（贡）献，而自成一系统"②。傅振伦的文章与金祖同的《冠词》，可谓两相呼应。顾颉刚（1893—1980）清理了古代文献中有关巴蜀的材料，否定了传统的"巴蜀出于黄帝"说，认为巴蜀文化是独立发展的；而巴蜀文化之融合于中原文化，那已经是战国以来的事。③ 董作宾（1895—1963）通过仔细搜求，确认甲骨文中有"蜀"；并根据甲骨文中"蜀"与"羌"往往在同一卜辞中出现，由此断言"蜀"在陕西南部，并不在传统观点以为的四川成都。④ 胡厚宣（1911—1995）也认为甲骨文中有"蜀"（如《前》8.38、《后》27.7、《粹》1175），但认为此"蜀"不在四川而在山东，"盖北自今之泰安南至汶上，皆蜀之疆土"，"蜀在今山东泰安汶上一带"⑤。不管其结论正确与否，这些讨论与研究对后人都是有意义的。

20世纪40年代的学者在讨论"巴蜀文化"时，都不约而同地指出："巴蜀文化"有广义与狭义之分（如缪凤林⑥）。这是真知灼见，值得后人继承。比如，今人林向教授指出："巴蜀文化"应该有"狭义"与"广义"之分。"狭义的巴蜀文化"，即中国西南地区以古代巴、蜀为主的族群的先民们留下的文化遗产，主要分布在四川盆地及其邻近地区，其时代大约相当于春秋战国秦汉时期，前后延续上千年。从考古学上确认巴蜀诸族群的文化并形成巴蜀文化区，是中华人民共和国成立以来两周考古的一大收获。"广义的巴蜀文化"是指包括四川省与重庆市两者及邻近地域在内的、以历史悠久的巴文化和蜀文化为主体的、包括地域内各少数民族文化在内的、由古至今的地区文化的总

---

① 金祖同：《冠词》，《说文月刊》，1941年第3卷第4期。
② 傅振伦：《巴蜀在中国文化上之重大供（贡）献》，《说文月刊》，1942年第3卷第7期。
③ 顾颉刚：《古代巴蜀与中原的关系说及其批判》，《中国文化研究汇刊》，1941年第1卷。
④ 董作宾：《殷代的羌与蜀》，《说文月刊》，1942年第3卷第7期。
⑤ 胡厚宣：《卜辞中所见之殷代农业》，《甲骨学商史论丛》（二集），成都：齐鲁大学国学研究所，1945年。此处引文出自胡厚宣：《甲骨学商史论丛初集（外一种）》（下），石家庄：河北教育出版社，2002年，第666、807页。
⑥ 缪凤林：《漫谈巴蜀文化》，《说文月刊》，1942年第3卷第7期。

汇。① 从时间、空间、族群、文化等角度定义"巴蜀文化",这是可以接受的定义。

至于"巴蜀文化"与"中原文化"以及其他文化的关系,学者们也做过探索。比如,徐中舒(1898—1991)认为,"四川是中国古代的一个经济文化区,但它并不是孤立的"②。套用费孝通(1910—2005)的话说,巴蜀先民、巴蜀文化是中华民族、中华文化"多元一体"格局中的"一元"③。

地处内陆腹地四川成都的华西协合大学,最大限度地融入了四川乃至中国西部的社会生活,由一所纯粹的教会大学逐渐转变为一所世俗化、生活化、实用化的大学,完成了"由西到中""中西融汇"的转变历程。华西协合大学不仅仅是一个大学个案,而且是一个具有代表性的普遍个案,更是"西学"与"中学"互动与交融的经典个案。这一段历史、一份经验,值得后人总结,也值得后人借鉴。

---

① 林向:《"巴蜀文化"辨证》,《华中师范大学学报》(人文社会科学版),2006年第4期。
② 徐中舒:《巴蜀文化初论》,《四川大学学报》(社会科学版),1959年第2期。
③ 费孝通主编:《中华民族多元一体格局》(修订本),北京:中央民族大学出版社,1999年。

第四章

战时高校内迁：助力巴蜀教育与学术

一、战时高校内迁四川综览

抗战爆发后，日本军国主义为了彻底摧毁中国，对中国的文化机关、教育机构尤其是高等院校进行了有计划地、大规模地、长时期地摧残和破坏。日寇如此而为，"无非在目前要摧毁我们的文化抗战的力量，而在将来受他们统治的中国人，都要变成没有民族文化和国家思想的奴隶、臣民和顺民，永远沦落到'哀莫大于心死'的精神状态里面，永远不能从文化的种子当中培养出复兴民族的事业"[1]。而在"此次战争中，蒙受损失最大者为高等教育机关。敌人轰炸破坏，亦以高等教育机关为主要目标"，而"此项教育机关，关系我国文化之发展。此项损失，实为中华文化之浩劫"[2]。

日本发动的侵华战争，给中国的高校带来了严重灾难。据统计，从抗战爆发到1938年8月底，中国的108所高校中有91所遭受破坏，其中10所遭受完全毁坏，25所因战争而陷于停顿；教职员工减少17%，学生减少50%；高等教育机关直接财产损失（包括校舍、图书、仪器设备）达3360余万元。[3]

随着战争的深入，国民政府对战事和战时教育的认识日益清晰。为此，国民政府制定和颁布了《战区内学校和处置办法》《各级学校处理校务临时办法》等，布置战区学校的内迁与学生的借读等应急事项。1937年8月27日，国民

---

[1] 参见《革命文献》第60辑《抗战时期之高等教育》，台湾文物供应社，1972年，第3页。
[2] 《抗战以来我国教育文化之损失》，转引自中国现代史资料编辑委员会翻印：《抗战中的中国文化教育》，中国现代史资料编辑委员会，1957年，第28、32页。
[3] 统计数据来自季啸风：《中国高等学校变迁》，上海：华东师范大学出版社，1992年。

政府正式颁布了《总动员时期督导教育工作办法纲要》。1938年3月29至4月1日，中国国民党临时全国代表大会在武汉召开。大会通过了《抗战建国纲领》，并据此颁布了《战时各级教育实施方案纲要》。

（一）时间：三个阶段

为了保存我国文化教育的命脉，为了坚持抗战，东部沿海地区的高校进行了大迁移。高校的内迁，几乎与抗战相始终。大体而言，高校内迁可以分为三个阶段，而以第一个阶段最为集中。

第一个阶段：从1937年到1939年，这是日本侵略军的战略进攻阶段。东部沿海高校，除燕京大学、辅仁大学等教会学校保持中立未动外，其余大多迁往西南、西北，少数就近迁入山区。这一时期迁入四川的高校，有中央大学、中央政治学校、东北大学、武汉大学、复旦大学、光华大学、山东大学、齐鲁大学、金陵大学、金陵女子文理学院、国立戏剧专科学校、正则艺术专科学校、铭贤学院、朝阳学院、支那内学院等。

第二个阶段：从1940年到1943年。特别是1941年太平洋战争爆发后，原迁上海租界内的高校继续内迁，如（上海）交通大学、东吴大学、沪江大学、上海医学院等迁往重庆，（北平）燕京大学迁往成都。由于云南从抗战大后方变为抗战大前方，迁往云南昆明的同济大学又迁入四川李庄，迁往云南呈贡的国立艺术专科学校又迁入四川璧山。

第三个阶段：从1944年到1945年。因日军发动豫湘桂战役和黔南战役，使广西、贵州等地部分高校及内迁其地的部分高校，再次进行迁移。如，国立交通大学北平铁道管理学院、唐山土木工程学院由贵州平越迁往四川璧山，湘雅医学院由贵阳迁往重庆，香港华侨工商学院由广西柳州迁往四川江津，等等。

（二）地点：文化四坝

抗战时期内迁的高校，主要分布在四川、云南、陕西、贵州四省。在学术界，有抗战大后方"文化四坝"之说。所说"文化四坝"，即重庆沙坪坝、北碚夏坝（又说江津白沙坝）、成都华西坝、陕西城固古路坝。除古路坝外[①]，其余三坝均在四川。关于"文化三坝"，民间广泛流传如此之说：成都的华西坝是"天堂"，重庆的沙坪坝是"人间"，汉中的古路坝是"地狱"[②]。当时，对"文化四坝"的大学生有如此概括："洋里洋气的华西坝，土里土气的古路坝，土洋结合的夏坝，艰苦朴素的沙坪坝。"[③]

在四川，也有"四川文化四坝"之说。[④] 所说"四川文化四坝"，即重庆沙坪坝、北碚夏坝[⑤]、江津白沙坝、成都华西坝，它们是当年大后方的著名文化区。

1. 沙坪坝

当时的沙坪坝，有中央大学、重庆大学、上海医学院、四川省立教育学院等院校20多所，有大公职校、中央高级助产职校等专业学校16所，还有普通中学25所、小学86所，以及全国性、区域性的学术团体31个。全市近一半的各级、各类科研机构，也都设在沙坪坝。不仅机构非常集中，而且人物高度集中。党政军界的名人、要人如蒋介石、周恩来、冯玉祥、张治中等，文学、史学、艺术、教育、经济、科学等诸多领域的重要人物如郭沫若、冰心、巴金、老舍、臧克家、张伯苓、李四光、马寅初、阳翰笙、徐悲鸿、傅抱石、丰子恺等，都云集于此。在"四川文化四坝"中，沙坪坝的影响力是最大的——它不但是中国西部的文化中心，也是战时中国的文化中心。

2. 夏坝

北碚的夏坝，位于重庆西北的缙云山下、嘉陵江畔。战时迁驻北碚的各级各类学校，有复旦大学、国立歌剧学校、国立戏剧专科学校、江苏医学院、国

---

① 抗战时期，在陕西省组建有国立西北联合大学，校本部设在城固县的古路坝。
② 这种说法广见于多种回忆文章，但均无出处。笔者估计，这是当时广为流传的说法。
③ 张丽萍：《中西合冶：华西协合大学》，成都：巴蜀书社，2013年，第433页。说明：该书亦未标明此说的出处。这应当也是当时广为流传的说法。
④ 近年来，又有人提出了"重庆文化四坝"一说。所说"重庆文化四坝"，即重庆沙坪坝、北碚夏坝、江津白沙坝、梁滩坝。这是罗玲在《抗日战争时期大重庆的"文化四坝"简述》一文中提出的，该文是"中国抗日战争与现代国际关系"国际学术研讨会的会议论文（中国·重庆，2013年11月），还没有收入中国知网。信息详见新浪网，http：//news.sina.com.cn/c/2013-11-08/152928658470.shtml。
⑤ 夏坝，据说原名"下坝"。后接受陈望道教授（1891—1977）建议，改名为"夏坝"，以示"华夏"之意。

立社会教育学校、国立国术体育师范专科学校、中国乡村建设学院、世界佛学苑汉藏教理院、国立重庆师范学校、勉仁书院、私立相辉学院等高等院校,有育才学校、国立二中等中等学校,共计有大中专院校20余所。另外,还有早已落户此地的中国西部科学院①。迁驻北碚的文化机构与新闻机构,有中华全国文艺界抗敌协会北碚办公处、中山文化教育馆、中国辞典馆、国立编译馆、国立礼乐馆、正中书局、中苏文化杂志社、教育部民众读物编审委员会,以及新华日报北碚发行站、复旦新闻馆、文摘出版社等30余家单位。特别是许多科技工作者和工程技术人员来此工作,成为战时陪都科学技术研究与实验的重要基地。有人说,北碚是"陪都的陪都"。

3. 白沙坝

江津白沙坝位于重庆西南百里的长江之滨,以地处长江要津而得名。抗战时期,白沙坝是鼎鼎有名的"川东文化重镇"。到1942年,白沙坝有大、中、小各类学校近40所,常年在校人数超过1万人,是名副其实的"学生城"。抗战时期设在白沙坝的各级学校,有国立女子师范学院、国立女师附属中学、国立女师附属师范、川东师范建国先修班、第一中山中学、国立十七中等。抗战时期设在白沙坝的文化机构,有国立中央图书馆、国立编译馆等。抗战时期的白沙坝,音乐、话剧、体育活动等开展广泛。1942年3月29日,黄花岗七十二烈士殉难纪念日,在白沙坝江津师范大操场举办了"中国音乐月万人大合唱",这是中国音乐史上一次史无前例的大合唱。

4. 华西坝

华西坝位于成都西部,原有一所教会大学——华西协合大学(简称"华大"),这是抗战时期的东道主。抗战时期,随着东部沿海高校的陆续迁入,华西坝迎来了"五大学联合时期"。这是华西坝历史上值得浓墨重彩书写的一章。1937年之后迁入华西坝的大学,前后有南京的中央大学(简称"中大")医学院、金陵大学(简称"金大")、金陵女子文理学院(简称"金女

---

① 1930年8月30日,由四川实业家卢作孚发起,在四川军阀当局及学者蔡元培、黄炎培、秉农三、翁文灏等人的支持和赞助下,中国西部科学院在四川创办(院址在重庆北碚文星湾)。中国西部科学院相继成立了生物、理化、农林、地质四个研究所和博物馆、图书馆等,是四川最早的自然科学研究机构。

大"),济南的齐鲁大学(简称"齐大"),苏州的东吴大学(简称"东吴")生物系,北平的燕京大学(简称"燕大")、协和医学院(简称"协和")等。它们都借用华西协合大学的校园、校舍、实验室、教学医院和图书设备等条件等办学。

所谓"华西坝五大学",1942年以前指的是华西协合大学、中央大学医学院、金陵大学、金陵女子文理学院、齐鲁大学。1941年,中央大学医学院自办医院。1942年秋,燕京大学在成都复校。因此,1942年以后的"华西坝五大学"指的是华西协合大学、金陵大学、金陵女子文理学院、齐鲁大学、燕京大学。抗战时期云集于华西坝的著名学者(人文学科)有陈寅恪、钱穆、萧公权、梁漱溟、朱光潜、顾颉刚、张东荪、李方桂、吕叔湘、吴宓、冯友兰、董作宾、蒙文通、徐中舒、冯汉骥、闻宥、郑德坤、李安宅、于式玉、韩儒林、任乃强、刘咸、傅葆、许寿裳、孙伏园、程千帆、沈祖棻、庞石帚、缪钺、胡厚宣等。

(三)总览:一份表格

抗战时期,东部沿海、沿江、沦陷地区或战区共有136所大专院校,或奉命内迁,或自发内迁。其中,至少有71所高校迁至四川、贵州、云南,而迁入四川的高校至少有58所(旧说48所[①],实不确切)。截至1944年,31所(一说32所)大专院校迁至重庆。

下面,为了醒目起见,将以表格的形式呈现抗战时期的高校内迁四川的情况(见表4—1)。

---

① 四川省志教育志编写组:《抗战中48所高等院校迁川梗概》,《四川文史资料选辑》第13辑,1964年。王斌:《四川现代史》,重庆:西南师范大学出版社,1988年,第277页。四川省地方志编纂委员会:《四川省志·哲学社会科学志》,成都:四川人民出版社,1998年,第5页。四川省地方志编纂委员会:《四川省志·教育志》(上册),北京:方志出版社,2000年,第13—14页。四川省地方志编纂委员会:《四川省志·教育志》(下册),北京:方志出版社,2000年,第4、18页。

表 4—1　抗日战争时期内迁四川的高等院校情况一览表

序号	校名	原址	新址	备注
1	国立北平师范大学（劳作专修科）	北平	四川重庆	抗战爆发后，相继迁江西牯岭、湖南沅陵、四川重庆。迁入四川后，并入重庆大学上课。
2	国立北平艺术专科学校	北平	四川璧山 四川重庆	先迁湖南沅陵，后迁四川璧山、重庆。1938年3月，两校（杭艺、北艺）合并，更名为"国立艺术专科学校"（1942年）。抗战胜利后，分别迁返。①
3	国立东北大学	辽宁沈阳	四川三台	1931年九一八事变后迁北平，1937年年初迁河南开封，1937年6月迁陕西西安，1938年3月迁四川三台。1946年迁返，另外部分迁川北大学。
4	国立东方语专科学校	云南呈贡	四川重庆	1942年10月创办于云南呈贡，后迁四川重庆。
5	国立杭州艺术专科学校	浙江杭州	四川璧山 四川重庆	首迁浙江诸暨，再迁江西贵溪，三迁湖南沅陵，四迁云南昆明，五迁云南呈贡，六迁四川璧山，七迁四川重庆。②
6	国立交通大学（沪校）	上海	四川重庆	1940年在四川重庆设分校，1942年改为校本部。
7	国立交通大学北平铁道管理学院	北平	四川璧山	与唐山土木工程学院先后迁湖南湘潭、湘乡，并于1938年合并。1939年1月迁贵州平越。1942年1月改称国立交通大学贵州分校。1944年12月迁四川璧山。
8	国立交通大学唐山土木工程学院	河北唐山	四川璧山	见上（国立交通大学北平铁道管理学院）。
9	国立女子师范学校③		四川江津	1940年迁四川江津白沙镇。1950年，国立女子师范学院与四川省立教育学院（师范相关系科）合并组建为西南师范学院。
10	国立山东大学	山东青岛	四川万县	1937年10月迁万县。1938年并入国立中央大学，编制保留在东北大学。1946年迁返青岛复校。
11	国立上海医学院	上海	四川重庆	1939年夏部分师生迁云南昆明，与中正医学院合并。1940年夏，迁四川重庆。1941年12月，上海师生分批赴渝。
12	国立上海音乐专科学校	上海	四川巴县	初入租界，1942年被伪政府接收。1939年冬在四川重庆设音乐干部培训班，后改为国立音乐学院分院。

---

① 请对照参看表 4—1 中的"国立杭州艺术专科学校"。
② 请对照参看表 4—1 中的"国立北平艺术专科学校"。
③ 该校为内迁师生新办，曾是国统区的最高女子学府。

续表 4-1

序号	校名	原址	新址	备注
13	国立社会教育学院	江苏南京	四川璧山	由广西辗转迁来的江苏省立教育学院与其合并后，改名为国立边疆学校。
14	国立同济大学	上海	四川南溪	抗战时期，同济大学相继迁上海市区、浙江金华、江西赣州、广西贺县、云南昆明。1940 年由昆明迁至四川南溪李庄，1946 年迁返复校。
15	国立吴淞商船专科学校	上海	四川重庆	抗战初期停办。1939 年夏迁重庆复校，改称国立商船专科学校。1943 年并入国立交通大学。
16	国立武汉大学	湖北武昌	四川乐山	1938 年 4 月迁四川乐山，1946 年秋迁返。
17	国立西南联合大学（叙永分校）	北京	四川叙永	1940 年设。仅有一年级新生和先修班，并且为期只有一个学年。①
18	国立戏剧专科学校	江苏南京	四川江安	1938 年 2 月迁四川重庆，1939 年 4 月迁四川江安。1945 年夏迁返南京。
19	国立牙医专科学校	江苏南京	四川成都	1937 年 10 月迁四川成都。
20	国立药学专科学校	江苏南京	四川重庆	1937 年 8 月迁湖北武昌，再迁四川成都。1939 年 11 月三迁四川重庆。
21	国立中央大学	江苏南京	四川重庆	1937 年 8 月迁四川重庆，医学院、农学院畜牧兽医系迁成都。1946 年 5 月起迁返。
22	国立中央工业职业学校	江苏南京	四川重庆	先后迁湖北宜昌、四川万县、重庆，并在四川巴县设有分校。1940 年改称国立中央工业专科职业学校。
23	国立国术体育师范专科学校	江苏南京	四川重庆	抗战爆发后，先后迁长沙、桂林、南龙洲、昆明。1940 年冬迁四川重庆北碚。
24	江苏省立蚕丝专科学校	江苏苏州 上海	四川乐山	抗战初期停办。1939 年秋迁四川乐山复校。1945 年抗日战争胜利后，迁回苏州浒墅关原址复校。
25	江苏省立教育学院	江苏无锡	四川璧山	1937 年迁至广西桂林。1941 年因经费困难停办。迁入四川后，并入重庆国立社会教育学院（1941 年创建）。抗战胜利后，于 1946 年在无锡社桥复校，设社会教育、农业教育两系及电化教育、劳作师资两个专修科。

① 1941 年 7 月 4 日，西南联合大学召开第三届第五次校务会议，决议"自 1941 学年度起不继续（在四川叙永）设立分校"。8 月 12 日，西南联合大学召开第三届第六次校务会议，决定撤销西南联合大学叙永分校，学生迁返昆明上学，仍在叙永办先修班。10 月 23 日，又决定将先修班迁返昆明。参看车铭、林毓杉、符开甲：《战争烽火中诞生的西南联合大学》，《抗战时期内迁西南的高等院校》，贵阳：贵州民族出版社，1988 年，第 2、37 页。

续表 4-1

序号	校名	原址	新址	备注
26	江苏省立医政学院	江苏镇江	四川重庆	首迁长沙，再迁沅陵，与私立南通学院医科合并，1938 年 8 月改为国立江苏医学院。三迁贵阳，四迁重庆（1939 年）。
27	蒙藏学院	江苏南京	四川巴县	1938 年 6 月迁巴县界石。
28	山东省立药学专科学校	山东青岛	四川万县	抗战爆发后迁四川万县。
29	山东省立医学专科学校	山东济南	四川万县	1938 年夏迁四川万县。1946 年 10 月迁返青岛复校。
30	私立北平协和医学院护士学校	北平	四川成都	私立北平协和医学院于 1942 年 1 月停办后，部分师生于 1943 年 9 月在四川成都复办此校。
31	私立朝阳学院	北平	四川巴县	1937 年七七事变后，首迁湖北沙市。其后，再迁四川简阳，三迁四川成都。1941 年夏由蓉迁渝，1946 年迁返。
32	私立东吴大学	上海	四川成都 四川重庆	生物系于 1938 年迁成都。1941 年冬停办。1942 年法学院迁四川重庆。后与沪江大学、之江大学联合组建法商工学院。文、理学院迁闽西长汀，后迁粤北曲江，不久停办。
33	私立东亚体育专科学校	上海	四川泸县	抗日战争时期，学校曾在贵州平越和四川泸县两度复校，均因经费不足而旋办旋停。1944 年复校。
34	私立复旦大学	上海	四川重庆	首迁江西庐山，与私立大夏大学联办。1938 年春迁四川重庆，独立办学。1942 年 1 月，由私立改为国立。1946 年 5 月迁返。
35	私立光华大学	上海	四川成都	1938 年春迁四川成都。1945 年 11 月，新校董会议定新校名为"私立成华大学"。1946 年 2 月，实行改组独立。
36	私立沪江大学	上海	四川重庆	1941 年冬后一度停办。1942 年 2 月迁四川重庆复校，并与东吴大学法学院、之江大学联合组建法商工学院。
37	私立金陵大学	江苏南京	四川成都	1937 年 11 月迁四川成都。1946 年 4 月起迁返，9 月复课。
38	私立金陵女子文理学院①	江苏南京	四川成都	抗战初期，先后迁上海、武昌、成都设分校。1938 年年初，上海、武汉部分亦迁至四川成都。1946 年迁返南京。

① 原名"金陵女子大学"。1930 年在国民政府立案注册后，更名为"金陵女子文理学院"。

续表 4-1

序号	校名	原址	新址	备注
39	私立立信会计专科学校	上海	四川重庆	1937年、1939年先后在四川重庆设立第一、二分校。后第二分校停办。1942年秋，沪校亦迁重庆。
40	私立两江女子体育专科学校	上海	四川重庆	1938年8月迁四川重庆。1940年被勒令停办。
41	私立民治新闻专科学校	上海	四川重庆	1940年8月一度停办。1941年在缅甸仰光、印度加尔各答举办过短训班。1943年在四川重庆复校。1945年迁返上海。
42	私立齐鲁大学	山东济南	四川成都	抗战爆发后一度停办。1938年秋，大部分师生迁四川成都复校。
43	私立山西农工专科学校（铭贤学校）	山西太谷	四川金堂	抗战爆发后，先后迁山西运城、河南陕县、陕西西安。1939年4月迁四川金堂，1940年8月更名为铭贤学院。抗战胜利后迁成都，后返山西。
44	私立上海法商学院	上海	四川万县	1942年春筹办。1943年2月商业专修科迁四川万县，1945年7月独立为私立辅成法学院。1945年底迁返上海。
45	私立武昌文华图书馆学专科学校	湖北武昌	四川重庆	1938年7月迁四川重庆。
46	私立武昌艺术专科学校	湖北武昌	四川江津	1939年春迁四川江津。
47	私立武昌中华大学	湖北武昌	四川重庆	1938年秋迁湖北宜昌，后迁四川重庆。
48	私立香港华侨工商学院	香港	四川重庆	1938年秋成立于香港。1942年迁广西桂林，1944年秋迁四川江津，1945年秋迁四川重庆。
49	私立湘雅医学院	湖南长沙	四川重庆	1938年6月迁贵阳，1940年8月改国立。1944年12月迁四川重庆。
50	私立燕京大学	北平	四川成都	1942年春迁四川成都，10月开学。1946年夏迁返。
51	私立医药技士专门学校	湖北武汉	四川重庆	1938年迁四川重庆。
52	私立正则艺术专科学校	江苏丹阳	四川璧山	1937年迁四川璧山，1938年秋在璧山创办"正则蜀校"，1946年秋迁返丹阳。

续表4—1

序号	校名	原址	新址	备注
53	私立之江大学	浙江杭州	四川重庆	私立之江文理学院于1940年扩充为私立之江大学。1941年冬迁浙江金华，后闽西部武。1943年在贵阳设分校，后贵阳分校迁四川重庆。1945年与东吴大学法学院、沪江大学联合组建法商工学院。
54	私立支那内学院（佛学院）	江苏南京	四川江津	1937年迁四川江津。
55	乡村建设学院		四川重庆	该校为内迁师生新办（1940年）。学院是中华平民教育促进会（简称"平教会"）培养乡村人才的高等学校，1945年扩充为独立学院，改名"中国乡村建设学院"，院长由中华平民教育促进会干事长晏阳初兼任。
56	中央大学医学院	江苏南京	四川成都	1937年10月迁四川成都，与华西协合大学、齐鲁大学医学院联合办学。1946年，与重庆中央大学本部一道迁回南京。
57	中央政治学校	江苏南京	四川重庆	1937年抗日战争全面爆发后，中央政治学校往西迁移，初迁江西庐山，继迁湖南芷江，最终迁至四川重庆的南温泉（1938年7月）。1946年，中央政治学校与中央干部学校合并，定名为"国立政治大学"。
58	中央政治学校蒙藏班	江苏南京	四川万县	首迁安徽青阳。1937年底迁湖南芷江。1938年6月迁四川万县。1941年8月改称国立边疆学校。

资料来源：教育部教育年鉴编纂委员会：《第二次中国教育年鉴》（第五编·高等教育），商务印书馆，1948年。中国人民政治协商会议西南地区文史资料协作会议：《抗战时期内迁西南的高等院校》，贵阳：贵州民族出版社，1988年。余子侠：《民族危机下的教育应对》，武汉：华中师范大学版社，2001年。余子侠、冉春：《抗日战争时期中国教育研究》，北京：团结出版社，2015年。

说明：所参考的资料，或有错误，或不完整，或不准确。笔者结合所掌握的资料，进行了校核和补充。

二、战时内迁四川著名高校

（一）国立大学

抗战时期迁入四川的国立大学，有国立中央大学、国立中央政治学校、国立东北大学、国立山东大学、国立同济大学、国立武汉大学、国立交通大学、国立戏剧专科学校、国立北平艺术专科学校等。本节将选择其中的五所国立大学加以论述，即国立中央大学、中央政治学校、国立东北大学、国立武汉大学、国立戏剧专科学校。

1. 国立中央大学

国立中央大学是中华民国时期系科设置最齐全、规模最大的大学，也是内迁最迅速、最完整的学校。

中央大学的前身是两江师范学堂，后历经南京高等师范、国立东南大学，于1928年改名为"国立中央大学"。1932年，罗家伦①出任中央大学校长。至抗战全面爆发前，中央大学已经发展成为拥有文、理、法、教育、工、农、医7个学院、34个系科的综合性大学。抗战全面爆发后，中央大学也被迫内迁。

对于中央大学的迁校工作，罗家伦作了细致的筹划和安排，并且得到了民生公司总经理卢作孚（1893—1952）的大力支持。②

1937年10月，在罗家伦主持下，中央大学7个学院的1500余名学生、1000名教职员工及家属，连同家属总共4000人，随携图书、仪器共1900余箱，西迁入川。11月中旬，最后一批学生抵达重庆。12月1日，正式开学。中央大学在重庆的新校址（主校区），设于沙坪坝的松林坡。另外，中央大学医学院及农学院畜牧兽医系，借用成都华西坝华西协合大学校舍开课。后因中央大学学生骤增，又在离沙坪坝25里的柏溪建立分校，作为一年级之校舍。

抗战期间的中央大学，校长依次是罗家伦、顾孟余（1888—1972）、蒋介石（1887—1975）、顾毓琇（1902—2002）。抗战胜利后，由吴有训（1897—1977）接长中央大学。

西迁后的八年间，中央大学师生在极为艰苦的条件下奋发努力，学校事业有了新的发展。1946年的中央大学，已经拥有7个学院、37个系、6个专修

---

① 罗家伦（1897—1969），字志希，浙江绍兴人。1917年入北京大学，曾参与发起组织新潮社，创办《新潮》月刊，积极参加五四运动。1920年后赴欧美留学。1926年回国后任清华大学、中央大学校长，国民党中央党史编纂委员会副主任委员、驻印度大使。1950年到台湾后，任国民党中央党史编纂委员会主任委员、"考试院"副院长、"总统府"国策顾问、中央评议委员。著有《科学与玄学》《中山先生伦敦蒙难史料考订》等。

② 具体详情，可参看刘敬坤：《中央大学迁川记》，载中国人民政治协商会议西南地区文史资料协作会议：《抗战时期内迁西南的高等院校》，贵阳：贵州民族出版社，1988年，第249—251页。说明：作者刘敬坤系中央大学毕业生。

科、26个研究所,是当时中国大学系科设置最齐全、最完备的大学。

抗战时期的中央大学,之所以能成为当时系科设置最齐全、最完备的大学,与其拥有一支优秀的师资队伍有密切关系。兹仅以部聘教授和著名教授为例,略加叙述。

1941年,国民政府教育部实行"部聘教授"制。按照学科类别,评选出一批有名望的资深教授,由教育部直接聘任(原则上每学科1名)。部聘教授的每月薪金是600元(相当于校长待遇),另外加发研究补助费400元。[①] 1941年年底,教育部公布了第一批部聘教授30名,中央大学有5位教授荣任(梁希、孙本文、艾伟、胡焕庸、蔡翘)。1943年,教育部评审出第二批部聘教授15名,中央大学有7位教授荣任(楼光来、胡小石、柳诒徵、高济宇、常导直、徐悲鸿和戴修瓒)。比例之高、数量之多,可谓数一数二。

中央大学西迁之时,随校入川的教师不足200人。因为师资严重缺乏,所以学校尽量吸纳人才,充实教师队伍。抗战时期的中央大学,延聘到校的著名教授有东北史专家金毓黻,史学家柳诒徵、朱希祖、韩儒林,文史学家汪辟疆,地理学家胡焕庸,哲学家方东美,古希腊哲学史家陈康,词曲学家吴梅,植棉专家冯植芳,建筑学家刘敦桢、杨廷宝、童寯,航空气象学家黄厦千,航空工程学家张创、柏实义,地质学家朱森、张更,法学家何联奎,医学家李廷安、胡懋廉、阴毓璋等。到1945年,中央大学的教师总数超过600人,其中教授(包括副教授)290人,讲师76人,助教224人,研究院助理(相当于讲师)38人。和战前相比,数量翻了一番,大约是同期西南联合大学教师总数的一倍。[②]

中央大学西迁重庆期间,教授们专心研究、勤于著述,涌现了大量颇具水平的成果。当时教授们的著述,有孙本文的《中国社会问题》,缪凤林的《中国通史要略》,李长之的《西洋哲学史》,罗根泽的《周秦西汉文学批评史》,朱锲的《中国财政问题》,林振镛的《刑法学》,朱伯康的《经济学纲要》,许

[①] 国民政府教育部教育年鉴编纂委员会:《第二次中国教育年鉴》(第五编 高等教育),北京:商务印书馆,1948年。

[②] 更详细的比较,请参看罗玲:《抗战时期国立中央大学与国立西南联大之比较刍议》,《重庆师范大学学报》(哲学社会科学版),2013年第2期。

恪士的《中国教育思想史》，肖蓝嵘的《教育心理学》，朱经农的《近代教育思潮七讲》，艾伟的《高级统计学》，潘菽的《普通心理学》，胡焕庸的《世界经济地理》《气候学》《国防地理》，朱炳海的《普通气象学》《军事气象学大纲》，黄夏千的《航空气象学》，孙光远的《微积分学》，邹钟琳的《普通昆虫学》，罗清生的《家畜传染病学》，孙鼐的《岩石学》《工程地质》，余大缜的《英国文学史》，徐仲年的《初级法文文法》，唐君毅的《中国哲学思想之比较研究集》，常任侠的《汉唐之间西域乐舞百戏东渐史》，许哲士的《工商管理学》，金善宝的《中国小麦区域》，孟心如的《毒气与防御》《化学战》，赵廷炳的《阳离子分析法》，张德粹的《农业合作》等。据1944年《国立中央大学校刊》统计，当年中央大学教师公开出版的教材和专著就达40余种。

在此，必须说一下西迁成都华西坝的中央大学医学院。

1937年10月，中央大学医学院迁至成都华西坝，与华西协合大学、齐鲁大学医学院合作办学。中央大学医学院学生以成都小天竺街浙江会馆旧址为宿舍，教员住在华西坝明德宿舍。中央大学医学院校友说，"抗日时期疏散成都八年半的中大医学院，远离重庆校本部，条件又很有限，之所以还能进行正规的教学、见习与实习，培养出许多优秀学生，最重要的是拥有一批国内外知名的医学专家、学者和教授"，"他们治学严谨，教学有方，有的还直接兼任学生的导师"。[①] 中央大学医学院院长戚寿南[②]，便是其中之一。1946年，中央大学医学院与重庆中央大学校本部一道迁回南京。

从1946年5月起，中央大学开始复员返回南京。1946年年底，全部搬运完毕，所遗松林坡临时校舍全部无偿移交重庆大学。

[①] 罗建仲、何光凯：《迁蓉的中央大学医学院》，载中国人民政治协商会议西南地区文史资料协作会议：《抗战时期内迁西南的高等院校》，贵阳：贵州民族出版社，1988年，第259页。说明：作者罗建仲、何光凯系抗战初期中央大学医学院学生。

[②] 戚寿南（1893—1974），浙江宁波人。医学家，医学教育家，中国现代内科医学的奠基人。1916年毕业于南京金陵大学，被保送至美国留学，就读于约翰·霍布金斯医学院。1920年，获医学博士学位。1922—1934年，任教于北京协和医学院。1934年，任中央大学医学院院长，兼任南京中央医院总住院医师。1938年，任三大学（中央大学、华西协合大学、齐鲁大学）联合医院总院长。

2. 中央政治学校[①]

中央政治学校的前身，是1927年在南京成立的"中央党务学校"，负责北伐期间国民党干部的教育训练。蒋介石任校长，学校校务由戴季陶、丁惟汾、陈果夫实际主持。戴季陶任教务主任，丁惟汾任训育主任，陈果夫任总务主任。1929年，中央党务学校改组为"中央政治学校"。此时，学校走向正规化，培养重点从党务转移到政治，学生修业期由一年改为四年，与一般大学相同。中央政治学校的校址，原在南京红纸廊。

1937年抗日战争全面爆发后，中央政治学校往西迁移。初迁江西庐山，继迁湖南芷江，最终迁至四川重庆的南温泉。1946年，中央政治学校与中央干部学校合并，定名为"国立政治大学"，隶属国民政府教育部，校长改为专任制，由顾毓琇（1902—2002）担任，但依旧由蒋介石担任永久名誉校长。

中央政治学校的组织与一般大学不同，由蒋介石自任校长，下设校务委员会，由国民党元老和国民政府五院院长等担任校务委员。中央政治学校的校务委员不过问学校的实际工作，而实际负责的是教育长。中央政治学校1938年秋迁到重庆南温泉后，由陈果夫担任教育长。其后，由张道藩、程天放担任教育长。在教育长下，设有教务处和训导、总务、军训总队、毕业生指导部。当时各部负责人如下：

教务处	张忠道、陈东原
训导长	张子扬、徐志明
总务长	张渊扬、刘觉民
军训总队	王辅
毕业生指导部	周异斌

中央政治学校大学部和普通大学一样，招收高中毕业生，在校学习四年。抗战时期，中央政治学校设有以下各系：

法政系	系主任萨孟武
经济系	系主任赵兰坪

[①] 本小节所述中央政治学校的基本情况，主要取材于王抡楦：《中央政治学校内迁重庆以后》，载中国人民政治协商会议西南地区文史资料协作会议：《抗战时期内迁西南的高等院校》，贵阳：贵州民族出版社，1988年，第306—312页。说明：作者王抡楦原为中央政治学校学生。

新闻系　　　　　系主任马星野

外交系　　　　　系主任陈石孚

地政系　　　　　系主任肖铮

专修科和普通大学的专科一样，招收高中毕业生，在校学习两年。当年设有以下各科：

新闻专修科　　　科主任马星野

地政专修科　　　科主任祝平

统计专修科　　　科主任×××

边政专修科　　　科主任×××

专修科的学生学的是专业技术，毕业后分配到国民党和国民政府的专业机构工作，也有凭借学校背景去当行政官吏的。中央政治学校除了大学部和专修部外，还有其他大学所没有的班科系，五花八门，包罗万象。

中央政治学校除本校教师亲自授课外，也邀请知名学者前来任教。1938年10月，贺麟（1902—1992）接受中央政治学校教务长周炳琳（1892—1963）的邀请，到重庆中央政治学校任教，所开课程是"哲学概论"[1]。一年期满后，贺麟谢绝了陈果夫（1892—1951）的挽留，仍回西南联合大学教书。1940年，经北京大学校长蒋梦麟（1886—1964）同意，贺麟借调到重庆中央政治学校讲学半年。期满后，贺麟再度回到昆明西南联合大学。在之后的1942、1943、1944年，贺麟又应邀到中央政治学校任教。[2]

中央政治学校是国民党的重要学校，也是抗战时期大后方的重要学校。国民党中央陆军军官学校教育长张治中（1890—1969）曾经说："中央陆军军官学校和中央政治学校是国民党的文武两兄弟。"[3]

3. 国立东北大学

东北大学始建于1923年4月26日，校址在沈阳北陵。第一任校长是王永

---

[1] 宋祖良、范进：《会通集：贺麟生平与学术》，北京：生活·读书·新知三联书店，1993年，第418页。

[2] 彭华：《贺麟年谱新编》，《淮阴师范学院学报》，2006年第1期。

[3] 王抢楦：《中央政治学校内迁重庆以后》，《抗战时期内迁西南的高等院校》，贵阳：贵州民族出版社，1988年，第306页。

江，第二任校长是刘尚清。1928年8月至1937年1月，著名爱国将领张学良将军兼任校长。经张学良大力经营，至1931年之时，东北大学已经发展成为拥有文、法、理、工、教育五个学院的综合性大学。1931年"九一八"事变后，沈阳沦陷。自此，东北大学走上迁徙之路。1931年11月，东北大学在北平复课。1936年2月，东北大学工学院和补习班迁往陕西西安，成立西安分校。1937年年初，东北大学迁河南开封。1937年5月，国民政府教育部将东北大学更名为"国立东北大学"，臧启芳[①]任代校长（1939年7月正式任命为校长）。1937年6月，东北大学迁陕西西安。1938年3月，东北大学迁四川三台。1946年5月，东北大学由四川三台迁回沈阳。留在四川的另外部分，迁川北大学。

1938年3月中旬，东北大学迁至四川省三台县。4月下旬，东北大学师生抵达三台。5月10日，东北大学复课。东北大学在三台的校址，借用的是旧试院、草堂寺和潼属联立高中的一部分校舍。东北大学迁入三台后新建的校舍，有大礼堂、图书馆、藏书室、教室、各学系教研室、物理实验室、体育场、学生宿舍、厨房、饭厅、盥洗室等。此外，还租用了陈家巷的工字楼，作为教授们的宿舍。

因东北大学的原工学院并入西北工学院，于是改文学院为文理学院，黄方刚任院长。1941年，法学院恢复法学系。法学院后改为法商学院，下设法律学系、政治学系、经济学系、工商学系，娄学熙任院长。1942年，文理学院分为文学院和理学院，院长分别是萧一山和张维正。文学院原有中国文学系、历史学系，后增设外国语文系。理学院原有化学系、地理学系，后增设数理学系。据统计（1944年），全校有三个学院（文、理、法商）、十个学系。

东北大学迁三台前，学生绝大部分是东北流亡青年。迁入三台后，开始招收外省籍学生。据统计（1942年），全校共有教职员158人，在校学生649

---

① 臧启芳（1894—1961），字哲先，又字哲轩，号蛰轩，辽宁盖平人。1939年7月，任国立东北大学校长。1947年10月，免东北大学校长职。著有《经济学》《蛰轩词草》，译有《美国市政府》《经济思想史》。

名。① 到了1944年1月，东北大学的教职员增加到182人，学生增加到713人。②

在国立东北大学执教的知名教师，有金毓黻（1887—1962）、蒙文通（1894—1968）、冯沅君（1900—1974）、高亨（1900—1986）、丁山（1901—1952）、萧一山（1902—1978）、姜亮夫（1902—1995）、金景芳（1902—2001）、贺昌群（1903—1973）③、陆侃如（1903—1978）、蒋天枢（1903—1988）、赵纪彬（1905—1982）、潘重规（1908—2003）、姚雪垠（1910—1999）、张维正等。④ 姜亮夫说"三台东北大学曾经有个极盛时期"⑤，可谓持之有故、言之有理。

除常规的教学工作外，东北大学还设有研究所（室），办有学刊，并创建了书院。在当时的四川，在当时的大后方，这些都是值得书写一笔的。

先说研究所（室）。1940年，东北大学设立东北史地经济研究室。研究室后改为文科研究所，金毓黻任所长。文科研究所内设史地学部，分为历史、地理、经济史地等组，历史组由丁山、金毓黻指导，地理组由杨曾威指导，经济史地组由吴希庸指导。文科研究所侧重于东北史地之研究。抗战时期，文科研究所在三台还招收、培养研究生。所招收、培养的研究生，共计五届十七人。⑥

再说学刊。1940年1月，国立东北大学主办的《志林》创刊。创刊之时，金毓黻代臧启芳校长撰写弁言⑦。《志林》分文史号、财经号两种，间隔出版。

---

① 丘琴：《东北大学迁川纪略》，载中国人民政治协商会议西南地区文史资料协作会议：《抗战时期内迁西南的高等院校》，贵阳：贵州民族出版社，1988年，第314页。说明：作者丘琴系东北大学校友。
② 金毓黻：《东北大学建立之意义及其使命》，《东北集刊》第6期，1944年1月。
③ 贺昌群（1903—1973），字藏云，四川马边人。著名历史学家。其论著后结集为《贺昌群文集》出版（三卷，北京：商务印书馆，2003年）。
④ 丘琴：《东北大学迁川纪略》，《抗战时期内迁西南的高等院校》，贵阳：贵州民族出版社，1988年，第313-315页。张在军：《东北大学往事：1931—1949》，北京：九州出版社，2018年，第174页。
⑤ 姜亮夫：《三台岁月：国难中的东北大学杂记》，《姜亮夫全集》（卷24），昆明：云南人民出版社，2002年，第210页。
⑥ 张在军：《东北大学往事：1931—1949》，北京：九州出版社，2018年，第193页。
⑦ 《志林》弁言，见张在军：《东北大学往事：1931—1949》，北京：九州出版社，2018年，第199-200页。

《志林》共出版发行9期，于1946年3月停刊。蒙文通的重要论文之一《儒家政治思想之发展》，即刊于《志林》第2期。研究所编印的杂志，还有《东北集刊》。《东北集刊》创刊于1941年6月，停刊于1946年初，共出版发行8期。

后说书院。1943年8月下旬，国立东北大学文学院教授丁山、孔德、高亨、陈述等人创建"草堂书院"。11月，奉教育部令，改为"三台草堂国学专科学校"（以下简称"草堂国专"）。李宏锟为校董事会董事长，杨向奎为代理校长，赵纪彬为教务长，杨荣国为训导长。1946年东北大学迁离三台后，草堂国专的师资成了突出的问题。于是，蒙文通校长征得校董会同意，特请谢无量为校董会董事长。在谢无量、蒙文通的努力下，决定将草堂国专迁至成都西门外金牛坝，并改校名为"私立尊经国学专科学校"（以下简称"尊经国专"），意在继承振兴蜀学的尊经书院的遗风。此后，尊经国专的教师遂以四川人为主。[①] 1948年秋，尊经国专由金牛坝迁至包包店（原甫澄产科医院地址）。尊经国专的教师有蒙文通、蒙季甫、彭芸生、文宗海、吴天墀、李英华、冯汉骥、戴执礼、刘雨涛、萧萐父等。1949年12月，成都解放，尊经国专宣告解散。[②]

4. 国立武汉大学

武汉大学创建于1913年，始称国立武昌高等师范学校，先后更名为国立武昌师范大学、国立武昌大学、国立武昌中山大学。1928年10月，定名为国立武汉大学。

抗日战争初期，武汉大学因地处华中，相对安全，故着手西迁较晚。1938年2月21日，武汉大学召开第322次校务会议，议决迁校问题，商请教育部将一至三年级学生暂迁四川乐山，四年级学生仍留珞珈山结束学业。4月，武汉大学部分师生员工先行内迁乐山上课。7月，武汉大学校长王星拱[③]带领

---

① 张在军：《东北大学往事：1931—1949》，北京：九州出版社，2018年，第171、195、198页。
② 谢桃坊：《四川国学小史》，成都：巴蜀书社，2009年，第151—152页。
③ 王星拱（1888—1949），字抚五，安徽怀宁（今安庆）人。著有《科学概论》《科学方法论》等。1933年4月至1945年7月，任国立武汉大学校长。

600多名师生员工迁至乐山。9月,新生、老生在乐山同时开课。从此,武汉大学在乐山艰苦奋斗八年,直至1946年秋迁返武昌。

乐山时期的武汉大学,校本部和文学院、法学院、图书馆、大礼堂等均设在文庙①,工学院设在三育学校,理学院设在李公祠(又名李家祠),印刷厂设在三清宫,实习工厂设在先农坛,教职员宿舍分散在城内外各处,学生宿舍设在月珥塘、斑竹湾、龙神祠、露济寺、进德女校等处。

乐山时期的武汉大学,院系有所调整。1938年8月,按照国民政府教育部的训令,武汉大学的农学院(农艺系)并入中央大学,将哲学教育系改为哲学系,同时增设矿业系。1939年1月,开始筹办机械专修科,附属在工学院内。1946年,武汉大学恢复农学院,筹设医学院。到1947年年初,武汉大学最终实现了文、法、理、工、农、医六大学院并驾齐驱的宏伟目标与办学格局。武汉大学的师生员工,由迁乐山时的600多人增加到2000人。

在乐山时期,虽然条件很艰苦,但武汉大学师生仍然孜孜追求学术,因地制宜地开展科研活动。1939年,学校组织生物系学生利用假期赴峨眉山采集动植物标本。1941年,增设文科研究所和理科研究所,同时又充实了原有的法科研究所和工科研究所。自1942年起,开始连年举办大型的"科学展览会",普及科学知识。在乐山时期,武汉大学还恢复了一度停办的各类学术刊物,如《文哲季刊》《社会科学季刊》《理科季刊》《工科年刊》等。

乐山时期的武汉大学,在校长王星拱的领导下,会聚了一批阵容庞大的高水平学者群:文学院有刘永济、刘赜、黄焯、朱世溱、苏雪林、叶圣陶、程千帆、陈源、方重、袁昌英、朱光潜、桂质柏、张颐、吴其昌、方壮猷、唐长孺等;法学院有周鲠生、杨端六、刘秉麟、李浩培、王铁崖、刘廼诚、燕树棠、陶因等;理学院有曾瑊益、汤璪真、查谦、石声汉、高尚荫、李国平、桂质廷、梁百先、钟兴厚、何定杰、高尚萌等;工学院有俞忽、缪恩钊、郭霖、赵师梅、邵逸周、邵象华等知名教授。② 其中有四川省籍教授一人,即著名哲学

---

① 当时,武汉大学师生称文庙为"第一校舍"。
② 以上诸人的简介,请参看骆郁廷:《乐山的回响:武汉大学西迁乐山七十周年纪念文集》,武汉:武汉大学出版社,2008年,第439—444页。骆郁廷:《烽火西迁路:武汉大学西迁乐山七十周年纪念图集》,武汉:武汉大学出版社,2008年,第79—89页。

家张颐①。1941年和1943年，国民政府教育部在全国先后遴选了两批45位"部聘教授"。其中，武汉大学的杨瑞六、周鲠生、刘秉麟三位教授先后入围，其数量在当时仅次于中央大学（12人）、西南联合大学（9人）、浙江大学（4人），位居全国第四。②武汉大学西迁乐山时，有教授104人；到迁返武昌前夕，教授人数达到198人。

另外，武汉大学还不时邀请中外著名学者前来讲学。国外著名学者如英国牛津大学教授陶德斯、剑桥大学教授李约瑟，国内著名学者如陈寅恪、钱穆、熊十力、顾颉刚、商承祚、王恩洋、郭沫若、吴宓等，都曾经到乐山武汉大学讲学。冯玉祥、白崇禧、陈立夫等政要，也曾经到乐山武汉大学演讲。

乐山时期的武汉大学，涌现出一大批优秀校友。其中的杰出代表，有美国"阿波罗"号登月飞船发动机的设计师黄孝宗，被誉为"中国计算机之父"的张孝祥，中国第一个自行设计建造的核电站——秦山核电站的总设计师欧阳予，号称"台湾工业之父"的赵耀东，《汉语大字典》常务副主编李格非，著名哲学史家李匡武、萧萐父，著名历史学家严耕望，著名经济学家刘涤源、谭崇台、刘诗白，著名法学家端木正、姚梅镇，著名文学家李健章，著名翻译家孙法理，著名漫画家方成等。其中的四川省籍学子，有萧萐父、孙法理、刘诗白等③。由乐山时期的武汉大学校友中走出的两院院士，有彭少逸、钱保功、陈荣悌、张致一、谢家麟、文圣常、张嗣瀛、崔崑、张效祥、俞大光、欧阳予、张兴钤等。④

---

① 张颐（1887—1969），字真如，四川叙永人。中国首位牛津大学哲学博士学位获得者。中国哲学界专门研究西方古典哲学的先驱，尤其对黑格尔哲学有精深研究，素有"东方黑格尔"之美誉。1939—1946年，任教于武汉大学。

② 骆郁廷：《烽火西迁路：武汉大学西迁乐山七十周年纪念图集》，武汉：武汉大学出版社，2008年，第77页。

③ 萧萐父（1924—2008），祖籍四川井研，生于成都。1947年毕业于武汉大学哲学系，1957—2008年执教于武汉大学。著有《吹沙集》（三集）、《明清启蒙学术流变》、《王夫之评传》等。孙法理（1927— ），四川内江人。1948年毕业于武汉大学外文系。主要译著有《苔丝》《双城记》《莎乐美》等。刘诗白（1925— ），四川万县（今重庆万州）人。1946年毕业于武汉大学经济系。现任西南财经大学名誉校长。较早提出和阐述了"社会主义市场经济"概念，也是中国较早提出社会主义所有制结构多元性的学者之一。

④ 骆郁廷：《乐山的回响：武汉大学西迁乐山七十周年纪念文集》，武汉：武汉大学出版社，2008年，第445-449页。骆郁廷：《烽火西迁路：武汉大学西迁乐山七十周年纪念图集》，武汉：武汉大学出版社，2008年，第91-103页。

武汉大学在乐山办学八年，对乐山和四川的影响是巨大的。①

（1）武汉大学为乐山培养了一批人才

武汉大学迁校之初，四川籍学生仅 10 多人，其中乐山籍学生只有 2 人。八年之中，武汉大学的四川籍学生最高年达 200 多人，其中乐山籍学生增加到 30 余人。

（2）提高了乐山中小学的教学水平

当时武汉大学教师生活艰辛，大多数教授、副教授、讲师、助教为增加收入，分别到乐山的中小学兼课，这大大有利于这些学校教学水平的提升。为解决学校教职员工的子女读书问题，武汉大学创办了武汉大学附设中学，该附中也招收乐山的子女入学。1946 年 6 月武汉大学东返武昌之时，将添置的校舍、一部分器材和教学仪器，都送给了乐山，并将武大附中留给了乐山。此外，还留下一批讲师、助教、技术人员和研究生在乐山继续工作。

（3）普及科学知识，改善社会风气

自 1942 年起，武汉大学开始连年举办大型的"科学展览会"。科学展览会分为理化、生物、土木建筑、机械、电机、矿冶六部分展出，由师生当场表演和解释疑难。参观者甚为踊跃，对科学知识的普及工作起了促进作用。在乐山时期，武汉大学的进步学生公演了《放下你的鞭子》《日出》《雷雨》等名剧，积极进行抗日宣传，有力地推进了乐山救亡运动。

5. 国立戏剧专科学校

国立戏剧专科学校②（以下简称"国立剧专"）是现中央戏剧学院的前身之一，是中国戏剧史上最早的高等戏剧学府，也是抗战时期大后方培育戏剧人才的唯一基地。

1935 年 10 月 18 日，国立剧专在南京创办，校长余上沅③。原名"国立戏

---

① 卢祥麟：《在乐山时期的武汉大学》，载中国人民政治协商会议西南地区文史资料协作会议：《抗战时期内迁西南的高等院校》，贵阳：贵州民族出版社，1988 年，第 232—233 页。说明：作者卢祥麟是当年武汉大学的学生。

② 本小节的写作，所用基本资料主要参考自肖能芳：《国立戏剧专科学校在江安》，载中国人民政治协商会议西南地区文史资料协作会议：《抗战时期内迁西南的高等院校》，贵阳：贵州民族出版社，1988 年，第 339—351 页。说明：作者肖能芳是国立剧专的校友。

③ 余上沅（1897—1970），湖北江陵人。中国现代话剧的奠基者之一，著名戏剧教育家、理论家。曾任国立剧专校长。著有《戏剧论集》《余上沅戏剧论文集》等，编有《国剧运动》。

剧学校"，直属国民党中央宣传部。1937年抗日战争全面爆发后，国立剧专由南京迁长沙，复迁重庆。1939年4月，迁至四川省江安县。1940年，奉命改名为"国立戏剧专科学校"，隶属国民政府教育部高等教育司。1945年6月，迁返重庆。1946年，迁回南京。中华人民共和国成立以后，国立剧专与原华北大学艺校、东北鲁艺学院合并组成"中央戏剧学院"。

国立剧专前后办校14年（1935—1949），先后搬迁五处，平均每次不到3年。而四川江安是国立剧专居住时间最长的地方（1939—1945），也是保存当时办学原貌最多的一处。

国立戏剧专科学校旧址，位于江安县城中心路西段（今江安县江安镇竹都大道278号），1991年被列为四川省文物保护单位。该建筑原为江安文庙，始建于宋大观元年（1107），重建于清康熙五年（1666），原占地面积5428平方米，建筑面积3869平方米。有房屋118间，天井16个。国立剧专旧址坐北朝南，长方形布局，砖木结构硬山式屋顶，穿斗式梁架。其建筑红墙黛瓦，梁檐飞角，具有较高的历史、艺术和科学价值。

江安时期的国立剧专，其教职员阵容如下：

校务委员会主任：张道藩

校长：余上沅

校长室秘书：吴祖光

教务主任：万家宝（曹禺）

教务员：方匀

训导主任：张秉均[①]

总务处主任：肖承德、陈伯渊

会计室会计员：崔鼎新

话剧科主任：余上沅（兼）、焦菊隐、王家齐

乐剧科主任：应尚熊、孙静录、李俊昌

高职科主任：杨村彬

国立剧专剧团团长：余上沅（兼）、焦菊隐、杨村彬

---

① 张秉均是四川江安人，是国民党安插在国立剧专的代理人，兼任公民课教师。

专任表演、编剧、导演的教授：曹禺（编剧）、张骏祥（舞台装置）、金韵之（表演）、黄佐临（表演）、贺孟斧（表演）、阎哲吾（表演）、黄琼久（表演）、杨村彬（导演）等。

其他专科教师：陈瘦竹（英文）、吴晓邦（舞蹈）、张定和（音乐）、周庆（英文）、景慧灵（历史）、王元美（中文）。

除以上人员外，马彦祥、洪深、章泯、刘露、陈鲤庭、陈治策、沙梅、应尚熊、刘静源、盛捷、葛隶华等都在江安国立剧专任教过。

在江安，曹禺（1910—1996）完成了他的名作《北京人》《蜕变》《三人行》《正在想》，还完成了《家》的改编，"表现出青年剧作家对国家、民族兴亡的深沉关切和对广大人民群众、青年学生的无限希望"①。吴祖光（1917—2003）的《正气歌》、杨村彬（1911—1989）的《清宫外史》，也都是在江安写出来的。在江安时期，国立剧专公演了《雷雨》《日出》《北京人》《蜕变》《家》《正气歌》《以身作则》《凤凰城》《岳飞》《哈姆雷特》《伪君子》《野鸭》等中外名剧。江安国立剧专培养了凌子风（1913—1999）、王永梭（1914—1990）、谢晋（1923—2008）②、王生善（1921—2003）、李累（1924—1995）等一大批戏剧艺术精英。江安被誉为"中国戏剧家的摇篮""中国戏剧艺术的圣地"，可谓名副其实。

国立剧专在江安办学、演出的六年，既促进了中国戏剧艺术水平的提高，也促进了当地的文化发展与普及。诚如肖能芳所说，"抗战时期，国立戏剧专科学校迁来江安的6年间，对于开通江安风气，启发民智，提高江安人民的艺术欣赏水平，都产生了较大的影响"③。

（二）私立大学

抗战时期迁入四川的私立院校（本处不含教会大学），有私立复旦大学

---

① 李乃忱：《戏剧大师曹禺在国立剧专》，载中国人民政治协商会议政协西南地区文史资料协作会议：《抗战时期西南的文化事业》，成都：成都出版社，1990年，第97页。

② 在国立剧专话剧科学习时（1941—1943），谢晋喜获良缘。徐大雯（1926—2016），四川江安人。在江安女子中学读书时，她与谢晋相识，又由相识而相恋。1946年秋，他们在上海举行婚礼，由谢晋的老师洪深证婚。

③ 肖能芳：《国立戏剧专科学校在江安》，载中国人民政治协商会议西南地区文史资料协作会议：《抗战时期内迁西南的高等院校》，贵阳：贵州民族出版社，1988年，第339—351页。

(后由私立改为国立)、私立光华大学、私立朝阳学院、私立正则艺术专科学校、私立立信会计专科学校、支那内学院等。本部分将选择其中的三所私立高等院校加以论述，即复旦大学、光华大学、正则艺专。

1. 复旦大学

复旦大学是中国人自主创办的第一所高等院校。复旦大学的前身是复旦公学。1905年创建于上海。1917年改为私立复旦大学，下设文、理、商三科以及预科和中学部。创校校长是马相伯[①]。在李登辉担任校长时期（1913—1936）[②]，复旦大学发展成为一所以培养商科、经济、新闻、教育、土木等应用型人才闻名的、有特色的私立大学，形成了从中学到研究院的完整的办学体系。1937年抗日战争全面爆发后，学校被迫内迁。在校长吴南轩的带领下，复旦大学的部分师生辗转内迁至重庆北碚夏坝（渝校）。

1937年5月16日，复旦大学在重庆北碚夏坝觅定校址。1937年12月，复旦大学师生抵达重庆。1938年2月，复旦大学在重庆复课。1938年秋，复旦渝校陆续增设史地系、数理系、统计系、农垦专修科、园艺系、茶叶系、农艺系等。1942年1月，复旦大学由私立改为国立。1946年5月，复旦大学迁返上海江湾原址，与沪校合并。

初迁重庆时期，学校分为两部——校本部是北碚黄桷树镇，分部（又称二部）在重庆市郊暂借菜园坝。1938年年底，鉴于日机在重庆空袭频繁，将分部迁入北碚校本部，合并为一。

抗战时期复旦大学校址（在重庆北碚夏坝），1992年被列为重庆市第二批重点文物保护单位。在原校址上竖立着大理石"抗战时期复旦大学校址"纪念

[①] 马相伯（1840—1939），原名建常，字良，江苏丹徒（今镇江）人。中国教育家，爱国人士。曾任上海徐汇公学校长，清政府驻日使馆参赞，参与洋务活动。1903年创办震旦学院。1905年创办复旦公学，任校长。1913年，一度代理北京大学校长。1931年九一八事变后，在上海积极参加抗日救国工作，主张对内团结，对外抗敌，被尊为爱国老人。1937年3月，任国民政府委员。著有《马相伯先生文集》。

[②] 李登辉（1873—1947），字腾飞，福建同安（今属厦门）人。中国教育家。毕业于美国耶鲁大学，1905年回国。后应马相伯之聘，任复旦公学总教习，1913年任校长。1917年改制为私立复旦大学，仍任校长。抗战期间，复旦大学内迁，乃集留沪师生于租界内复课，声明决不与敌伪同流合污，坚持到抗战胜利。编著有《文化英文读本》《李氏英语修辞作文合编》《中国当前的要害问题》等。

碑。纪念碑由全国人大常委会原副委员长周谷城（1898—1996）题字，复旦大学原校长谢希德（1921—2000）撰文。

夏坝时期的复旦大学，校长依次是钱新之（代理校长，1936.8—1940.5）、吴南轩（1940.5—1943.2）、章益（1943.2—1949.7）。1938年迁至重庆时，有4院16系。1940年秋，发展为5院22系，成为大后方的著名学府。1943年的在校生达1900人，后增至2000余人。抗战八年中，复旦大学为国家培养的毕业生有2981人。

初迁北碚夏坝的复旦大学，设有文、理、法、商四个学院和两个专修科。1940年秋，复旦大学成立农学院（见下文）。文学院有中国文学系、外国文学系、史地学系、新闻学系、教育学系，理学院有数学系、物理系、化学系、生物系、土木工程系，法学院有经济系、政治系、法律系、社会学系，商学院有会计系、银行系、统计系，另有农垦专修科和统计专修科。"当时复旦以商学院、经济系、新闻系著称，该院、系的教授多半是专家、名流"①，如马寅初、潘序伦、卫挺生等。复旦大学所聘请的著名专家、学者、作家，还有顾颉刚、周谷城、陈子展、洪琛、曹禺、靳以、马宗融、潘震亚、李仲珩、吕振羽、邓广铭、梁宗岱、张志让、秉志、吴斐丹等。来校讲学的名流，有潘梓年、翦伯赞、老舍、姚雪垠等。有时也邀请政界要人来校演讲，如立法院长孙科等。②1943年，李约瑟也应邀来到复旦大学，并作了题为《同盟国作战努力中之科学动态》的演讲，受到了广大学生的热烈欢迎。③

夏坝时期的复旦大学，发生了几件具有历史意义的事情④：

---

① 罗文锦：《回忆抗战时期内迁的复旦大学》，载中国人民政治协商会议西南地区文史资料协作会议：《抗战时期内迁西南的高等院校》，贵阳：贵州民族出版社，1988年，第200页。说明：罗文锦是当年复旦大学经济系的学生，1941年毕业。

② 参看罗文锦：《回忆抗战时期内迁的复旦大学》，载中国人民政治协商会议西南地区文史资料协作会议：《抗战时期内迁西南的高等院校》，贵阳：贵州民族出版社，1988年，第198—201页。李本哲等：《复旦大学在重庆》，载中国人民政治协商会议西南地区文史资料协作会议：《抗战时期内迁西南的高等院校》，贵阳：贵州民族出版社，1988年，第212—213页。说明：作者李本哲、刘迪明、张天授、游仲文四人均为复旦大学毕业生。

③ 杨家润：《李约瑟与复旦大学》，《档案与史学》，2001年第2期。

④ 下文所说（1）（2）（3）（5）四项的设立和部分文字，采自罗文锦：《回忆抗战时期内迁的复旦大学》，载中国人民政治协商会议西南地区文史资料协作会议：《抗战时期内迁西南的高等院校》，贵阳：贵州民族出版社，1988年，第207—209页。

(1) 学校被炸

1939年10月的一天，复旦大学教职员工宿舍和紧挨着的一幢男生寝室被日机轰炸。正在伏案编写《文摘》的教务长孙寒冰教授（1903—1940）遇难①，经济系朱姓同学被炸死。随后，学校为死者召开了隆重的追悼会。1940年5月27日，日机轰炸重庆复旦大学，罹难师生共七人。全校师生同声哀悼。由于校舍被炸毁，学校宣告本学期暂告一段落。

(2) 建登辉堂

1922年，为了纪念复旦大学创始人马相伯和校长李登辉，复旦大学在上海江湾校区建造了富丽堂皇的"相辉堂"。复旦大学迁至重庆后，为满足师生的要求，学校在经费极端拮据的情况下，于1939年在重庆北碚黄桷树镇夏坝的复旦农场旁重建了一所简朴的"登辉堂"，以示对前辈的怀念。

(3) 学校由私立改为国立

复旦大学自上海迁入重庆后，无论在教学、科研、管理、学风、培养人才等方面都逐渐卓有成效，声名鹊起，获得了社会舆论的一致好评。为了解决经济困难，复旦在渝校董提出改为国立之议。1941年11月25日，国民政府行政院第五届一次会议通过决议，复旦大学渝校由私立改为国立，由吴南轩任校长。从1942年元旦起，正式挂牌为"国立复旦大学"。此次，学校增加了经费，添置了设备和房屋建筑，教学、科研各方面都有所改善，院系的设置也相应扩大。

(4) 增设农学院

1940年秋，复旦大学成立农学院（院长唐启宇）。农学院下设农艺系、园艺学系、茶叶系，后又设茶叶专修科（学制二年）。又，1938年增设农垦专修科（学制二年）。②

---

① 孙寒冰主编的《文摘》以宣传"中国必胜，日本必败"的观点为宗旨，是抗战时期国内最有影响的刊物之一。夏衍（1900—1995）说，"《文摘》这本小小的杂志，抗战以来在报道国际真实，善导全国舆论这一点上尽了如何伟大的力量，我只能说一句用惯了的话，无法可以估量"。（夏衍：《夏衍杂文随笔集》，转引自李本哲等：《复旦大学在重庆》，载中国人民政治协商会议西南地区文史资料协作会议：《抗战时期内迁西南的高等院校》，贵阳：贵州民族出版社，1988年，第214页。）

② 李本哲等：《复旦大学在重庆》，载中国人民政治协商会议西南地区文史资料协作会议：《抗战时期内迁西南的高等院校》，贵阳：贵州民族出版社，1988年，第213页。

在此后的14年中，复旦大学农学院共培养出766名学生，其中不少毕业生后来成为我国农林学界的翘楚。50年代院系调整，此后复旦大学不再办农学院。

（5）相辉学院的建立

抗战胜利后，复旦大学迁回上海。留在重庆的复旦校友和有关人士，为了纪念复旦大学创始人马相伯和校长李登辉，决定在原址创办一所学院，定名为"相辉学院"。复旦大学教授和工作人员有不愿意迁回上海者，就留在相辉学院执教或工作。1946年9月，私立相辉学院招生。中国工程院院士、杂交水稻之父袁隆平，即是1949年考入相辉学院农艺系的学生。1950年，相辉学院并入西南农学院（后改名为西南农业大学）。2005年，西南农业大学与西南师范大学合并，组建为"西南大学"。

2. 光华大学

光华大学（Kwang Hua University），是民国时期创建于上海的一所著名的综合性私立大学。1925年6月，由退出教会学校圣约翰大学的572名师生所创建，校长张寿镛①。校名中的"光华"二字，取"光我中华"之意，典出《尚书大传》②。

光华大学建校之初，设有文、理、商、工四科，后因工科设备不易充实，遂将其并入理科，改为文、理、商三个学院。所延聘的院长、系主任、教授、讲师，皆系热心教育的饱学之士，学生亦多能潜心奋勉，努力学习，成绩显著。很快，光华大学便与复旦大学齐名③，被人们称为姊妹学校。

1937年8月13日，日军进攻上海，张寿镛校长为图久安之计，遂与校董事会商定，入川设立分校，收容因战祸而由沿海一带迁入四川避难的学生，并嘱托商学院院长谢霖入川筹备。1938年3月1日，在抗战烽火中内迁成都的上海光华大学成都分部，在成都正式开学。谢霖担任副校长，薛迪担任教务

---

① 张寿镛（1875—1945），字伯颂，号泳霓，别号约园，浙江鄞县（今宁波市鄞州区）人。曾任国民政府财政部次长、政务部次长。1925—1945年，任光华大学校长。著有《约园杂著》《约国杂著续编》《约园演讲集》《史诗初稿》《经学大纲》《史学大纲》《诸子大纲》《文学大纲》《约园诗文选辑》《为光华大学诸生精神谈话》《说文解字部首》《乡谚证古》等。

② 《尚书大传》（卷一·下）："日月光华，旦复旦兮。"

③ 复旦大学的校名，亦典出《尚书大传》（卷一·下）："日月光华，旦复旦兮。"

长。1939年1月，成都大西门外新校舍落成，全体学生迁入。新校舍定名为光华村，与杜甫草堂毗邻。1941年12月太平洋战争爆发后，张寿镛校长将上海光华大学名义暂行隐蔽，对外改为两个学社——"诚正文学社"（即原文学院）和"格致理商学社"（即原理学院和商学院）。而在四川的成都分部，则承担起总校职能。

1945年秋，光华大学复校。遵张寿镛校长遗愿，成都分部移赠四川接办，更名为"成华大学"（意为"成都光华大学"）。1952年成华大学与其他院校合组"四川财经学院"（现名"西南财经大学"）。商学院并入上海财经学院（现名"上海财经大学"），土木工程系并入同济大学，法律系并入华东政法学院（现名"华东政法大学"），而其他文、理科与大夏大学等的科系合并成立了华东师范大学。

在上海时期的光华大学，校长是张寿镛，文学院院长是张东荪，中国文学系系主任是钱基博，政治学系系主任是罗隆基，教育系系主任是廖世承，社会学系系主任是潘光旦。而胡适、吕思勉、徐志摩、吴梅、卢前、蒋维乔、黄任之、江问渔、王造时、彭文应、周有光、钱锺书、杨宽等知识分子，都曾在光华大学任教。

光华大学建校26载，先后入校学生达14000余人，完成大学学业获得学位者2400余人，为国家培养了许多人才。其中，有中国科学院社会科学部学部委员邓拓，中国科学院院士徐僖，著名学者周而复、赵家璧、张芝联[1]、周有光、吕翼仁、张允和、穆时英、田间，以及姚依林、乔石、尉健行、荣毅仁、董寅初、黄辛白、柴泽民、黄鼎臣、邵洛羊、杨小佛、谢云晖、杨纪珂、张承宗等一大批著名政治活动家和民主人士。

根据校友莫健回忆[2]：1939年1月迁入光华村新校舍的光华大学，设有教学楼、实验室、图书馆、足球场、篮球场、网球场、教师宿舍、学生宿舍、食堂，在校学生将近2000人，"在当时内迁成都的大学中，算是一所比较完善的高等院校"。在四川办学的12年（1938—1949），光华大学毕业学生达1563

---

[1] 张芝联（1918—2008），浙江鄞县（今宁波市鄞州区）人。张寿镛之子。张芝联在世界史方面造诣深厚，是公认的法国史专家，曾被授予法兰西共和国荣誉军团骑士勋章。
[2] 莫健于1940年考入光华大学成都分校工商管理系，1944年毕业。

人，而川籍学生达80％。光华大学有以下几个特点：一是校长、教授在国内外都有一定声望，以教育救国为己任。二是校风好，学生努力学习。三是学校机构精简。2000人的大学校，行政管理人员不到40人，"学校却管理得井井有条，工作效率很高"①。

3. 正则艺专

正则艺专的历史②，自始至终离不开吕凤子。吕凤子（1886—1959），原名吕濬，字凤痴，号凤子，晚以号行，江苏丹阳人。著名画家，书法家和艺术教育家，职业教育的重要发轫者，"江苏画派"（"新金陵画派"）的先驱和最重要缔造者之一。吕凤子15岁中秀才，师从著名教育家、美术家、书法家李瑞清（1867—1920），被誉为"江南才子"。1910年，吕凤子在上海创办神州美术院，成为中国最早的现代美术学校之一。按照吕凤子自己的说法，他一生做了三件事，一是画画，二是教书，三是办学。吕凤子一生创办了许多学校，而最典型的当数"正则"系列学校。

吕凤子所创办的"正则"系列学校，均以"正则"为名。所谓"正则"，实际上是中国伟大的爱国主义诗人屈原的名③。吕凤子用屈原的名来命名学校，并定为校训。用他自己的话来说是："要以屈原的精神和形象——他的思想、人品、才能和成就，作为我校师生共同追求的目标。屈子魂就是我正则的校魂。"

1912年，吕凤子在目睹读书不易、就业不易，而女子读书尤其不易、就业尤其更难的情况下，毅然卖掉田产，在三间旧屋里办起了"正则女校妇女补习班"。至1937年抗日战争全面爆发、学校解散前，已经发展成为小学部、中学部两部分，中学部分专修科、本科、补习班三部分。专修科为高中绘画科二级，本科有体育师范、艺术师范各一级，普师二级，蚕桑科一级、补习班一级，共八级。补习班指刺绣科。

---

① 莫健：《上海光华大学内迁成都》，《抗战时期内迁西南的高等院校》，贵阳：贵州民族出版社，1988年，第299—305页。

② 关于正则艺专的基本情况，主要采自陈厚德：《吕凤子、黄齐生与正则艺专》，载中国人民政治协商会议西南地区文史资料协作会议：《抗战时期内迁西南的高等院校》，贵阳：贵州民族出版社，1988年，第334—338页。

③ 屈原《离骚》："名余曰正则兮，字余曰灵均。"

1937年抗日战争全面爆发后，吕凤子带领亲属和部分师生迁至四川。1938年秋，在知名人士张澜、李潢西和璧山中学校长钟芳铭、璧山新民学校董事长陈雪樵等人的支持下，在四川璧山县天上宫创办了"正则蜀校"（全称"私立江苏省正则职业学校蜀校"）。学校分设正则中学和正则职校两部分。正则职校分设初级蚕桑科，三年制初级农科和三年制高级建筑科。同时，还兼办"江苏省旅川临时中学璧山分校"，吸收江苏流亡四川的青年学生入学。其后，又将正则职校专科部扩大为正则艺专，由吕凤子任校长。1942年6月，获教育部批准立案，正式成立"正则艺术专科学校"。为此，璧山县政府将北郊文风桥一块土地拨给正则艺专，作为新校舍扩建之用。

正则艺专分为三年制和五年制。三年制为绘画劳作师范，专修科、绘画科，并筹建雕塑科（招收高中毕业生）；五年制为绘画刺绣科（招收初中毕业生）。职业部接受教育部委托，办有两年制劳作师资训练班（简称省劳班）。职业部还设有建筑、蚕桑、家事等班。中学部开办了初中。全校在校学生千余人（其中艺专300余人，职业部、中学部近800人）。

正则艺专在璧山经过九年的苦心经营，建造了教学用房223间，除教室、宿舍外，还设有美术馆、图书馆、大礼堂、体育场等。正则艺专的"凤子先生美术馆"是一幢傍山而立的三层楼房，一楼是素描教室和油画教室，二楼是名画陈列室，三楼是图书馆。

1946年秋，吕凤子校长将校舍修葺一新，捐赠璧山县政府继续办学，然后便带领部分正则艺专师生东归。1946年秋，在丹阳原址重建正则学校，吕凤子亲任校长，兴建"乡爱楼"。学校扩大为正则小学、正则中学、正则女子职校、正则艺专四部分，办学得宜，享誉江南。中华人民共和国成立后，学校交由人民政府公办。1952年全国高等学校进行院系调整，正则艺专并入其他高等院校。1955年，中专部分改为"丹阳艺术师范"。1956年后，改名为"江苏省丹阳师范"。2003年，学校并入镇江高等专科学校，更名为"镇江高等专科学校丹阳师范学院"。

（三）教会大学

抗战时期迁入四川的教会大学，有燕京大学、齐鲁大学、金陵大学、金陵女子大学、东吴大学、之江大学、铭贤学院等。本部分将选择其中的五所教会大学加以论述，即燕京大学、齐鲁大学、金陵大学、金陵女子大学、铭贤学院。

1. 燕京大学

燕京大学是美国在中国创办的教会高等学校，是近代中国最著名的教会大学之一，并且是近代中国教会大学的领头羊。校址在北京海淀（即今天的北京大学校园）。1919 年，由北通州协和大学（North China Union College）、北京汇文大学（Peking University）合并而成。1920 年，华北女子协和大学（The North China Union College for Women）并入。成立初期未分学系，仅设本科和预科。1929 年，设文学院、自然科学院和应用社会科学院，包括中文、外语、历史、哲学、心理、教育、新闻、音乐、化学、生物、物理、数学、家事、政治、经济、社会等学系。1934 年，设研究院，下分文、理、法 3 个研究所。第一任校长是司徒雷登[①]。

1941 年 12 月 7 日，珍珠港事件发生。12 月 8 日，燕京大学被日军占领，师生 30 多人被拘押[②]。1942 年 2 月 8 日，燕京大学临时校董事会在重庆召开，一致决议在后方复校。1942 年 10 月 1 日，燕京大学在成都华西坝正式开学。为便于维持燕京大学的种种国际关系，学校英文名称为"Yanching University in Chengdu"（"成都燕京大学"）。1946 年夏，燕京大学迁返北平（今北京）。1951 年，燕京大学由中央人民政府接管。1952 年，全国高等学校进行院系调整，燕京大学的相关系科被并入北京大学、清华大学、中央民族学院（今中央民族大学）、北京政法学院（今中国政法大学）、中央财经学院（今中央财经大学）。

当时，从北平先后到达成都的教职员，总计约 30 人。各部门的负责人员如下[③]：

---

① 司徒雷登（John Leighton Stuart，1876—1962），生于中国杭州，父母均为美国在华传教士。1905 年开始在中国传教。1908—1919 年，任南京金陵神学院教授。1919 年年初，到北京筹办燕京大学，任校长。1941 年太平洋战争爆发后，遭日军拘禁。1945 年 8 月，日本投降后获释。1946 年，任美国驻华大使。1949 年 8 月，离开中国。

② 其中，被拘押的教职员有陆志韦、张东荪、赵紫宸、洪煨莲、邓之诚、赵承信、林嘉通、侯仁之、夏仁德、柏爱理等。

③ 燕大成都校友会整理：《迁蓉的燕京大学》，载中国人民政治协商会议西南地区文史资料协作会议：《抗战时期内迁西南的高等院校》，贵阳：贵州民族出版社，1988 年，第 265—266 页。

校长室　梅贻宝（代理校长）①

秘　书　熊德元

教务处　韩庆濂（代理教务长）

　　　　陈尚义（继任）

训导处　马鉴（训导委员会主任）

　　　　廖泰初（训导委员会干事）

　　　　魏永清（继任）

　　　　沈体兰（继任）

总务处　罗宾孙（代理总务长）

　　　　郝思齐（继任）

图书馆　梁思庄（图书组主任）

文学院　马鉴

国文系　马鉴（教授兼系主任）

英文系　包贵思（Grace Boynton，教授兼系主任）

历史系　郑德坤（代理系主任）

　　　　王钟翰（秘书）

新闻系　蒋荫恩（讲师兼系主任）

哲学系　施友忠

教育系　廖泰初

理学院　赖普吾（Ralph Lapwood，1910—1984）

数学系　赖普吾（教授兼系主任）

物理系　陈尚义（教授兼系主任）

化学系　张铨（教授兼系主任）

生物系　刘承钊（代理系主任）

　　　　张宗炳（继任）

---

① 梅贻宝（1900—1997），天津人。1928年在美国获博士学位，回国后受聘于基督教燕京大学，历任注册课主任、教务处主任、讲师、教授、文学院院长、成都燕京大学代校长、美国爱荷华大学东方学教授、香港中文大学新亚书院校长、台中东海大学教授等职。与其兄长梅贻琦（1889—1962）齐名。

家政系　梅倪逢吉（教授兼系主任）
法学系　吴其玉（代理院长）
　　　　郑林庄（继任）
政治系　吴其玉（教授兼系主任）
经济系　郑林庄（教授兼系主任）
社会系　李安宅（代理系主任）
　　　　林耀华（继任）

燕京大学一直引以为自豪的是，学校延聘到了一批优秀的师资，培养了一批优秀的学子。关于前者，代理校长梅贻宝曾经在文章中自豪地写道：

> 有人说过，一所大学之所以为大，不在大楼而在大师。这是一句不易之论。成都燕京大学，虽然是战时的临时大学，仍旧重视这条至理，尽力而为。幸运的很，我们竟能请到若干位有名有实的大师，不嫌成都燕大简陋，惠然来临施教。笔者至今犹觉心感不胜。其中有陈寅恪（历史）、萧公权（政治）、李方桂（语言）、吴宓（文学）、徐中舒（上古史）、赵人隽（经济）、曾远荣（数学）诸位教授。陈、李、萧三位都是中央研究院的院士。这些位大师肯在燕大讲学，不但燕大学生受益，学校生辉，即是成都文风，亦且为之一振。在抗战艰苦的岁月中，弦诵不但不辍，而且高彻凌霄，言之令人兴奋。燕大教授待遇，历来月薪以三百六十元为限。这几位特约教授，特订为四百五十元，聊表崇敬。……笔者至今认为：能请动陈公来成都燕京大学讲学，是一杰作。[①]

梅贻宝文章中所提到的陈寅恪（1890—1969）、萧公权（1897—1981）、李方桂（1902—1987）、吴宓（1894—1978），被世人称为燕京大学的"四大名旦"。"四大名旦"之一的萧公权，于1940年的夏天在华西坝完成了巨著《中国政治思想史》。该书后由教育部审定为部定大学用书，于1945年2月由商务印书馆出版，被后人奉为经典作品。在成都期间（1943年12月至1945年9月），陈寅恪尽心于教学与著述，前后开设了5门课程，总共撰写了14篇文章

---

① 梅贻宝：《北平私立燕京大学成都复校始末记》，载燕京大学校友会：《燕京大学成都复校五十周年纪念刊》，第13页。

（旧说12篇有误），基本上完成了《元白诗笺证稿》一书①。

根据统计，短短四年内在成都毕业的燕京学子，前后总共有600多人。"有不少校友已经成为知名的学者、专家、教授、作家、老新闻工作者、领导干部、政治活动家，在各条战线，作出了卓越的成绩和可贵的贡献。"其中的佼佼者，有中国科学院学部委员曹天钦、谢家麐、关肇直，大学教授杨富森（美国）、费景汉（美国）、骆惠敏（澳大利亚）、赵靖（北京大学）、林焘（北京大学）、刘适（武汉大学）、宋蜀华（中央民族大学）、李慎之（中国社会科学院副院长）等，以及海内外新闻出版单位和重要报刊的负责人和骨干如彭启新（彭迪）、钱淑诚（钱行）、谭文端、张学孔、赵泽龙、丁磐石（丁国藩）等②。1979年邓小平访美，在正式随行的20个人中，有7人是燕京大学毕业生，而其中4人即毕业于成都燕京大学。燕京大学校友后来当上全国人大常委会副委员长的就有雷洁琼、黄华、费孝通、吴阶平4人。"当时成都燕大办学质量之高，由此可见一斑"③。

2. 齐鲁大学

齐鲁大学（Cheeloo University），简称"齐大"，是美国和英国基督教新教教会在中国创办的教会大学。齐鲁大学的前身，是1864年（同治三年）美国传教士狄考文在山东登州（今蓬莱）所办蒙塾（后称登州文会馆）。1917年，历经发展与变更，与其他教会学校合并组成齐鲁大学。1929年，时任齐鲁大学文理学院院长的林济青兼任校长，齐鲁大学进入了鼎盛期。全盛时期的齐鲁大学，拥有老舍、钱穆、顾颉刚、栾调甫、马彦祥、吴金鼎、胡厚宣等学术名家，号称"华北第一学府"，与燕京大学并称"南齐北燕"。齐鲁大学设有文、理、医三学院，尤以医科见长，坊间有"北协和、南湘雅、东齐鲁、西华西"之称。

抗日战争时期，齐鲁大学由济南内迁成都，是"华西坝五大学"之一。1946年，齐鲁大学在济南复校。1951年，齐鲁大学由人民政府接管。1952

---

① 彭华：《陈寅恪在成都（1943—1945）》，《关东学刊》，2019年第5期。
② 燕大成都校友会整理：《迁蓉的燕京大学》，载中国人民政治协商会议西南地区文史资料协作会议：《抗战时期内迁西南的高等院校》，贵阳：贵州民族出版社，1988年，第273页。
③ 苏智良等：《中国抗战内迁实录》，上海：上海人民出版社，2015年，第212页。

年，经院系调整，齐鲁大学被撤销建制，其学科分别并入山东大学、山东师范大学、山东农业大学、南京大学、上海财经大学等高校。

内迁成都期间，齐鲁大学的校长依次是刘世传（1935—1943）、汤吉和（1943—1945）、吴克明（1945—1949）。当时在齐鲁大学工作的学者，有侯宝璋、顾颉刚、钱穆、高亨、胡厚宣[①]、吴金鼎、杨向奎、严耕望等人。其时齐鲁大学之人文社会科学，不妨叙述以下一些：

1940年3月16日，齐鲁大学国学研究所主办的《责善半月刊》创刊。本刊由顾颉刚创办。1942年11月停刊。

1940年3月，齐鲁大学国学研究所主办的《史学季刊》在成都创刊。第1卷第1期由蒙文通、周谦冲编辑，第1卷第2期由顾颉刚、张维华编辑。目前"仅见此两期"[②]。

1940年11月1日，齐鲁大学国学研究所主办的《齐大国学季刊》创刊。顾颉刚任主编。1941年6月1日，在出版第1卷第2期后停刊。

1941年，齐鲁大学《齐鲁学报》创刊。出版两期后停刊。在第一期刊出的论文，有冯汉骥的《由中国亲属名词上所见之中国古代婚姻制》。该文是冯汉骥在美国读书时所写的博士学位论文的浓缩版，科学地解释了中国古代婚姻制度的历史演变。

1942年1月15日，齐鲁大学《学思》获准出版。半月刊。发行人先后为汤吉禾、张国安。社址在成都华西坝齐鲁大学内。1945年3月停刊[③]。

1944年3月，胡厚宣著《甲骨学商史论丛》（初集）由齐鲁大学国学研究所出版。本书之二集、三集于1945年出版，四集于1946年出版。1948年，《甲骨学商史论丛》（初集）荣获全国科学发明奖（二等奖）。胡厚宣说，"《（甲骨学商史）论丛》在学术界引起很大反响，齐鲁大学亦给我以褒奖，并加了

---

① 胡厚宣：《齐鲁大学国学研究所回忆点滴》，《中国文化》第14期，1996年12月。
② 王绿萍：《四川报刊五十年集成（1897—1949）》，成都：四川大学出版社，2011年，第547页。
③ 成都市地方志编纂委员会：《成都市志·报业志》，成都：四川辞书出版社，2000年，第68页。王绿萍：《四川报刊五十年集成（1897—1949）》，成都：四川大学出版社，2011年，第616页。

薪"①。

1941—1945年，方诗铭就读于齐鲁大学历史系，曾师从顾颉刚、陈寅恪、钱穆等史学大师。②方诗铭（1919—2000），四川成都人。著名历史学家。曾任上海社会科学院历史研究所所长。著有《古本竹书纪年辑证》（与人合著）、《上海小刀会起义》、《三国人物散论》等，编著、辑校《中国历史纪年表》《第二次鸦片战争史话》，参与主编《中国近代史辞典》，担任《中华大典》编纂委员会、《王国维全集》学术顾问，《辞海》编委、分科主编，《二十五史新编》顾问等。

3. 金陵大学

金陵大学，简称"金大"，是美国基督教新教教会在江苏南京创办的教会大学。1910年，由汇文书院与宏育书院合并成立金陵大学。初建时，设有医学馆、圣道馆两科，附设有鼓楼医院。此后，又分别设置了文科、医科、农科、林科、理科和农业专修科。1918年，医科划归其他院校。1926年后，各科调整更名为文、理、农林三个学院，成为全国著名的综合性大学之一。金陵大学在当时的社会评价很高，享有"江东之雄""钟山之英"的美誉。

1937年7月，抗日战争全面爆发。10月，日军占领苏州，威胁南京。加之日机频繁轰炸南京，学校无法正常上课。于是，金陵大学决定迁校四川。③迁校地址，初选四川万县（今重庆市万州区），后选四川成都。1937年11月至1938年1月，金陵大学分批由南京迁至成都华西坝。1938年2月，金陵大学在成都开始上课。因当时重庆的工业较为发达，对教育实习有利，故金陵大学理学院的电机工程系及电化教育专修科、汽车专修科等班次，便留在重庆上课。

---

① 胡厚宣：《我和甲骨文》，载张世林：《学林春秋：著名学者自序集》，北京：中华书局，1998年，第274页。

② 可参看方诗铭：《顾颉刚先生在齐鲁大学国学研究所》，载齐鲁大学校友会：《齐鲁大学八十八年（1864—1952）：齐鲁大学校友回忆录》，北京：现代教育出版社，2010年。顾潮：《顾颉刚年谱》（增订本），北京：中华书局，2011年，第369页。

③ 以下关于成都时期金陵大学的基本情况，主要采自金陵大学成都校友会整理：《迁蓉的金陵大学》，载中国人民政治协商会议西南地区文史资料协作会议：《抗战时期内迁西南的高等院校》，贵阳：贵州民族出版社，1988年，第275-288页。说明：执笔人杨家骐、王君律、陈兆纯均系抗战时期金陵大学的学生。

抗战胜利后，金陵大学筹划迁返南京。自1946年4月起，金陵大学师生陆续迁返南京。1946年8月，金陵大学在南京恢复招生。9月中旬，金陵大学在南京开学复课。1951年，金陵大学与金陵女子文理学院合并，改为公立金陵大学。1952年，在全国院系调整中，金陵大学主体并入南京大学，其余院系参与组建其他高校。

在成都的八年期间，金陵大学因陋就简，积极办学，做出了不少贡献。金陵大学迁蓉后，教学和科研都有很大的发展。1937年前，金陵大学设有文、理、农三学院、26个系、所（部）、科。1938年至1943年，金陵大学先后增设了10个系、所（部）、科，成为全国系、所（部）、科最多的综合性大学之一。为了战时建设的需要，金陵大学还举办有电化教育人员培训班、电焊职业训练班、中国银行人员训练班、仁寿籍田铺实验农业补习学校、新都实验农民基础学校和林业函授学校等。1941年5月，金陵大学主办的《金陵学报》核准出版[1]。

抗战时期的金陵大学，在校长陈裕光的领导下[2]，聘请了一批有真才实学、造诣精深的专家、学者。如文学院院长刘国钧[3]，是当时国内唯一的图书管理学专家。1941年，他创办国内第一个图书馆专修科，并兼任主任。为了进一步培养文科高级人才，他又创建了中国文科研究所。再如社会学系主任柯象峰[4]，是国内外著名的社会学者、人口问题专家。所著《社会学》一书，是当时大学普遍采用的教材。又如农学院院长章之汶[5]，是知名的农业教育、农业推广专家。这一时期受聘到金陵大学执教的知名学者，还有倪青元、蔡乐生、倪惠元、陈恭禄、商承祚、蒙文通、冯汉骥等，以及外籍教授文幼章

---

[1] 成都市地方志编纂委员会：《成都市志·报业志》，成都：四川辞书出版社，2000年，第68页。

[2] 陈裕光（1893—1989），号景唐，浙江宁波人。1927—1951年，任金陵大学校长。

[3] 刘国钧（1899—1980），字衡如，江苏南京人。1920年在金陵大学哲学系毕业后，留校从事图书馆工作。1922年留学美国威斯康星大学，1925年获哲学博士学位。1925年回国，任金陵大学教授兼图书馆主任。1929年至1930年，任北平图书编纂部主任，主编《图书馆学季刊》。1930年，回金陵大学，历任图书馆长、文学院院长及教授。1937年，随金陵大学内迁成都。

[4] 柯象峰（1900—1983），又名柯森，安徽贵池人。1937—1945年，任（成都）金陵大学社会学教授、系主任。

[5] 章之汶（1900—1982），字鲁泉，安徽来安人。在四川期间，深入四川农村开展农业经济调查，积极探索改变农业落后面貌的根本之道，著成《我国战后农业建设计划纲要》一书。

(James Gareth Endicott)、包贵思、兰伯顿（Lamberton）、克尔克（F. Kirk）等。在四川的几年，是陈恭禄（1900—1966）"一生中著述较丰的一个时期"，"历5年有余，写成《中国通史》第1册、第2册"。①

在抗战前后，金陵大学为国家、社会培育了各种人才逾千人，计有硕士40余人，学士600余人，专修科约500人，其他短期训练班（所）约200人。其中，许多人后来成为国内外的知名专家、教授，如谢道炉（谢韬）、朱声、王金陵、左天觉、张德慈、卢良恕、李隆术、李相汉、陈彪、李单浩、余鸿津、但功泓等②。

4. 金陵女子大学

金陵女子大学是中国第一所女子大学。1913年，美国8个传教会在南京创建"扬子江流域妇女联合大学"，德本康夫人（Mrs. Lawrence Thurston, 1875—1958）为第一任校长。1914年，改名为"金陵女子大学"。1927年，国民政府定都南京，提出收回教育权，德本康夫人被迫辞职。1928年，校董会推选金陵女子大学首届毕业生吴贻芳③为校长。1930年，在国民政府立案注册后，更名为"金陵女子文理学院"④。但金陵女子文理学院历届校友都习惯称母校为金陵女子大学，故下文亦称其为"金陵女子大学"。

抗战初期，金陵女子大学先后迁上海、武昌、成都。1938年年初，因分散办学不便，上海、武汉分部亦迁至成都华西坝。1938年9月，金陵女子大学在成都招收新生。1946年，金陵女子大学迁返南京。1951年，金陵大学与金陵女子文理学院合并，改为公立金陵大学。1952年，在全国院系调整中，公立金陵大学主体并入南京大学，原校址改为南京师范学院（今南京师范大学）校址。

重视社会实践和社会服务，是金陵女子大学的传统之一。在四川时期的金

---

① 张宪文：《民国南京学术人物传》，南京：南京大学出版社，2005年，第153页。
② 参看金陵大学成都校友会整理：《迁蓉的金陵大学》，载中国人民政治协商会议西南地区文史资料协作会议：《抗战时期内迁西南的高等院校》，贵阳：贵州民族出版社，1988年，第283—284页。
③ 吴贻芳（1893—1985），号冬生，江苏泰兴人。1919年，毕业于金陵女子大学。1928年，受聘于母校金陵女子大学，先后主校23年（1928—1951）。
④ 根据国民政府教育部的规定，高等学校凡有三个学院者方可称为"大学"，而金陵女子大学只有文、理两个学院，故改名为"金陵女子文理学院"。

陵女子大学，依然如此。为此，金陵女子大学在1939年专门增设家政系。1942年4月，金女大家政系在华西坝建起实习室，四年级学生轮流去实习厨师、保姆、育婴员、主人等，将所学理论付诸实践。实习室也对华西协合大学家政系、燕京大学家政系开放。① 1943年春，成都的燕京大学、齐鲁大学、金陵大学、金陵女子大学、华西协合大学获美援华会的经济资助，共同设立"成都五大学儿童福利人才训练委员会"，吴贻芳任主席。②

早在1939年春，金陵女子大学就在四川仁寿县设立乡村服务处，开展社会服务活动，设有妇婴组、幼儿教育组、挑花组、鸡种改良组。③ 1944年秋，金陵女子大学又在华西坝小天竺街邮局银行背后，将曾经喂过羊的三间草房和及侧面的三间瓦房加以修理，兴办儿童福利实验所。抗日战争期间，金陵女子大学和华西协合大学附设医院合作，在专家程玉麐（1905—1993）指导下，举办了"儿童行为指导所"。

5. 铭贤学院

铭贤学院是在铭贤学校的基础上逐步发展起来的。④ 1907年，孔祥熙⑤从美国欧柏林大学、耶鲁大学毕业后，回到原籍山西太谷县，受欧柏林大学的委托和资助创办了铭贤学校。铭贤学校的英文名为"Oberlin Shansi Memorial School"，直译成中文是"欧柏林山西纪念学校"。从1907年至1937年，历经30年的风云变化，铭贤学校规模逐步扩大，学生人数由初期的近50人增至360人左右，学制由小学部、初中部、高中部发展为设立大学预科班并开设农科、工科和乡村服务科。

抗日战争全面爆发之后，与许多沿海高校一样，铭贤学校也走上了迁徙之

---

① 成都市武侯区地方志编纂委员会办公室：《华西坝记忆》，北京：中国文史出版社，2016年，第120页。

② 孙海英：《金陵百屋房——金陵女子大学》，石家庄：河北教育出版社，2004年，第128页。

③ 肖鼎瑛：《迁蓉的金陵女子文理学院》，载中国人民政治协商会议西南地区文史资料协作会议：《抗战时期内迁西南的高等院校》，贵阳：贵州民族出版社，1988年，第292－294页。说明：作者肖鼎瑛系当年金陵女子文理学院的学生。

④ 关于铭贤学院，其基本资料来自范敬一、成一：《迁四川金堂的铭贤学校》，《抗战时期内迁西南的高等院校》，贵阳：贵州民族出版社，1988年，第321－333页。

⑤ 孔祥熙（1880—1967），字庸之，号子渊，山西太谷人。祖籍山东曲阜，系孔子第75世孙。民国时期，任国民政府行政院长，兼财政部长。

路。从 1937 年 10 月至 1939 年 4 月，铭贤学校的师生辗转迁移，由山西经河南、陕西来到四川，前后行程近 2000 公里，最终在川西金堂县开始了新的教学生活。迁入四川金堂的铭贤学校，中学部社在金堂县赵镇的一个山寨上，大学部在金堂县北门外新建校址。

抗战胜利后，学校原计划迁回山西太谷，因内战和交通不便而未果，遂迁入成都继续办学。1949 年 12 月，成都解放。1950 年 10 月，在西南军政委员会文教部的直接帮助下，铭贤学校（包括学院、中学、小学）师生全部由成都乘车迁回山西太谷孟家花园旧址。1951 年秋，随着全国高等院校院系调整，以铭贤学院农艺、畜牧等系为基础，在太谷成立山西农学院（现山西农业大学）。学院原有的机械、化工、纺织等系，则并入山西大学工学院、陕西纺织学院等院校。

铭贤学校迁金堂后，在金堂、成都两地逐年招收新生，报名者均积极踊跃，入学人数激增至 500 多人。1940 年农工专科（1943 年更名为学院）相继招生后，全校师生员工共达 800 多人（包括大学和中小学）。学校教学制度严格，学习氛围浓厚，各项文体课外活动、勤工俭学、社会服务活动也都生机勃勃，形成了良好的校风。最可贵的是，学校有一支学有专长、不图名利、矢志献身于教育事业的优秀教师队伍。在各科教师共同努力下，铭贤教学秩序井然，纪律严明，勤学苦读，蔚然成风。

铭贤农工专科的办学目标是：培养国家农业工业建设所需要的高级技术人才。一切教学设备和教学方法，力求知识与技术并重，教育与社会需要相结合。尤注重学生品德之陶冶，务使学生卒业后，非但学有所长、学能致用，而且身心兼修，达到健全真固之境地。通过教学，培养起一支能艰苦耐劳和具有牺牲服务精神的科技队伍。

从 1940 年到 1945 年抗战胜利，铭贤学校在"艰苦创业、真知力行、崇实务专、学以事人"的纯朴校风的熏陶下，教学成效卓著，科研成果累累。师生们紧密结合教学实践，写出了不少专题论文，内容既有学术研究价值，又具有社会实践价值。例如，《四川省金堂烟草生产制造及运销调查》（周卫文、朱旬余）、《小麦腥黑病菌之研究》（吴友三）、《水稻灌溉期与抗旱性试验》（周松林、朱跃炳）等。由于铭贤科研力量强，成果多，引起了有关部门的重视，共同开展科研活动和代培科技人员。如财政部四川烟叶示范场与学校合办金堂烟圃，进一步开展了烟草品种比较试验，使金堂雪茄烟之制造研究等科研项目，获得良好成效。

机械、化工、纺织等系主持的教学实习工厂，在教授、专家们的精心指导下，通过各种产品的规划设计，加工制造，也获得了一系列科研成果。比如，机械实习工厂不仅能生产具有一定精密度的车床和织布机，而且还与航委会订立合同，制造出了当时在成都市场上难以购得的风筒天秤。化学药品实验工厂制造的硫酸、硝酸、醋酸等产品，质地纯良，吸引了成都等地用户竞相来校订购。

学校还在姚家渡设立了乡村社会服务部办事处，服务内容包括：开展农村社会调查，为贫苦农民发放小本资金；推广农作物良种，介绍兽畜医疗防疫和大众卫生健康知识；举办成人、儿童教育补习班，普及文化科学技术等，深受农民赞扬。

从1939年至1949年这十年间，铭贤学校学（院、专科、中学部）在四川金堂、成都，先后培养毕业（肄业）生近千人。他们迄今遍布全国各省市。据初步统计，从事科学、文化、教育、卫生事业者占一半以上。在各地大专院校和科研机构担任教授、副教授、研究员、副研究员、高级工程师等项职务者近300人。此外，还有不少校友在党政机关和教育、新闻、出版、工商、企、事业等单位发挥所长，成为推进中国社会主义建设不可缺少的骨干力量。

三、对高校内迁的几点评价

抗战时期的高校内迁，无论是对于中华民族而言，还是对于大后方而言，抑或是对于四川而言，都具有极其重要的意义。下面，将从全国和地方两个角度对此略加论述。[①]

---

① 说明：以下关于抗战时期高校内迁的评价，借鉴了以下二书的概况与归纳。(1) 余子侠、冉春：《抗日战争时期中国教育研究》，北京：团结出版社，2015年，第152—165页。(2) 徐辉主编，冉春副主编：《抗战大后方教育研究》，重庆：重庆出版社，2015年，第215—225页。

（一）全国意义

第一，抗战时期的高校内迁，较好地保存了中华民族的优秀文化资源，为持久抗战和最终取胜奠定了雄厚的文化基础和人力基础。

《战时各级教育实施方案纲要》（1938年）明确提出，"教育为立国之本，整个国力之构成有赖于教育。在平时亦然，在战时亦然"。贺麟在一篇题为《抗战建国与学术建国》的文章中精辟地指出，"学术是建国的钢筋水泥，任何开明的政治必是基于学术的政治。一个民族的复兴，即是那一民族学术文化的复兴。一个国家的建国，本质上必是一个创进的学术文化的建国"[1]。换句话说，在当时的中国，除了正面的军事抗战外，还有深层的文化抗战，而文化抗战离不开教育尤其是高等教育。

就更深层次而言，抗战时期的高校内迁保存了中华民族的文化命脉，从而为战后建设储备了知识和人才。换句话说，随高校内迁的中华有志之士们自觉地担当了"民族文化的光大、传播与提高，民族自信心的陶铸、阐扬和发展，民族意识的培养、深刻化和普遍化"的重大使命。[2]

第二，抗战时期的高校内迁，或直接或间接地支援了抗战，为最终赢得胜利贡献了力量。

抗战期间内迁高校对抗战事业的直接投入，首先表现在内迁高校对抗战所需的技术知识人才的直接培养。抗战时期的高校内迁响应政府的号召，根据抗战需要，增设和专设有关专业技术课程（如航空、机械、通讯、燃油等），以利于专门技术人才的快速成长。高校内迁的广大师生，还通过宣传、义卖、募捐、捐献等途径支持抗战。在抗战时期，许多学生还配合征调，直奔前线。1944年，广大知识青年积极响应国民政府的从军号召，各校学生从军者多达6.9万余人。在重庆，至1942年12月底，共征集知识青年8331人。至1945年2月3日止，四川登记从军的知识青年共有29157人。[3]

---

[1] 贺麟：《抗战建国与学术建国》（1938年），《文化与人生》，北京：商务印书馆，1988年，第22页。

[2] 中国国民党中央委员会党史史料编纂委员会：《革命文献》（第60辑）《抗战时期之高等教育》，台北：中央文物供应社，1972年，第7页。

[3] 四川省人民政府参事室、四川省文史研究馆：《抗日战争时期四川大事记》，北京：华夏出版社，1987年。

第三，抗战时期的高校内迁，有效保证了中国教育尤其是高等教育的现代化进程不致因战争破坏而中断。

战时高校的大规模内迁，及时减少了教育事业和人才的损失，有效保存了教育资源和人才资源。在全体师生的努力下，抗战时期的内迁高校不仅能够较快得到恢复，而且随着内迁后生活逐渐安定，在恢复的基础上还得到了一定程度的发展。在高校数、学生数、毕业生数、教师数、职员数等方面，基本上都呈现直线上升的趋势，见表4—2[1]：

表4—2 抗战时期全国高等教育发展概况

学年	高校数	学生数	毕业生数	教师数	职员数
1936	108	41922	9154	7560	4290
1937	91	31188	5137	5657	2966
1938	97	36180	5085	6079	3222
1939	101	44422	5622	6514	4170
1940	113	52376	7710	7598	5230
1941	129	59457	8035	8666	6503
1942	132	64097	9056	9421	7192
1943	133	73669	10514	10536	7064
1944	145	78909	12078	11201	7414
1945	141	83498	14463	11183	7193

资料来源：此表据《第二次中国教育年鉴》（第14编）中国第二历史档案馆馆藏"国民政府教育部档案"（2）/233《全国教育统计简编》有关资料改制而成。

正是由于抗战期间高校内迁为中国高等教育打下了较好的恢复和发展的基础，故而在抗战胜利后的1947年，中国的专科及以上学校总数即达到207所，其中大学55所，独立学院75所，专科学校77所，在校学生已经超过15.5万人。[2]

---

[1] 转引自余子侠、冉春：《抗日战争时期中国教育研究》，北京：团结出版社，2015年，第160—161页。

[2] 余子侠、冉春：《抗日战争时期中国教育研究》，北京：团结出版社，2015年，第161页。

(二) 地方意义

1. 开启民风民智,促进文化教育发展

这一点意义,直接表现在高等教育方面,也体现在中小学教育方面,较为全面地促进了四川地区的文化教育。

抗战爆发前,中国的高校主要集中在东部沿海地区,而西部地区则相对不发达,甚至显得比较落后。就四川而言,随着高校的陆续迁入、密集分部,在很大程度上刺激了、促进了四川的高等教育。战前,四川仅有国立四川大学、私立华西协合大学、省立重庆大学①、四川省立教育学院、私立西南美术专科学校等几所高校,可以说是屈指可数。抗战时期,四川陆续新建了十余所高校,这是颇为可观的(见表4—3)②:

表4—3　抗战时期四川省新建高校

校名	设立时间	设立校址	备注
四川省立戏剧实验学校	1938年春	四川成都	1942年改为四川省立艺术专科学校
国立中央技艺专科学校	1939年1月	四川乐山	1952年并入泸州化工学院
教育部特设大学先修班	1939年9月	四川江津	1945年停办
私立川康农工学院	1939年11月	四川成都	1946年12月改为国立,并改名为国立成都理学院
私立求精商业专科学校	1940年	四川重庆	1947年改为私立求精学院
私立中国乡村建设学院	1940年10月	四川巴县	1945年8月改名为私立乡村建设学院
国立女子师范学院	1940年11月	四川江津	1946年迁往重庆
国立边疆学校	1941年8月	四川巴县	1946年迁往江苏无锡,1947迁往江苏南京
国立社会教育学院	1941年8月	四川璧山	1946迁往江苏南京
国立体育师范专科学校	1941年秋	四川江津	1946年迁往湖北武汉
四川省立会计专科学校	1943年2月	四川成都	
四川省立体育专科学校	1943年春	四川成都	
私立中华工商专科学校	1943年秋	四川重庆	战后迁往上海

---

① 1943年春改为国立。
② 转引自徐辉主编,冉春副主编:《抗战大后方教育研究》,重庆:重庆出版社,2015年,第114—115、149—151页。

续表4—3

校名	设立时间	设立校址	备注
国立自贡工业专科学校	1944年7月	四川重庆	由国立中央技艺专科学校自贡分校独立而成
私立重辉商业专科学校	1944年9月	四川重庆	1946年迁往江苏南京
私立储材农业专科学校	1944年	四川重庆	1947年改为私立汉华农业专科学校
私立辅成法学院	1945年7月	四川万县	

资料来源：教育部教育年鉴编纂委员会：《第二次中国教育年鉴》（第五编·高等教育），北京：商务印书馆，1948年。

就基础教育而言，可以武汉大学为例。武汉大学西迁乐山以后，许多教师到乐山的中小学兼课，从而提高了这些学校的教学质量与教学水平。武汉大学创办了武汉大学附设中学，并在迁离四川之时将武大附中留给了乐山。同时，还有一批讲师、助教、技术人员和研究生留在乐山继续工作，成为当地的重要师资。

2. 利用科技知识，促进地方经济发展

在大后方艰苦的条件下，高校的教学与科研更加贴近社会、贴近生活，服务社会、回报地方。这方面的例子很多。比如，同济大学内迁四川李庄后，攻克了当地谈"麻"色变的"麻脚瘟"[①]。再如，铭贤学校对四川金堂的烟草进行研究与改良，获得了良好成效。复如，金陵女子大学在四川仁寿县设立乡村服务处，开展社会服务活动。又如，金陵大学内迁成都后，在农学院增设了植物病虫害系，在仁寿、温江等地开辟农业推广区，并开办短期培训班。[②]

3. 结合各地实际，开启西部研究热潮

内迁高校的师生结合当地实际，对四川省和西南各地的资源、经济、民族、语言、文化等进行调查和研究，形成了研究西部地区的热潮。这方面的例子很多。比如，中央研究院历史语言研究所与中央博物院、中国营造学社、北京大学文科研究所、四川省古物保管委员会、四川省博物馆等机构合作，对川

---

① 参看本书第五章第四节。
② 本章的"金陵大学"部分没有叙述这一内容，读者可以参看徐国利：《浅析抗战时期高校内迁的作用和意义》，《安徽史学》，1996年第4期。

康古迹进行考察，发掘彭山汉墓、王建陵墓（永陵），又合组"西北史地考察团""西北科学考察团"。① 再如，中国营造学社对四川建筑的调查与研究。② 复如，华西边疆研究所、华西边疆研究学会、边疆研究学会中国对西部边疆的研究。又如，《说文月刊》"巴蜀文化"专号出版③，"巴蜀文化"命题被正式提出并得到研究④。

---

① 参看本书第五章第一、三、五节。
② 参看本书第五章第三节。
③ 1941年，《说文月刊》第3卷第4期、第7期推出"巴蜀文化"专号，刊登卫聚贤、郭沫若、常任侠、于右任、张继、吴敬恒、王献唐、郑德坤、林名钧（均）、董作宾、朱希祖、缪凤林、徐中舒、傅振伦等人研究巴蜀文化的论文。
④ 参看本书第二章第二节。

第五章

李庄：抗战时期的重要文化中心

李庄，一个在中国版图上，用针尖都无法确指的弹丸之地，偏安于四川省南部的群山峻岭之中，坐落在宜宾市郊的长江南岸。

得益于便捷的水道交通，李庄历经千年，从一个小渔村变成一座繁盛的集镇，获得了"万里长江第一镇"的美誉。

突忽而来的因缘际会，将这座千年古镇推向其历史的巅峰，她的名字径直和"中国"联系在一起。倘若在信函上写有"中国李庄"四个字，便无论它是从纽约、巴黎、卡萨布兰卡还是伦敦发出，都会准确地投递到古镇李庄。而同盟国的一些科研机构和教育机构，也经常收到寄自"中国李庄"的学术刊物和学术著作。

在1940至1946年间，由于战事所迫和形势所趋，中国知识界出现了一次群体性的南渡、西迁，使李庄成为与重庆、昆明、成都并列的中国"四大抗战文化中心"，使李庄成为抗战时期具有国际影响力的人文中心之一。[①]

抗战时期前后迁移到李庄的学术机构和教育机构，有中央研究院历史语言研究所、中央研究院社会科学研究所、国立中央博物院、中国营造学社、同济大学、北京大学文科研究所等。战时定居李庄的学者，有傅斯年、李济、董作宾、梁思成、梁思永、童第周、王献唐、李方桂、吴定良、凌纯声、芮逸夫、陈槃、劳榦、罗尔纲等现代学术史上泰山北斗似的一流人物。中外闻名的学者如李约瑟、费正清、金岳霖、罗常培等，都曾到李庄访问。日后成长为一流学者的许多人物，如夏鼐、任继愈、王明、王利器、王叔岷、李孝定、张政烺、

[①] 以上几段内容，借鉴自岱峻：《发现李庄》，成都：四川文艺出版社，2009年，自序第1—5页。

邓广铭、何兹全、杨志玖、梁方仲、董同龢、张琨、马学良、李霖灿、罗哲文等，都曾在李庄工作或学习。

诚如"中国考古学之父"李济所说①，"在第二次世界大战期间四年多的时间里，李庄曾是一个重要的学术中心"，"尽管战火烧遍了中国大地，但李庄是中国学者可以相聚磋商学术的少数几个地方之一"。②

一、中央研究院

（一）历史语言研究所

1. 历史语言研究所概览

1928年春，中央研究院有感于历史与语言研究之重要，命傅斯年为筹备员，在广州设立历史语言研究所筹备处。10月，历史语言研究所（简称"史语所"）正式成立，傅斯年被聘为所长，所址设在广州。1929年6月，除少量带有地方性的工作仍留广州外，其余全部迁往北平，所址设在北海静心斋。九一八事变后，平津危急，历史语言研究所遂于1933年春南迁上海。1934年秋，南京新址落成，历史语言研究所迁至南京，所址设在鸡鸣寺路1号。抗日战争全面爆发后，中央研究院奉命西迁重庆，历史语言研究所则于1938年春经长沙迁往昆明。1940年冬，再由昆明迁往四川省南溪县李庄镇。抗战胜利后，历史语言研究所于1946年10月至12月由李庄经重庆迁回南京原址。1948年冬，历史语言研究所迁至台湾桃园县杨梅镇。50年代中期，迁至台北南港。

历史语言研究所自昆明到李庄的搬迁事宜，具体由李方桂主持，石璋如作为总提调予以协助。由于物质较多，李方桂从利国公司租用了二十多辆汽车，每三辆为一组，分批行动。第一批车队于1940年10月2日出发，须经滇黔公路入川，到达泸州后改陆路为水路，沿长江水道运往宜宾，最后从宜宾再运到李庄码头上岸。经过一番艰苦跋涉，至1941年1月13日，历史语言研究所的

---

① 1980年，张光直（1931—2001）撰文怀念李济。文中，张光直称李济为"中国考古学之父""中国考古学掌门人"。张光直：《怀念李济（1896—1979）》，见李光谟：《从清华园到史语所：李济治学生涯琐记》（修订本），北京：商务印书馆，2016年，第399页。说明：原文为英文，载美国 Asian Perspectives ⅩⅩⅢ［2］，1980。由李光谟译为中文。

② 李济：《安阳》，石家庄：河北教育出版社，2000年，第137页。

大队人马和携带物资终于安全到达李庄。时在重庆大病初愈的傅斯年闻讯，乘船匆匆赶往李庄，主持安置事宜。①

从昆明迁至李庄的历史语言研究所，驻在距离李庄镇西南约5公里的板栗坳张家大宅院——栗峰山庄。所长傅斯年住在板栗坳的桂花院，小地名"桂花坳"；"田坎上"是图书馆；"牌坊头"是礼堂、饭厅、俱乐部；"戏楼院"是考古组；"新房子"又名"茶花院"，是史学和文字校订工作的地方。②

李庄时期的历史语言研究所，依然保持着四个组的建制，即在所下设有历史组、语言组、考古组、人类学四个组。历史语言研究所的人员，设研究员、副研究员、助理研究员和助理员等职称。四个组的情况如下③：

第一组：历史组

主任：陈寅恪④。

人员：傅斯年、董作宾、凌纯声、岑仲勉、丁声树、陈槃、劳榦、全汉昇、周法高、王献唐、李光涛、王明等。

工作：以研究史学问题、整理史料及校订文籍为主要工作，附有明清史料整理室。

第二组：语言组

主任：赵元任⑤。

人员：李方桂、杨时逢、董同龢、马学良、张琨等。

---

① 马亮宽：《傅斯年评传》，北京：中国社会科学出版社，2014年，第238页。

② 关于历史语言研究所在李庄板栗坳的分布情况，参看何兹全：《李庄板栗坳·史语所——我终身难忘的地方》，载杜正胜、王汎森：《新学术之路：中央研究院历史语言研究所七十周年纪念》，1998年，第819页。

③ 参看傅斯年：《国立中央研究院历史语言研究所工作报告》（1942年），《傅斯年全集》（第六卷），长沙：湖南教育出版社，2003年，第549—550页。

④ 陈寅恪一直未至李庄，属于"遥领"主任。对此，傅斯年表示理解与支持，"诚缘李庄环境，（陈）寅恪未必能住下"，"彼处医药设备太差，一切如乡村"。见王汎森、潘光哲、吴政上主编：《傅斯年遗札》（第三卷），2011年，第1457页。陈寅恪的女儿回忆，李济的两个女儿"因药物匮乏""无法救治"而相继病逝李庄，"这个消息很大程度上影响了父母对去李庄的考虑"。见陈流求、陈小彭、陈美延：《也同欢乐也同愁：忆父亲陈寅恪母亲唐篔》，北京：生活·读书·新知三联书店，2010年，第172页。

⑤ 赵元任当时在美国执教，亦属于"遥领"主任。李济之子李光谟（1927—2013）说，"1938年以后，由于种种原因，他们二位（引者按：指陈寅恪和赵元任）一直告假，一直是'遥领'第一组（历史组）主任和第二组（语言组）主任，但仍在培养所内的研究生"。见李光谟：《从清华园到史语所：李济治学生涯琐记》（修订本），北京：商务印书馆，2016年，第166页。

工作：以研究汉语、中国境内其他语言及一般语言学问题为主要范围，附有语音实验室及方言音档。

在李庄期间，语言组调查了苗族、瑶族等民族的语言，整理出湖北方言、云南汉语和倮倮语等。

第三组：考古组

主任：李济。

人员：李济、梁思永、石璋如、曾昭燏、夏鼐等。

工作：以发掘方法研究中国史前史及上古史为主，兼及后代之考古学，附有考古实验室。

在李庄期间，考古组与中央博物院等合作考察了川康古迹，在四川彭山等地调查和发掘汉墓，协助四川省博物馆整理了成都抚琴台前蜀皇帝王建墓（永陵），进一步清理河南安阳殷墟发掘的器物并形成了部分初稿，在甲骨文研究上有重大突破。

第四组：民族组

主任：吴定良[①]。（后因吴定良主持体质人类学研究所筹备处[②]，遂改由凌纯声兼任。）

人员：吴定良、凌纯声、芮逸夫等。

工作：研究范围包括体质与文化两方面，附有标本陈列室。

2. 李庄的学人与学术

在李庄的六年期间，中央研究院历史语言研究所与中央博物院、中国营造学社、北京大学文科研究所、四川省古物保管委员会、四川省博物馆等机构合作，开展了一些"集体项目"，如川康古迹的考察、彭山汉墓的调查与发掘、王建陵墓的发掘以及合组"西北史地考察团""西北科学考察团"等。

[①] 吴定良（1893—1969），字均一，江苏金坛人。1928年获英国伦敦大学统计学博士学位，后又获得人类学博士学位。1935年回国，任中央研究院历史语言研究所研究员，兼民族组主任。1948年，当选中央研究院院士。生前所发表的文章，后收入《吴定良院士文集》（北京：知识产权出版社，2014年）。

[②] 岱峻认为，体质人类学研究所筹备处从成立到1946年结束，始终只是筹备，最后胎死腹中。（岱峻、张弘：《发现李庄 挖掘李庄》，《社会科学论坛》，2010年第11期。）笔者赞成其说，故本章没有设计"体质人类学研究所"的小节。

在下文的中央博物院、中国营造学社部分，笔者将对这些集体项目进行叙述。为免重复，本处将以"个体劳动"与"个人成果"为中心，对几位学人及其学术加以描述。

（1）董作宾及其《殷历谱》

董作宾（1895—1963），字彦堂，又作雁堂，别署平庐，河南南阳人。1923年为北京大学研究所国学门研究生。1928—1946年，在中央研究院历史语言研究所工作。1928—1934年间，曾先后八次参加或主持安阳殷墟的考古发掘。1940年10月，首批到李庄。在傅斯年外出期间，代理所务。1948年，被选为中央研究院院士。1947—1948年，任美国芝加哥大学客座教授。1949年随史语所迁往台湾后，一度出任所长，兼任台湾大学教授。1956—1958年，任香港大学、崇基书院、新亚书院和珠海书院研究员或教授。1963年，病逝于台湾。曾主编《殷墟文字甲编》《殷墟文字乙编》。在李庄期间，董作宾著有《殷历谱》等书。学术成果辑为《董作宾先生全集甲编》（全三册）、《董作宾先生全集乙编》（全二册）[①]。

董作宾专门从事甲骨文字研究，是赫赫有名的甲骨学"四堂"之一[②]。1933年发表《甲骨文断代研究例》，提出甲骨文断代的十项标准（世系、称谓、贞人、坑位、方国、人物、事类、文法、字形，书体），对甲骨学研究有划时代意义。1945年4月，董作宾在李庄板栗坳牌坊头简陋的斗室里，完成了在甲骨学史上具有里程碑意义的鸿篇巨制《殷历谱》，并在傅斯年的热切关照下，于同年在李庄镇石印出版。《殷历谱》问世之后，迅即佳评如潮，堪称学林一大盛事。

陈寅恪在收到《殷历谱》之后，欣欣然拍案叫绝，随即以惊喜之情致函董作宾，盛赞其书："抗战八年，学术界著作当以尊著为第一部书，决无疑义也。"[③] 傅斯年欣然命笔作序，油然击节赞赏，"余读是书已写之太半，数日中

[①] 台北：艺文印书馆，1978年。
[②] "四堂"指的是：罗振玉（号雪堂，1866—1940）、王国维（号观堂，1877—1927）、董作宾（字彦堂，1895—1963）、郭沫若（号鼎堂，1892—1978）。
[③] 陈寅恪：《致董作宾》，《陈寅恪集·书信集》，北京：生活·读书·新知三联书店，2001年，第256页。

为之忘食废寝，欢欣舞蹈，于此见今日古学之最高峰也，爰记所感以为序"①。李济在回顾抗战时期史语所的学术业绩时，特意将董作宾的《殷历谱》与陈寅恪的《唐代政治史述论稿》及《隋唐制度渊源略论稿》、赵元任等编辑的《湖北方言调查报告》相提并论，认为它们均属"成熟的著作"，并且都是"抗战时代出版的巨著"②。李济甚至认为，王国维的《殷卜辞中所见先公先王考》、董作宾的《甲骨文断代研究例》和《殷历谱》、郭沫若的《卜辞通纂》，是"四部里程碑式的著作"③。

1946 年，国民政府颁发了嘉奖令（由蒋中正签发）："中央研究院朱院长勋鉴：三十四年七月四日呈悉，董作宾君所著《殷历谱》一书，发凡起例，考证精实，使代远湮之古史之年历，爬疏有绪，脉络贯通，有俾学术文化，诚非浅显，良深嘉勉。希由院转致嘉勉为盼。"可谓实至名归！

（2）董同龢记录客家方音

董同龢（1911—1963），江苏如皋人。中国语言学家。1932 年考入清华大学中文系，师事赵元任（1892—1982）、王力（1900—1986）等。1936 年考入中央研究院历史语言研究所语言组，随李方桂学音韵学。抗战爆发后，随史语所南下昆明，继转李庄。1943 年升副研究员，1949 年升研究员。1949 年至台湾，任台湾大学教授。1959 年，赴美国任西雅图华盛顿大学客座教授。毕生致力于语言学、中国音韵学和汉语方言学研究。

抗战时期，董同龢参加了历史语言研究所主持的四川方言调查。董同龢在对四川大学的各地学生进行访问录音时，有幸遇到家住华阳（今成都市龙泉驿区）凉水井的卢光泉。在卢光泉的配合下，他花了 16 个下午进行记音，由此产生了一部传世的经典方言之作——《华阳凉水井客家话记音》④。《华阳凉水井客家话记音》记载了 1946 年四川的客家方言岛，"第一次揭示了四川境内存在的客方言"。该书的特点是以记录成段的话为主，内容分"标音说明""记音

---

① 傅斯年：《殷历谱序》，中央研究院历史语言研究所专刊《殷历谱》，1945 年。
② 李济：《怀念傅孟真》，《李济学术文化随笔》，北京：中国青年出版社，2000 年，第 356 页。说明：原题作《傅孟真领导的历史语言研究所——几个基本观念及几件重要工作的回顾》。
③ 李济：《安阳》，石家庄：河北教育出版社，2000 年，第 138 页。
④ 董同龢：《华阳凉水井客家话记音》，中央研究院历史语言研究所集刊（第 19 本），1948 年。董同龢：《华阳凉水井客家话记音》，北京：科学出版社，1956 年。

正文""词汇"三部分。标音说明包括声母、韵母、声调、字音的连读变化、句调、音韵表。记音正文共20段。词汇按音序排列，约3000条。①《华阳凉水井客家话记音》因其审音准确、资料丰富、方法科学，至今仍是研究客家方言的经典之作，也是方言调查的典范之作。

除此之外，董同龢的著作还有《上古音韵表稿》《中国语音史》《汉语音韵学》《语言学大纲》《邹语研究》等，以及译著《高本汉诗经注释》等。其主要语言学论文，收入《董同龢先生语言学论文选集》②。

(3) 李霖灿研究东巴文化

李霖灿（1913—1999），河南辉县人。因其研究纳西东巴文化的杰出贡献，被后人誉为"东巴文化之父"。

1938年，李霖灿在国立杭州艺术专科学校毕业之后，就由昆明北上，经大理到丽江，目的在于进行边疆民族艺术之调查。1939年，李霖灿在大理结识了在此进行考古调查与发掘的曾昭燏、吴金鼎、王介忱等人，而他的学术生涯也就此而发生改变。

1941年7月，李霖灿受国立中央博物院之聘，并接受博物院的安排，在云南丽江等地收集东巴文化资料。1943年9月，中央博物院召唤李霖灿返李庄述职。11月，李霖灿带着纳西族青年和才③，以及1231册东巴经典、图录和大量祭器、用器、田野调查成果，辗转两月回到李庄。正是在李庄，李霖灿完成了他的两部传世之作——《麽些象形文字字典》和《麽些标音文字字典》，成为研究纳西东巴文化的奠基之作。

回到李庄后，李霖灿在和才的协助下，开始了《麽些象形文字字典》的编纂工作。字典初稿完成后，由李济送交史语所语言组李方桂审查。李方桂审阅之后，认为《麽些象形文字字典》"编制得好"，但又存在明显不足；因所用音符没有照国际音标，"原用符号的音值是否准确，就不能断定了"。于是，中央

---

① 崔荣昌：《四川方言研究述评》，《中国语文》，1994年第6期。
② 董同龢著，丁邦新编：《董同龢先生语言学论文选集》，台北：食货出版社，1974年。
③ 和才（1917—1956），又名和尉文，纳西名阿瑶，东巴名东才，云南丽江人。李霖灿研究东巴文化的合作者。在李霖灿所著《麽些象形文字字典》《麽些标音文字字典》《麽些经典评注九种》《麽些经典评注九种》的封面，都署有和才之名。

博物院与历史语言研究所协商，请李方桂"训练出来的一位极有前途的青年语言学家"张琨（1917—2017）前来助阵，"张琨先生与和才君将字典中各字的音，都校订了一遍；由和才君发音，张琨先生听音，标注音符"，"所以这部字典单就发音与注音方面讲，可以说没有什么问题，已值得印出来供研究民族学及语言学家的参考了"。[①]

1944年6月，《麽些象形文字字典》以手写石印的形式在李庄出版，是为中央博物院专刊乙种之二。该书填补了纳西东巴文化基础性研究的空白，甫一问世便引起了语言学界、民族学界乃至国内外学术界的重视。随后，李霖灿又一鼓作气，接着编写了《麽些标音文字字典》一书。1945年8月，该书由中央博物院筹备处列为专刊乙种之三印行。李霖灿在李庄完成的这两部大书，是中国学者研究纳西东巴文化的奠基之作，也是纳西文化研究者案头的必备工具书和重要参考书。

（4）王献唐客居李庄著书

王献唐（1896—1960），原名琯，字献唐，号凤笙，以字行，山东日照人。曾任山东省立图书馆馆长、山东省文物管理委员会副主任等职。精于金石文字、版本目录之学，善诗文、书画和印章。

1943年2月27日，王献唐到四川南溪李庄，寓居中央研究院历史语言研究所内，"形成图书馆办事处设乐山，服务在重庆国史馆，办公在南溪史语所之'三足鼎立'局面"。1945年9月11日，王献唐告别李庄。

在李庄期间，王献唐撰有《中国古代货币通考》《国史金石志稿》《古文字中所见之火烛》等专著，完成《说料》、《说挞线》、《说美》（即《释每美》）、《释关》、《释丑》、《周康季甗铭读记》、《张自忠入祀忠烈祠令》、《传钵大师传》、《近百年山东之学风》等文。[②]

（5）何兹全的"李庄情怀"

何兹全（1911—2011），原名何思九，字子全，后改名兹全，山东菏泽人。

[①] 本自然段引号内的文字，采自李济：《李霖灿〈麽些象形文字字典〉序》，《李济学术文化随笔》，北京：中国青年出版社，2000年，第290—291页。

[②] 张书学、李勇慧：《王献唐年谱长编》，上海：华东师范大学出版社，2017年，第835、836、859、894页。

著名历史学家。主要致力于研究汉唐经济史、兵制史、寺院经济和魏晋南北朝史几个方面，是"魏晋封建说"的创始者和代表者。著作有《秦汉史略》《魏晋南北朝史略》《三国史》《中国古代社会》《中国文化六讲》《爱国一书生——八十自述》等，后结集为《何兹全文集》[①] 出版。

何兹全对李庄一直保留着美好的记忆，并且具有浓厚的"李庄情怀"。何兹全说，他一生中有两次命运的决策，"1930年去北京读书是一次；1944年决定去史语所又是一次"[②]。1944年，何兹全决定辞去在重庆国民党中央训练委员会的编审工作，来到了四川李庄的中央研究院历史语言研究所。多年以后，何兹全在回忆这段历史时说："这次我选对了，才有今天的我。大决策决定了我的一生。"[③] 对于李庄，对于李庄的史语所，何兹全曾经深情回忆，"在李庄的两年，是我们一生生活得最安详的一段"[④]，"板栗坳是个读书的好地方。无尘嚣之乱耳，无跑飞机轰炸之劳形。大家都安静地读书，各不相扰。我荒疏了几年，更想把失去的时间补回来。每天黎明即起，早饭后即去研究室。我的研究室极简单，一张桌子，一把椅子，如是而已，连个书架也没有。每天读书抄材料"，"史语所有个好传统，就是不定期的学术报告。在李庄期间，我记得傅先生、董彦堂先生、劳榦、董同龢、逯钦立都作过报告。这是学术交流，对每个人的研究也是个督促"。[⑤]

在李庄期间，何兹全完成了三篇论文，即《东晋南朝的钱币使用和钱币问题》《魏晋的中军》和《魏晋南朝的兵制》。尤其值得一提的是第一篇论文《东晋南朝的钱币使用与钱币问题》[⑥]，这是他的主要史学思想——"汉魏之际封建说"的萌芽之一。

（6）邓广铭、杨志玖在李庄

邓广铭（1907—1998），字恭三，山东临邑人。著名历史学家。1940年12

[①] 何兹全：《何兹全文集》（六卷），北京：中华书局，2006年。
[②] 何兹全：《爱国一书生——八十自述》，上海：华东师范大学出版社，1997年，第194页。
[③] 何兹全：《爱国一书生——八十自述》，上海：华东师范大学出版社，1997年，第195页。
[④] 何兹全：《爱国一书生——八十自述》，上海：华东师范大学出版社，1997年，第197页。
[⑤] 何兹全：《李庄板栗坳·史语所》，载杜正胜、王汎森《新学术之路：中央研究院历史语言研究所七十周年纪念》，1998年，第819、824页。
[⑥] 何兹全：《东晋南朝的钱币使用与钱币问题》，中央研究院历史语言研究所集刊（第14本），1949年。

月,邓广铭随同中央研究院历史语言研究所迁往李庄。在此后的两三年间[①],邓广铭充分利用史语所的图书资料研究宋史,撰写了一系列论著,为其日后成为宋史专家奠定了坚实的基础。

杨志玖(1915—2002),字佩之,山东长山县周村镇(今淄博市周村区)人。回族。著名历史学家。1939年考入北京大学文科研究所,1941年秋毕业。傅斯年曾希望他到史语所工作,但他去了南开大学历史系。1944年年初,国民政府决定编写一部《中国边疆史》,最后决定由中央研究院历史语言研究所承担该项课题。傅斯年在组织参编人员时,想到了杨志玖。因为南开大学不放人,杨志玖是以借调的名义到史语所参加编纂工作的。杨志玖回忆,"但到所不久即接到重庆中央研究院的聘书,作为史语所的助理研究员"[②]。晚年的杨志玖在接受访谈时说,"1944年3月,我应傅斯年先生邀请,到四川南溪李庄中央研究院历史语言研究所任兼职的助理研究员,帮他编写《中国边疆史》清代部分。1946年10月,南开大学文学院院长冯文潜先生聘我到南开历史系"[③]。

(7) 王明曾想"投笔从戎"

王明(1911—1992),字则诚,号九思,浙江乐清人。1932年,考入北京大学中国文学。1937年毕业后,曾回乡从事抗日救亡宣传活动。1939年,考入北京大学文科研究所,成为首届研究生。1941年毕业,进入史语所工作。在李庄史语所的几年,是王明的一个学术丰收期。晚年的王明,曾经回忆过在李庄的工作:"这是为了躲避敌机的空袭,才选定偏僻的山坳里为作息的地点。……这时候,大家深居乡间山坳里,环境非常清静,无任何干扰,专心致志,进行研究。物质生活虽然艰苦,比如夜间点的是菜籽油灯,夏天蚊子很多,屋内地砖也很潮湿,吃的也很简单,然而精力集中,工作效率比较高。个人在这时读了不少道书,写了《周易参同契考证》《老子河上公章句考》等长

---

① 1943年秋,邓广铭由傅斯年推荐,受聘于内迁重庆北碚的复旦大学史地系,任副教授,讲授"中国通史"等课程。
② 杨志玖:《我在史语所的三年》,载杜正胜、王汎森:《新学术之路:中央研究院历史语言研究所七十周年纪念》,1998年,第783页。
③ 赵文坦、王晓欣:《杨志玖先生访谈录》,《史学史研究》,2002年第3期。赵文坦、王晓欣:《杨志玖先生访谈录》,《回族研究》,2003年第3期。

篇论文。可是这种异常静止的研究方式，时间久了，好像修道院修道一般，与世隔绝，和当时抗日救亡的热潮甚不协调。……投笔从戎吧，一时热情虽高，毕竟考虑很多，化为泡影。"① 王明的这种感受，恐怕是不少客居李庄的学人的共同感受。

(二) 社会科学研究所

1. 社会科学研究所小史

社会科学研究所于 1927 年 11 月筹设，1928 年 5 月正式成立。下设法制组、民族组、经济组、社会组，前两组在南京，后两组在上海。1934 年 7 月，中央研究院与中华教育文化基金董事会（简称"中基会"）经过商议后，决定将北平社会调查所并入中央研究院社会科学研究所。合并以后，调查研究工作仍然按原计划进行。1940 年，社会科学研究所从昆明迁至李庄。该所也在板栗坳，驻李庄镇南约 2 公里的门官田张家大院和石崖湾二地。1945 年 1 月，改称"社会研究所"。

该所研究项目包括哲学、文学、政治、法律、经济等，其工作性质与历史语言研究所相辅相成，但人员较史语所要少些。社会科学研究所迁至李庄后，出于抗战形势的需要，其研究重心由经济、法律、社会生活等转移到战时经济，并协助政府解决问题（如战时经济损失的估计等②）。在李庄期间，历史语言研究所和社会科学研究所曾经举行过多次展览，展览的专题项目有古代战车模型、古代兵器、历代衣冠甲胄及国外进贡文物和文表等。所长是陶孟和。研究所人员还有巫宝三、梁方仲、汤象龙、徐义生、罗尔纲等。

2. 陶孟和及研究所成员

(1) 陶孟和

陶孟和（1887—1960），原名履恭，以字行，浙江绍兴人。1906 年，毕业于南开学校第一届师范班。1906—1910 年，公费赴日本，在东京高等师范学校学习历史和地理。1909 年，赴英国伦敦大学，专攻社会学。1910 年，陶孟

---

① 王明：《王明自传》，成都：巴蜀书社，1993 年。
② 这方面的代表作，有韩启桐编著的《中国对日战事损失之估计（1937—1943）》（上海：中华书局，1946 年 1 月）。该书系"国立中央研究院社会科学研究所丛刊"之第二十四种。

和赴英国伦敦大学经济政治学院学习社会学和经济学。1913年，获经济学博士学位。同年归国，任北京高等师范学校教授。1914—1926年，任北京大学教授、系主任、文学院院长、教务长等职，协助蔡元培革新北大。1916年，和杨文洵编译了《中外地理大全》。1926年，获中华教育文化基金董事会资助，创建北平社会调查所并任所长。1934年，该所与中央研究院社会科学研究所合并，陶孟和继续任所长。自1935年起，被聘任为中央研究院评议会评议员。1948年，当选中央研究院院士。1949年以后，任中国科学院副院长等职。

陶孟和的著作很多，编著、合著有《北京人力车夫之生活情形》《北平生活费之分析》《中国社会之研究》《社会与教育》《公民教育》《社会问题》《中国乡村与城市生活》《中国劳工生活程度》《人口问题》《欧洲和议后之经济》以及《孟和文存》等。

巫宝三在一篇纪念陶孟和的文章中说，"陶先生大半时间住在李庄，生活孤寂可知。但处境虽然如此，他对扶植研究事业的热忱，一仍往昔。在夏季，他头戴大草帽，身着灰短裤，徒步往返于镇上与门官田的情景，犹历历在目"①。

(2) 巫宝三

巫宝三（1905—1999），原名巫味苏，江苏句容人。中国经济学家。1925年入吴淞政治大学，1927年入南京中央大学，1932年毕业于清华大学，同年入南开大学经济学院。1933年，经同学汤象龙介绍，进入陶孟和主持的北平社会调查所从事研究工作。1934年，北平社会调查所并入中央研究院社会科学研究所。1936—1938年，巫宝三被中央研究院派往美国哈佛大学学习。1938—1939年，在德国柏林大学进修。1947—1948年，接受罗氏基金资助，再度赴美进修，完成博士学位论文《中国资本形成与消费支出（1933）》。随后回国，一直任职于中国科学院经济研究所。②

---

① 巫宝三：《纪念我国著名社会学家和社会经济研究事业的开拓者陶孟和先生》，《近代中国》（第5辑），上海：上海社会科学院出版社，1995年。
② 参看朱家桢：《永远的学者风范——纪念巫宝三先生百年诞辰》，《经济研究》，2005年第7期。

巫宝三1949年前出版的著作，有《战时物价之变动及其对策》（商务印书馆，1942年）、《农业十篇》（独立出版社，1943年）、《中国国民所得》（中华书局，1947年）等。

（3）汤象龙

汤象龙（1909—1998），字豫樟，湖南湘潭人。1925年考入清华大学，1929年毕业后留校继续研究一年。在校期间，写成《道光时期的银贵问题》一文。1930年7月，应聘至北平社会调查所，继续从事中国近代经济史的研究，并主编《中国近代经济史研究集刊》[①]。抗战全面爆发后，随社会科学研究所南迁，1940年冬至李庄。1942年后，他辗转供职于经济部物资局、金城银行等。1953年，调入四川财经学院（今西南财经大学），历任副教务长、经济研究所所长。

汤象龙的论文散见于《中国近代经济史研究集刊》等，著作有《中国近代海关税收和分配统计（1861—1910)》《中国近代财政经济史论文选》等[②]。

（4）梁方仲

梁方仲（1908—1970），原名嘉官，字方仲，以字行，广东番禺人。1937年，赴日本考察。1943年赴美国考察，被聘为哈佛大学经济史研究员。1946年，入伦敦大学政治经济学院从事研究工作。在此期间，以中国代表团成员之一的身份，出席联合国教科文组织第一次大会。1947年回国，任中央研究院社会研究所研究员。次年，任代理所长。

梁方仲的著作有《一条鞭法》《明代国际贸易与银的输出入》《田赋史上起运存留的划分与道路远近的关系》《中国历代户口、田地、田赋统计》等。其中，《中国历代户口、田地、田赋统计》影响较大[③]。

（5）徐义生

徐义生（1909—1991），江苏武进人。1925年，考取北京大学预科就读两

[①] 《中国近代经济史研究集刊》是中国第一份经济史学刊物。1932年由北京社会调查所创办，1935年第三卷起改由南京国立中央研究院社会科学研究所出版。1949年1月停刊，共出版8卷14期。

[②] 汤象龙著，刘新澜编：《中国近代财政经济史论文选》，成都：西南财经大学出版社，1987年。汤象龙：《中国近代海关税收和分配统计（1861—1910)》，北京：中华书局，1992年。

[③] 梁方仲：《中国历代户口、田地、田赋统计》，上海：上海人民出版社，1980年。

年。1927年，考取清华大学政治学系本科。1931年，本科毕业，保送本校研究生。1934年1月，入哈佛大学研究院学习。一学期后，转学至哥伦比亚大学研究院学习两年，获硕士学位。1936年7月，转至英国伦敦政治经济学院修学半年。1937年2月，回到北平。1937年4月，由导师钱端升介绍，进入中央研究院社会科学研究所，任副研究员。1937年7月抗战全面爆发后，随社会科学研究所南迁。1941年5月，随社会科学研究所迁至李庄。1943年，被提升为研究员。中华人民共和国成立后，在中国科学院经济研究所工作。1961年，调安徽大学工作。

陶孟和不在李庄期间，由徐义生担任社会科学研究所代所长。在李庄期间，徐义生发表的文章有《行政事务的委任问题》[①] 等。著作有《善后救济工作的行政制度》、《中国近代外债史统计资料（1853—1927）》、《中国近代经济史统计资料选辑》（合作）等。

(6) 罗尔纲

罗尔纲（1901—1997），又名幼梧，广西贵县（今贵港市）人。1937年秋北京沦陷，中央研究院社会科学研究所迁往长沙。11月，罗尔纲转入该所工作，任助理员。1938年1月，随社会科学研究所迁广西阳朔。10月，完成《湘军新志》。1939年2月，随社会科学研究所迁云南昆明。1939年，升任中央研究院社会科学研究所副研究员。1941年，在李庄开始撰写《晚清兵志》。1943年，《太平天国史丛考》由正中书局出版。1944年4月，借调至广西通志馆研究《李秀成自述》原稿。9月，日军侵入广西，罗尔纲返回李庄社会科学研究所。1945年，《绿营兵志》由商务印书馆出版。1947年，升任中央研究院社会科学研究所研究员。

在李庄时期的罗尔纲，充分利用了历史语言研究所的图书资料。"在李庄，罗尔纲所在的社会科学研究所当时存书不多，而相距不远的历史语言研究所存书却十分丰富。罗尔纲常常到历史语言研究所借书，一借就是一大堆。两个研究所相距有几里地，罗尔纲经常一个人拿不动，不得不雇佣挑夫。那时，人们

---

① 徐义生：《行政事务的委任问题》，《当代评论》，1942年第3期。

常常看到时当不惑之年的罗尔纲携一个挑夫频繁穿梭在两所之间的小道上"①。

罗尔纲在太平天国史料发掘、史事考订上用力甚勤，成为该研究领域引人注目的第一代学者，巍然而为一代宗师。罗尔纲的巨著《太平天国史》出版后，广受关注和好评，被誉为中华人民共和国太平天国研究的总结性成果，并获得首届郭沫若中国历史学奖一等奖②。今人评论罗尔纲，"其是在太平天国史研究方面，更蜚声海内外，是这门学科的开拓者、取得最大成果的专家和培育了众多中年学者的一代宗师。罗先生对太平天国史的钻研，锲而不舍，用力最勤，时间最长，成书30余部，达700余万言，真是著作等身，令人有'高山仰止'之感！"③

2011年8月，《罗尔纲全集》（二十二卷）由社会科学文献出版社出版。《罗尔纲全集》共收入罗尔纲自20世纪30年代至20世纪八九十年代所写的全部作品。全书共分十大类，分别是太平天国史类、兵志类、金石类、文学类、文史杂考类、生涯回忆类、师友回忆类、书信类、杂著类和附编。

二、中央博物院

（一）博物院的简况

1933年4月，中央博物院（以下简称"中博"）开始在南京筹建，并专门成立了筹备处，隶属国民政府教育部，傅斯年任筹备处主任。下设自然、人文、工艺三馆，李济任人文馆主任。1934年7月，傅斯年辞去筹备处主任之职，教育部改聘李济接任。

抗战全面爆发后，中央博物院走上了内迁之路。李济与同仁选择藏品，分别打包装箱，一部分密存南京朝天宫故宫仓库和上海兴业银行。大部分珍品于1937年7月离宁迁汉，旋入川，在重庆南岸沙坪坝建库贮藏。1939年5月，重庆惨遭日机轮番轰炸。6月，中博文物分三批迁昆明，小部分存四川乐山。太平洋战争爆发前后，昆明上空时有日机轰炸。1940年10月，中博筹备处再

---

① 茅家琦：《一代宗师　布衣学者——罗尔纲先生传》，南京：凤凰出版社，2010年，第73页。
② 首届郭沫若中国历史学奖一等奖，仅有《太平天国史》一项成果。
③ 郭毅生：《罗尔纲先生的治学风范》，《社会科学战线》，1991年第4期。

迁四川南溪县李庄，驻地在李庄张家祠堂。此后至抗战胜利，未复播徙。1946年10月，迁回南京。

中央博物院的人员不多，除筹备处主任李济外，还有吴金鼎、游寿、曾昭燏、夏鼐、李霖灿①等人。

在四川时期，中央博物院等单位开展过一些"集体活动"。比如：

1941年，中央研究院历史语言研究所、中央博物院、中国营造学社三家合组"川康古迹考察团"②，对四川彭山古墓进行考察与发掘③。1942年和1943年，中央研究院历史语言研究所、中央博物院、北京大学文科研究所、中国地理研究所等合组"西北史地考察团"④，两度至甘肃、宁夏、青海等地考察、发掘。1943年3月，中央研究院历史语言研究所考古组与中央博物院筹备处与四川省古物保管委员会、四川省博物馆联合发掘前蜀王陵王建墓（永陵）。1943年10月，中央博物院在李庄和重庆举行史前石器及周代铜器展览。李济为展览写作了一篇题为《远古石器时代》的文章，"对进化论学说做了深入浅出的通俗讲解"⑤。1944—1945年，中央研究院历史语言研究所、中央博物院筹备处、北京大学文科研究所、中国地理研究所等合组"西北科学考察团"，在甘肃、新疆两地进行考察，并在甘肃境内进行过发掘。参加"西北科学考察团"的考古工作者，有向达、夏鼐、阎文儒、李承三等人。调查发掘的项目，主要有临洮寺洼山的史前遗址⑥，广河阳洼湾的史前遗址和墓葬，汉代的玉门关和长城遗址，敦煌附近的六朝和唐代墓葬，武威附近的唐代吐谷浑墓

---

① 因李霖灿在抗战时期主要从事少数民族语言文字研究，且跟随中央研究院历史语言研究所李方桂的弟子张琨学习，故本章将李霖灿置于中央研究院历史语言研究所部分论述。

② 团长是吴金鼎，团员有夏鼐、曾昭燏、王介忱、赵青芳、高去寻、陈明达等。

③ 所发掘的文物资料后运回南京，在曾昭燏主持下进行整理。参看南京博物院：《四川彭山汉代崖墓》，北京：文物出版社，1991年。

④ 西北史地考察团由辛树帜任团长，参加者有劳榦、石璋如、向达、李承三、周廷儒等。参看陈星灿：《中国史前考古学史研究（1895—1949）》，北京：社会科学文献出版社，2007年，第201页。

⑤ 李光谟：《从清华园到史语所：李济治学生涯琐记》（修订本），北京：商务印书馆，2016年，第329页。

⑥ 夏鼐：《临洮寺洼山发掘记》，《中国考古学报》（第四册），1949年。

葬。夏鼐、阎文儒在民勤等河西走廊地区调查时，发现了沙井文化的重要遗址。①

另外还有一些工作，虽然有了设想，但最终未能实现。比如，李济曾于1943年积极准备邀请著名动物学家张孟闻博士筹划建立中央博物院的自然馆②，"同时也在为筹建工艺馆积极创造条件，但终因各种不利影响而未能实现"③。

(二) 李济及其同仁

1. 李济

李济 (1896—1979)，字济之，湖北省钟祥县（今荆门市钟祥市）人。著名人类学家、考古学家，中国科学考古发掘研究的奠基人。1911年，考入清华学堂。1918年毕业，被派往美国留学，在麻省克拉克大学攻读心理学和社会学专业。1919年，获心理学学士学位。1920年，获社会学硕士学位。1920年，转入哈佛大学，攻读人类学专业。1923年，以《中国民族的形成》获哈佛大学博士学位，同年夏天回国。归国后，就任南开大学教授，兼文科主任。1925年，任清华学校国学研究院人类学讲师。1926年，赴山西夏县进行考古调查，发掘西阴村新石器时代遗址。1928年夏秋间，赴美、欧、非进行学术访问。10月，中央研究院历史语言研究所成立。1929年年初，应聘为中央研究院历史语言研究所研究员，兼考古组主任。同年，领导安阳殷墟第二次、第三次考古发掘工作。1930年，主持发掘济南龙山镇城子崖遗址，并将其命名为"龙山文化"。1931年、1932年，领导安阳殷墟第四次、第六次考古发掘工作。1934年，兼任中央博物院筹备处主任，直至1947年辞职。1935年，当选中央研究院评议员。1937年，赴英国、瑞典作学术演讲、考古学术访问。1940年，被英国皇家人类学会推选为名誉会员。冬季，史语所和博物院迁至四川李庄。1948年，当选中央研究院第一届院士。1948年年底，随中央博物

---

① 参看陈星灿：《中国史前考古学史研究 (1895—1949)》，北京：社会科学文献出版社，2007年，第201-202页。

② 张孟闻 (1903—1993)，浙江宁波人。1926年毕业于东南大学，1936年获巴黎大学博士学位。从事两栖动物和爬行动物研究数十年，编写完成《中国动物志·爬行纲》第一卷等多种论著。

③ 李光谟：《从清华园到史语所：李济治学生涯琐记》(修订本)，北京：商务印书馆，2016年，第329页。

院去往台湾。在台湾大学任教，创办考古人类学系，并任系主任。1958年和1962年，两度代理"中央研究院"院长。期间，多次赴欧、美、日、澳、香港等国家及地区参加学术会议和讲学。1979年8月1日，因心脏病突发在台北去世。

著作有《中国民族的形成》《中国文明的开始》《西阴村史前的遗存》《安阳》《殷墟陶器研究》《殷墟青铜器研究》《考古琐谈》等。2006年，上海人民出版社推出《李济文集》（五卷），收入李济自20世纪20年代至80年代撰写和发表的中国人类学、考古学、上古史研究等论著，以及学术论谈、随笔、序跋、忆旧、书评、未译成中文的外文论著、早年文录等百余篇（部）。

2. 吴金鼎

吴金鼎（1901—1948），字禹铭，山东安丘人。1926年考入清华学校国学研究院攻读人类学专业，由李济指导。1930年，到中央研究院历史语言研究所考古组工作。期间，参加了河南安阳殷墟、山东章丘城子崖、安阳后岗等遗址的发掘工作。1933年赴英国留学，1937年获博士学位。回国后，进入中央博物院、中央研究院历史语言研究所工作，先后在云南大理、四川彭山、成都等地从事考古发掘和研究工作，曾经主持发掘前蜀王陵王建墓。抗日战争胜利后，任齐鲁大学训导长、文学院院长、国学研究所主任和图书馆主任等职。1948年9月18日，癌症（胃癌）夺去了他的生命。"李济对吴（金鼎）的早逝，多年一直表示深切的惋惜。"[①] 夫人王介忱，亦是考古工作者。

著作有《山东人体质之研究》、《云南苍洱境考古报告》（合著）[②]、《城子崖》（合著）、《中国史前的陶器》（英文）等。

3. 游寿

游寿（1906—1994），女，字介眉，福建霞浦人。1920年考入福州女子师范学校，1928年考入南京中央大学文学系。1934年考入金陵大学国学研究生班，入胡小石（1888—1962）门下。毕业后，曾在中央博物院筹备处、中央研

---

① 李光谟：《从清华园到史语所：李济治学生涯琐记》（修订本），北京：商务印书馆，2016年，第242页。
② 吴金鼎、曾昭燏、王介忱：《云南苍洱境考古报告》，国立中央博物院专刊乙种之一，李庄，1942年。

究院历史语言研究所、国立中央图书馆金石部从事研究工作，并任四川江津国立女子师范学院、中央大学教授。1949年后，历任南京大学、山东师范学院、哈尔滨师范大学教授。

一生从事学术研究，尤其长于艺术创作。书论文章有《论汉碑》《随感录》《书苑镂锦》等，书画集有《游寿书法集》《游寿、于志学书画作品集》①，并曾主编《殷契选释》②。

4. 曾昭燏

曾昭燏（1909—1964），女，湖南湘乡（今双峰）人。陈寅恪的表妹③，考古学家、博物馆学家。1933年毕业于中央大学中文系。1935年留学英国，在伦敦大学研究院攻读考古学，1937年获考古学硕士学位。其后，在德国柏林大学研究院学习，曾经参加柏林地区及什列斯威格田野的考古发掘。1938年实习完毕后返回英国，任伦敦大学考古学院助教。1938年应李济之邀回国，任中央博物院筹备处专门设计委员、总干事。中华人民共和国成立后，任南京博物院副院长、院长④，江苏省文管会副主任。曾参与大理南诏国遗址调查和彭山汉墓发掘，主持发掘南唐二陵和沂南画像石墓。

主要著作有《博物馆》（合著）、《云南苍洱境考古报告》（合著），主编《南唐二陵》和《沂南古画像石墓发掘报告》等。其个人著述，后结集为《曾昭燏文集》出版。⑤

5. 夏鼐

夏鼐（1910—1985），原名作铭，浙江温州人。考古学家、社会活动家，中国科学院学部委员（院士）。中华人民共和国考古工作的主要指导者和组织者，中国现代考古学的奠基人之一。1934年毕业于清华大学历史系。1935—1939年留学英国伦敦大学，获埃及考古学博士学位。1941年应李济之邀回国，

---

① 游寿书，王宝秀主编：《游寿书法集》，哈尔滨：黑龙江美术出版社，2000年。游寿、于志学：《游寿、于志学书画作品集》，哈尔滨：黑龙江美术出版社，2002年。

② 游寿主编，王明阁、李连元编：《殷契选释》，哈尔滨：黑龙江人民出版社，1985年。

③ 《陈寅恪诗集》收录有相关文字，如《病中南京博物院曾昭燏君过访话旧并言将购海外新印李秀成供状诗以记之》(1963年)。(陈美延、陈流求：《陈寅恪诗集》，北京：清华大学出版社，1993年，第119-120页。)

④ 南京博物院的前身是"国立中央博物院"。1950年3月，更名为"国立南京博物院"。

⑤ 曾昭燏著，南京博物馆编：《曾昭燏文集》，北京：文物出版社，1999年。

先后任职于中央博物院、中央研究院历史语言研究所,参加西北史地考察、彭山汉墓发掘等。中华人民共和国成立后,历任中国科学院考古研究所(中国社会科学院考古研究所)副所长、所长、名誉所长,中国社会科学院副院长。在中国的史前考古、历史时期考古、科技史等方面的研究上,取得了丰硕的成果。荣获英国学术院、德意志考古研究所、美国科学院等七个外国学术机构颁发的荣誉称号(院士、通信院士、外籍院士),人称"七国院士"。李济直到去世前不久,都还跟费正清的夫人费慰梅说,他一生在考古学方面最得意的学生有两个,一个是夏鼐,一个是张光直(1931—2001)。①

著有《考古学论文集》《考古学与科技史》《中国文明的起源》《敦煌考古漫记》《丝绸之路考古学研究》等。其学术成果收入《夏鼐文集》②,个人日记亦已整理出版③。

三、中国营造学社

(一)学社的历史概貌

营造学社,是朱启钤④在北平(今北京)创办的一个民间学术团体。1919年,朱启钤赴上海出席南北议和会议,途经南京之时,在江南图书馆发现了宋代建筑家李诫(1035—1110)所写《营造法式》一书,而其中许多建筑名词生僻难懂,朱启钤为了破译这本"天书",专门成立了"营造学社"。

1929年,朱启钤在北平中央公园(今中山公园)举办了一次展览,展出了他多年来收集所得的中国古建筑资料、书籍、模型等,引起了各界人士的注

---

① 李光谟:《从清华园到史语所:李济治学生涯琐记》(修订本),北京:商务印书馆,2016年,第265、379页。
② 夏鼐:《夏鼐文集》(全五册),北京:社会科学文献出版社,2000年。
③ 夏鼐:《夏鼐日记》(十卷),上海:华东师范大学出版社,2011年。
④ 朱启钤(1872—1964),字桂辛、桂莘,号蠖公、蠖园,祖籍贵州开州(今贵州开阳),生于河南信阳。北洋政府官员,工艺美术家,中国营造学社创始人。著有《哲匠录》(与瞿兑之、阚铎合辑)、《李仲明营造法式》、《蠖园文存》、《存素堂丝绣录》、《女红传征略》、《丝绣笔记》、《芋香录诗》、《清内府刻丝书画考》、《清内府刺绣书画考》、《漆书》、《紫江朱氏家乘》、《贵州碑传集(稿本)》等。主持编印《中国营造学社汇刊》(共七卷),刊刻久已失传的《髹饰录》,刊刻宋李诫《营造法式》。

意。中美庚款中华教育文化基金委员会董事之一的周诒春①，协助朱启钤向中美庚款基金会申请了一笔研究经费。朱启钤为了区别于他个人出资创办的"营造学社"，于是改名为"中国营造学社"。1930年2月，中国营造学社正式成立。地址就设在朱启钤宅内（北平宝珠子胡同7号），在寓所大客厅右侧的房间。1932年7月，社址由朱宅迁至中央公园内的东朝房。②

创办中国营造学社的宗旨，是要以现代科学方法和技术对中国的古建筑进行整理和研究，并且对如何正确地进行保护维修，提出建议和方案设计。中国营造学社的人员分为两部分：一部分学社职员，是专职从事研究工作的人员，每天上班，领取工资；一部分是社员。为使庚款项目尽快出成果，周诒春建议朱启钤聘请一些年轻的受过系统建筑教育的专门人才来工作。

1930年，从美国留学归来的、时任东北大学建筑系主任的梁思成，加入中国营造学社。1931年，梁思成受聘担任中国营造学社任法式部主任，夫人林徽因也被聘为中国营造学社参校。1931年，刘敦桢加入中国营造学社。1932年，刘敦桢受聘担任中国营造学社文献部主任。不久，单士元、邵力工、莫宗江、陈明达、刘致平等人先后加入中国营造学社，组成了强有力的、效率极高的研究班子。

中国营造学社成立以后，连续几年开展了大规模的古建筑实测考察工作，考察范围遍及华北、中原及江南（山西、河北、河南、山东、浙江等）③。抗日战争全面爆发后，考察工作中断，而营造学社也走上了漫漫南迁之路。

七七事变后，受朱启钤的委托，梁思成宣布中国营造学社暂时关闭，发给每位工作人员三个月薪水作遣散费。随后，中国营造学社一路南迁。1938年迁至云南昆明，1940年冬（12月13日）迁至四川李庄。当时，中国营造学社是随同中央研究院历史语言研究所迁往李庄的，因为中国营造学社依靠历史语

---

① 周诒春（1883—1958），字寄梅，安徽休宁人。1883年12月29日，生于湖北汉口。1907年，毕业于上海圣约翰大学。1912年，任南京临时政府外交部秘书。后至美国，留学于耶鲁大学、威斯康星大学。1913年8月至1918年1月，任清华学校校长。1958年8月30日，在上海病逝。

② 林洙：《中国营造学社史略》，天津：百花文艺出版社，2008年，第36页。说明：关于中国营造学社的基本情况，本节大部分参考自该书。

③ 林洙：《中国营造学社史略》，天津：百花文艺出版社，2008年，第90-151页。

言研究所的图书资料进行研究。中国营造学社驻留于距李庄镇西约1公里的上坝的张家大院，其小地名叫月亮田。抗战胜利后的1946年，中国营造学社迁离四川李庄，辗转而至北平。前后相计，中国营造学社总共在李庄驻留了近六年时间。

随后，中国营造学社与清华大学合办中国建筑研究所、创办清华大学建筑系，"旧中国营造学社从此结束"①。

(二) 李庄时期的工作

中国营造学社自1930年成立以来，最头痛的就是经费问题。抗战期间，中国营造学社发起人、社长朱启钤滞留北京②，未能随学社迁居李庄，而战乱使大多数社员资助者流离失所，使得中国营造学社的经济来源没有了保障。抗战全面爆发后，国家财政更加困难，而庚款补助亦于1939年断绝。没有固定收入的中国营造学社，只能每年向教育部、财政部申请，但在国难时期，政府所能给的经费也是极其有限的。

经过协商与努力，在中央博物院筹备处属下成立了一个"中国建筑史料编纂委员会"。最终，把中国营造学社的研究人员梁思成、刘敦桢、刘致平、莫宗江、陈明达等人的薪金分别编入"中国建筑史料编纂委员会"和中央研究院历史语言研究所，以维持他们的生活。

到了1941年，因为没有经费，学社已经不能进行野外调查了。1943年，学社走到了山穷水尽的地步。这一年，刘敦桢不得不离开学社，到中央大学建筑系去任教。同一年，陈明达也离开营造学社，到重庆工作去了。

1942年，中央大学建筑系毕业的卢绳和叶仲玑来到营造学社进修。1944年，燕京大学毕业的王世襄也加盟营造学社。年轻人的到来，给学社带来了一股清新的空气。到1945年抗战胜利时，营造学社只有梁思成、莫宗江、刘致平等三位老成员和罗哲文、王世襄两位新成员。

在李庄的几年中，中国营造学社一直是在艰难困苦中支撑着。在研究经费

---

① 单士元：《中国营造学社的回忆》，《中国科技史料》，1980年第2期。
② 朱启钤曾经到过四川。1891—1893年，瞿鸿禨（1850—1918，朱启钤的姨父）典试四川，朱启钤尝随侍左右。参看林洙：《中国营造学社史略》，天津：百花文艺出版社，2008年，第2—3页。

短缺、日常生活艰难的情况下，梁思成及营造学社的全体同仁仍在坚持学术研究，仍在努力完成一些工作：

1. 继续进行田野勘察和古建测绘工作

田野勘查和测绘工作是中国营造学社活动的重要内容，虽然这时许多地方已被日本侵略军占领，西南地区交通困难、经费缺乏，但是学社同仁仍然坚持这一基本工作，进行着有限的调查与测绘。

比如，刘敦桢的西南古建筑勘查补充了四川的不少项目；梁思成对雅安等地的汉阙也进行了勘查测绘；刘致平对成都、广汉等地的古建筑特别是民居进行了调查和测绘，并对伊斯兰教建筑产生了兴趣；莫宗江对宜宾旧州白塔、宋墓进行了调查和测绘，还参加了成都王建墓的考古发掘工作；陈明达接受中央博物院的邀请，对彭山、乐山崖墓进行了勘查测绘；莫宗江、卢绳还参加了川康古迹考察团的考察工作。罗哲文当时正在为梁思成绘营造法式图，便在李庄协助刘致平勘查测绘了李庄民居，又与卢绳一起测绘了旋螺殿[①]。学社在艰苦的条件下，对四川、云南的古建筑进行了初步勘查，并写出了简介或研究论文。

2. 整理研究工作的开展

在李庄期间，刘敦桢集中精力整理西南地区的调查资料，并撰写了《西南古建筑调查》《云南古建筑调查记》《云南之塔幢》《丽江县志稿》《四川宜宾旧州坝白塔》《川康之汉阙》等一批论文。在李庄期间，梁思成还完成了唐代古建筑佛光寺的考察研究报告，并把它译成外文介绍到国外。

这时期的重点研究项目，是对《营造法式》的注释和研究。在莫宗江等人的协助下，梁思成将"大木作"的全部插图绘制完毕，并完成了部分文字的注释工作。（后因抗战后的复员工作及创办清华大学建筑系，这项研究工作被暂时搁置起来。）

3. 古建筑模型图的绘制

这是中国营造学社与中央博物院筹备处合作项目中的一个重要组成部分，

[①] 旋螺殿的力学结构、奎星阁的独特造型、禹王宫的九龙石刻、张家祠堂的百鹤图窗雕工艺，被梁思成誉为"李庄四绝"。

是为了将来博物院作展览模型用的。莫宗江、陈明达绘制的应县木塔模型图以及在新中国成立以后提供给北京古代建筑修整所做的应县木塔棋型,多年来一直陈列在历史博物馆里,是该馆的一件重要陈列品。而卢绳绘制的清工部《工程做法》图,也有上百张之多;虽未做成模型,但为后来的研究提供了重要的资料。

4. 恢复出版《中国营造学社汇刊》

1944年时,营造学社的经费已经到了几近枯竭的地步,但梁思成仍认为一个学术团体不能没有学术刊物,"因为一个学术刊物是一个学术机构的生命线"①,于是决定恢复《中国营造学社汇刊》②。而为了恢复《中国营造学社汇刊》的出版,他们又不得不再次求助于社会。《中国营造学社汇刊》第七卷的出版费用,是由关颂声(1892—1961)、杨廷宝(1901—1982)等15人捐助的,共捐助了印刷费22500元。1945年,在费正清(John King Fairbank,1907—1991)、费慰梅(Wilma Fairbank,1909—2002)夫妇的努力下,美国哈佛燕京学社捐助中国营造学社5000美元。③

当时大后方的条件十分困难,没有编辑部门,没有出版社,没有印刷厂,就连最普通的报纸都没有。中国营造学社的同仁们迎难而上,他们自己写文章,自己绘图,自己编排,自己印刷,自己装订。为了出版《中国营造学社汇刊》,学社动员了几乎所有工作人员,"最紧张的时候,连家属和小孩也都参与了劳动"④。这两期刊物因陋就简,采用的是石印。刊物的印刷虽然很简陋,但其文章质量是有保证的,"其中发表的文章确是很有价值的"⑤。

1944年10月,《中国营造学社汇刊》第七卷第一期出版。这是《中国营造学社汇刊》继1937年6月在北京出版第六卷第四期后,在大后方复刊出版的第一期,故开篇有梁思成的《复刊辞》。1945年10月,《中国营造学社汇

---

① 罗哲文:《难忘的记忆 深刻的怀念》,《梁思成先生诞辰八十五周年纪念文集》,北京:清华大学出版社,1986年,第135页。
② 1937年6月,《中国营造学社汇刊》第六卷第四期出版,随后便停刊了。
③ 林洙:《中国营造学社史略》,天津:百花文艺出版社,2008年,第70、184页。
④ 岱峻:《发现李庄》,成都:四川文艺出版社,2009年,第192页。
⑤ 罗哲文:《仰大家风范 怀恩师懿德——忆和林徽因师在一起的岁月》,《纵横》,2004年第8期。

刊》第七卷第二期出版。

与此前出版的六卷不同的是，《中国营造学社汇刊》第七卷第一、二期增加了四川元素和云南元素。这两期的目录如下。

《中国营造学社汇刊》第七卷第一期目录：

复刊辞	梁思成
为什么研究中国建筑	梁思成
记五台山佛光寺建筑	梁思成
云南一颗印	刘致平
宜宾旧州白塔宋墓	莫宗江
旋螺殿	卢绳
四川南溪李庄宋墓	王世襄

《中国营造学社汇刊》第七卷第二期目录：

云南之塔幢	刘敦桢
成都清真寺	刘致平
山西榆次永寿寺雨花宫	莫宗江
记五台山佛光寺建筑续	梁思成
汉武梁祠建筑原形考	费慰梅（Wilma Fairbank）著
	王世襄译
乾道辛卯墓	刘致平
现代住宅设计的参考	林徽因
中国建筑之两部"文法课本"	梁思成
中国营造学社桂辛奖学金民国三十三年度中选图案	

5. 举办设计竞赛

抗战时期，梁思成虽然致力于古建筑的研究，但也注意到当时的建筑教育。梁思成担心学校教育缺少传统建筑设计的训练，于是提出了桂辛奖学金[①]

[①] "桂辛"是朱启钤的字。以"桂辛"冠名奖学金，是为了让莘莘学子记得中国营造学社的这位创始人。

的设想。

1942年和1944年，前后举办了两届建筑设计竞赛。这两次竞赛，都是与中央大学建筑系合作开展的。当时，杨廷宝在中央大学兼课。梁思成与杨廷宝商定，由杨廷宝辅导选定三年级学生参加竞赛。

1945年的竞赛题目是"国民大会堂设计"，要求做成传统的建筑形式。1942年的得奖人，是中央大学建筑系学生郑孝燮。1944年的竞赛题目是"后方某农场"。评委有中央大学教授童寯、李惠伯及学社梁思成。第一名获奖人是朱畅中，第二名是王祖堃，第三名是张琦云。中选图案，刊入《中国营造学社汇刊》第七卷第二期。

6.《中国建筑史》的编写

《中国建筑史》的编写，是由梁思成领衔、多位作者合作完成的。1939年，中央博物院聘请梁思成担任"中国建筑史料编纂委员会"主任。1942年，梁思成开始编写《中国建筑史》，协助编写者有林徽因、莫宗江、卢绳等人。林徽因负责收集辽、宋的文献资料，卢绳负责收集元、明、清的文献资料，莫宗江负责绘制插图。

在编写《中国建筑史》的同时，梁思成还于1942年接受国立编译馆的委托，着手编写英文版的《中国建筑史图录》。1944年，《中国建筑史》和英文版《中国建筑史图录》完成。《中国建筑史》的问世，结束了没有中国人撰写《中国建筑史》的缺憾，纠正了西方人对中国建筑艺术的偏见和无知。限于当时的条件，只是用钢板和蜡纸刻印了几十份。

1946年，梁思成应美国耶鲁大学聘请，带着《中国建筑史》的书稿、图片在美国讲学。但直到林徽因、梁思成相继去世，这部耗尽梁思成毕生精力完成的《中国建筑史》都未能正式出版。1984年，《中国建筑史》英文版由美国麻省理工学院（MIT）出版社出版。1998年，《中国建筑史》中文版由（天津）百花文艺出版社出版。

7. 保护传统建筑

1944年夏，梁思成和学生罗哲文奉命去重庆，负责编写《敌占区文物建筑表》《全国重要建筑文物简目》，并在五万分之一军用地图上标出反攻敌占区轰炸时要加以保护的文物古迹和日本古城京都、奈良的文物古迹。梁思成用铅笔在地图上画出来，罗哲文用仪器和绘图墨水画上，交给盟军总部。这一工作，前后进行了一个多月。

（三）主要人员的介绍

1. 梁思成

梁思成（1901—1972），广东新会人。梁启超长子。清华大学毕业后赴美国留学，专攻建筑。1928年回国后，先后任东北大学、清华大学建筑系主任兼教授，中国营造学社法式部主任，故宫博物院文献馆专门委员，中央研究院院士。1941年春，梁思成来到李庄后，继续开展文物古迹调查和发掘工作，编辑出版了《中国营造学社汇刊》第七卷第一、二期。在李庄上坝月亮田家中，写成《中国建筑史》书稿，这是第一部系统介绍中国古建筑的经典学术著作，实现了由中国人自己写中国建筑史的夙愿。具有纪念意义的是，梁思成又将李庄板栗坳栗峰山庄作为川南民居的典范收入《中国建筑史》。

1944年夏，梁思成和学生罗哲文奉命去重庆，负责编写《敌占区文物建筑表》《全国重要建筑文物简目》，并在军用地图上标出反攻敌占区轰炸时要加以保护的文物古迹和日本古城京都、奈良的文物古迹。1985年在日本奈良举行的一个国际学术讨论会上，日本的专家学者获知了此事的真相，非常感谢梁思成、罗哲文，盛赞他们是"日本古都的恩人"[1]。1945年，出任联合国大厦的设计顾问，参与设计工作。1948年，当选为中央研究院院士。1955年，当选为中国科学院学部委员。

1949年，主持设计中华人民共和国国徽。中华人民共和国成立后，历任清华大学土建系主任，全国政协常委，第一、二、三届全国人民代表，中科院技术部学部委员，中国建筑学会副理事长，人民英雄纪念碑设计者。1959年，加入中国共产党。1972年，在"文化大革命"中受迫害，不幸去世。

著作有《清式营造则例》《中国建筑史》等，译著有《世界史纲》。2001年，（北京）中国建筑工业出版社出版《梁思成全集》九卷。2007年，（北京）中国建筑工业出版社出版《梁思成全集》第十卷。

---

[1] 参见（1）罗哲文：《忆中国营造学社在李庄》，《古建园林技术》，1993年第3期。（2）陈明本：《攀摘古建筑艺术的明珠——记古建筑专家罗哲文》，《名人传记》，1996年第7期。

2. 林徽因

林徽因（1904—1955），原名徽音，福建闽侯（今属福州市）人。出生于杭州。父亲林长民（1876—1925），曾任北洋政府司法总长，与梁启超为友。1924年，林徽因留学美国宾夕法尼亚大学美术学院。1927年，获美术学士学位。1928年3月，在加拿大渥太华与梁思成结为夫妇。1929年，任东北大学建筑系副教授。是年，由张学良（1901—2001）校长出奖金征集东大校徽图案，林徽因设计的"白山黑水"中奖。1931年，应聘到中国营造学社任参校。

1940年，身患肺病的林徽因带着女儿梁再冰、儿子梁从诫随中国营造学社从昆明迁来李庄，驻上坝月亮田农宅中。在条件十分艰苦的李庄期间，协助丈夫梁思成完成了《图像中国建筑史》（英文稿）等一批重要著作。1984年，《图像中国建筑史》（*A Pictorial History of Chinese Architecture*）在美国出版，引起轰动。

抗日战争胜利后，于1946年返回当时还称北平的北京，任清华大学建筑系教授。1949年，参加中华人民共和国国徽设计。1950年6月23日，国徽设计获得通过。1950年9月20日，中央人民政府主席毛泽东签发主席令，公布国徽图案。1950年，兼任北京市都市规划委员会委员、工程师。1951年，参加人民英雄纪念碑底坐花纹和浮雕设计。1953年，当选中国建筑学会第一届理事会理事。1955年4月1日，病逝于北京，享年51岁。安葬在八宝山革命公墓，墓体由丈夫梁思成亲自设计。人民英雄纪念碑建筑委员会决定：把林徽因亲手设计的一方汉白玉花圈刻样移作她的墓碑。

2012年10月，（北京）新世界出版社出版《林徽因全集》（四卷）。

3. 刘敦桢

刘敦桢（1897—1968），字士能，号大壮室主人，湖南新宁人。1913年，留学日本。1928年，与柳士英、刘福泰等在中央大学创立中国最早的建筑系。1931年，加入中国营造学社。1932年，任中国营造学社研究员兼文献部主任。1943年，返中央大学建筑系，任教授。1944年起，任中央大学建筑系主任。1946年起，任中央大学工学院院长。1955年，当选为中国科学院学部委员。1982年11月，中国建筑工业出版社出版四卷本《刘敦桢文集》。

4. 刘致平

刘致平（1909—1995），字果道，辽宁铁岭人。1928年考入东北大学建筑系，是建筑系第一班学生。1935年，经梁思成推荐，刘致平成为中国营造学社社员，并开始任法式部助理，直到1943年。

在中国营造学社工作期间，刘致平的主要工作有：测绘杭州六和塔并做修复设计，协助梁思成绘制《清式部工程做法》补图并撰写文字说明，协助梁思成编辑《中国建筑设计参考图集》，调查研究河北沧州古建筑，做河北正定隆兴寺及赵州大石桥修复设计，调查研究北京北海静心斋和恭王府，调查研究云南、四川民居，撰写四川广汉县志中城市建设和建筑篇章等。[1]

1941年，刘致平随中国营造学社由昆明迁至四川李庄，对四川住宅建筑作了详细的调查。几年之内，先后调查了南溪李庄、宜宾、乐山、荣县、自流井、夹江、彭山、灌县、广汉、成都等县市的建筑，参观了200余所官僚、地主、富商、中农、贫农等的住宅，并测绘了60多所。调查归来之后，便写出了《四川住宅建筑》一书。评论说，"这是中国近代建筑史上第一部关于民居研究方面填补空白的力作，其首创之举弥补了中国营造学社研究的不足"[2]。

通过对四川民居的研究，刘致平得出的结论是，"由历史方面来看，则通过这些住宅的具体形象，我们更可以肯定四川当时的风俗习尚、礼仪制度，不同阶级人们的生活情形以及经济力量的大小、文化高低等。若是由艺术方面来看，则艺术形象是客观现实的反映，四川住宅的艺术形象充分的告诉我们许许多多的事情"[3]。

主要著作有《中国建筑设计参考图辑》《中国建筑类型及结构》《中国居住建筑简史——城市、住宅、园林》《中国伊斯兰建筑》等，文章有《云南一颗印》《成都清真寺》《乾道辛卯墓》等。

---

[1] 参看杨永生：《苍凉的回忆——记刘致平先生二三事》，《华中建筑》，1996年第2期。崔勇：《中国营造学社部分成员的学术研究活动及其发展》，《古建园林技术》，2003年第1期。

[2] 崔勇：《中国营造学社部分成员的学术研究活动及其发展》，《古建园林技术》，2003年第1期。

[3] 刘致平著，王其明增补：《中国居住建筑简史——城市、住宅、园林》，北京：中国建筑工业出版社，1990年，第124页。

5. 莫宗江

莫宗江（1916—1999），广东新会人。1931年，经梁思成介绍到中国营造学社工作，先后为绘图员、研究生、副研究员。抗日战争期间，与梁思成、刘敦桢、陈明达等一起，对西南地区40多个县进行了大量的古建筑考察。1942年，参加中央研究院对王建墓的发掘工作，在工作中有显著成就。1946—1999年，在清华大学任教，历任副教授、教授。莫宗江善于建筑绘画，但著述不多。在中国营造学社期间，莫宗江发表的论文有《宜宾旧州白塔宋墓》《山西榆次永寿寺雨花宫》《涞源阁院寺文殊殿》等①。

6. 陈明达

陈明达（1914—1997），湖南祁阳人。与莫宗江是小学同学。1932年，经莫宗江介绍到中国营造学社工作。任刘敦桢助手，并参加考察古建筑，整理绘制资料。1935年，升为研究生。1940年，随梁思成、刘敦桢等考察西南地区40余县的古建筑。1942年，参加彭山崖墓发掘工作，并绘制了崖墓的地形图和墓葬的建筑结构图。1943年，离开中国营造学社到重庆工作。主要著作有《应县木塔》《营造法式大木作研究》《中国古代结构建筑技术》《陈明达建筑与雕塑史论》。

7. 卢绳

卢绳（1918—1977），字星野，江苏南京人。1942年，毕业于中央大学建筑系。大学毕业后，到中国营造学社进修，任研究助理。当时正值梁思成撰写《中国建筑史》，卢绳与林徽因、莫宗江共同协助梁思成工作。林徽因负责收集辽、宋的文献资料，卢绳负责收集元、明、清的文献资料，莫宗江负责绘制插图。中华人民共和国成立后，历任北京大学、唐山交通大学副教授，天津大学副教授、建筑历史教研室主任。论文有《旋螺殿》等，著作有《建筑与地理》《承德避暑山庄》《河北省近百年建筑史》。其大部分著述，收入《卢绳与中国古建筑研究》（北京：知识产权出版社，2007年）。

8. 叶仲玑

叶仲玑，安徽黟县人。1942年，毕业于中央大学建筑系。大学毕业后，

---

① 前二文，分别刊于《中国营造学社汇刊》第七卷第一、二期。

到中国营造学社进修，任研究助理。1949年，获美国堪萨斯州立大学建筑学硕士学位。中华人民共和国成立后，历任重庆大学、重庆建筑工程学院（后并入重庆大学）副教授、建筑系主任。1955年，主持武汉长江大桥桥头堡建筑艺术设计。译著有《建筑结构设计》[①]。

9. 单士元

单士元（1907—1998），北京人。1931年，到中国营造学社文献部工作。1933年，成为正式学社会员。著有《明北京宫苑图考》《明代建筑大事年表》《清代建筑年表》《清代起居注考》《故宫史话》《故宫札记》等。2009年12月，紫禁城出版社结集出版多卷本《单士元集》。

10. 王世襄

王世襄（1914—2009），字畅安，福建福州人，生于北京。1941年，毕业于燕京大学，获文学硕士学位。1943—1945年，任中国营造学社助理研究员。王世襄学识渊博，著作颇多。所写论著，后结集为《王世襄集》[②]出版。

11. 罗哲文

罗哲文（1924—2012），四川宜宾人。1940年，罗哲文考入中国唯一从事古建筑调查研究的学术团体——中国营造学社，师从于著名古建筑学家梁思成、刘敦桢等。在李庄期间，罗哲文与卢绳一道测绘了旋螺殿等古建筑，并协助刘致平调查和测绘了部分古建筑及民居。[③] 1946年，在清华大学与中国营造学社合办的中国建筑研究所及建筑系工作。从1950年起，先后任职于文化部文物局、国家文物局、文物档案资料研究室、中国文物研究所等处，一直从事中国古代建筑的维修保护和调查研究工作。曾任国家文物局古建筑专家组组长、中国文物学会会长、全国历史文化名城保护专家委员会副主任、中国长城学会副会长。[④] 主要著作有《中国古塔》《中国古代建筑史》《长城》《长城史话》《中国帝王陵》等。

[①] ［美］索尔维多尼、利维：《建筑结构设计》，叶仲玑译，北京：中国建筑工业出版社，1983年。
[②] 王世襄：《王世襄集》（全十四册），北京：生活·读书·新知三联书店，2013年。
[③] 参看罗哲文：《忆中国营造学社在李庄》，《古建园林技术》，1993年第3期。
[④] 参看蓝枫、金香梅：《历史文化名城非物质文化的保护与弘扬：专访本刊编委、著名古建筑学家罗哲文》，《城乡建设》，2008年第11期。

罗哲文还参与了《中国营造学社汇刊》第七卷第一、二期的编辑出版工作，尤其是在刻字环节上费尽了心血。《中国营造学社汇刊》第七卷第一、二期的出版，罗哲文认为是"一件了不起的事情"，"因为学社的主要研究成果大都表现在这份刊物上"。[1]

四、同济大学

（一）在李庄的六年

同济大学的前身，是德国医学博士埃里希·宝隆（Erlich Paulun）于 1907 年在上海创办的"德文医学堂"。1908 年，改名为"同济德文医学堂"。1912 年与创办不久的同济德文工学堂合并后，改名为"同济德文医工学堂"。

在第一次世界大战爆发后的 1917 年 3 月 14 日，中华民国政府正式宣布与德国断交并对德宣战，并将同济医工学堂收归国有，成为"国立同济医工学院"。随后，增设了理学院，又在宝隆医院的基础上建成医学院，在贝伦子工程学院的基础上建成工学院，成为一所名副其实的综合性大学——"同济大学"（1923 年）。1927 年，改名为"国立同济大学"。

同济大学的校址设在上海吴淞江湾。抗战全面爆发后，同济大学被迫内迁（共计六次）。相继迁至上海市区、浙江的金华、江西的赣州与吉安、广西的贺县等地，于 1938 年冬迁至云南昆明。因受日军空袭的影响，同济大学决定由滇迁川。经校友钱子宁[2]等人的考察与联系，同济大学于 1940 年 10 月又迁到四川省南溪县的李庄镇（今属宜宾市翠屏区）。在李庄时期的同济大学，不但薪火相传，而且有所发展。1945 年，同济大学在东岳庙玉皇楼（工学院所在地）创建了一个新的学院——法学院。抗战胜利后，同济大学于 1946 年迁回上海。

李庄期间的同济大学，校本部初设慧光寺，后迁禹王宫。理学院设于南华

---

[1] 罗哲文：《忆中国营造学社在李庄》，《古建园林技术》，1993 年第 3 期。
[2] 钱子宁（1906—1974），原名启康，浙江绍兴人。早年毕业于同济大学，后留学德国柏林大学。在德国学成后，转赴法国学习先进的造纸技术。归国之后，集资创办造纸厂。1933 年，在苏州创办中元造纸厂，并出任厂长。抗战军兴，中元造纸厂溯江而上，于 1939 年内迁至川南叙府（今四川宜宾），继续从事生产。

宫，有数学、化学、生物、物理等系。工学院设于东岳庙，有电机、机械、土木、建筑、矿业、测量、铁道、造成等系，附设有实习工厂。医学院设于祖师殿，开办了生理、病理、细菌、解剖、药物、公共卫生、生物等馆，又分设内科、外科、妇科、产科、五官科、皮肤科、精神病科等专业。图书馆设于王爷庙，大地测量组在文昌宫，体育组设在大操场杨宅，实习工厂在官山。男生宿舍在东岳庙东侧和羊街，女生宿舍在慧光寺。

李庄时期的同济大学，校长依次是周均时（1940.7—1942.2）、丁文渊（1942.2—1944.7）、徐诵明（1944.7—1946.6）、董洗凡（1946.7—1947.9）。其中有一位校长是四川人，即进步人士周均时[①]。

除常规的教学、科研等工作外，同济大学也融入地方、服务地方、反哺地方。比如，同济大学附设有高级中学、高级工业职校、小学、幼稚园，既解决了教职员工学龄儿童的入学问题，也解决了当地居民子女的入学问题。后来，又在宜宾城内的女学街开设了"同济大学附属医院门诊部"，为当地居民的卫生与健康服务。

下文将着重叙述一件事（攻克"麻脚瘟"）、一个人（童第周），可谓同济大学在李庄六年的一斑、一点。

(二) 一件事与一个人

1. 攻克"麻脚瘟"

当时，川南一带流行一种痹病，当地人称之为"麻脚瘟"。发病初期，脚部皮肤发麻，或者局部肌肉麻痹，以致周身乏力。随着病情的严重，会产生腹痛、吐泻、四肢麻痹等症状。当病情发展至胸部时，患者即死亡。当地患者深受其苦，但又不明致病原因，亦无根本治疗办法。老百姓因不知为何犯病，以致谈"麻"色变，惊恐不已。在同济大学迁至李庄之前，华西大学、中央大学曾经派人来作过研究，但没有得出结论。同济大学迁至李庄之后不久，"麻脚瘟"再次出现。有一次，宜宾中学37人在聚餐后突然发病，上吐下泻，症状

[①] 周均时（1892—1949），原名烈忠，字君适，四川蓬溪人。1924年，自德国柏林工业大学留学归国，先后执教于暨南大学、中央大学、重庆大学。1940年，被教育部任命为同济大学校长。1949年8月，在重庆被捕。11月27日，在重庆歌乐山麓"中美特种技术合作所"集中营松林坡英勇殉难。

极似痹病之初。宜宾中学校方震动，急邀同济大学医学院唐哲教授前去会诊。经过会诊，排除了人为投毒因素，初步诊断为钡中毒或磷中毒。其后，同济大学公共卫生研究所的杜公振[①]教授和邓瑞麟助教通过动物实验和反复研究，终于查出了致病原因——钡中毒。因为患者食用的食盐中含有有毒的氯化钡，而这种食盐产自四川的五通桥。病源找到之后，随即制定了预防和治疗的方案，从而挽救了成千上万的病人，痹病最终被攻克。对此，李庄人民奔走相告，拍手称庆，十分感激。[②] 为此，宜宾专署参议会专门组织乡民舞着狮子、龙灯，前往同济大学致谢。[③]

随后，杜公振和邓瑞麟在报刊发表了关于"麻脚瘟"的研究成果[④]，而《西南医学杂志》也报道了这一研究成果[⑤]，并且将其写入同济大学的工作报告[⑥]。1943年，该项研究成果被国民政府教育部评为全国应用科学类发明一等奖，可谓实至名归。

2. 自强不息的童第周

童第周（1902—1979），浙江鄞县（今宁波市鄞州区）人。生物学家、教育家、社会活动家，中国实验胚胎学的主要创始人，中国海洋科学研究的奠基人，生物科学研究的杰出领导者，开创了中国"克隆"技术之先河，被誉为"中国克隆之父"。

1927年，童第周毕业于复旦大学。由中央大学（今南京大学）生物系主

[①] 杜公振（1908—1986），名政兴，字公振，山东高密人。1925年考入同济大学德文班，后转入医学预科班学习。1930年，考入同济大学医正科。1933年毕业，留校任病理学馆助教。1934年赴德国留学深造，1937年获杜宾根大学医学院医学博士学位。1939年回国后，任昆明同济大学医学院副教授、教授。1941年，任李庄同济大学医学院教授。1949年，任上海同济学院教授、院长。1952年，任武汉同济医科大学教授、微生物教研室主任、基础医学部主任等职。1986年1月31日，在武汉逝世。

[②] 陈种美等：《同济大学在云南四川的岁月》，载中国人民政治协商会议、西南地区文史资料协作会议：《抗战时期内迁西南的高等院校》，贵阳：贵州民族出版社，1988年，第66页。

[③] 岳南：《那时的先生：1940—1946中国文化的根在李庄》，长沙：湖南文艺出版社，2016年，第210页。

[④] 杜公振：《川南之麻脚瘟（即痹病）》，《战时医政》，1941年第3卷第8—9期。杜公振：《痹病：川南之严重地方病》，《现代医学》，1944年第3卷第1期。杜公振：《痹病（地方病）》，《风土什志》，1949年第3卷第1期。

[⑤] 《医事消息：杜公振谈桥盐含钡问题》，《西南医学杂志》，1942年第2卷第2期。

[⑥] 杜公振、邓瑞麟：《四川泡菜与传染病关系之研究》，《国立同济大学医科研究所细菌学部工作报告》，1944年。

任蔡堡教授（1897—1986）推荐，在中央大学生物系任助教。1930年，到欧洲留学。1934年，获布鲁塞尔大学哲学博士学位。1934年回国，先后在山东大学、中央大学、同济大学、华西协合大学、复旦大学等任教。在李庄期间的童第周，和其他科学工作者一样，不但生活极其艰苦，而且研究也非常艰难。

1943年6月，英国著名学者李约瑟（Joseph Needham，1900—1995）来到李庄，对同济大学进行考察交流。当他见到童第周等学者在艰苦简陋的条件下，仍然坚持科研，表示大为惊讶。童第周说，自己和家人亲自到田间捕捉青蛙、蝌蚪，用金鱼作生物实验，还发表了一系列成果。李约瑟惊异地说："这是不可思议的奇迹。"在李庄的这次访问，给李约瑟留下了终生难忘的印象。在专文《川西的科学（二）生物学和社会科学》中，李约瑟动情地写道，"童博士无疑是当今中国最活跃的实验胚胎学家，他与夫人叶毓芬博士携手，设法在拥挤不堪、极不舒适的环境里创造了佳绩"①。

童第周回忆："在同济大学很艰苦，点菜油灯，没有仪器，只能利用下雪天的光线或太阳光在显微镜下做点实验，没有什么条件做研究工作。"② 但是，童第周"是一个不甘落后的人，不管条件多么艰苦，他总是在科学实验中孜孜探索"③。

当时的童第周，犹如一条"困在沙漠里的金鱼"④，但他依然在脊椎动物、鱼类和两栖类动物的卵子发育能力研究方面取得了举世瞩目的成果。1948年，童第周当选为中央研究院院士。1955年，童第周当选为中国科学院学部委员（院士）。

自古以来，中国就有绵延不绝、刚健有为的"自强不息"传统。⑤ 正是这种"自强不息"的精神，激励着历代的中国人，更激励着战时的中国人，也激励着战时的童第周。

---

① [英]李约瑟、李大斐：《李约瑟游记》，余廷明等译，贵阳：贵州人民出版社，1999年。
② 童第周：《童第周：追求生命真相》，北京：解放军出版社，2002年，第22页。
③ 童凤明：《忆父亲童第周二三事》，《春秋》，1999年第2期。
④ 岱峻：《发现李庄》，成都：四川文艺出版社，2009年，第244页。
⑤ 《周易·乾·象传》："天行健，君子以自强不息。"《孔子家语·五仪解》："笃行信道，自强不息。"

五、北京大学文科研究所

（一）研究所小史

北京大学文科研究所，是研究文、史、哲等学科和培养研究生的机构。[1] 1918 年草创，1921 年正式成立。成立之初称北京大学研究所国学门，后改称北京大学研究院文史部。沈兼士、刘复先后为主任。1934 年，经胡适提议，始易名为北京大学文科研究所。抗日战争全面爆发后，研究所的活动被迫中止。1939 年，该所在昆明恢复。1945 年，随校迁回北平（今北京）。1952 年停办。

历任所长有胡适、傅斯年、汤用彤、罗常培等。该所学术资料丰富，工作范围广泛，研究范围包括文字学、文学、哲学、史学、考古学等学科门类。在不同的时间阶段，研究所的工作重点又不尽相同。历史、考古方面的工作，有整理编纂清内阁大库档案，参加 1928—1929 年西北科学考察团考古工作并整理所获居延汉简，参加 1942—1943 年和 1944—1945 年西北科学考察团甘肃考古工作，整理所藏甲骨、封泥、古钱、金石拓片，整理古籍，编纂太平天国史料，整理民国史料等。语言、文学方面的工作，有文字学研究、音韵学研究，西南少数民族语言调查整理研究，关中方言资料整理，歌谣采集整理，语言乐律实验室工作，中国文学史和文学古籍研究，西洋文学研究等。哲学方面的工作，有中国哲学和宗教史研究，西洋哲学编译等。出版物方面，有多种专著和《国学季刊》[2]。该所停办后，所属研究人员及所藏学术资料分别归入北京大学有关各系、中国科学院有关各研究所以及故宫博物院等单位。

培养研究生是该所常规工作之一。北平时期的研究生导师有沈兼士、刘半农、钱玄同、马衡、周作人、胡适、陈独秀、林语堂、顾颉刚、单不庵等，研究生有魏建功、罗庸、张煦、郑天挺、容庚、冯淑兰、董作宾等。抗战时期的研究生导师，有罗常培、李方桂、丁声树、唐兰、罗庸、杨振声、汤用彤、陈寅恪、李济、董作宾、姚从吾、向达、郑天挺等。

---

[1] 参看《中国大百科全书·中国历史》的"北京大学文科研究所"条（田余庆撰）。
[2] 《国学季刊》1923 年 1 月创刊，1952 年 12 月出至第 7 卷第 3 号后停刊。

从 1939 年至 1941 年，北京大学文科研究所共招考三届学生。北京大学文科研究所 1939 年第一届研究生共录取 10 人，分别是杨志玖、马学良、王明、逯钦立、任继愈、阴法鲁、阎文儒、汪籛、周法高和刘念和。1940 年第二届研究生共录取 7 人，分别是王玉哲、李埏、刘熊祥、董庶、殷焕先、王叔岷和李孝定。1941 年第三届招生共录取 5 人，分别是王利器、魏明经、王达津、程溯洛和高华年。① 1940 年秋，历史语言研究所迁至四川李庄，而北京大学文科研究所仍驻留昆明。因此，对于研究生们而言，便有两种选择：留在昆明，或至李庄。当然，两种选择各有其利弊。在李孝定被录取时，傅斯年曾经对他说："有两条，你自己决定：要看第一手资料，利用丰富的藏书，你就去李庄。想听听较多好老师的讲授，就去昆明。"② 部分研究生为了有书可读，愿意随同史语所到李庄。北京大学文科研究所留在李庄学习的研究生，有任继愈、逯钦立、马学良、刘念和、李孝定、王利器、王叔岷等人。

1941 年 6 月，西南联合大学常委会主席梅贻琦、北京大学文科研究所副所长郑天挺和教授罗常培，从昆明到四川李庄，参加研究生的论文答辩。罗常培此行所作《蜀道难》，为世人留下了宝贵的资料。

（二）李庄的学子

下文将对留在李庄学习的七位学子（任继愈、逯钦立、马学良、刘念和、李孝定、王叔岷、王利器），略做叙述。

任继愈（1916—2009），字又之，山东平原人。当时他在北京大学文科研究所的指导教师有两位，正导师是汤用彤，副导师是贺麟。论文题目是《理学探源》。因为论文涉及佛教，需要参考《大藏经》，而在昆明的西南联合大学没有《大藏经》，只有李庄史语所有一部，于是任继愈就随史语所到了李庄。1941 年 7 月 4 日，罗常培（1899—1958）约见任继愈，评订其毕业论文《理学探源》。罗常培在《蜀道难》中写道：

> 四日上午，约任君继愈来评订他的《理学探源》。他在论文序要里自述宗旨："治哲学史，首在辨其异同。同者何？心也，理也。异者何？象

---

① 马晓雪：《傅斯年与抗战时期的北京大学文科研究所》，《史学月刊》，2017 年第 6 期。
② 李孝定：《逝者如斯》，台北：东大图书有限股份公司，1996 年，第 50 页。

也,迹也。凡人同具此心,则同具此理。语其真际,东圣西圣,若合符节。万民虽众,即是一人之心;百世虽久,即是当下之理。万象森然,不碍其为一本,此即所谓同。理诚一矣,然其表诠之际,其语言文字之习惯,当前所受之尘境,问题之结症,则各民族不尽同,各人亦异,故西洋印度,各有其精彩面貌,则所谓象也,迹也,此其所以异也。"……

任君在汤锡予、贺自昭两位先生指导之下,两年的工夫居然深造自得,穷源竟委地作出这样一篇论文来,足见他很能沉潜努力。论文全稿虽然还没抄完,看过旨要和纲目,也约略可以窥见一斑了。我和他谈完话觉得很满意,只对于全文结构上表示几点意见。①

逯钦立(1910—1973),字卓亭,山东巨野人。1939年毕业于西南联合大学中文系,随即考入北京大学文科研究所,并自愿到李庄继续研究生学业。1940年9月18日,逯钦立到达李庄。② 在李庄的逯钦立勤奋读书、辛勤钻研,没有辜负导师傅斯年的栽培。两年后,逯钦立在北京大学文科研究所顺利毕业,留在历史语言研究所任助理研究员。1948年,逯钦立离开历史语言研究所。1983年,逯钦立呕心沥血27年(1939—1966)、以一人之力编纂完成的作品《先秦汉魏晋南北朝诗》(全三册),由中华书局出版。《先秦汉魏晋南北朝诗》出版之后,"30年间销售3万多册,享誉海内外"③。

关于李庄时期的逯钦立,不可不提他的另外一件喜事——婚姻大事。"除了业务上的收获,(逯钦立)还成功地俘获了小学教师罗筱蕖的芳心。"④ 1944年5月27日,逯钦立与罗筱蕖⑤在李庄羊街8号植兰书屋举行婚礼。"由于罗家在李庄的显赫门庭与庞大的人脉背景,使得逯、罗的婚事在当地轰动一时,

---

① 罗常培:《蜀道难》,收入罗常培:《沧洱之间》,沈阳:辽宁教育出版社,1996年,第25、27页。说明:引文标点有改动。
② 1940年9月25日,逯钦立致函傅斯年,"生于九月十二日离滇,十八日到达李庄,沿途托庇,顺利异常"。王汎森:《逯钦立与〈先秦汉魏晋南北朝诗〉》,载杜正胜、王汎森:《新学术之路:中央研究院历史语言研究所七十周年纪念》,1998年,第777页。按:该文后又载于《古籍整理研究学刊》2010年第5期,所引书信见该期第33页。
③ 何明星:《逯钦立〈先秦汉魏晋南北朝诗〉的世界影响——兼对一种学术评价方法的探索》,《出版广角》,2014年第15期。
④ 岱峻:《发现李庄》,成都:四川文艺出版社,2009年,第107页。
⑤ 罗筱蕖,名荷芬,字筱蕖,别名藕曼。李庄乡绅罗南陔的九女,人称"罗九姐"。

备受瞩目。"①

马学良（1913—1999），字蜀原，山东荣成人。在北京大学文科研究所求学期间，马学良、刘念和的指导教师是李方桂、丁声树。李孝定（1918—1997），字陆琦，湖南常德人。在北京大学文科研究所求学期间，李孝定的指导教师是董作宾。学生学习很上心，教师指导也很用心。诚如罗常培所说：

> 马、刘两君受李方桂、丁梧梓两先生指导，李君受董彦堂先生指导，李、董、丁三位先生对他们都很恳切热心。据马君告诉我说，李先生常常因为和他讨论撒尼语里面的问题竟致忘记了吃饭，这真当得起"诲人不倦"四个字。②

马学良的论文题目是《撒尼倮语语法》，刘念和的论文题目是《史记汉书文选旧音辑证》。李孝定的研究范围是古文字学，因为1941年春才到李庄，董作宾"教他先把甲骨文现有的材料编成一部字典，等完成后，再定论文题目"。在翻阅了马学良的论文后，罗常培感动不已，"我一方面佩服马君钻研的辛勤，一方面感谢李先生指导的得法"③。马学良晚年回忆："由于使用科学的语言学理论和方法研究少数民族语言，特别是语法结构，在当时还具有开拓的性质，论文得到李先生较高的评价：'《撒尼倮语语法》一书颇为详尽，从一向出版的倮倮语法书籍及论文上看，这是第一部合乎近代语言学原理的著作。'"④ 1951年4月，马学良的《撒尼彝语研究》⑤ 由商务印书馆出版。

王叔岷（1914—2008），字慕庐，四川简阳人。1935—1939年，在四川大学中文系读书，"（成绩）名列第一，在校颇有文名"⑥。1939年投考北京大学文科研究所，初审顺利通过。但因战事耽误了笔试，遂应邀任教于重庆联合高

---

① 岳南：《那时的先生：1940—1946中国文化的根在李庄》，长沙：湖南文艺出版社，2016年，第365—366页。
② 罗常培：《沧洱之间》，沈阳：辽宁教育出版社，1996年，第20页。
③ 罗常培：《沧洱之间》，沈阳：辽宁教育出版社，1996年，第25页。
④ 马学良：《我与少数民族语言文学》，载张世林：《学林春秋：著名学者自序集》，北京：中华书局，1998年，第449—450页。参看马学良：《历史的足音》，《民俗研究》，1999年第3期。
⑤ 马学良：《撒尼彝语研究》，北京：商务印书馆，1951年。
⑥ 王叔岷：《慕庐忆往——王叔岷回忆录》，北京：中华书局，2007年，第42页。

级中学（在今重庆市长寿区），俟假期再回成都应考。1940年9月，王叔岷得到时在昆明的傅斯年的亲笔录取通知。1941年秋，王叔岷肩背书囊、手抱古琴，奔赴李庄报到，开启了其学术生命的新征程。

在北京大学文科研究所求学时，王叔岷的论文选题是《庄子研究》。王叔岷回忆，傅斯年"要（我）把才子气洗干净，三年之内不许发表文章"，"我当时很不自在，又无可奈何。既然来到研究所，只得决心下苦工，从基础功夫研究《庄子》"①。之后，王叔岷以校勘、训诂为基础，博览群书，广辑资料，精审考释，完成了有关《庄子》考校及思想论文十余篇，集结为《读庄论丛》。1943年，其毕业论文顺利通过评审。毕业后，王叔岷留在史语所任助理研究员，继续校释《庄子》。1944年8月20日，王叔岷完成《庄子校释》，凡20余万言。王叔岷说，"这部书虽不成熟，为岷由爱好文学投入朴学以进探义理之第一步"②。抗战胜利后的1946年，王叔岷随史语所复员南京。是年，发表《庄子通论》，深受学界好评。退休后，王叔岷完成其《庄子》研究集大成之作《庄子校诠》。

王利器（1912—1998），字藏用，号晓传，四川江津（今属重庆）人。1940年，王利器毕业于四川大学中文系。王利器在四川大学的毕业论文是《风俗通义校注》，后由学校推荐参加第一届全国大学生毕业论文竞赛，被评为中国文学组第一名。③ 钟肇鹏（1925—2014）说，"我看过王先生的《风俗通义校注》，的确征引详赡，功力深厚"④。

1941年，王利器考取北京大学文科研究所，师从傅斯年。问学古人、对策时贤，成了王利器在李庄的主要生活。王利器回忆，"我和任继愈、马学良、李孝定同住一屋，是书斋和寝室合为一体的，傅先生时常下来检查我们的工作，逐事加以具体指导"，"我拿半天来写论文，半天来读书，主要是读我尚未

---

① 王叔岷：《慕庐忆往——王叔岷回忆录》，北京：中华书局，2007年，第48页。
② 王叔岷：《慕庐忆往——王叔岷回忆录》，北京：中华书局，2007年，第54页。
③ 四川大学校史编写组：《四川大学史稿》，成都：四川大学出版社，1985年，第187页。党跃武：《四川大学校史读本》，成都：四川大学出版社，2013年，第114页。
④ 钟肇鹏：《业精于勤 持之以恒——纪念王利器先生》，《中华文化论坛》，2000年第3期。

读过的书"。① 入学三年之后（即1944年），王利器提交出了一份令傅斯年满意、令学术界惊讶的优秀研究成果——《吕氏春秋比义》。《吕氏春秋比义》共计24册，约莫200万言，后来荣获当时教育部颁发的最高奖。从北京大学文科研究所毕业后，王利器回到四川大学，任四川大学文科研究所干事，职称为中文系讲师。抗战胜利后，傅斯年聘请王利器到北京大学任教。

有人评论说，"山坳上的北大文科研究所，是中国教育史上的奇迹"②。重温历史，此话不无道理。

六、其他机构

（一）金陵大学文科研究所

金陵大学文科研究所1940年迁至李庄，驻于李庄羊街的王家大院。当时，金陵大学校本部在成都的华西坝。金陵大学文科研究所之所以要单独迁至川南的李庄，是因为他们需要借阅中央研究院历史语言研究所收藏的文史资料。

金陵大学文科研究所的规模较小，研究人员不多，平常很少参加社会活动，兼之在李庄滞留的时间也不长，故外界对他们了解很少。1944年，该所迁离李庄，迁至成都，回到其时已经内迁到成都华西坝的校本部。1946年4月迁返南京，9月复课。

（二）长江水利委员会李庄水文站

金陵大学文科研究所迁走之后，长江水利委员会李庄水文站随即迁至李庄，入驻原金陵大学文科研究所所在地——羊街王家大院。

水文站1944年迁至李庄。后来，因为在距场镇5华里上游的尖嘴龙修建了房屋，即迁往新址办公，而王家大院仍租作职工宿舍。李庄站后迁至城乡仙人场，"文化大革命"中已被裁撤。

李庄，作为中国四大抗战文化中心之一，在1940至1946年间铸就了一段

---

① 王利器：《六同求学前后——回忆导师傅孟真先生》，载王富仁、石兴泽：《谔谔之士——名人笔下的傅斯年，傅斯年笔下的名人》，上海：东方出版中心，1999年。
② 岱峻：《民国衣冠：风雨中研院》，北京：北京联合出版公司，2012年，第81页。

辉煌的学术史,成为"民国时期巴蜀学术"的重要篇章。但不无遗憾的是,随着学术机构、教育机构及科学工作者、人文学者的离去,李庄依然故我,成为一座"消失的学术城"[①]。

---

① 岱峻:《消失的学术城》,天津:百花文艺出版社,2009年。

第六章

莲花重光：近代佛教的复兴

佛教传入中国之后，曾经在魏晋南北朝、隋唐时期兴盛一时。但是，自宋代理学兴起以后，佛教便失去了昔日的辉煌，逐渐呈现出衰败之象。鸦片战争以来，经过太平天国农民战争的洗礼及社会政治的冲击，佛教的影响日益衰退。盛极而衰，衰必复振。为了振衰起弱，佛教不断进行自我调整和更新。至晚清时期，佛教出现了振兴的气象、复兴的势头。民国以来，佛教迎来了"兴盛之曙光"[①]。

和全国的情形一样，地处中国内陆的四川，也在清季民国时期出现了佛教复兴的势头，迎来了佛教兴盛的曙光，有些方面甚至比全国有过之而无不及。尤其是在抗日战争期间，四川不仅仅是抗战的大后方，同时也是文化的大后方，而"四川佛教事业因此发展较快，实际上成为大后方佛教的中心"[②]。与此相对，道教则黯然失色。[③]

和全国的情形一样，民国时期巴蜀佛教的复兴，主要表现在以下几方面：专业性的教育机构的创建；区域性的佛教社团的组建；专门性的佛教报刊的创办；佛教文化交流的进行；人才的涌现与著述的宏富。

[①] 蒋维乔：《中国佛教史》，上海：上海古籍出版社，2004年，第289页。
[②] 四川省地方志编纂委员会：《四川省志·宗教志》，成都：四川人民出版社，1998年，第86页。
[③] 民国初年，国民政府宣布废除"真人"封号，割断了道教与国家政权的依存关系。当时，各地"废寺兴学"成为潮流，道教宫观和道士迅速减少。1916年，四川有道士35856人。四川军阀混战时期，道教的房地产被大量提卖，充作军费及地方团防费。抗战时期，一些宫观辟为学校、机关驻地，田产提作教育费，道教的经济自立能力大为削弱，道众星散，在民间影响甚微。1943年，重庆举行"世界宗教联谊会"，道教竟然没有代表参加。（四川省地方志编纂委员会：《四川省志·宗教志》，成都：四川人民出版社，1998年，第19页。）

一、佛教院校的创建

1905年，成都大慈寺开设佛教初级小学，是为"四川丛林开办现代佛学教育之始"①。1924年在成都文殊院开办的四川佛学院，是四川省最早成立的佛学院。嗣后，在四川汉族地区还办有空林佛学院（成都，1925）、峨山佛学院（峨眉山，1926）、昭觉佛学院（成都，1930）、宝光佛学院（新都，1930）、龟山书院（南充，1931）、汉藏教理院（重庆，1932）、地藏庵尼校（成都，1934）、天台教理院（重庆，1934）、支那内学院蜀院（重庆，1937）、东方文教研究院（内江，1940）、大觉佛学院（开县，1940）、华西佛学院（什邡，1941）、法王佛学院（合江，1941）等数十处佛学院校。

下文重点介绍其中的四所佛教院校，即四川佛学院、汉藏教理院、支那内学院蜀院、东方文教研究院。

（一）四川佛学院

四川佛学院是四川省佛教会主办的全省性佛学院。筹办于1923年，开办于1924年。地址设在成都文殊院。四川佛学院由四川省佛教会会长圣钦（1869—1964）和各大寺院住持组成学院董事会，佛源（1853—1926）任首任院长（1925年由文殊院禅安任院长），昌圆为主讲兼监学，黄肃方任院护。四川佛学院的课程以佛教教义为主，兼授语文、史地、科学常识等。学员由各寺院及各县佛教会申送，学制3年。

第一期招生30余人，1926年毕业。1927年开办第二期，招生60余人。至1928年，因学潮、经费等原因，被迫停办。1936年，昌圆获居士吴受彤②、王旭东以及军长刘文辉、刘肇乾等资助，在成都十方堂（原名武圣寺）恢复四川佛学院。恢复后的四川佛学院，聘昌圆为院长，广文任教务主任，招生40名。举办一学期后，改为专修净业的莲宗堂（1943年），四川佛学院至此宣告结束。

---

① 四川省地方志编纂委员会：《四川省志·宗教志》，成都：四川人民出版社，1998年，第86页。

② 吴受彤（1888—1937），浙江杭州人。因家庭变故，入成都文殊院学佛，后出任川盐银行董事长。

（二）汉藏教理院

全称"世界佛学苑汉藏教理院"（以下简称"汉藏教理院"），创办于1932年，创办者是太虚法师[1]。汉藏教理院以"澹、宁、明、敏"为院训，旨在"培养佛学人材，沟通汉藏文化，联络汉藏感情，巩固西陲边防，保全中国领土"[2]。

1932年8月20日，汉藏教理院在重庆北碚缙云山缙云寺创办，并正式开学。[3] 1936年7月，汉藏教理院呈请四川省政府教育厅，正式立案。1950年底，汉藏教理院移交人民政府管理。

汉藏教理院的最高领导机构是董事会，由潘文华、刘湘、刘文辉、王缵绪、卢作孚、李子西、夏斗寅、王晓西等21人组成，潘文华、张为炯、甘绩镛、李公度、张富安和荣誉院董释昌圆等6人为常务董事。董事会公推刘文辉为名誉董事长，刘湘任名誉院长，聘请太虚法师任院长，何北衡任院护。

在院长、院护以下设有教导处、训导委员会、事务处，后来又增设了编译处和刻经处。教务主任为满智法师，后为遍能法师（1906—1997）、苇舫法师（1908—1969）。训导主任为法尊法师（后代理院长），总管院部日常工作。事务主任初为超一法师，后为密严法师。汉藏教理院的工作人员，还有学监释常冰、文牍胡有章、会计释隆果、庶务释能学、出纳释照空、书记刘文川等。

汉藏教理院的教师多由上海、福建、康定和拉萨等地的名寺中选派而来，多为有影响的著名法师。如，法尊法师教授历史，观空法师教授藏文史地及汉文佛学，满度法师教授汉文及藏文佛学，严定法师教授翻译及藏文佛学，苇舫法师教授历史。抗战时期，全国各省的青年学僧、佛教各宗派较优秀的法师，都集中到这里。如，法舫法师长于小乘俱舍论，印顺法师长于般若空宗，雪松法师长于因明唯识，尘空法师长于律学，本光法师长于禅学，雨昆法师长于历史。俗家教授陈健民、虞愚长于文学，张纯一长于墨学，吕炯、潘怀素长于自

---

[1] 太虚（1889—1947），俗姓吕，乳名淦森，学名沛林，法名唯心，别号悲华，浙江崇德（今浙江桐乡）人。著作后被辑为《太虚大师全书》。

[2] 甘文峰：《太虚大师创办的汉藏教理院》，载四川省政协文史资料委员会：《四川文史资料集粹》（第五卷），成都：四川人民出版社，1996年，第456页。按：该文作者甘文峰，1938年至1942年就读于汉藏教理院。

[3] 因航班延误，开学仪式推延一天，于8月21日正式举行。

然科学。佛教著名人士虚云、喜饶嘉措、格桑泽仁、王恩洋、黄忏华、难陀（印度）、蒲乐道（英国）等，均曾应邀至汉藏教理院作专题讲座或讲演。汉藏教理院师资力量强，各自发挥自己的专长，学习和研究的风气非常浓厚，使人不由得联想到昔日玄奘留学印度时的那烂陀寺。①

汉藏教理院设专修科和普通科，课程以藏文、佛学为主，兼授历史、地理、法律、农业、伦理、卫生等学科。普通科每周讲授藏文文法、藏文佛学、国文、汉文佛学各6小时，卫生、农业、法律、历史、伦理各2小时，体育和党义各1小时。专修科每周讲授藏文佛学6小时，汉文佛学6小时，西藏文化史6小时，西藏地理6小时。②

1932年3月20日，汉藏教理院开始招生，随到随考。除在缙云寺设有招生点外，还在成都文殊院、重庆佛学社、乐山乌尤寺等处设有招生点。汉藏教理院的入学条件，按当初规定：考生18岁至25岁，曾受过沙弥以上戒品，文理通顺，身体健全，有本人保证书及担保人者。但在实际招生中并未硬性执行，一般限于初中文化程度，僧俗兼收。只有第三届、第四届收录西康、西藏籍在家学生，不收本地俗人。③

学院第一期招生普通班60人，多系各地佛学社选派。因学员程度不齐，在普通班中又分甲班和乙班两班。学制四年，相当于中学或中专学历。1935年，始设专修班。学制两年，相当于大专学历。普通科乙班毕业转入甲班，甲班毕业转入专修科。每两年招生一次，普通科共招生9届，专修科招生5届，总共招生400余人。因管教严厉，间有淘汰，毕业时人数减半，两科毕业生还不到200人。④ 这些为数不多的学生，不少人后来成为中国著名的高僧和佛教学者，如慧海、正果⑤、惟贤、竺霞、演培、开一、永灯（杨化群）、白慧

---

① 黄忏华（1890—1977）对汉藏教理院赞誉有加，认为"该院学风不亚于昔日唐玄奘留学印度之那烂陀寺"。参看杨耀健：《太虚大师与汉藏教理院》，《世界宗教文化》，2006年第2期。
② 参看杨耀健：《太虚大师与汉藏教理院》，《世界宗教文化》，2006年第2期。
③ 参看杨耀健：《太虚大师与汉藏教理院》，《世界宗教文化》，2006年第2期。
④ 参看杨耀健：《太虚大师与汉藏教理院》，《世界宗教文化》，2006年第2期。
⑤ 正果（1913—1987），俗名张子君，四川自贡人。在汉藏教理院读书，深得太虚法师器重，毕业后留校任教员。1950年到北京，在菩提学会和三时学会从事佛学研究工作。1956年后任中国佛教协会理事、副会长，中国佛学院教务主任和副院长，广济寺住持，北京市佛教协会会长，全国政协常委等。著有《佛教基本知识》《禅宗大意》等。

(巫白慧,1919—2014)、郭朋(1920—2004)等,在国内外影响甚大。

1938年,汉藏教理院设立编译处,主要是翻译出版汉藏丛书,地址设在"双柏精舍"内,由法尊法师主持,专修科学员助译。编译处历年编译脱稿的书籍,大小共40余种,出版的有20余种。其中的重要著述,有《菩提道次第广论》《密宗道次第广论》《现观庄严论》《辨了不了义论》《人中论》《西藏民族政教史》《佛教各宗派源流》《现代西藏》等。起初,因无藏文字模而无法付印,后遂于1945年设立刻经处,招聘技工刻版。编译、刻经二处所出版的汉藏文教科书及其他书籍,共计近百种;除供应本地外,还运销西康、青海各地。《汉藏合璧读本》《藏文读本》等书,被教育部采用为办理边疆事务教育的教材。[①]

汉藏教理院在自身办学的同时,因见当地学校甚少、文盲较多,于是创办了2所中学和3所小学。1932年学院开学不久,便在离缙云寺3华里的马鬃岭创办了第一佛化平民小学。随后,又在离学院12华里的转龙寺创办了第二佛化平民小学。学校除招收学龄儿童外,对不识字而自愿入学的人也表示欢迎。1940年,又在院属江北塔坪寺,办起民众小学1所,规模较前2所小学都大。该校除设一般课程外,又增设佛学课,由教理院研究部每周派人授课。1943年春,又于院属慈云寺开办大雄中学1所,由法尊法师、李子宽居士、谢铸成等15人组成校董会,太虚大师任董事长,聘吴子诒为校长,招有学生400余人。同时,还在重庆佛陀寺办有川东中学1所。为了对本院数十名工友进行扫盲和提高其文化水平,汉藏教理院还在院本部开办业余夜校,由学院师生担任义务教员。[②]

抗战时期的汉藏教理院,曾经建立防护队,开展军事训练。太虚说:"当前国难严重,外患日亟,吾辈僧伽亦国民之一分子,理当作好准备,随时奔赴前线,以尽国民天职。"[③] 太虚积极主张抗战,并为抗日募捐,自己也带头捐款。

[①] 参看杨耀健:《太虚大师与汉藏教理院》,《世界宗教文化》,2006年第2期。
[②] 参看杨耀健:《太虚大师与汉藏教理院》,《世界宗教文化》,2006年第2期。
[③] 杨耀健:《太虚大师与汉藏教理院》,《世界宗教文化》,2006年第2期。郑洪泉等:《重庆古今风云人物》,重庆:重庆大学出版社,1989年,第145页。

汉藏教理院尤为重视汉藏文化的交流。西藏的著名学者、高僧多有来汉藏教理院交流、讲学者,诸如土登喇嘛、安东格西、东本格西、喜饶嘉错、悦西格西、桑吉格西等,都曾来汉藏教理院讲学。喜饶嘉错(1884—1968)在汉藏教理院住了很久,他用藏语向学生讲授西藏中观教义,由法尊法师翻译。其他不大知名的喇嘛、活佛,相继来汉藏教理院观光者更是络绎不绝,不计其数。同时,汉藏教理院也先后保送释永灯、释满度、释隆果、释碧松、释圣聪、释善化、释寂禅、邓明渊等10余人进藏留学。1939年,汉藏教理院还派法舫法师率学生释白慧、释达居赴印度留学。[1] 太虚主持的汉藏教理院和能海主持的近慈寺,"成为近代内地传播藏语系佛教的两大基地"[2]。汉藏教理院"为中国藏传佛学培养了不少人才","使当时四川的藏传佛教研究在全国独占鳌头"[3]。

(三)支那内学院蜀院

支那内学院是中国现代著名佛学院之一。1918年,在南京金陵刻经处研究部设筹备处。1922年7月,支那内学院正式成立,欧阳渐[4](1871—1943)任院长。1937年因日军入侵,欧阳渐率众将支那内学院迁至四川江津,成立支那内学院蜀院,继续刻经、讲学。1943年欧阳渐病卒,吕澂[5](1896—1989)继任院长。抗战胜利后,曾谋求在南京复院,未成。中华人民共和国成立后,蜀院仍继续开展研究活动。1952年秋,支那内学院自动停办。

支那内学院完全遵循学术化、专业化的办学模式,是标准的近代大学教育机构。支那内学院以"师、悲、教、戒"为根本院训[6],主要从事教学、研究、刻经等活动。从1938年起,每年正月初七会院友讲学(人日大会)。1939

---

[1] 参看杨耀健:《太虚大师与汉藏教理院》,《世界宗教文化》,2006年第2期。
[2] 四川省地方志编纂委员会:《四川省志·宗教志》,成都:四川人民出版社,1998年,第198页。
[3] 四川省地方志编纂委员会:《四川省志·哲学社会科学志》,成都:四川人民出版社,1998年,第85页。
[4] 欧阳渐(1871—1943),字镜湖,后易名竟无,江西宜黄人。欧阳渐是继杨文会之后,在民国佛教史上大放异彩的人物,是近代中国最杰出的佛学大师。
[5] 吕澂(1896—1989),字秋逸(或作秋一),江苏丹阳人。著有《印度佛学源流略讲》、《中国佛学源流略讲》等,后结集为《吕澂佛学论著选集》出版(济南:齐鲁书社,1991年)。
[6] 关于支那内学院院训的解释,请参看欧阳渐:《支那内学院院训释》,《中国现代学术经典:杨文会·欧阳渐·吕澂卷》,石家庄:河北教育出版社,1996年,第339—407页。

年重建学院，分毗昙、戒律、瑜伽、般若、涅槃五科。先后在该院从事研究、学习者达 200 余人，其中颇多国内知名佛学家、学者。原在南京刻经 110 部 1055 卷，入蜀后又刻经 30 部 50 余卷。1940 年，发起编印《精刻大藏经》。

支那内学院培养了许多佛学专门人才（如吕澂、汤用彤、梁漱溟、熊十力、王恩洋等），为近代佛学的复兴做出了重要贡献。四川籍学者蒙文通、唐迪风①、王恩洋、李源澄、韩文畦②、陶闿士③、刘衡如④等，都是支那内学院的弟子，并且"皆济济英才也"⑤。在南京支那内学院求学时期，蒙文通曾推治经之法以治佛典，撰成《中国禅学考》《唯识新罗学》二文。《中国禅学考》深得欧阳大师赞赏，并将其刊于《内学》创刊号（1924 年 12 月出版）。1943 年 2 月 1 日，欧阳渐作函回复蒙文通，此为其绝笔之作。欧阳渐复函提示研究孔学"最胜极最胜三事"，即"道定于一尊""学得其根本""研学必革命"。吕澂说，此函是最能代表欧阳大师思想的重要文章之一。⑥

（四）东方文教研究院

1940 年，由王恩洋发起，在内江圣水寺创办东方文教研究院⑦。东方文教

---

① 唐迪风（1886—1931），原名铁风，四川宜宾县人。唐君毅之父。著有《孟子大义》等。
② 韩文畦（1895—1983），字孟钧，四川内江人。学者，佛学家，社会活动家。1916 年毕业于四川法政学校。曾任内江中学教师、嘉陵道尹公署教育科长、西充县县长、西康省教育厅厅长、西康省通志馆馆长。1923 年入支那内学院，随欧阳竟无学佛。后返回成都，在四川佛教学会开讲法相学，影响很大。中华人民共和国成立后，任川西行署农林厅副厅长，绵阳专署副专员，民盟成都市支部组织部主任、代主任委员，四川省政协常委，民盟四川省委常委，四川省人民政府参事。曾与张怡荪、蒙文通等人撰写《西康省通志》。参看四川省地方志编纂委员会：《四川省志·人物志》，成都：四川人民出版社，2001 年，第 939 页。
③ 陶闿士（1886—1940），名闿，一字开士，又号天研，别署天倪阁居士，四川巴县（今重庆市巴南区）人。早年加入同盟会，从事革命活动。1923 年后，转向研究印度佛学。1925 年赴南京支那内学院，从欧阳竟无学佛。1927 年返渝后，在家开馆讲学。晚年，参与修纂民国《巴县志》。参看四川省地方志编纂委员会：《四川省志·人物志》，成都：四川人民出版社，2001 年，第 800—801 页。
④ 刘衡如（1900—1987），字定权，四川成都人。1923 年至 1927 年，在支那内学院学习佛学。尝针对熊十力《新唯识论》，更著《破新唯识论》予以破斥。后致力于中医古籍的整理与研究，成为著名中医文献学家。参看钱超尘：《刘衡如先生的中医文献学成就》，《中医药文化》，2014 年第 1 期。
⑤ 王恩洋：《四十自述》，《王恩洋先生论著集》（第十卷），成都：四川人民出版社，2001 年，第 489 页。
⑥ 蒙默：《蒙文通先生年谱》，载四川大学历史文化学院：《蒙文通先生诞辰 110 周年纪念文集》，北京：线装书局，2005 年，第 428 页。
⑦ 原名"东方佛学研究院"，1942 年改名"东方文教研究院"。

研究院设有董事会，推余次青、罗筱园诸人为董事，负责基金的筹集与管理。董事会聘请王恩洋为院长，主持全院工作。

东方文教研究院设有研究部、修学部、问学部、函授部。东方文教研究院以内江圣水寺大悲殿为课堂，王恩洋主讲国学、古典文学、佛学概论；何行健任教务主任兼教师；何敦厚任事务主任；李仲权讲文学；刘厚生讲《佛所行赞经》。东方文教研究院采取古代书院的讲学方式，以独立研究与教师辅导相结合。东方文教研究院要求来学之士"必须具有立己立人，超越流俗的精神和救世救人的大志"，对年龄、资格、僧俗等均不限制，但院内一律素食。1944年秋季开始招生。第一期招收学生70人（包括函授部研究生30名）。[①]

王恩洋一生著作等身，东方文教研究院将他撰写的《孔子学案》《人生哲学与佛学》《摄大乘论疏》等几十部著作汇集编号，辑为《文教丛书》在内江出版发行。该丛书的发行，成为内江出版业的一件盛事。除编印《文教丛书》外，东方文教研究院还编辑出版《文教丛刊》[②]。当时的中央图书馆要求内江将《文教丛书》分赠给英国远东非洲学院、大英博物馆东方图书馆本部、牛津大学、剑桥大学、美国国会图书馆等世界5座著名院校及图书馆珍藏。另外，印度国际大学中国学院院长谭云山访华，东方文教研究院以《文教丛书》《文教丛刊》以及王恩洋28万字的《人生学》相赠。"《文教丛刊》及《文教丛书》在内江出版发行，成为民国时期内江出版业的一件盛事"[③]，而内江文化也随东方文教研究院之名传遍世界。

1946年冬，由王恩洋引荐，东方文教研究院由重庆大学教授张圣奘（1904—1992）接管。1947年5月，东方文教研究院迁成都西门外罗家碾包家院子。1951年秋，东方文教研究院停办。

---

① 李建友：《王恩洋与内江东方文教研究院》，载政协四川省内江市委员会文史和学习委员会：《内江文史》（第30辑），内中区文体新内（2014）第01号，2013年12月，第209—210页。李豫川：《近代四川佛教教育事业概述》，《少城文史资料》（第九辑），1996年12月。说明：李豫川文所记学生人数有误，此处从李建友文。

② 关于《文教丛刊》的概要介绍，详见本章第三节《佛教报刊的创办》。

③ 李建友：《王恩洋与内江东方文教研究院》，载政协四川省内江市委员会文史和学习委员会：《内江文史》（第30辑），内中区文体新内（2014）第01号，2013年12月，第214页。

二、佛教社团的组建

四川虽然属于内陆省份，僻处西部，但民国时期四川的佛教团体依然十分活跃，显示了当时佛教的繁荣与发展。据1929年《全国佛教机关调查录》的记载，当时全国共有571处佛教机关，四川约有190处，而成都就有21处（其中，佛教会社10处，县级佛教会5处，佛化学校6处）。四川的佛教团体约占全国的1/3，而成都又占四川的11%。①

民国时期四川的佛教团体，大致可以一分为二：按照级别，可分为省级团体"四川省佛教会"和其他县级团体；按照发起人的身份，可分为僧侣团体和居士团体。

下文对一个省级团体（四川省佛教会）和五个居士团体（成都佛学社、重庆佛学社、四川佛学会、四川佛教居士林、维摩精舍）进行介绍。

（一）四川省佛教会

1912年4月11日，中国佛教总会成立于上海静安寺，又名中国佛教会、中华佛教协进会、佛教大同会。根据总会的指示，四川立即组建了"中华佛教总会四川支部"（后改为支会、分会），各县也相应建立了县支部。这是四川历史上佛教界的第一次联合。1924年10月，中国佛教会令四川支部改为"四川省佛教会"②，故下文统称"四川省佛教会"。

四川省佛教会隶属中国佛教总会，县分会隶属于省分会。到1940年之时，四川全省134县已有121县成立了佛教会。③ 1931年3月29日，四川省佛教会举行全省佛教徒代表大会，到会各地代表111人。大会改选执行委员和监察委员，选举存智、禅安、昌圆、德光、贯一、行乐、戒明7人为僧伽执行委员，陈显、傅雨村、牛德封、皮怀白、司徒潜伯、朱伯6人为居士执行委员，

---

① 转引自吴华：《成都佛教团体的近代激变：以四川省佛教会为例》，《宗教学研究》，2016年第3期。

② 其时，佛源当选为会长，圣钦为总务主任，宝光寺圆性、文殊院禅安为副会长，昭觉寺觉照掌管财务，大慈寺方玉为总务长，草堂寺戒乘为评议长。（成都市地方志编纂委员会：《成都市志·宗教志》，成都：四川辞书出版社，1998年，第111页。）

③ 四川省地方志编纂委员会：《四川省志·宗教志》，成都：四川人民出版社，1998年，第204—205页。

谢子厚、徐深清 2 人为居士监察委员。

四川省佛教会以团结全省佛教徒，整理教规，宣传教义，发扬大乘救世精神，福国利民为宗旨。四川省佛教会成立以后所开展的活动，主要有维护寺产、宣传佛教、创办教育、兴办慈善公益事业等。各地佛教会（分支、分会等）的宗旨、活动等情况，与四川省佛教会大致相同。虽然说四川省佛教会受到来自政府（政策偏颇）、军队（驻军提产）、教育（庙产兴学）等方面的外部挤压，步履沉重、困难重重，但四川省佛教会都一直是四川佛教僧众的领导核心，发挥着非常重要的作用。[1]

（二）成都佛学社

1914 年，能海法师与刘洙源、谢子厚等发起成立华严坛，后改名佛经流通处，最后定名为"成都佛学社"。社址在少城公园（今成都市人民公园）内。成都佛学社以研究佛教、流通经典、弘法利生为宗旨。社长主持社务。成都佛学社的经常活动是延请法师、居士在学社讲经说法，办理佛经、法器流通，每月初一、十五诵经念佛、举办慈善救济事业等。后因货币贬值、经济困难、日机空袭等，活动减少，但每春仍举行诵经法会。社员总数为四五百人，多为知识分子，也有一些军政界人士。1951 年，成都佛学社宣告结束。[2]

（三）重庆佛学社

重庆佛学社的前身，是 1915 年创立的重庆佛学研究社。1918 年，涪陵天竺寺僧人佛源和居士孙道修、龚缉熙、谢子厚、陶闿士、朱叔痴、孙保滋等人发起，将重庆佛学研究社改组为重庆佛学社。社址暂设神仙口文昌宫，后于年底（12 月）迁入重庆长安寺。

重庆佛学社以研究佛乘，弘法利生为宗旨。佛源任第一任社长，主持社务。佛源逝世后，改为董事制。选举董事九人，处理重大社务。在董事会下，初设事务、弘法、行持三组。后改组为部，并增设慈善、妇女、财务、文书四

---

[1] 相关论述详见吴华：《成都佛教团体的近代激变：以四川省佛教会为例》，《宗教学研究》，2016 年第 3 期。

[2] 四川省地方志编纂委员会：《四川省志·宗教志》，成都：四川人民出版社，1998 年，第 215 页。

部，共计七部。1921年5月，重庆佛学社成立佛经流通处。重庆佛学社曾于1931年受命筹设汉藏教理院（汉藏教理院筹备处设于重庆佛学社内）。1932年8月20日，汉藏教理院正式开学，筹备处即行撤销。

重庆佛学社的经常活动，则是举办法会和公益事业。每年都举行讲经、念佛、持咒等法会，参加者在500人以上。最著名的是1933年和1937年举办的两次楞严法会，每次21天，参加者在1000人以上。重庆佛学社还不时邀请佛教界名流讲经弘法，所邀请的名流有章太炎、梅光羲、韩文畦、王恩洋、刘衡如、朱叔痴、太虚法师、法尊法师、大勇法师、尼玛多杰格西、格桑活佛等人。抗战时期，康藏等地大批藏传佛教僧人陆续来渝，并驻锡重庆佛学社传授藏密，受学藏密者达数万人，使重庆佛学社成为重庆地区弘传藏密的先驱，并由此扩散至全国各地。据不完全统计，自重庆佛学社成立以来，先后邀请佛教界名流来社讲经释法400多人次，来社听经信众达数十万人次。重庆佛学社也经常举办施衣、施药、施棺材等慈善事业，为社会一般人士所称道。[1]

受战争、时局和经济的影响，重庆佛学社在战后逐渐衰落，难以为继。1950年，重庆佛学社停办。

（四）四川佛学会

1925年11月25日，四川佛学会在成都文殊院召开成立大会。该会由佛学界人士李其相、邓叔才、陈岳安、周心甫、章亥伯等发起和筹办。应邀出席成立大会的军政首脑，有刘湘、赖心辉、邓锡侯、刘成勋、田颂尧等。出席大会的，还有各界居士、诸山长老等。大会公推黄肃方为临时主席[2]，宣布《四川佛学会简章》。刘湘等在会上发表演说。

（五）四川佛教居士林

1933年，杨天智等发起成立四川佛教居士林。杨天智捐成都灯笼街住宅

---

[1] 四川省地方志编纂委员会：《四川省志·宗教志》，成都：四川人民出版社，1998年，第215页。曾友和、邓继权：《重庆佛学社始末》，《长江文明》，2018年第4期。

[2] 黄肃方（1878—1951），名金鳌，四川隆昌人。曾赴日本留学，入东京警监学校。回国后，历任四川军政府总务处长、川东宣慰使、嘉陵道道尹、四川参议会参议员。1940年12月起，被选为第二届、第三届、第四届国民参政会参政员。1948年5月，被选为总统府立法院立法委员。在川创办通慧汽车运输公司、成都启明电灯公司、乐山嘉乐纸厂等多家企业。

半院作为地址。四川佛教居士林以讲经念佛为主要活动,兼办各种慈善事业。四川佛教居士林在组织形式上采取理事制,设正副林长主持工作,下分设佛事、总务、文书、交际、慈善等组,以处理日常有关事务。礼请昌圆及各大丛林住持为指导师,选举杨天智人林长,杨仲铭、李一支任副林长。四川佛教居士林成员约 500 人。经费由成员捐助。①

（六）维摩精舍

1943 年 5 月,袁焕仙与贾题韬、朱之洪（叔痴）、但懋辛、萧静轩、傅真吾、释昌圆、谢子厚、许止烦、南怀瑾等人在成都发起成立"维摩精舍"。1944 年 2 月,维摩精舍正式成立。地址在成都市提督街三义庙内。

维摩精舍的宗旨是昌明佛法,整饬戒律,发扬大乘救世精神,促进中国固有文化之发展,"期兼取新旧之长,并收知行之效"。根据傅真吾等人报成都市政府《呈为发起组织维摩精舍请准筹备由》,维摩精舍所预期的任务涉及知、行两方面。"在研究方面：（一）比较中、梵、藏、巴利各系经典,以明其同异；（二）由史地的观点考察佛学之发展,以明与各民族兴替之关系；（三）与各种宗教及哲学参伍比较,以明佛学之真值","在实践方面：1、凡会员均须戒行清净,2、须切实体验使身心进于康乐,3、积极的服务社会事业,事关佛学前途,实即培养国本"。② 维摩精舍的成员以社会名流及知识分子为多,其活动主要是探讨和阐扬禅宗学说,"以实践、研究禅学为旨,可谓中国佛教史上第一个禅宗居士团体"③。

维摩精舍的内部分工为：袁焕仙负责法部,傅真吾负责财部,贾题韬负责学部。平时,由袁焕仙"驻舍主法",进行自由问答讨论,并定期举行讲经或禅七等活动④,编辑印行《维摩精舍丛书》（共两函）⑤。当时的参加人员有南怀瑾、杨光代及释通宽等。

维摩精舍下设五个分社,即南京分社（负责人释通宽）、重庆分社（负责

---

① 四川省地方志编纂委员会：《四川省志·宗教志》,成都：四川人民出版社,1998 年,第 215—216 页。
② 转引自吴华：《维摩精舍：以佛为主融通三教》,《佛学研究》,2015 年第 1 期,第 375 页。
③ 陈兵：《自在之行——佛法正道论》,北京：华夏出版社,2009 年,第 299 页。
④ 有时,也在灌县（现都江堰市）灵岩寺举办禅七活动。
⑤ 1988 年 6 月,中国书店据 1944 年刻本影印《维摩精舍丛书》。

人徐剑秋)、内江分社（负责人伍心言）、中江分社（负责人李范中）、盐亭分社（负责人金濂溪）。1945年1月，维摩精舍被四川省政府拒绝登记。1949年，停止活动。

三、佛教报刊的创办

近代以来中国佛教的复兴，与诸多因素有关，而一系列佛教报刊的创办与发行也发挥了重要作用。根据日本研究中国近代佛教的学者统计，从1912年到1936年，中国出版的大小佛教报刊有300多种[1]，刊期短的仅有数月，长的则与中国近代的佛教革新相始终。

依据黄夏年主编《民国佛教期刊文献集成》与《民国佛教期刊文献集成·补编》所载[2]，民国时期编纂佛教期刊的省市较多，居其前列者分别是上海（62种）、北京（38种）、江苏（31种），四川（25种，其中重庆有8种），四川地区的佛教期刊总数排名第四。[3]

根据研究者的重新统计，民国时期在四川地区出现过的佛教期刊不止25种，实际上有30种（见表6—1)[4]：

表6—1 民国时期四川的佛教期刊

刊名	创刊时间	创刊地点
佛学旬刊	1922年5月	四川成都
大狮子吼半月刊	1925年1月	四川成都
四川佛教旬刊	1925年5月	四川成都
佛教新闻	1927年	四川成都
宝慈月刊	1928年	四川成都
灵泉通信	1928年	四川三台

---

[1] 转引自方立天：《中国佛教简史》，北京：宗教文化出版社，2001年，第378页。说明：《中国佛教简史》没有交代资料来源。
[2] 黄夏年：《民国佛教期刊文献集成》，北京：全国图书馆文献缩微复制中心，2006年。黄夏年：《民国佛教期刊文献集成补编》，北京：中国书店，2008年。
[3] 唐红丽：《民国四川佛教期刊刍议》，《法音》，2010年第7期。
[4] 唐红丽：《民国四川佛教期刊刍议》，《法音》，2010年第7期。说明：笔者对表格有所调整、改动，并且对部分刊物做了补充说明（如《灵岩学报》)。

续表6-1

刊名	创刊时间	创刊地点
藏民声泪	1928年12月	四川成都
电请改定条例①	1929年	四川成都
般若半月刊	1929年	重庆
西南和平法会特刊	1931年4月	重庆
四川佛教月刊	1931年4月	四川成都
荣县佛学月刊	1932年7月	四川荣县
世界佛学苑汉藏教理院年刊	1934年3月	重庆
汉藏教理院立案文件汇编	1936年	重庆
渡舟月报	1937年1月	四川云阳
佛化新闻报	1937年6月	重庆
狮吼龙啸	1939年1月	重庆
汉藏教理院通讯录②	1940年7月	重庆
佛化评论	1940年6月	四川成都
大雄月刊	1942年6月	四川成都
世界佛学苑汉藏教理院特刊	1944年10月	重庆
文教丛刊	1945年2月	四川内江
陪都慈云寺僧侣救护队纪念刊	1945年3月	重庆
净宗随刊	1945年11月	四川威远
灵岩学报③	1946年10月	四川灌县（今都江堰市）
净土月刊	1948年3月	四川威远
佛光季刊④	1949年3月	四川綦江

---

① 全称是"四川佛教团体电请政府改定寺庙管理条例"。
② 全称是"世界佛学苑汉藏教理院普通科第二届毕业通讯录"。
③ 《灵岩学报》其实是综合性的国学期刊。因创刊号有唐君毅的《佛学时代之来临》，故姑且列于此。
④ 由四川綦江佛光社编辑发行，仅出一期。

续表 6-1

刊名	创刊时间	创刊地点
海潮音	1920 年 1 月	浙江杭州
内院杂刊	1931 年	江苏南京
净土宗月刊	1935 年	湖北武昌①

民国时期在四川地区出现过的这些佛教期刊，大致具有以下一些特点：第一，佛教期刊发展极其不平衡，绝大部分期刊都出现在成都和重庆两个大城市，其他地市创办的佛教期刊寥寥无几。第二，期刊大都由佛教团体、组织或一些居士创办为主，也有寺庙独立自主创办的。第三，大部分期刊寿命甚短，有的只是"昙花一现"，且只出版一期的特刊占有一定比例，发行时间较长的很少。第四，特刊居多，这是民国时期四川佛教刊物又一显著特点。第五，佛教期刊主要由两种类型构成，即省内自办期刊与抗战时自省外迁移期刊。②

下文选择其中的八种报刊略作介绍。这八种报刊，既有四川省内的（如《佛学旬刊》），也有自省外迁入四川的（如《海潮音》）；既有大城市的（如成都的《四川佛教旬刊》），也有中小城市的（如威远的《净宗月刊》、荣县的《荣县佛学月刊》）；既有杂志（如《大雄月刊》），也有报纸（如《佛化新闻报》）；既有佛教团体主办的（如《四川佛教月刊》），也有教育机构主办的（如《文教丛刊》）。

（一）《佛学旬刊》

这是四川地区最早的佛教期刊。1922 年在四川成都创刊。审定刘雏明，编辑谢知周，发行朱幸觉，收支黄镜波。发行所位于成都少城公园佛经流通处经坊，由成都昭忠寺街孝昌公司印刷。到 1933 年 1 月 24 日，《佛学旬刊》已经出版了 28 期。1937 年停刊，维系时间比较长。

（二）《四川佛教月刊》

《四川佛教月刊》的前身是《四川佛教旬刊》，1925 年 5 月创刊。《四川佛

---

① 抗战期间内迁四川。
② 唐红丽：《民国四川佛教期刊刍议》，《法音》，2010 年第 7 期。

教旬刊》原为旬刊①，后于1931年4月改为月刊，是为《四川佛教月刊》。后因经济困难，1942年起改为双月刊。《四川佛教月刊》由四川省佛教会编辑、发行，社址在成都文殊院。该刊以宣传佛教、利乐有情、教育僧众、促进教务为宗旨，辟有"法论""公论""公文""新闻""艺林"等专栏。

(三)《净宗月刊》

原名《净宗随刊》。1945年11月创刊于四川威远县，不定期出版。1948年3月改为月刊。1952年停刊。威远县中峰寺僧人释一西主编、发行。《净宗月刊》以弘扬净土法门、提倡念佛往生为宗旨，辟有古德言行、今人著述、往生传略、佛化消息、因果故事等专栏。《净宗月刊》印量不大，但流通面较广，在佛教界颇具影响。

(四)《文教丛刊》

东方文教研究院编辑、发行。社址初设四川内江圣水寺，后迁至成都西门外罗家碾。1945年2月创刊，1949年停刊。《文教丛刊》以发扬东方的儒学、佛学，批判吸收西方学说，以期融会贯通，促进人类文化之改造为宗旨，辟有阐述儒释两家学说的专著、评价西方哲学和社会科学的论文及文艺创作等专栏。撰稿人有王恩洋、吕澂、田光烈（1912—2007）、李源澄、陈铭枢（1889—1865）、严立三（1892—1944）、吴宓（1894—1978）等。《文教丛刊》学术性、思想性较强，在知识分子群体中有较大影响。

(五)《大雄月刊》

1942年6月创刊，共出版4期。惟贤法师（1920—2013）主办、编辑，发行人是释川藏。大公印书局代印，成都十方堂（原名武圣寺）发行。《大雄月刊》以发扬佛陀大雄精神、弘扬大乘佛教、护国救世、改革佛制为宗旨，内容有佛教理论、诗歌、小品等。

(六)《荣县佛学月刊》

1933年创刊，赵熙题写刊名。川南知名居士黄觉（书云）主编，荣县佛

---

① 《四川佛教旬刊》在改名为《四川佛教月刊》之前，曾经一度改名为《佛化旬刊》。（成都市地方志编纂委员会：《成都市志·报业志》，成都：四川辞书出版社，2000年，第46页。）

学社发行，社址在四川荣县中西街。《荣县佛学月刊》以宣扬佛教、挽救人心、改良风俗为宗旨，内容有论说、采录、解释、灵感、艺文、答问、消息、格言等。《荣县佛学月刊》发行量不大，但选稿较精、质量较高，在川南一带有较大影响。

（七）《佛化新闻报》

《佛化新闻报》由许止烦居士主编，每周一刊，初为四版。从第97期起，由四版改为二版。这是当时四川唯一的佛教报纸，在民国佛教资料史上占有一席之位。1937年6月17日创刊，社址在重庆白龙池口25号。由佛化新闻社发行，发行部在重庆长安寺佛学社内。1939年5月，日本飞机轰炸重庆，印刷厂停工。7月，报社迁至成都桂花巷12号复刊。1945年7月12日，许止烦居士去世，《佛化新闻报》亦随之停办。

《佛化新闻报》以采访报道有关佛教的新闻为主，以宣传佛教、挽救世道人心为宗旨。《佛化新闻报》信息灵通、取材广泛，当时许多有影响的高僧（如太虚、弘一、虚云、能海、法尊等）的消息，都经常出现在这份报刊上；同时，对一些不出名的小庙或一些偏远地区的佛教情况也时有披露。尤其可贵的是，和《海潮音》一样，《佛化新闻报》对佛教界的抗日救护活动进行了报道。

《佛化新闻报》和《海潮音》所报道的内容，具有如下特点：阐明职责使命，强调护国护教；广泛宣传动员，突出应世护国；揭露日寇罪行，捍卫人类文明；颂扬护国壮举，彰显佛陀情怀。[1]

（八）《海潮音》

1920年1月创刊，其前身是1915年创刊的《觉社丛书》[2]。原属季刊，改名后为月刊。第一卷由太虚大师在杭州亲自编辑，在上海印刷、发行。抗日战争爆发后，由于受战争影响，《海潮音》先后迁徙到湖南衡阳、贵州贵阳编辑，

---

[1] 曾友和：《抗战时期中国佛教界抗日活动述论——以〈海潮音〉与〈佛化新闻报〉为中心》，《江汉大学学报》（社会科学版），2016年第6期。

[2] 1919年10月，《觉社丛书》出版至第五期停刊。1920年1月改名为《海潮音》，意为"人海思潮中之觉音"。

最后迁至重庆长安寺编辑。1939年重庆大空袭，《海潮音》无法出版，一度迁至云南昆明编辑、印刷。1941年7月，再迁至重庆北碚缙云寺。1943年，《海潮音》再由重庆迁至成都大慈寺编辑、发行。抗战胜利后，《海潮音》相继迁至湖北汉口、江苏南京、台湾，继续编辑、发行。① 至1949年，《海潮音》共出版了352期。

《海潮音》以"发扬大乘佛教真义，引导现代人心思正"为宗旨，内容充实，学术水平较高。《海潮音》是近代历时最久、影响最大、学术价值最高的佛教期刊，堪称近代佛教的一面旗帜。

民国时期四川学者关于佛教的重要文章乃至重要著作，有的便发表于《海潮音》。比如：

刘洙源：《唯识学讲义》，《海潮音》第2卷第5、10、12期，1921年5、10、12月。

刘洙源：《唯识学讲义》，《海潮音》第3卷第7期，1922年7月。

刘洙源：《唯识学讲义》，《海潮音》第4卷第3期，1923年3月。

刘洙源：《覆但怒刚居士书：拟编纂佛学门经书》，《海潮音》第3卷第5期，1922年5月。

满智：《因缘法之空假中义》，《海潮音》第5卷第1期，1924年1月。

满智：《心理学之本能与唯识宗种子之关系（唯识浅释之一）》，《海潮音》第6卷第5期，1925年6月。

满智：《唯识性之研究（附图表）》，《海潮音》第8卷第3期，1927年3月。

满智：《唯识学之理论和原流及其价值（附表）》，《海潮音》第12卷第5期，1931年5月。

满智：《世界佛学苑汉藏教理院之使命》，《海潮音》第13卷第1期，1932年1月。

能海、果瑶：《能海果瑶两上人自川边理化县上太虚法师书》，《海潮音》

---

① 1948年，由大醒主编，以战事之故，携至台湾发行。印顺曾为社长，李子宽曾为发行人。社址设于台北善导寺。

第 6 卷第 5 期，1925 年 5 月。

能海等：《培修龙护舍利宝塔序》，《海潮音》第 18 卷第 5 期，1937 年 5 月。

王恩洋：《王恩洋先生复满智比丘书》，《海潮音》第 12 卷第 4 期，1931 年 4 月。

王恩洋：《唯物杂评》，《海潮音》第 13 卷第 6 期，1932 年 6 月。

王恩洋：《佛学解行论》，《海潮音》第 13 卷第 11 期，1932 年 11 月。

王恩洋：《二十唯识论疏》，《海潮音》第 19 卷第 4－8 期，1938 年 4－8 月。

王恩洋：《支那内学院王恩洋居士来函》，《海潮音》第 6 卷第 5 期，1925 年 5 月。

王恩洋：《佛法与中国之文学》，《海潮音》第 27 卷第 4 期，1946 年 4 月。

王恩洋：《人生学》，《海潮音》第 14 卷第 5 期－第 16 卷第 10 期，1933 年 5 月—1935 年 10 月。

王延贵：《以破极微与粗色之理成立唯识》，《海潮音》第 23 卷第 1、2 期，1942 年 1、2 月。

四、文化交流的进行

（一）国际交流

佛教是国际性的宗教，各国佛教界的交流乃情理中事。四川佛教界的对外交流始于南北朝时期，历代络绎不绝。晚清民国时期的清福、禅庵、大勇、太虚、程宅安等人，都有从事佛教文化国际交流的活动与业绩。

1880 年至 1906 年，四川僧人清福曾游历朝鲜、日本、不丹、越南、暹罗（今泰国）、新加坡、缅甸、印度、锡兰（今斯里兰卡）、尼泊尔、孟加拉等国，请回贝叶经 5 部、舍利 15 粒、大小玉佛 27 尊以及天衣、水幔等，分送国内各大寺院（如普陀山盘陀寺、南京云居寺、武昌濂溪寺、峨眉山万年寺、遂宁广德寺、彭县龙光寺、崇庆上古寺等）供奉。

继清福之后至海外请佛、取经的四川僧人，还有一位禅庵①。1925年，禅庵在成都文殊院创办空林佛学院，并任院长。他率众整修文殊院祖堂，并请回缅甸玉佛、日本《新修大正大藏经》。另外，峨眉山僧人果伽，亦从缅甸运回玉佛多尊，今存峨眉山。

民国时期，四川僧人大勇法师曾经两度到日本高野山学习密教（东密），并得大阿阇梨学位。1921年冬，大勇与觉随东渡日本学习密教。到东京之时，二人偶遇在东京留学的陈济博（1899—1994，陈元白居士之子）。陈济博对密宗亦有兴趣，遂与大勇、觉随到和歌山县高野山。途中，觉随忽然改变了态度，对大勇和陈济博施以种种欺凌手段，到了高野山，也不能安住。于是陈济博仍返回东京读书，只有大勇一人留下来。大勇访得金山穆昭阿阇梨，请求学法。金山穆昭亦认为大勇堪从受教，但须筹备得两年的学费。1922年春，大勇返回杭州，筹措费用，并约持松②同往。1922年冬，大勇再度赴日，入高野山密宗大学，专修密教。一年之后，又从金山穆昭阿阇梨学习金刚、胎藏二部曼荼罗大法，受传法大灌顶，得大阿阇梨学位。学成回国后，大勇在上海、杭州、武汉等地开坛、说法、灌顶。1924年北上，在北京从白普仁（1870—1927）学藏密，欲贯通日、藏两系密教，建立完整的中土密教，遂生入藏学密之意。此是后话，详见下文。

1938年年底，太虚大师组织"中国佛教国际访问团"，从重庆出发，访问印度、尼泊尔、缅甸、锡兰（今斯里兰卡）、泰国、新加坡、马来西亚、越南、

---

① 禅庵（？—1935），俗姓张，四川营山人。少时出家于渠县白云寺，21岁受戒于成都文殊院。1922年起出任文殊院方丈，并促进中国佛教会四川支会的成立，曾联络各寺庙共办四川佛学院。1925年，创办空林佛学院，任院长。1935年出席在南京召开的全国佛教会，返川后圆寂于长寿。

② 持松（1894—1972），俗姓张，湖北荆门人。法名密林，灌顶后号入入金刚。又以私淑玄奘大师，自号师奘沙门。18岁投荆门铁牛寺出家，20岁于汉阳归元寺受比丘戒。1914年入上海哈同花园华严大学，依据月霞研习华严宗义。毕业后，复往当阳玉泉寺，从祖印和尚研习天台教义。1917年嗣月霞法师位，住持常熟虞山兴福寺。1921年，至安庆任教。1922年冬，受杭州诸居士的影响，对密教发生兴趣，遂有东渡之意。后与大勇联袂东渡日本高野山学密，得阿阇梨位。返国后，传密法于武汉，名噪一时。先后执教于常熟法界学院、安庆佛教学校等处。生平著作甚多，主要有《华严宗教义始末记》《大日经·住心品撰注》《金刚大教王经疏》《金刚界行法记》《摄大乘论义记》《观所缘缘论讲要》《因明入正理论义解》《心经阐秘》《般若理趣经集解》《菩提心论撰注》《释尊一代记》《梵语千字文》《奘师文钞》等。

前后历时两年多。访问团揭露日本军国主义荒谬宣传，宣传抗日，弘扬正法，争取东南亚、南亚各国支持中国的抗日战争。1940年6月归国后，曾在汉藏教理院展出成果，引起轰动。[1]

民国时期到日本学习密宗的，还有一位四川籍居士程宅安。程宅安是持松法师的皈依弟子，20世纪20年代时即受灌顶。后又随日僧东渡，依丰山派新义真言宗权田雷斧学密，得传法阿阇梨位。回国之后，亦弘扬密宗。著有《密宗要义》(1929)，编有《佛学大意》《密乘法海》等。《密宗要义》除介绍日本真言宗的主要教义、教史外，还就时人对密教的种种误解作出回答，在民国佛教界有一定影响。其序云："书分为五编，初为总论，次为教相事相，次为略史及经论大意。凡密教应知之旨，靡有缺遗。"

（二）汉藏交流

藏传佛教自元明清以来不断传入内地，在近代出现了西上康藏求密的热潮。民国时期的大勇、能海、慈青以及多杰格西、东本等人，都热心从事汉藏佛教文化的交流与合作。其中，大勇组织"留藏学法团"西上康藏求密的努力尤其可敬可贵，"创造了中国近代佛教史上的一大壮举"[2]。而能海的入藏学密与汉地弘密，对藏传佛教在四川及其他地区的广泛传播起了重大作用，并且产生了深远影响。

1. 大勇及其留藏学法团

大勇在北京从白普仁学藏密之后，产生了入藏学密的念头。1924年9月13日，大勇在北京慈因寺成立"藏文学院"，做入藏学法的准备。藏文学院的学员有法尊、大刚、密严、善哲、朗禅、恒演、超一、观空、法舫等，主要学习藏语文，同时请多杰为导师传授藏密。1925年5月，大勇把藏文学院改组为"留藏学法团"，并且制定了详细的行程规划及办事简章，积极准备入藏。1925年6月4日，留藏学法团由北京出发。留藏学法团一行20余人[3]，由大勇任团长。留藏学法团下设三股（总务股、事务股、法务股），各股及其执事

---

[1] 四川省地方志编纂委员会：《四川省志·大事纪述》（中册），成都：四川人民出版社，1999年，第221页。

[2] 吕建福：《中国密教史》，北京：宗教文化出版社，1995年，第636页。

[3] 如果加上后来加入者，则共计有30余人。

人员如下①：

总务股：主任大刚，股员严定（记录）、观空，和一位管账的杜居士。

事务股：主任超一，下分三组：

伙食采购组：股员天然、密严，和一位管账的孙居士。

行李组：股员圆住、会中、密吽，和管登记的霍居士。

医药组：股员恒照、圆住（兼）。

法务股：主任朗禅，下分三组：

悦众组：股员法尊、粟菴、智三。

侍者组：股员法舫（管理图记）、恒演（管钱）。

香灯组：股员恒明。

而随团同行入藏的成员，还有能海法师。

留藏学法团以汉口、宜昌、重庆、嘉定（今乐山）、峨眉、成都、打箭炉（今康定）为途中大站，按站进行。1925年冬，经由四川进入西康。因西藏方面怀疑留藏学法团有政治目的②，多方阻挠，不允入藏。不得已，留藏学法团在打箭炉停留下来，只好在当地寻师求法，依大格西洁尊者修学藏文经典。在此段时间内，大勇将宗喀巴大师的《菩提道次第略论》译为汉文。在修学之暇，大勇复为当地汉民演说中土佛教，使众人渐知敬信。

在打箭炉，留藏学法团前后逗留了一年有余。1927年春季，大勇率领一部分团员继续前进（另外一部分仍留在打箭炉），拟赴拉萨求法。可惜的是，大勇等人行至藏边甘孜，复为守军所阻，不得已又在甘孜停留下来。甘孜有一位札迦大喇嘛，道隆德劭，为全藏人所崇仰。大勇率领留藏学法团，依止札迦大喇嘛，穷研密宗，精进不懈，大勇因此而得札迦传以阿阇梨法位。

在甘孜期间，因经费困难，团员的生活极为艰苦。加之康藏苦寒，团员中

---

① 关于留藏学法团的更详细情况，请参看释东初：《中国佛教近代史》，台北：东初出版社，1974年。

② 法尊法师后来回忆，"到了甘孜，就住在商人家里。勇法师是支官差用官兵护送着进藏，一路上轰轰烈烈大有不可一世之概，尤其那沿途的县长官员等，皆是争前恐后地受皈依，学密咒，郊迎郊送，川边的蛮子们，哪里见过这样尊重有礼的盛举呢？也就是勇法师的气派太大，藏人误为国家特派的大员，西藏政府来了一纸公文挡驾，并有两张通知甘孜的商人，不准带汉人进藏。障碍发生，只得暂时住下了"。（释法尊：《入藏求法之经过》，《法尊法师佛学论文集》，北京：中国佛教文化研究所，1990年。）

有以气候不能适应，或水土不服而罹病及丧命者，已占十之二、三。到1929年间，健存者已不及20人。大勇亦以生活艰苦、积劳致疾，于1929年8月10日在甘孜札迦寺示寂，可谓"壮志未酬身先死，留取丹心照汗青"。

在此，顺便说一说留藏学法团的其他团员。法舫随团到达甘孜之后，见入藏学法机缘尚未成熟，遂于1927年下半年返回武昌佛学院。随行的能海法师，1928年即离开甘孜，独身入藏，1929年到达拉萨，礼康萨仁波卿为师。能海留藏七年，于1935年回内地弘化。法尊①于1931年进入西藏，学法于拉萨哲蚌寺。三年后，法尊取道印度回国，主持太虚大师创办的"汉藏教理院"。十余年间，法尊培育了大批的汉藏佛教僧才。至于其他的团员，密悟、恒演于1935年入藏深造，大刚留在西康未返。其余未入藏的，在西康学习多年之后，也先后返回内地。其中，严定、观空二人入汉藏教理院任教，严定任藏文系主任。以上入藏学法诸人，对沟通汉藏文化都有卓越贡献，而以法尊、能海的成就最大。②

大勇率领留藏学法团进藏求法虽然壮志未酬，但他这一行动业已名垂青史。今人评价，"大勇组织留藏学法团进藏求法，是近代密教复兴运动中的一个重大事件，也是整个密教史乃至中国佛教史上的一大壮举，像这样有组织有计划的求法活动，在中国佛教史上还是少见的，它表现了中国近代佛教复兴与改革运动的勇气和精神"③。

2. 能海的学密与弘密

能海前后两次入藏。第一次入藏是在1928年。其实，早在1925年10月，能海便与同戒兄弟数人到康定跑马山的喇嘛庙潜心学习藏文藏语，积极准备赴

---

① 法尊（1902—1980），俗姓温，名庚公，字妙贵，河北深县（今河北深州市）人。在五台山显通寺玉皇顶出家，在北京法源寺受具足戒。曾先后入武昌佛学院、北京藏文学院学习，师从太虚大师和大勇法师。后随大勇法师组织的赴藏学法团到西康甘孜，从昌都安东格西专攻藏文。1932年入藏，在拉萨哲蚌寺学习。1936年，在重庆代理太虚主持汉藏教理院，直至中华人民共和国成立前夕。1950年，在北京主持菩提学会藏文译事。历任中国佛教协会常务理事、中国佛学院副院长、院长之职。1980年圆寂。通晓藏文，译著甚多，主要有《菩提道次第论》《密宗道次第论》《辨了不了义论》《大毗婆沙论》等。

② 关于留藏学法团的更详细情况，请参看王海燕、喜饶尼玛：《"留藏学法团"与民国时期汉藏文化交流》，《中国边疆史地研究》，2010年第2期。吴华、段玉明：《凝聚与发散：成都佛教在民国汉藏交流中的中转效应》，《西南民族大学学报》（人文社会科学版），2015年第1期。

③ 吕建福：《中国密教史》，北京：中国社会科学出版社，1995年，第637-638页。

藏求法事宜。1928年6月，能海率永光、永轮、永严，带着早已准备好的口粮、帐篷、茶叶前往拉萨朝圣。他们一路克服了许多常人难以想象的困难，翻越了山高路陡的二郎山、折多山，又多次遭遇强盗抢劫，可谓备尝艰辛。经过100多天的艰难跋涉，能海一行终于从四川走到了拉萨，创造了川僧入藏的奇迹。为了向康萨仁波卿上师学习黄教密宗法则，能海"每日三次礼拜，每晨都用坛远道背水登楼，供上师用水烧茶。晴雨寒暑从无间断，并作清洁佛堂杂务"[1]，因此深得康萨仁波卿喜爱。能海所学显法，以《现证庄严论》为主，结合般若五会，兼及入中论、俱舍、戒律、因明以及各派注疏宗要；所学密法，则是以文殊大威德仪轨为主的四部宗法及灌顶、开光等。能海在康萨仁波卿身边听他讲法5年，终于大彻大悟。1932年，康萨仁波卿为能海灌顶开光，将西藏黄教始祖宗喀巴大师28代传人之殊荣传于能海。能海是汉藏佛学史上第一个获此最高学位的汉族高僧。除最高学位外，能海又取得黄教密宗经书120部。此后，能海又前往尼泊尔、印度朝圣。当能海法师于1932年底回川之时，数以万计的佛教徒燃灯捧香，在成都从万里桥至石羊场近慈寺长达6公里的路上搭设供桌，跪迎能海法师取经归来。[2]

能海第二次入藏是在1940年。这一年，康萨格西准备到内地弘法，能海决定亲自前往迎请老师，于是率领弟子照通、普超等人再次入藏。不巧的是，康萨格西染疾不能成行，将其衣钵法器和许多珍贵经典全部交给能海，嘱咐能海回内地后弘传其法。这表明，康萨格西已经指定能海为继承其法统的承传弟子了。因此，能海法师又有"汉地藏传密宗初祖"的称誉，在内地佛教界的威望日隆。

能海学成返回内地之后，相继在上海、太原、北京等地广为弘传藏语系佛教。抗战爆发后返川，在成都近慈寺创建了内地第一个密宗道场[3]。到抗战胜利之时，能海法师已经先后在成都近慈寺、重庆真武山、绵竹云雾山、峨眉慈

---

[1] 宗顺：《能海上师传》，油印本。转引自石世梁、克珠群佩：《藏汉文化交流的使者——能海法师》，《西藏民族学院学报》，1990年第2期。
[2] 参看徐伯荣：《爱国高僧能海法师》，《四川统一战线》，1999年第11期。
[3] "文化大革命"期间，近慈寺被强行拆除，夷为平地，在原址上修建成都整流器厂和继电器厂。1982年，在原近慈寺西面修建了"古近慈寺"。

圣庵、五台山清凉桥、上海金刚道场等六处建立了密宗道场。

1945年，能海创建了近慈寺译经院，并且亲自撰写门联"通圣言而遍寰宇，导世界以趣大同"，以明译经宗旨。译经院的建立，目的在于培养精通藏文和各国文字的佛学人才，将汉藏佛教经论互译刊印以补对方所缺。译经院还拟将汉藏佛典译成外文推向世界，将各国佛教论著译为汉文以供参考，从而促进国际间的佛学交流。20世纪30至40年代，能海法师及其弟子共译出藏文经论50余部，刻印显密经论80余部。能海法师创办的近慈寺译经院，也成为汉藏僧众增加接触的重要渠道之一。[①]

能海法师弘扬佛法40余年，影响遍及国内外。1945年，美国驻成都新闻处的官员持罗斯福总统（Franklin Delano Roosevelt，1882—1945）的手函邀请能海法师赴美弘法。能海因法务繁忙，推辞未赴。[②] 1949年，美国学者罗加思曾到近慈寺听经留住三月，并受皈依入佛门。同时，美国哥伦比亚大学的研究生、比利时天主教徒也曾来寺听经。1952年，能海作为中国代表团成员，出席在维也纳举行的世界和平大会。[③]

能海法师培养了许多弟子。其中，永光法师（1901—1988）嗣其法位，为近慈寺住持，后任四川省佛教协会副会长、成都市佛教协会会长。普超法师，先任峨眉山报国寺方丈，后任四川省佛教协会副会长、四川省政协委员。妙轮法师，曾任新都宝光寺方丈，后离川，历任五台山广济茅篷（又名碧山寺）方丈、山西省佛教协会副会长、山西省政协委员等。仁清法师（1900—1992），俗姓蒙，字文登，四川盐亭人，"落发五台，皈依能海，晚居莆田广化寺"[④]。请佛法师，任五台山佛教协会会长。成佛法师，任五台山显通寺住持。隆莲法师（1909—2006），成都爱道堂住持，四川省佛教协会会长，被中国佛教协会

[①] 参看杨俊：《能海法师与四川佛教之发展》，《成都大学学报》（社会科学版），2013年第5期。

[②] 参看（1）宗顺：《能海上师传》，油印本。转引自石世梁、克珠群佩：《藏汉文化交流的使者——能海法师》，《西藏民族学院学报》，1990年第2期。（2）释隆莲：《能海法师事迹简介》，载《名僧录》，北京：中国文史出版社，1988年，第187页。

[③] 四川省地方志编纂委员会：《四川省志·人物志》，成都：四川人民出版社，2001年，第577页。

[④] 龚谨述：《蒙文通先生传略》，载蒙默：《蒙文通学记》（增补本），北京：生活·读书·新知三联书店，2006年，第310页。

前会长赵朴初誉为"中国第一比丘尼"。1984年，创建中国唯一国家级培养佛门女弟子的四川尼众佛学院并任院长，历任尼部戒和尚。1986年，获日本佛教传道文化奖。能海法师的弘法讲述多由她记录整理成稿。定净尼师，与隆莲共同创建四川尼众佛学院，蜚声国内外。万法法师，曾任绵阳罗浮山飞鸣禅院方丈、四川省佛教协会咨议委员会副主席、绵阳市政协委员和人大代表。清定法师（1903—1999），曾任成都昭觉寺住持、中国佛教协会暨四川省佛教协会常务理事、成都市佛教协会会长、中国人民政治协商会议成都市委员会常务委员等，被中国佛教协会前会长赵朴初誉为"中国一个不可多得的高僧"。贞意法师（1921—2003），能海上师亲传临济宗第四十五代和尚，曾任成都石经寺第五十二代方丈、新都宝光寺第五十七代方丈、四川省和成都市两级佛教协会会长，成都市人大常委等。除此之外，还有常浩、先学、通一、照通、普亮等。①

在此，附带说一下慈青②，因为他也有汉藏交流的经历。慈青早年在成都莲花庵出家为僧，后入成都昭觉寺佛学院学习。慈青曾由能海举荐，赴拉萨从康萨仁波卿学习六年，又于1940年赴印度参拜释迦牟尼圣迹。

3. 其他

除上文所说汉地僧人大勇、能海、慈青之外，自20世纪20年代开始，藏传佛教各宗派均有活佛、格西到四川及其他地区讲经传法。当时，社会上层及一般信众争相皈依，掀起了一股学习藏密的热潮。

比如，格鲁派多杰觉巴格西到四川弘法，四川军政首脑率先皈依，并迎请在成渝主持盛大的"西南和平法会"（1931年），又在重庆建造"菩提金刚塔"。东本和阿旺南结堪布，也先后在四川、西康各地讲授《菩提道次第论》《现观庄严论》《生起圆满二次第》等从未在汉地流行的显密法要。噶举派的贡噶活佛，也至川灌顶传授大法。汉僧中唯一考取格西的密悟，也在各地宣讲

---

① 参看杨俊：《能海法师与四川佛教之发展》，《成都大学学报》（社会科学版），2013年第5期。

② 慈青（1912—1978），俗名杜兆其，别名杜白，号宗睿，四川成都人。自印度返川后，在成都昭觉寺、近慈寺任教。1946年任昭觉寺方丈。中华人民共和国成立后，历任中国佛教协会理事、常务理事、四川省佛教协会会长、四川省文史馆馆员。参看四川省地方志编纂委员会：《四川省志·人物志》，成都：四川人民出版社，2001年，第921页。

《道之三要》①。1945年夏，社会名流梁漱溟（1893—1988）、谢无量（1884—1964）、罗庸（1900—1951）等人，也曾在重庆缙云山石华寺闭关，从贡噶活佛修习藏密功法。

五、重要人物与著述

梁启超（1873—1929）曾经精辟地指出，"晚清思想家有一伏流，曰佛学"，"晚清所谓新学家者，殆无一不与佛学有关系，而凡有真信仰者率皈依文会"。②赵朴初（1907—2000）亦尝精炼指出，"近世佛教昌明，义学振兴，居士（指杨文会）之功居首"③。这是公论，也是定论。杨文会（1837—1911）被誉为近代佛学复兴的"中兴之祖"④。

当今学人经过广泛考察后指出，晚清以来在中华大地逐渐出现了佛学复兴运动，其时之佛学运动主要体现为居士佛学、僧尼佛学和经世佛学三大层面。⑤大致而言，僧尼佛学的代表人物有虚云、印光、太虚、谛闲、月霞、弘一、持松以及四川的清福、昌圆、能海、大勇、袁焕仙、万慧等⑥，居士佛学的代表人物有杨文会、欧阳渐、韩德清（时有"南欧北韩"之称）、蒋维乔、吕澂以及四川的张克诚、刘洙源、谢无量、王恩洋、吴虞等⑦，经世佛学的代表人物有龚自珍、魏源、康有为、梁启超、谭嗣同、宋恕、章太炎以及四川的

---

① 隆莲法师有《道之三要笔记》。
② 梁启超：《清代学术概论》，上海：上海古籍出版社，1998年，第99页。
③ 赵朴初：《金陵刻经处重印经书因缘略记》，载杨文会撰、周继旨校点：《杨仁山全集》，合肥：黄山书社，2000年，第624页。
④ 杨文会（1837—1911），字仁山，池州石埭（今安徽石台）人。清末佛教学者、居士。1866年，在南京筹建"金陵刻经处"。在日本佛学学者南条文雄（1849—1927）的帮助下，从日本求得中国古德著述，择要刻印，其中多有中国久已佚亡的典籍，也助日本人编辑《续藏经》提供东瀛未有的注疏及密教典籍。光绪三十三年（1907），在南京创"祇洹精舍"，教授僧俗学员。1910年，创佛学研究会，自任会长。著有《大宗地玄文本论略注》《佛教初学课本》等。
⑤ 李向平：《救世与救心——中国近代佛教复兴思潮研究》，上海：上海人民出版社，1993年。吴雁南等：《中国近代社会思潮（1840—1949）》（第一卷），长沙：湖南教育出版社，2011年。
⑥ 本处所说"四川"，主要指的是四川地区的佛教、四川人士的佛学。
⑦ 晚年的吴虞，"于安身立命之地，终觉茫无所归著"，于是皈依佛教，"此后当以佛学为归宿"。见吴虞：《爱智日记》（1915年8月31日），《吴虞日记》，成都：四川人民出版社，1984年，第208页。

王恩洋等①，而经世佛教则更多体现在佛教的社会文化事业中（如办学、办刊、慈善、法事等），具有强烈的时代色彩与浓厚的抗战色彩。

下文对其中具有代表性的十位人物（张克诚、刘洙源、清福、昌圆、能海、大勇、袁焕仙、谢无量、万慧、王恩洋）及其著述、活动等加以论述。

（一）张克诚

张克诚（1865—1922），原名炳桢，字克诚，晚号净如居士，以字行，四川广汉人。民国初年的唯识学者，最早在北京大学及中国大学讲授唯识学的人物。

早年从军，任大同防护使署执法处处长。后弃官不为，居北京广济寺，以行医为业，并潜心研究佛典，于法相唯识用功特勤。1914年，参与创立念佛会，并移居北京西城鹫峰寺。1918年，以蒋维乔（1873—1958）推荐，入北京大学哲学系开设"唯识学"课程。在北京大学讲课时，龚缉熙（能海）常前往听讲，蔡元培、冯玉祥、梁漱溟等亦曾前往听讲。1922年，病逝于北京鹫峰寺。

张克诚精心研究法相唯识学，自成唯识派系。以《成唯识论述记》为原本，著成《成唯识论提要》《百法明门论浅说》《八识规矩颂浅说》《百法明门论浅说》《心经浅说》《印度哲学》等书。1922年刊行的《张克诚先生遗著》，收其佛学论著4种，即《成唯识论提要》《百法明论浅说》《心经浅说》《印度哲学》。②

（二）刘洙源

刘复礼（1872—1950）③，字洙源，号离明，四川中江人。前清拔贡（1909年）。1948年从法光和尚披剃，法名昌宗。出家后驻锡中江白云寺，人称白云法师。初入成都尊经书院，从廖平、宋育仁学。旋进京师大学堂深造。后归川，创办离明书院，又在成都高等师范学校、成都大学、四川大学讲授经

---

① 有兴趣进一步了解的读者，不妨参阅郭朋、廖自力、张新鹰：《中国近代佛学思想史稿》，成都：巴蜀书社，1989年。

② 参看四川省地方志编纂委员会：《四川省志·人物志》，成都：四川人民出版社，2001年，第761页。

③ 说明：有的资料将刘复礼的生年写作1875年，实误。

学。1914年，与能海法师、谢子厚等发起创设成都佛经流通处。后改名"成都佛学社"，社址在成都少城公园（今人民公园）。刘洙源曾在成都佛学社讲经十余年，阐释佛学真谛。晚年隐居于故乡白云山中，常作诗文以自娱。虽然笃信佛教，但不迷信巫术，力破神鬼邪说，总以劝人行善为己任。

刘洙源初以经学扬名蜀中，后以佛学知名于世，而经学名声反为所掩。精唯识，通经论，聘禅悦，尤以华严微妙法特具卓见。刘洙源尝云："吾学佛无师，而先学经学，经学重师法，不杂乱。吾用其法，以读性相两宗之书，台贤两家之学，门庭不紊，遂于无师中得师。"① 刘洙源以经学之法学佛，明显渊源于经学大师廖平的影响。刘洙源自创"观心学派"，其主要理论是："佛学广大，根本在心。行门无量，主要在观。直观自心，见性成佛。学佛不求见性，皆是附佛外道。志求见性，方事佛子。欲求见性，必须观心。观与不观，是为学佛成败之大关也。"② 刘洙源常说："佛在灵山莫远求，灵山就在汝心头。"③

刘洙源的佛学著作有《佛法要领》《唯识学纲要》《唯识学讲义》《略解楞伽》《华严经序》等，均刊行于世。其中，《佛法要领》于20世纪80年代重印，《唯识学纲要》见于《海潮音文库》，《华严经序》载新都宝光寺重印《华严经》首页。其中的《唯识学纲要》一书，"缕述唯识义理甚为条畅"④。

2005年影印出版的《现代佛教学术丛刊》，第23册收入刘洙源的《唯识学讲义》⑤。2013年影印出版的《唯识文献全编》，第59册收入刘洙源的《唯识学纲要》与《略解楞伽》⑥。2018年6月，巴蜀书社推出《刘洙源集》⑦。《刘洙源集》将刘氏现存的经学、佛学、单篇文章、书札等汇为一编，并附录若干与刘氏有关的资料，足以反映刘氏一生的学术成就，具有重要的学术价值。

---

① 转引自唐振彬：《精于经学和佛学的刘洙源》，载四川省政协文史资料研究委员会、四川省文史馆：《四川近现代文化人物续编》，成都：四川人民出版社，1989年，第262页。
② 《刘洙源崇儒终佛》，载德阳市地方志办公室：《德阳掌故》，北京：方志出版社，2005年，第319页。
③ 刘昌颉记，陈复安稿：《精研佛学的刘洙源先生》，附录于鲜成、王家葵编：《刘洙源集》，成都：巴蜀书社，2018年，第245页。
④ 佛日：《法相唯识学复兴的回顾（上）》，《法音》，1997年第5期。
⑤ 张曼涛：《现代佛教学术丛刊》（23）《唯识学概论》，北京：国家图书馆出版社，2005年（影印本）。
⑥ 王联章：《唯识文献全编》，北京：国家图书馆出版社，2013年（影印本）。
⑦ 刘洙源著，鲜成、王家葵编：《刘洙源集》，成都：巴蜀书社，2018年。

(三) 清福

清福（1862—1940），俗姓瞿，法名真修，四川成都人。7岁丧父，依母为生，13岁入商行当学徒。1878年4月，在遂宁悟勤和尚名下剃度。次年春，至新都宝光寺受具足戒。后行脚十方，参访深造。1879年至1887年，四次出游，足迹遍及国内14省市（青、藏、滇、湘、鄂、苏、浙、皖、沪、京、鲁、晋、陕、川）的名山古刹，广结名师求法证悟。1880年至1906年，游历朝鲜、日本、不丹、越南、暹罗（今泰国）、新加坡、缅甸、印度、锡兰（今斯里兰卡）、尼泊尔、孟加拉等国，请回贝叶经5部、舍利15粒、大小玉佛27尊以及天衣、水幔等，分送国内各大寺院供奉（如普陀山盘陀寺、南京云居寺、武昌濂溪寺、峨眉山万年寺、遂宁广德寺、彭县龙光寺、崇庆上古寺等）。1910年，回遂宁广德寺修建玉佛殿、舍利塔。辛亥革命后，曾任中国佛教会四川省支部代表，出席在上海召开的佛教总会会议。1929年，为抵制国民政府颁布的没收寺院财产的《管理寺庙条例》，与圣钦赴南京请愿，迫使当局对条例作出修改。1933年，在遂宁城内修建"爱道佛学社"。又与昌圆等人倡导在四川各地建立了不少念佛堂，广辟弘传佛法场地。1940年8月12日，在遂宁圆寂。尝组织刊刻《五教仪科注宗统编年》，并自任校对。著有《原因略记》四卷。

(四) 昌圆

昌圆（1879—1944），俗姓伍，法号道静，四川郫县（今郫都区）人。1899年，在郫县金龙寺披剃落发，拜觉诚和尚为师。1910年，觉诚圆寂，昌圆任金龙寺住持。1916、1927年，两度任郫县佛教协会会长。1922年起，昌圆先后倡议成立郫县佛学社、觉觉佛学社，创办成都爱道学校、成都地藏庵尼学校、温江爱道学校等。1930年，任四川省佛教协会常务委员。1931年，到南京参谒太虚法师，被举荐任中国佛教会副会长。1936年，任四川省佛教会会长。同年9月，创办四川佛学院，任院长。1942年，筹办"郫县寺庙住持传习所"。1943年，兴办"慈善事业委员会"，任主任委员。1944年，赴灌县灵岩寺，培修补葺寺庙。12月22日，圆寂于莲宗院。昌圆初宗华严、弥陀，晚年专修净土。昌圆持戒精严，皈依弟子数万人，得戒弟子7000余人，剃度比丘30余人、比丘尼40余人，得法弟子数十人（定九、普坤、广文、仁宽、隆光等）。弟子之盛，为蜀中之冠。①

（五）能海

能海（1887—1967），俗姓龚，名学光，字缉熙，四川绵竹人。少年经商，后弃商从戎。1906年考入四川陆军弁目队，1908年转入四川陆军学校速成班。1909年毕业后，被派至云南讲武堂任教官。② 讲武堂结束后返川，复入四川陆军，升任团长，兼北清乡司令，驻防成都。期间听佛源法师讲经，初次接触佛教，并对佛教发生兴趣，拜佛源为师。1914年，调北京袁世凯将军府供职。不久将军府废止，转为川军刘湘部驻京代表，在张家口等地从事实业调查。在京期间，常从北京大学张克诚教授听讲唯识学，又到雍和宫参拜，对藏文佛经之富深为感叹。1915年东渡日本考察实业，对日本佛经之兴隆颇有感触，始而萌发学佛念头。1916年，辞去一切俗务，与刘洙源、谢子厚诸居士在成都创办佛经流通处及少城佛学社。1924年2月，在涪陵天宝寺礼佛源法师剃度出家（其妻张氏同时出家），法名能海。1925年，在新都宝光寺从贯一和尚受具足戒③。先后两次入藏（1928年、1940年），时间长达七年。在西藏，礼康萨仁波卿（1890—1941）为根本上师，深受器重。1933年，能海学成返回内地，在上海、太原、北京等地广为弘传藏语系佛教。抗战爆发后返川，在成都近慈寺创建了内地第一个密宗道场。到抗战胜利时，法师已经先后在成都近慈寺、重庆真武山、绵竹云雾山、峨眉慈圣庵、五台山清凉桥、上海金刚道场等六处建立了密宗道场。

中华人民共和国成立后，能海法师出任中国佛教协会第一至第三届副会长，历任第一至第三届全国人民代表大会代表。能海法师住锡北京广济寺，朱德委员长（1886—1976）常过从存问，畅谈往事，待以师礼，并赠衣致慰，一

---

① 参看四川省地方志编纂委员会：《四川省志·人物志》，成都：四川人民出版社，2001年，第484—485页。

② 朱德刚好也在这一年考入云南讲武堂，因此二人有师生之谊。朱德（1886—1976），字玉阶，四川仪陇人。

③ 贯一（1879—1954），俗姓田，法名圆性，四川德阳人。1916年入新都宝光寺学佛学，1921年任宝光寺方丈兼新都佛学院院长。参看四川省地方志编纂委员会：《四川省志·人物志》，成都：四川人民出版社，2001年，第839—840页。

时传为佳话。"文化大革命"中遭到批斗，1967年元旦圆寂于五台山碧山寺。

1978年3月，五台山佛教协会在显通寺为能海法师召开追悼大会，国家宗教事务局和中国佛教协会均派代表参加，并函电致悼。1981年为纪念能海法师，由国务院拨款在宝塔山麓善财洞侧按照藏传密宗形式建成舍利白塔一座，供收藏遗骨。中国佛教协会会长赵朴初（1907—2000）撰书塔铭，纪其德行。

能海法师讲经弘法、注译密宗经典，尤其在沟通汉藏佛教文化及和平解放西藏等方面做出了杰出贡献。能海一生兼通汉藏，显密并弘。法师主张以大般若为宗，见地要高，行履要实，首重五戒十善。其弟子隆莲总结能海学说，"师于佛学，乃由显教大乘而入密，由密而上溯根本乘原始佛经，诚为独辟蹊径"①。

能海法师学识广博，著述宏富，"传译经轨，近代称首"②。译述及讲稿凡90余种，主要著作有《律海十门》《律海心要》《定道资粮》《增一阿含学记》《现证庄严论显明义疏》《现证庄严论根本颂》《菩提道次第科颂讲记》等，译著有《大威德怖畏金刚奇特殊胜之五法》、《大威德文殊成就法生起次第入门津要》等。

（六）大勇

大勇（1893—1929），俗姓李，名锦章，四川巴县（今重庆市巴南区）人。早年毕业于四川法政学校。民国初年，曾在四川军政界、司法界任职。于公务之暇博览群书，均不能遂其志，及至读到内典，兴趣陡然大增。1918年，与友人黄葆苍、董慕舒、孙道修等在重庆听佛源法师讲经，深生信心，诸人先后皈依佛源法师。后因读太虚大师讲稿及觉社丛刊，由是倾仰不已，遂与黄葆苍、董慕舒二人商议，欲依太虚大师出家。1919年依太虚出家后，法名传众，字大勇，后以字行。1920年，在江苏镇江金山寺受具足戒。旋至五台山朝礼文殊菩萨道场，以求勇猛智慧。1921年秋季，太虚大师在北京广济寺宣讲《法华经》，大勇闻知，自五台山到北京，随众听讲。11月中，大师离京返杭

---

① 转引自吕建福：《中国密教史》，北京：宗教文化出版社，1995年，第646页。
② 吕建福：《中国密教史》，北京：宗教文化出版社，1995年，第646页。

州，大勇留在北京。1921年、1922年两度到日本高野山学习密教，得大阿阇梨学位。学成回国后，大勇在上海、杭州、武汉等地开坛、说法、灌顶。1924年北上，在北京从白普仁学藏密，欲贯通日、藏两系密教，建立完整的中土密教，遂生入藏学密之意。1924年9月，在北京慈因寺成立"藏文学院"，做入藏学法的准备。1925年5月，大勇把藏文学院改组为"留藏学法团"，积极准备入藏。1925年6月，留藏学法团由北京出发。留藏学法团一行20余人，由大勇任团长。留藏学法团后因故受阻，不得已在打箭炉（今康定）、甘孜停留下来。大勇依止札迦大喇嘛研修密宗，得阿阇梨法位。以生活艰苦、积劳致疾，于1929年8月10日在甘孜札迦寺示寂。译有《菩提道次第略论》等。

（七）袁焕仙

袁焕仙（1887—1966），字世杰，号其章，四川盐亭人。民国时期四川宗门大德。1912年毕业于四川法政学堂，嗣后从政、从军。1926年四十岁时，因感军阀割据，世局混乱，遂慨然弃官，潜心释典。1943年5月，与贾题韬（1909—1995）、傅真吾、释昌圆等发起创建"维摩精舍"，被誉为"中国居士禅学的旗帜"。执门弟子礼者，除南怀瑾[①]、杨光代、徐剑秋、伍所南、田肇圃、范天笃、王乃鹤、杨介眉、吕寒潭、黄人俊、饶盛华、邓岳高、许建业、冷笑岑、曾鹤君等居士外，还有峨眉山大坪寺释通宽、释通永、龙门洞释演观、广东南华寺释曼达等。1949年到台湾，聚众讲学弘法，创立老古文化公司[②]。

袁焕仙的思想以佛为主，融合三教，坚持知行合一的文化精神，维护师道传统，心系家国兴亡。著述有《榴窗随判》《黄叶闲谭》《中庸胜唱》《灵岩语屑》《酬语》《心经三讲》等，由门人辑录为《维摩精舍丛书》。

（八）谢无量

谢无量（1884—1964），谱名谢锡清；原名蒙，字大澄，号希范；后易名

[①] 南怀瑾（1918—2012），浙江温州人。著述繁多，后结集为《南怀瑾全集》出版（上海：复旦大学出版社，2013年）。

[②] 参看南怀瑾：《习禅录影》，北京：中国世界语出版社，1996年。

沉,字无量,别字仲清,别署啬庵。四川梓潼人。近代著名学者、诗人、书法家。① 清末任成都存古学堂监督,民国初期在孙中山大本营任孙中山先生秘书长、参议长、黄埔军校教官等职。之后从事教育和著述,任国内多所大学教授。中华人民共和国成立后,历任川西博物馆馆长、中国人民大学教授、中央文史馆副馆长。②

谢无量学识渊博,举凡文学、史学、哲学(含佛学)以及西学等,均有研究和论撰。1909 年,与太虚(1889—1947)同入杨文会(1837—1911)门下,在金陵刻经处"祇园精舍"学佛。谢无量此次学佛,为其后来撰写《佛学大纲》打下了良好的基础。民国初年,谢无量曾经发起组织佛教大同会,以团结佛教同仁、共谋佛教革新为宗旨。③ 1916 年 8 月,《佛学大纲》(署名"谢蒙")在中华书局出版。全书分上、下两卷,包括释迦本行记、释迦灭度后佛教之传播及其教义之分判、东土佛教流传之十宗等三章。卷首有张相的序。该书是当时第一部系统介绍佛教理论的书籍,"曾经受到太虚法师的高度赞扬"④。

(九)万慧

万慧法师(1889—1959),俗姓谢,名善,字希安,四川梓潼人。谢无量之弟。毕业于上海复旦大学,弱冠任教于成都。后因家庭包办婚姻,抗争无效而于成都大慈寺出家,受具足戒于贵州高峰山万华寺。旋游印度、缅甸,精通梵、巴利、英、法、蒙、藏等文,尤精于佛典,名播印度、缅甸及东南亚,为一代高僧、著名诗人。1938 年春,谢无量应邀赴澳门、香港讲学,并欲往缅甸仰光与万慧法师晤面,惜乎未能成行。⑤ 1959 年 4 月,马一浮(1883—1967)曾出面邀请万慧法师归国参加佛学研究。不幸的是,法师时已病笃,在接到聘书后第四天即圆寂。⑥

---

① 关于谢无量更全面、更详细的情况,请参看本书第七章第二节。
② 参看四川省地方志编纂委员会:《四川省志·人物志》,成都:四川人民出版社,2001 年,第 560—563 页。彭华:《谢无量年谱》,《儒藏论坛》(第三辑),成都:四川大学出版社,2009 年。彭华:《〈谢无量年谱〉订补》,《儒藏论坛》(第十辑),成都:四川大学出版社,2015 年。
③ 印顺:《太虚法师年谱》,北京:宗教文化出版社,1995 年,第 23—24 页。
④ 陈雪湄:《漫谈谢无量的书法及其他》,《文史杂志》,1986 年第 1 期,第 58 页。
⑤ 彭华:《谢无量年谱》,《儒藏论坛》(第三辑),成都:四川大学出版社,2009 年。
⑥ 马一浮:《万慧法师塔铭并后记》,《马一浮集》(第二册),杭州:浙江古籍出版社·浙江教育出版社,1996 年,第 265—266 页。

著有《标准音译表》《启圣字典》《中国音韵学》《慧业精舍吟草》等，译有《珂罗倔伦》，中国佛教协会刊行《慧业诗钞》一集。《近代巴蜀诗钞》录其诗34首。①

（十）王恩洋

王恩洋（1897—1964），字化中，四川南充集凤场（今南充市嘉陵区集凤镇）人。著名佛学家。1919年在北京大学从梁漱溟学习印度哲学，1922年在南京支那内学院师从欧阳竟无研究法相唯识，1925年在该院任教，1930年因病回老家休养。1930年得福建泉州黄联科居士资助，在南充开办龟山书房。后因战事关系，黄联科居士经费来源断绝，乃应李仲权（？—1945）和廖泽周（？—1975）之请至内江讲学。1942年在内江创办东方文教研究院，儒佛并弘。中华人民共和国成立后，历任川北行署顾问、四川省政协委员、四川省文史馆馆员。1957年出任中国佛学院教授，1961年因病返回四川，1964年在成都病逝。

王恩洋学识渊博，著述宏丰，主要著述有《摄大乘论疏》《唯识通论》《心经通释》《大乘起信论料简》《因明入正理论释》《佛学通释》《佛法真义》《世间论》《人生学》《人生哲学与佛学》《儒学大义》《论语疏义》《孟子新疏》《老子学案》《新理学评论》《大足石刻》《王国维先生之美学思想》等200余（篇）本②，尝汇集为《东方文教院丛书》。

1999—2001年，四川人民出版社推出十卷本《王恩洋先生论著集》，收录王恩洋的佛学著述（如《佛学通论》《佛学通释》《佛学概论》《法相学》《瑜伽宗综述》《唯识通论》《解脱道论》《大菩提论》等）对佛教经论的注疏解释（如《心经通释》《金刚经释论》《说无垢称经疏》《摄大乘论疏》《阿毗达磨杂集论疏》《瑜伽力种性品疏》《唯识二十论疏》《因明入正理论疏》等）。

2003年，宗教文化出版社出版王恩洋《中国佛教与唯识学》。该书书收录王恩洋的近20篇唯识学论文，包括《佛法真义》《大乘起信论料简》《大乘起

---

① 《近代巴蜀诗钞》编委会：《近代巴蜀诗钞》（下册），成都：巴蜀书社，2005年，第1367—1375页。

② 详见黄夏年：《王恩洋先生著述目录》，《世界宗教研究》，1998年第4期。

信论料简驳议答辩》《大乘非佛说辩》《书缪凤林君阐性篇后》《真如作疏所缘缘义——内院第五次研究会陈证如君提出讨论》《掌珍论二量真似义——内院第四次研究会王恩洋君提出讨论》《起信论唯识释质疑》《唯识通论》《佛学通释》《法相学》《实有真空中道了义论》《广四缘论》《因明入正理论释》《评新唯识论者之思想》《名学逻辑与因明》《瑜伽宗综述》等。

王恩洋兼通内外之学，尤其精通法相唯识学，是 20 世纪专治唯识学的代表性学者。王恩洋的唯识学著作总计有 35（篇）本，占其全部著作总数的六分之一，而占其全部佛学著作总数的 80%。于凌波（1927—2005）说，"（王）恩洋先生治学，则一生忠于唯识，始终未超越唯识范围，故其唯识学之造诣，于欧阳大师之下为第一人"[①]。黄夏年认为，"（于凌波的）这句话可说是点睛之笔，恰如其分地评价了王先生的佛学研究特点和其在佛学界中的地位"[②]。在黄夏年看来，"玄奘大师是中国佛教的脊梁，受到了我们的深切怀念，缅怀他对中国文化的发展和促进中印文化交流所作出的杰出贡献，更倍感到玄奘大师所传的佛教唯识学重要，王恩洋先生继承了玄奘大师的伟业，为我们作出了一个表率，他的唯识学研究体现了时代性，不应埋没，应该得到我们的重视"[③]。

在晚清和民国时期，佛教出现了振兴的气象、兴盛的现象，这是毋庸置疑的事实。至于其复兴原因或动机，蒋维乔曾经做过分析与概括。蒋维乔说，"民国以来，佛教所以有兴盛之曙光，其动机不外三端：（一）清末中外交通，西方学术输入；科举废，学校兴，学者思想解放，不复拘拘于儒家一孔之见；对外来科学，固喜从事研究；而对古来相传之学术，亦多为之整理；有文艺复兴之现象。（二）佛典单本之流行，得之较易，唤起学人研究之兴味。（三）元年至今二十余载，战乱不息；民生因苦痛而觉悟，遂皈依佛教，以求精神之安慰；故有革命时善战之军人，亦一旦屏弃万缘，祝发入空门者。有此三因：故

[①] 于凌波：《中国近现代佛教人物志》，北京：宗教文化出版社，1995 年，第 606 页。
[②] 黄夏年：《王恩洋先生的唯识学著作》，《佛学研究》，1999 年第 8 期。
[③] 黄夏年：《王恩洋先生与唯识学》，载王恩洋：《中国佛教与唯识学》，北京：宗教文化出版社，2003 年。

南北各省佛教，一致勃兴，是不期然而然之潜势力也"[1]。

　　蒋维乔所说三端，比较全面、地道。当然，就本章论题（民国时期的四川佛教）而言，我们还必须加上时、空两个维度。一是抗日战争这一时代大背景，二是抗战大后方这一空间大背景。在这两个大背景的交织下，最终促成四川佛教事业的快速发展，"实际上成为大后方佛教的中心"[2]。

---

　　[1] 蒋维乔：《中国佛教史》，上海：上海古籍出版社，2004年，第289页。
　　[2] 四川省地方志编纂委员会：《四川省志·宗教志》，成都：四川人民出版社，1998年，第86页。

第七章

蜀学人物论：以宋育仁、谢无量等人为例

本章将以蜀学代表人物为个案，考察民国时期巴蜀学术的一个特定的层面——"蜀学"。在遴选蜀学代表人物时，所考虑的有三个条件——蜀人、蜀学、蜀地。按照这三个条件，廖平、宋育仁、谢无量、蒙文通、刘咸炘等人是典型的"蜀学代表人物"①。如果相关人物未能完全满足这三个条件（如傅增湘、张森楷、卢作孚等），但又与"蜀学"有关，本章就在相应部分择取其相关内容一并论述。本章所遴选的蜀学代表人物有两位，一位是宋育仁，一位是谢无量。

本章考察这两位蜀学代表人物（宋育仁、谢无量），着重于两个层面：一是"事功"，即他们在四川经济、社会、教育等方面所做的贡献；二是"学术"，即他们在巴蜀文化、学术、文献等方面所做的研究与整理。

一、宋育仁的经世之功与蜀学情怀

宋育仁（1857—1931），字芸子，又字芸岩，号道复，别署问琴阁主，四川省富顺县人②。1875 年就读于成都尊经书院，与廖平、杨锐、吴之英、张祥龄等是同学。1874 年补诸生（秀才），1882 年中举人。1886 年中进士，选翰林院庶吉士。1888 年散馆，1889 年授检讨。1894 年，出任英、法、意、比四国参赞，考察西欧诸国的社会风俗、文教制度、政治生活等。中日甲午战争爆发，宋育仁有奇袭日本的"潜师之谋"③。1895 年，中日和议，签订《马关条

---

① 关于廖平、蒙文通、刘咸炘三人的"蜀学论"，请参看本书"结语"。
② 说明：宋育仁出生地富顺县大岩函倒石桥，后为富顺县仙市镇大岩村所辖。2008 年，仙市镇改属自贡市沿滩区。
③ 宋育仁撰有《借筹记》（1895 年），详细记述"潜师之谋"的始末。

约》。"潜师之谋废",宋育仁"托膺私泣,望洋而叹"。1895 年,宋育仁被解职回国①,在京参加改良主义团体"强学会",被推为都讲,主讲"中国自强之学",主张君主立宪。1896 年,任四川商务局、矿务局监督,在四川兴办各类实业公司。1897 年 11 月,与潘清荫、杨道南等在重庆创办《渝报》。1898 年,出任成都尊经书院山长,发起印行"蜀学丛书",又发起组织"蜀学会",并与杨道南、吴之英、廖平等创办《蜀学报》,宣传变法维新,推动四川维新变法运动的发展。戊戌变法失败后,被立即解职,回京赋闲。1908 年离京,入湖广总督杨士骧幕,"带职五部",企图在湖北地区进行一些改革。辛亥革命后,出任国史馆纂修。因反对袁世凯称帝,主张复辟清帝,被袁世凯押解回原籍。1916 年,受聘任四川国学学校主讲,并任四川通志局总纂,主修《四川通志》。晚年,续修《富顺县志》。此后十年,宋育仁退隐成都东郊"东山草堂"。1931 年去世。②

宋育仁一生著述宏富,现存有《时务论》《时务论外篇》《借筹记》《泰西各国采风记》《经世财政学》《经术公理学》《庚子秋词》《哀怨集》《三唐诗品》等,并有《问琴阁丛书》传世。2016 年 8 月结集出版的《宋育仁文集》③,收集了宋育仁的大多数作品,包括专著 57 种、文章 171 篇。《宋育仁文集》按经学类、学说类、评论类、新学类、书牍类、小学类、时论类、财政类、史志类、文学类、杂谈类、游记类等 12 类别编排,为阅读和研究提供了方便。

(一) 经世之功

宋育仁的"经世之功",主要体现在"知"与"行"两方面,并且做到了"知行合一"。在"知"方面,宋育仁致力于思想启蒙工作,推进了维新思想的传播。在"行"方面,宋育仁致力于在四川兴办实业、发展经济。

---

① 宋育仁的"潜师之谋"为密谋,亦未与公使龚照瑗沟通。龚照瑗返回伦敦后,查知宋育仁"招募袭日"计划,以"妄为主事"罪名电告清廷,宋育仁遂被解职回国。参看黄宗凯等:《宋育仁思想评传》,成都:西南交通大学出版社,2007 年,第 217 页。
② 以上关于宋育仁生平的介绍,主要采自四川省地方志编纂委员会:《四川省志·人物志》,成都:四川人民出版社,2001 年,第 458-461 页。参看彭华:《宋育仁与近代蜀学略论》,《历史教学问题》,2011 年第 2 期。
③ 董凌锋选编:《宋育仁文集》(全十四册),北京:国家图书馆出版社,2016 年。

1. 思想启蒙，变法维新

宋育仁是近代著名的维新思想家、实干家，被誉为"四川睁眼看世界的第一人"，有"新学巨子"之誉。[1] 宋育仁的启蒙言论、维新思想、变法主张等，集中见于《时务论》和《采风记》（即《泰西各国采风记》）二书，散见于《渝报》《蜀学报》诸文。在政治上，宋育仁主张借鉴英国的君主立宪政体，效法西欧推行议会制度，以期实现"君民共治"；在经济上，宋育仁主张大力发展实业，振兴民族工商业，以期实现"富强"目的。宋育仁的这些思想与主张，在当时是较为前卫的，并且得到了当时有识之士的赞赏与好评。

《时务论》作于1891年，1895年进呈光绪帝。光绪乙未（1895）冬月，由袖海山房石印发行。1897年《渝报》创刊后，自第三期起连载《时务论》（连载于《渝报》第三、四、五、六、七、八、十、十二、十四、十六期）。

《时务论》是宋育仁一生最为有名的著作之一。在《时务论》中，宋育仁系统阐述了他的改良思想与维新主张。在经济上，宋育仁提出了发展民族工商业的主张。宋育仁认为工商实业是"强国之术"（一如西方"以商立国，以富为本"），并且认为由此可以抵制外国资本主义的经济侵略。在政治上，宋育仁推崇欧洲的君主立宪政体，认为西欧的议会制度是"立国之根本"，主张在中国推行议会制度，并提出"君民共治"的主张。

《时务论》初稿完成后，迅即开始在士大夫和知识分子中流传，并受到一些有识之士的注意和赞赏。陈炽（1855—1900）在阅读《时务论》之后，随即写信给宋育仁，称赞宋育仁"管子天下才，诸葛真王佐"[2]。宋育仁的《时务论》被时人辑入《自强学斋治平十议》，而"在十家名论之中，其书最为新颖，最具系统，亦最为具体切实"[3]。

在出使英、法、意、比期间，宋育仁深入考察了西方的政治制度、文教制度、社会生活等，并于1894年写成《采风记》一书。在政治上，宋育仁对西欧的民主政体、议会制度等颇为赞扬，赞成在中国设立议院，并且提出了在中

---

[1] 《华阳县志》（卷16），民国23年（1934）刻本。
[2] 转引自徐溥：《早期改良主义思想家宋育仁》，《社会科学研究》，1979年第5期。
[3] 王尔敏：《近代经世小儒》，桂林：广西师范大学出版社，2008年，第261页。

国开设议院的一些具体建议。① 在宋育仁看来，西欧的这些政治制度与他在《时务论》中提出的"君民共治"思想是相吻合的。在经济上，宋育仁通过实地考察，将西方的富强之道概括为："外国以富为本，富强在工，辅之以商，而提纲在钱币。"②

宋育仁的《时务论》《采风记》等著作及其主张，得到了其时正在翰林院任职的蔡元培（1868—1940）的肯定，"（其书）记事有条理，文亦渊雅。其宗旨，以西政善者皆暗合中国古制，遂欲以古制补其未备，以附于一变主道之谊，真通人之论"③。

1897 年，宋育仁等人创办《渝报》。在《渝报》所刊诸文中，宋育仁又提出了振兴商务、发展民族资本主义的主张，并且提出了学习西方开源节流、增加财政收入的措施。④ 诚如《渝报》副主笔梅际郁（1873—1934）所说，《渝报》"凡论皆天下之大务，救世良言"⑤。1898 年，宋育仁等人创办《蜀学报》（《蜀学报》实际上是《渝报》的继续）⑥，继续宣传变法维新，推动四川维新变法运动的发展。《蜀学报》亦大力提倡学习西学、兴办学校、开启民智，"上下齐愤，振新西学"，"以结固民心、振兴民学、广开民智为本原"。⑦《蜀学报》与上海的《时务报》、长沙的《湘报》遥相呼应，成为国内极有影响的一家报刊，有力地推动了戊戌变法运动的发展。可以说，在宋育仁的领导下，以尊经书院、蜀学会、《蜀学报》为核心，四川维新人士"共同推动了川内第一次大规模的近代维新思想的普及活动"⑧。

宋育仁尝自许以"经术致用""经世致用"，不愿仅以"文章""词采"知

---

① 关于议会制度，可参看刘菊素：《宋育仁对西方议会制的追求》，《历史档案》，2008 年第 3 期。
② 宋育仁：《泰西各国采风记》，《郭嵩焘等使西记六种》，北京：生活·读书·新知三联书店，1998 年，第 362 页。
③ 高平叔：《蔡元培年谱》，北京：中华书局，1980 年，第 6 页。
④ 更详尽的论述，可参看周勇主编：《重庆通史》（第二卷），重庆：重庆出版社，2002 年，第 563—565 页。
⑤ 梅际郁：《说渝报》，《渝报》第一期，1897 年。
⑥ 关于《蜀学报》的其他情况，请参看本书第一章第三节。
⑦ 黄英：《四川利害论》，《蜀学报》第八期，1898 年。
⑧ 魏红翎：《成都尊经书院史》，成都：巴蜀书社，2016 年，第 296 页。

名。宋育仁主张,"讲学:无论中西,取其切于实用"①,"经学"应直接为改良主义政治服务("见诸行事"),不能只"托诸空言"②。在宋育仁看来,廖平虽然"于经学功夫甚深,但于经术无得,未见制度"(《问琴阁口义·治经》)。两相比较,宋育仁确实比廖平要更进一步。但若与康有为(1858—1927)、梁启超(1873—1929)之流相比,宋育仁则又有所不及。诚如研究者所说,宋育仁虽然也"主张经学直接为政治改良服务,比廖平进步",但"与同时代康有为的变法理论相比较,又相形见绌了";"由于宋育仁在理论上的突破不及康有为,因而,还不敢像康有为那样否定封建经典,所以,产生的社会效果就逊色了"③。当然,宋育仁、康有为、梁启超等人又有一个共同的特点。即,他们虽然吸纳西学、借鉴西政,但仍然脱不了"以中例西"的"格义"老路子;而且,他们都只能主张"改良"、主张"维新"、主张"复古改制",而不敢贸然提出"革命"。这是无可奈何的,也是需要"同情理解"的。

在资州艺风书院任主讲期间(1883—1886),宋育仁便撰成《周礼十种》。在其中的《周官图谱》一书中,宋育仁已经为其"托古改制""复古改制"主张描绘了蓝图。在宋育仁的眼里,"制定宪法之书,即《周礼》是也","《周官》圣人经世之术,外国略得其意而其效立著"。比如说,《周礼》已有议院之制,"《周礼》询群臣、询群吏、询万民,朝士掌治朝之位,有众庶在焉。然则《周礼》并有上议院在,治朝且令众庶得入,而听政更宽于今之西制"(《泰西各国采风记》卷一);因此,"中国如设议院,进士流而相与议政,先有礼义为持议之本,遇事奉经制为法守,有疑引圣言为折衷,较外国事易而功倍。三代之治可复,名教之美益彰"④。这,便是众所周知的宋育仁的"复古即维新论"⑤。

其实,宋育仁的这种思考逻辑与论述理路,与康有为、梁启超等早期维新

---

① 宋育仁:《学报序例》,《渝报》第一期,1897年。
② 宋育仁的这一主张与追求,其远源来自孔子。孔子云:"我欲载之空言,不如见之于行事之深切著明也。"(《史记·太史公自序》引)
③ 周勇:《重庆通史》(第二卷),重庆:重庆出版社,2002年,第566—567页。
④ 宋育仁:《泰西各国采风记》,《郭嵩焘等使西记六种》,北京:生活·读书·新知三联书店,1998年,第349页。
⑤ 宋育仁:《复古即维新论》,《渝报》第一期,1897年。

人士如出一辙。早期维新人士在阐释西方的议会制度时，有不少人即持中国"古已有之"的观点。比如，梁启超即曾专门为此写作《古议院考》（1896年）。梁启超认为，古中国虽无议院之名，但有议院之实，"若其意，则在昔哲王所恃以均天下也"①。两相比较，宋育仁之论议院，与梁启超俨然同道。进一步以究其实，宋育仁所论不过是"效法西方资本主义政治制度，在不根本触动封建统治基础的前提下，要求政治改良"②。换句话说，早期维新人士们所"弹"（所谈所论）的仍然是"复古改制"之老调。③

2. 兴办实业，发展经济

在兴办实业和进出口贸易方面，重庆得四川风气之先。1891年和1893年，森昌正、聚昌火柴厂相继在重庆创办。1891年，四川总督刘秉璋（1826—1905）奏准设立重庆招商局（招商局重庆分局），主管四川进出口贸易。1893年，源盛长、正泰兴印刷厂创办。重庆森昌正、聚昌火柴厂等企业的创立，"标志着四川民族资本主义经济的产生"。由于受到中外反动势力的摧残和压迫，"引起民族工商业的强烈不满"，因此，"自由地发展民族资本主义经济，成为普遍的要求"。④ 而宋育仁之回川主持招商局与提倡实业，实可谓顺势而为。

1896年春，翰林院代奏宋育仁《呈清理财折》，引起清廷重视，户部奏复"次第推行"。《呈清理财折》条陈四端——开矿、铸币、设行、行票；而作为实业之一的开矿，宋育仁认为应当先行（"首先开矿"），然后是铸币（铸造货币）、设行（开办银行），最后是行票（发行钞票）。四者相辅相成，互为表里，"非开矿则金无来源，非铸币则金无用处，非设行则公家之财为朽蠹，非行票则民间之用不流通"。这一年，经国子监祭酒张百熙（1847—1907）推荐，宋育仁被保举担任四川商务局监督，负责商务、矿务之提倡与规划。5月，宋育仁回川，在重庆设商务局，随即创办了四川第一批实业公司。在重庆，先后创

---

① 梁启超：《古议院考》，《梁启超全集》（第一卷），北京：北京出版社，1999年，第61—62页。
② 周勇：《重庆通史》（第二卷），重庆：重庆出版社，2002年，第562页。
③ 参看彭华：《宋育仁与近代蜀学略论》，《历史教学问题》，2011年第2期。
④ 周勇：《重庆通史》（第二卷），重庆：重庆出版社，2002年，第563页。

办了洋车、洋烛、煤油、煤矿、锑砂、玻璃、白蜡、卷烟、药材等公司,并着手创设重庆、上海商人合办的"川省火油公司"①。

宋育仁在《覆陈四川商务摺》中明确提出,四川兴办实业公司的目的是"开利源,保地产,占码头","抵制洋货,挽回利权","以杜外人垂涎"。《四川商务局招股公司章程》指出,各类实业公司的办理原则是"不招洋股,不借洋款,不动官款","官归官本,商归商本,分社官厂、商厂,彼此各不相涉","官商股分开,各公司自主,商务局不过问"。这些主张和政策,有利于四川民族资本主义工商业的发展。一时之间,重庆、成都、泸州、嘉定、广元、遂宁、南充等地纷纷开办实业公司,四川兴办实业由此形成高潮。②

众所周知,经济是上层建筑的基础,是社会发展的决定因素。如果没有经济基础,便谈不上思想、教育、文化等。作为思想家的宋育仁,能够致力于在四川兴办实业、发展经济,这是极其难能可贵的。行文至此,我们不由得想到了作为实业家的卢作孚、张森楷(二人有师生情缘③),以及卢作孚、张森楷对四川乃至对中国的重要贡献。

卢作孚(1893—1952),四川合川(今重庆合川)人。1926 年 6 月 10 日,"民生实业股份有限公司"在重庆创立,卢作孚被推为公司总经理。公司成立后,因业务兴旺,又相继订造新船,开辟了渝碚、渝宜、渝叙等线。对于重庆的北碚,卢作孚进行了全面的调查和规划,从工矿、交通、科技、文教等方面进行了有计划的建设,并且均取得显著成效。1928 年 5 月,卢作孚在北碚创办"峡区图书馆"。1928 年 9 月,卢作孚主持兴建的"北碚公共体育场"建成。1930 年 8 月,中国西部科学院在重庆北碚创办。经过经营和建设,"使北碚成为当时全面著名的实验区,对后来四川的开发起了积极作用"④。1935 年至 1937 年,卢作孚兼任四川省政府建设厅厅长,对促进四川水利建设和发展

---

① 参看彭华:《宋育仁与近代蜀学略论》,《历史教学问题》,2011 年第 2 期。
② 参看徐溥:《早期改良主义思想家宋育仁》,《社会科学研究》,1979 年第 5 期。
③ 卢作孚在合川瑞山小学读书时,曾经得到过张森楷的课外辅导(张森楷时任合川县立中学国文教员,偶尔会到瑞山小学讲课),"使卢作孚打下了坚实的古文根底"。参看清秋子:《百年心事:卢作孚传》,北京:新星出版社,2016 年,第 6 页。
④ 朱苏:《卢作孚》,载任一民:《四川近现代人物传》(第一辑),成都:四川省社会科学院出版社,1985 年,第 135 页。

工农业生产多所致力,"使四川的各项建设有较长足的进展"①。抗战期间,民生公司为工厂、设备、高校、人员的"大内迁"立下了汗马功劳。由于抗战有功,卢作孚被国民政府授予一等一级奖章。②

同为合川人的史学家、实业家张森楷（1858—1928）③,也曾经信奉"实业救国"的理念,并且有过可贵的尝试与可喜的业绩。光绪二十六年（1900）,张森楷开始在家乡实施发展蚕桑实业的计划。张森楷认为,"发展蚕桑实业,即实业进化之阶梯,实为当世富国裕民可行之业","以合州而言,发展蚕桑,有就地之倾,因时之宜,最简易,最普通,最有效力获得成功"。④ 因此,他邀约志同道合的人士,在合川大河坝创办了四川省第一个蚕业公社——"四川民立蚕桑公社"（1902年）,张森楷被推为社长。为在全川推广新式种桑、养蚕技艺,张森楷又开办了"四川民立蚕桑中学堂"（1903年）,并亲自前往日本考察蚕桑事业。因合川的蚕桑实业很成功,以致各地纷纷效仿,出现了"桑社如笋,桑株如茅,丝厂如林,岁进千余万"⑤ 的兴旺局面。这种兴旺的蚕桑、丝绸实业,不仅大大发展了四川的经济,也大大改善了四川的财政收入。为此,清廷特令嘉奖张森楷,奖三等商勋、四品顶戴,并咨四川总督推广。1919年2月16日,北京政府据四川省原省长张澜（1872—1955）呈请,下令嘉奖合川县绅士张森楷,以表彰他在合川创建四川最早的实业学校——"蚕桑学校",为四川的蚕桑事业做出的重大贡献。

（二）蜀学情怀

宋育仁怀有浓厚的桑梓之情,关心四川的发展与乡民的生活,一生着意于反哺乡土、弘扬蜀学。在弘扬蜀学方面,宋育仁不但振臂高呼,而且身体力行,体现了一介蜀学代表人物的宝贵品质与可敬精神。

除上文所述宋育仁致力于发展四川经济与实业外,本处将接着论述宋育仁

---

① 凌耀伦、熊甫:《卢作孚集》,武汉:华中师范大学出版社,1991年,第500页。
② 四川省地方志编纂委员会:《四川省志·人物志》,成都:四川人民出版社,2001年,第402—405页。
③ 关于张森楷的生平与学术,请参看本书第一章第四节。
④ 唐唯目:《张森楷史学遗著辑略》,重庆:西南师范大学出版社,1998年,第229页。
⑤ 杨家骆:《张石亲先生年谱》,载唐唯目:《张森楷史学遗著辑略》,重庆:西南师范大学出版社,1998年,第7页。

对四川民众与四川民生的关心。1931年7月，四川遭遇特大旱灾与水灾，灾情遍布全川，受灾人口高达200余万。[①] 宋育仁与赵熙联名致电铁道部，陈述四川灾情的严重，并指出交通银行尚存有川汉铁路公司多年前的路款，希望能从中拨出一部分路款用以赈济灾民。政府同意了宋育仁与赵熙的陈情，下令拨发路款以赈灾，并于当年12月1日成立了四川临时水灾赈济委员会。

再说宋育仁对蜀学的弘扬。1898年，宋育仁由渝入蜀，在成都主持尊经书院，同时倡议印行"蜀学丛书"，发起组织"蜀学会"，联合创办《蜀学报》。众所周知，"蜀学会"的创建、《蜀学报》的创办，其宗旨之一就是弘扬蜀学。《蜀学会章程》指出，《蜀学报》"为蜀中开风气而设"，"蜀中更立此报者，意在昌明蜀学，开通邻省"。胡昭曦教授精辟地指出，"蜀学会是一个宣传维新变法的社会团体，是振兴蜀学、通经致用的学术中心，也是尊经书院的院外教学阵地"[②]。

作为文献之邦的四川，收集文献、整理文献、研究文献向有传统。于此，宋育仁深明个中大义。宋育仁于地方文献、地方史志尤其注意、尤其致力，而对《四川通志》可谓"鞠躬尽瘁，死而后已"。

1923年，宋育仁在成都少城公园（今人民公园）发起设立"巴蜀文献征集处"，替清史馆征集巴蜀学者著作，并为此聘用了两个校理。宋育仁之所以重视此事，是因为在他看来，这是表扬巴蜀先贤与先烈的大好机会。

1920年，宋育仁应富顺知事之聘，以"兼修"身份主持续修《富顺县志》。1931年，《富顺县志》刻印完毕。《富顺县志》在继承"段志"（指段玉裁编修《富顺县志》）优点的基础上[③]，新增图表，精简列目，而体例更为精审，内容更为充实，被誉为"宋志"。除此之外，宋育仁还于1924年兼理《大邑县志》。

1920年，四川通志局成立，聘宋育仁、骆成骧、林思进等主持修志。可

---

① 四川省地方志编纂委员会：《四川省志·大事纪述》（中册），成都：四川人民出版社，1999年，第131—132页。

② 胡昭曦：《尊经书院与近代蜀学》，《儒藏论坛》（第二辑），成都：四川大学出版社，2007年，第343页。

③ 宋育仁《富顺县志序》明云，此志"踵段志而作"。

惜的是，由于多种原因，这次修志无果而废。1924年，重修四川通志局成立。宋育仁接受聘请，担任四川通志局总纂，主修《四川通志》。宋育仁邀约同乡、进士陈钟信担任助手，聘请苏兆奎负责行政事务，邀请龚煦春①、周翔、张森楷等担任编纂。1926年，《重修四川通志例言》② 先行刊印。1931年，《四川通志》初稿完成（共计稿本300余册），填补了1816年嘉庆修志以来四川志书百余年的空白。大功初步告成，宋育仁也于是年去世，可谓赍志而殁。之后，《四川通志》沉默数十年而未能刊行。直至2015年7月，《四川通志》始由国家图书馆出版社出版。③

民国时期致力于巴蜀文献收集、整理、刊刻、研究的巴蜀人物，除宋育仁和谢无量外（谢无量见下文），还有傅增湘等人。

傅增湘（1872—1949），字润沅、沅叔，号姜庵，别署"书潜""清泉逸叟""长春室主人""双鉴楼主人""藏园居士""藏园老人""西峰老农"等，四川江安人。光绪二十四年（1898）进士，选翰林院庶吉士。曾任翰林院编修、直隶提学使、北洋政府教育总长、故宫博物院图书馆馆长等职。1927年退出政坛后，专事图书收藏、校勘和目录、版本研究。著有《藏园群书经眼录》《藏园群书题记》《双鉴楼善本书目》等，并辑刊《双鉴楼丛书》等多种。傅增湘是民国以来最著名的大藏书家、杰出的文献大家，堪称一代宗师。④

作为四川人的傅增湘，对故乡怀有深厚的感情，但自1920年离乡之后，他却一直未能回川。诚挚的思乡之情，使他油然而生回报之愿，"生为蜀人，宜于故乡薄有建树"。民国年间，傅增湘编成《蜀文丛录》（今存稿本）。晚年的傅增湘，更是致力于乡邦文献的收集与蜀学的弘扬，其荦荦大者便是《宋代蜀文辑存》。他前后花费十三年时间，亲手编订《宋代蜀文辑存》100卷（补

---

① 龚煦春（1863—1937），字熙台，号几山，四川井研人。著有《四川郡县志》《光绪井研志》《几山文集》等。其中的《四川郡县志》，是《四川通志》"地理"部分的专稿，后于1936年刊刻印行。
② 宋芸子（宋育仁）:《重修四川通志例言》，成都昌福公司，1926年。
③ 宋育仁:《重修四川通志稿（外一种）》，北京：国家图书馆出版社，2015年。
④ 识者云，"傅增湘是现代赫赫有名的一个大藏书家，无论是在藏书、校书方面，还是目录学、版本学方面，确实堪称为一代宗主"；"傅氏为近现代文献大家，堪称宗主"。[郑伟章、李万健：《中国著名藏书家传略》，北京：书目文献出版社，1986年，第236页；郑伟章：《文献家通考（清—现代）》（下册），北京：中华书局，1999年，第1408页。]

编 1 卷），收录作者 450 余人，辑录文章 2600 余篇，均为宋代蜀人遗稿。1943 年，为筹集此书的印刷费用，傅增湘不惜出售所藏宋元刻本 100 余种。2005 年，《宋代蜀文辑存》由（北京）图书馆出版社出版，全书凡七册。2014 年，吴洪泽补辑《宋代蜀文辑存》，由重庆大学出版社出版，全书凡六册，370 万字。对于明代蜀人诗作，傅增湘又钞集而成《明蜀中十二家诗钞》。《明蜀中十二家诗钞》共钞录明代蜀中 12 家诗 608 首，是"傅氏钞本中颇具特色的善本书"，"既有辑佚之功，又有补略之效，确是明代蜀诗的精选本"①。1986 年，《明蜀中十二家诗钞》由（成都）巴蜀书社出版。为进一步传播蜀人著作，他又精选善本书十二种（宋本扬雄《方言》、宋本李壁《王荆公诗注》等），由当时名家雕版，编成《蜀贤遗书》。可以说，为了传承蜀学，傅增湘倾注了大量心血。

二、谢无量的学术成就与蜀学情缘②

谢无量（1884—1964），原名蒙，字大澄，号希范；后易名沉，字无量，别字仲清，别署啬庵。祖籍四川梓潼，生于四川乐至，长于安徽芜湖。谢无量是中国近现代著名的社会活动家、诗人、书法家、学者，是富有成就、颇有影响的一代名流与著名学人。

谢无量学识渊博，举凡文学、史学、哲学（含佛学③）以及西学等，均有研究和论撰。谢无量著作等身，生前成书 28 种（卒后成书 4 种）④，另有大量诗词歌赋、政论时文等，"卓然成为一代宗匠"⑤。

2011 年，中国人民大学出版社出版《谢无量文集》九卷：第一卷《孔子》《韩非》，第二卷《中国哲学史》，第三卷《朱子学派》《阳明学派》《王充哲

---

① 傅增湘：《明蜀中十二家诗钞》，成都：巴蜀书社，1986 年（影印本），"出版说明"。
② 本小节以下内容，参考了彭华：《谢无量年谱》，《儒藏论坛》（第三辑），成都：四川大学出版社，2009 年。彭华：《〈谢无量年谱〉订补》，《儒藏论坛》（第十辑），成都：四川大学出版社，2015 年。彭华：《一代名流谢无量——生平志业、学术成就与蜀学因缘》，《关东学刊》，2016 年第 7 期。
③ 关于谢无量《佛学大纲》的介绍与评价，请参看本书第六章第五节。
④ 彭华：《谢无量年谱》，《儒藏论坛》（第三辑），成都：四川大学出版社，2009 年，第 157−163 页。
⑤ 陈雪湄：《漫谈谢无量的书法及其他》，《文史杂志》，1986 年第 1 期。

学》、第四卷《佛学大纲》、第五卷《中国妇女文学史》、第六卷《中国六大文豪》《罗贯中与马致远》、第七卷《诗学指南》《词学指南》《骈文指南》《诗经研究》《楚词新论》、第八卷《实用文章义法》《中国古田制考》《古代政治思想研究》、第九卷《中国大文学史》。中国人民大学出版社结集出版的九卷本《谢无量文集》，所收录者的都是"成书"（即此前已经结集出版的现成的"书"，但尚有所遗漏），而没有新编成册的"新书"（即将原"书"之外的旧"文"按类汇编成"书"）。换句话说，这确实就是"谢无量文集"；但可惜的是，这并不是"谢无量全集"。笔者衷心希望以后能有名副其实的"谢无量全集"出版！

（一）学术成就

综览谢无量的学术著作与文艺作品，具有如下魅力与特色：

1. 打通文史哲，会通中西印

谢氏学识渊博，其治学领域与研究范围，淹贯经、史、子、集四部，覆盖文学、史学、哲学、经学等多个领域，涵括中（国学）、西（西学）、印（佛学）三大学术体系，甚至对马克思主义（辩证法、《资本论》等）亦有涉猎与探究，而且具有非凡的开创性、良好的代表性、可贵的前瞻性，堪称"好学深思，心知其意"的一代学问大家。谢无量其书及其人，受到时人和后人的高度赞誉。兹谨以其著作的评价和时人的推崇为例，对此略加说明。

先说著作的评价。

《中国大文学史》自 1918 年 10 月出版以来，可谓好评如潮。评论者说，谢无量的《中国大文学史》"是早年较有影响的第一部由上古至清代的系统文学史专著"，"是我国率先出现的一部体制庞大、内容广博的文学史，具有开创意义。至今，不仅有丰富珍贵的资料价值，而且具有较高的学术价值"[1]，该书"是本世纪二十年代之前出版的体系最严整的一部文学通史"[2]，"二三十年代编写文学史的风气很盛，共有二十多部。其中谢无量的《中国大文学史》影响最大，可以作为这个时期文学史著作的代表。就这部书而言，已经建立了比

---

[1] 吉平平、黄晓静：《中国文学史著版本概览》，沈阳：辽宁大学出版社，1992 年。按：此处所谓"第一部"云云，有误。

[2] 董乃斌：《论文学史范型的新变——兼评傅璇琮主编的〈唐五代文学编年史〉》，《文学遗产》，2000 年第 5 期。

较完整的文学史著作的体系"①。

《中国哲学史》初版于 1916 年 10 月，至 1940 年时共发行了 12 版。《中国哲学史》是近代中国的第一部《中国哲学史》，早于胡适（1891—1962）的《中国哲学史大纲》（卷上）和冯友兰（1895—1990）的《中国哲学史》（上下册）。谢无量的《中国哲学史》系统梳理了传统中国的哲学思想，"体现了他精深广博的学识"②。《中国哲学史》虽然在形式和体例方面未能将自己的想法完全贯彻实施，"但是为后人重写中国哲学史奠定了基础，也树立了参照，其重要贡献不可磨灭"③。

《王充哲学》初版于 1917 年 5 月。毛泽东（1893—1976）曾经高度称赞《王充哲学》，"谢无量先生是很有学问的，对中国古典文学和哲学都很有研究，思想也很进步，在苏联十月革命以前就写了《王充哲学》。这本书是提倡唯物史观的"④。

再说时人的推崇。

一代大儒马一浮（1883—1967）对谢无量是青眼有加。1916 年 12 月，蔡元培（1868—1940）出任北京大学校长。蔡元培诚邀马一浮至北京大学任教，马一浮辞而不往。12 月 24 日，马一浮在答书中举荐谢无量，"谢无量淹贯众学，理无不融，浮不能及。先生若为诸生择师，此其人也"⑤。这或许有冠冕堂皇之嫌，但实则不过分。在与友朋的交谈中，马一浮曾经平心而论谢无量："平生所遇友朋之间，（谢无量）天才之高，莫能先之。对人从不作庄语，其教书门类甚广，马克思辩证法之类，夕披览而朝讲授。其著书信笔写去，而文字工整，少有能及之者。"⑥

---

① 袁行霈：《守正出新及其他——关于中国文学史的编写与教学》，《中国大学教学》，1999 年第 6 期。
② 谢桃坊：《四川国学小史》，成都：巴蜀书社，2009 年，第 21 页。
③ 覃江华："兼总百家，必归于儒"——谢无量的中国哲学史研究》，《理论月刊》，2013 年第 12 期。
④ 谢祖仪：《回忆父亲谢无量》，《重庆文史资料》（第 23 辑），1984 年。
⑤ 马一浮：《答蔡鹤颃（元培）书》，《中国现代学术经典·马一浮卷》，石家庄：河北教育出版社，1996 年，第 713 页。
⑥ 王培德等：《马一浮先生语录类编》，《马一浮集》（第三册），杭州：浙江古籍出版社·浙江教育出版社，1996 年，第 1086 页。

一代文豪鲁迅（1881—1936）对谢无量也颇为称赞。鲁迅在写作《汉文学史纲要》时，仅仅胪列了少数参考书，而谢无量的《诗经研究》《楚词新论》以及《中国大文学史》均榜上有名。[①] 鲁迅在其《中国小说史略》印讫后，以事先未见谢无量的《平民文学之两大文豪》为憾，特于"后记"中补充说明，"于谢无量《平民文学之两大文豪》第一编知《说唐传》旧本题庐陵罗本撰，《粉妆楼》相传亦罗贯中作，惜得见在后，不及增修"[②]。1933年12月20日，鲁迅致信曹靖华（1897—1987），在谈及中国文学研究的参考书目时，又专门提到谢无量的《中国大文学史》，并且是首先提到的一本，"至于史，则我以为可看（一）谢无量：《中国大文学史》，（二）郑振铎：《插图本中国文学史》（已出四本，未完），（三）陆侃如、冯沅君：《中国诗史》（共三本），（四）王国维：《宋元词曲史》，（五）鲁迅：《中国小说史略》"[③]。

2. 诗文与书法，才情共飞扬

谢无量的语言文字，富有个性，具有魅力。尤其难能可贵的是，谢无量不但诗词文兼工，而且是大书法家，其作品赏心悦目，极富艺术价值和收藏价值，这是绝大多数学人与作家所不具备的优势。换句话说，这是蜀学人物"博通""会通"风韵的体现。

谢无量是杰出的大书法家，已然进入一代书法大家的行列。谢无量的字结体听其自然，不受拘束，运笔如行云流水，天趣盎然，世人誉之为返璞归真的"孩儿体"。评论说，谢无量的书法"师法二王，游心篆隶和南北朝碑刻"，已经达到了"绚丽至极，归于平淡"的境界，故巍然而为二十世纪十大书法家之一。

郑逸梅（1895—1992）说，"无量诗文瑰诡渊古，别饶奇气"；"他工书法，往往纵其笔势，气充神旺。有时故作稚拙，如出孩儿之手，但是别有一种风格"[④]。郭君穆（1915—1994）说，谢无量是"近代史上一位才华横溢的诗人，

---

① 鲁迅：《汉文学史纲要》，北京：人民文学出版社，2006年，第14、27、38、44、49、54、63、74、85页。
② 鲁迅：《中国小说史略》，北京：人民文学出版社，2006年，第304、305页。
③ 鲁迅：《鲁迅书信集》（上卷），北京：人民文学出版社，1976年，第463页。
④ 郑逸梅：《南社丛谈》，《郑逸梅选集》（第一卷），哈尔滨：黑龙江人民出版社，1991年，第285页。

著述等身的学者，自成一体的卓越书法家。他的诗，古体与近体兼工；他的文，散文和骈文并妙；他的书法，素为海内名家推重"，"他的古体诗往往峭拔雄奇，近体诗大都渊雅清丽"，"而抗战中的一些作品，又复沉郁顿挫"，"几乎篇篇蕴蓄着忧国忧民之念"。① 郑逸梅和郭君穆的感受，兼及谢无量之诗文与书法，这是比较全面、比较深刻的感受与评价。

于右任（1879—1964）曾说，谢无量的书法"笔挟元气，风骨苍润，韵余于笔，我自愧弗如"。沈尹默（1883—1971）也说："无量书法，上溯魏晋之雅健，下启一代之雄风，笔力扛鼎，奇丽清新。"书法家余中英（1899—1983）是谢无量故交，对谢无量知之颇深。他对谢无量书法的评价甚是中肯，"无量之字，好就好在随意挥毫，无意求工，纯任自然。一经落墨，便涉笔成趣，别有风致，不能以点画苛求之"②。在林思进（1873—1953）看来，谢无量是康有为（1858—1927）后第一人，"近代书法，以康南海为第一；南海而后，断推无量"③。

特别难能可贵的是，谢无量之书法作品拥有深厚的学养支撑，是以学问为根基、以学术为底蕴的，远远超越了单纯的技巧层面的临摹与创作，非一般书家所能望其项背。谢无量的书法，"也和其诗、文一样，以气为主，以自然为宗，以俊逸高畅为贵"④。

（二）蜀学情缘

与傅增湘、宋育仁一样，谢无量也抱有一种浓厚的桑梓情怀。谢无量的"巴蜀情缘"，也体现在"事功"与"学术"两方面，而"学术"方面尤其值得注意。在"事功"方面，谢无量除投身文教、作育人才外，还团结同好组织"蜀学会"（机构）、呼吁学人编纂《蜀藏》（文献），并从学理层面梳理与总结"蜀学"（学术）。兹谨从蜀地活动、蜀学会、《蜀藏》编纂、蜀学研究四方面，对谢无量的"巴蜀情缘"略加论述。

---

① 郭君穆：《一代才人谢无量》，载四川省政协文史资料研究委员会、四川省文史馆：《四川近现代文化人物》，成都：四川人民出版社，1989年，第191、196—197页。
② 邓穆卿：《名流谢无量》，《成都旧闻》，成都：成都时代出版社，2005年，第103页。
③ 刘君惠：《谢无量先生自写诗卷引言》，转引自刘长荣、何兴明：《国学大师谢无量》，北京：中国文史出版社，2006年，第43页。
④ 陈雪湄：《漫谈谢无量的书法及其他》，《文史杂志》，1986年第1期。

1910年，存古学堂在成都开办。经华阳乔树楠（1849—1917）、彭山周凤翔（1860—1927）等推荐，谢无量任四川存古学堂首任监督（校长）。1912年2月，存古学堂改名为四川国学馆，仍由谢无量任校长。6月，国学院迁入存古学堂内，并与之合并，称"四川国学院"。吴之英（1857—1918）任四川国学院院正，谢无量、刘师培（1884—1919）任院副。1913年夏，谢无量离开了四川。1940年春，谢无量返回重庆，旋至成都。期间，因生活清苦，谢无量靠鬻文卖字为生，但仍不忘讲学和教育。1940年12月和1941年6月，应马一浮之邀，谢无量曾经两次至乐山复性书院①，"由学生自由提问，随机讲学"②。1943年，经蒙文通（1894—1968）向四川大学学校当局推荐，谢无量任四川大学（城内部）中文系主任，主讲《庄子》及"汉以后学术思想变迁史"等课程。1949年，谢无量接受熊克武（1885—1970）、但懋辛（1886—1965）等人的邀请，担任"中国公学"文学院院长，主讲"五四"以来的新文学成就。中华人民共和国成立后，谢无量历任川西文物管理委员会委员、川西行署参事、川西博物馆馆长、四川博物馆馆长、四川省文史研究馆馆员、四川省政协委员等职。1956年8月，由周恩来总理（1898—1976）提名，中国人民大学校长吴玉章（1878—1966）聘请谢无量为特约教授和顾问。此后直至逝世，谢无量在北京工作与生活。

在近代史上，曾经存在过三个"蜀学会"，分别成立于北京、成都、上海③。三个蜀学会各有千秋，而谢无量组织的蜀学会更富有学术意义和建设意义。根据谢无量《蜀学会叙》的陈述，"蜀学会以［推］进全蜀智识学问为旨"（第四条），特别强调了蜀学会的学术性。蜀学会还有谋建"大藏书楼"（第十三条）、订购图书报章（第十二条）、筹建"完全之大学校于成都"（第十四条）、出版《蜀学报》（第十五条）等构想与计划。这些构想与计划，尤其难能可贵。

---

① 一般认为，乐山的复性书院、重庆的勉仁书院、大理的民族文化书院是抗日战争时期"现代新儒家"的三大书院。"现代新儒学"三大家——马一浮（1883—1967）、梁漱溟（1893—1988）和张君劢（1887—1969）借助三大书院载体，阐述其新儒学理念，力图恢复儒家学说。
② 丁敬涵：《马一浮与复性书院》，载四川省政协文史资料研究委员会、四川省文史馆：《四川近现代文化人物续编》，成都：四川人民出版社，1989年，第398页。
③ 关于蜀学会，请参看本书第一章第二节。

蜀地向有注重"文献之传"的传统，而巴蜀学人亦特别留意对巴蜀文献的收集与整理。比如，明人杨慎（1488—1559）编有《全蜀艺文志》，清人张邦伸（1737—1803）编有《全蜀诗汇》《锦里新编》，清人孙桐生（1824—1904）编有《国朝全蜀诗钞》，近人傅增湘（1872—1949）编有《宋代蜀文辑存》《明蜀中十二家诗钞》，今人李谊编有《历代蜀词全辑》《历代蜀词全辑续编》，等等。目前正在紧锣密鼓进行中的《巴蜀全书》，是收录现今四川和重庆两省市古文献的大型丛书，将对周秦两汉至1949年历代汉文文献中的巴蜀文献，进行系统的调查、收集、整理和研究。其实，谢无量亦然如此。由谢无量亲笔撰写的《蜀学会叙》，其《叙礼》部分之十六说："本会拟渐次刊行蜀乡先辈遗书，名曰《蜀藏》。并广征蜀中私家著述，为之表章。"可惜的是，由于多种原因，《蜀藏》最终未克蒇事。但是，谢无量的这一创意是令人肃然起敬的！

谢无量热爱巴山蜀水，钟情巴蜀文化，并且曾从学理层面对巴蜀文化、巴蜀学术进行过梳理和总结。1912年10月至1913年1月，谢无量在《四川国学杂志》第2至5号连载《蜀易系传（蜀学系传之一）》（第3号改名为《易学系传》）。1912年，《蜀学会叙》刊于《独立周报》第8号。1913年2月，《蜀学原始论》刊于《四川国学杂志》第6号。1914年，《蜀学发微》刊于《蜀风报》第4、5期。其中，《蜀学会叙》的内容最为完整，也最能代表谢无量对蜀学的见解。

谢无量对于蜀学的见解，集中于《蜀学会叙》的第一部分《叙捷》[①]。谢无量在文中考察的类别有四，即儒、释、道三教与文章。谢无量的见解大体如下：第一，儒教。"儒之学，蜀人所创"，即由大禹创立"原始儒学"（儒家学派）。"《三易》者，《连山》蜀人所作，已灭不见；而《归藏》、《周易》不坠于地，唯蜀人之功"，其后又有"《周易》自汉盛至今，亦惟蜀人能传之"，如商瞿（成都人）传《易》学。第二，道教。"道者，蜀人所创"，道有"三宗"（原始之道、养生之道、符咒之道），"三宗亦自蜀始"，"蜀道之大别惟三宗，三宗所緜兴以蜀"。第三，释教。"释家者，异邦之学，蜀所传者二宗"，一为

[①] 《蜀学会叙》分为三部分，第一部分是《叙捷》，第二部分是《叙通》，第三部分是《叙礼》。《蜀学会叙》系民国间油印本，收藏于中国国家图书馆。

马祖道一所传禅宗，一为宗密所传华严宗。第四，文章。"文章，惟蜀士独盛"，计有"四始"，一为南音（"涂山氏创，《离骚》所出"），二为赋（"或曰赋始荀卿，然《汉志》录赋实首屈原，原所生即今巫山地"），三为古文（"陈子昂复兴"），四为词曲（"李白创"）。经过考察，谢无量最终得出结论，"蜀有学，先于中国"，"惟儒惟道，其实皆蜀人所创"，"若夫其学，不自蜀出，得蜀人始大；及蜀人治之独胜者，并著以为型，而衍众人遗说"。谢无量打了个比方，"蜀之于中国，其犹埃及之于欧洲乎（欧洲学术出于埃及）"。谢无量的这个比方，主要目的似乎是要提醒世人：不要"数典忘祖"！

对于谢无量《蜀学会叙》的这些观点与见解，笔者粗读之下不免惊愕，甚至难以接受（至今依然如此）。但是，近年来学者研究发现，谢无量《蜀学会叙》的见解其实是自足自洽的，也是可以自圆其说的。研究者从阐释谢无量《蜀学会叙》入手，初步总结出"蜀学"的一些特征：比如，大禹所创《洪范》"五行"、《连山》"阴阳"等观念，为后世儒家奠定了哲学基础；再比如，在孔子"六经"、汉人"五经"和唐人"九经"的构架上，蜀学率先构建起"七经"和"十三经"的经典体系，并为正统儒学所接受；又比如，蜀中自古流传的"皇人"信印、仙道传统，形成了老子入蜀修仙的传说，也成就了张道陵入蜀创教的功绩。[①]

对于谢无量而言，不管其事功成功与否，不管其观点赞成与否，我们都不能否认以下两点：毫无疑问，谢无量是蜀学的杰出代表人物；谢无量的所作所为，是可歌可泣的，也是令人肃然起敬的。而谢无量对蜀学文献整理之倡议、对巴蜀学统之学术梳理，也是值得后人借鉴、学习和继承的。行文至此，有必要说一下廖平构拟的"十八经注疏"及其"以成蜀学"的追求。

1886年，廖平主讲于井研来凤书院，写成《十八经注疏凡例》。同年，尊经书局刊刻廖平所著《今古学考》。《今古学考》分为上下卷，是廖平说经"初变"之代表作。[②]《今古学考》卷下《经话》一百余则，第六十二则提到《十八经注疏凡例》。其文云：

[①] 李冬梅、舒大刚：《"蜀学"五事论稿——读谢无量先生〈蜀学会叙〉札记》，《湖南大学学报》，2015年第6期。

[②] 廖幼平：《廖季平年谱》，成都：巴蜀书社，1985年，第34页。

予创为今、古二派，以复西京之旧，欲集同人之力，统著《十八经注疏》(《今文尚书》、《齐诗》、《鲁诗》、《韩诗》、《戴礼》、《仪礼记》、《公羊》、《穀梁》、《孝经》、《论语》、《古文尚书》、《周官》、《毛诗》、《左传》、《仪礼经》、《孝经》、《论语》、《戴礼》。《易》学不在此数)，以成蜀学。见成《穀梁》一种。然心志有余，时事难就，是以初成一经而止。因旧欲约友人分经合作，故先作《十八经注疏凡例》。既以相约同志，并以求正高明，特多未定之说，一俟纂述，当再加商订也。①

廖平倡议撰著《十八经注疏》，自然有其经学理据；而文中出现的"以成蜀学"一语，尤其值得注意。廖平高足蒙文通在纪念文章《议蜀学》中，特意提到此语，"廖氏成《今古学考》，遂欲集多士之力，述十八经注疏，以成蜀学"②。廖平提出"以成蜀学"的追求，可以追溯到他的母校尊经书院及其灵魂人物张之洞（1837—1909）。

按照张之洞（时任四川学政）《四川省城尊经书院记》的说法，成都尊经书院之创设，其初衷即"以通经学古课蜀士"，"欲诸生绍先哲，起蜀学"，从而培养出"通博之士，致用之才"③。"十八经注疏"之作者，即张之洞所云"先哲"；而廖平之倡议撰著"十八经注疏"者，实欲"以成蜀学"也，此即张之洞所云"起蜀学"也。

遗憾的是，廖平虽有《十八经注疏凡例》及其倡议，但因其学此后数变，"十八经注疏"最终未能编成。但是，廖平欲通过撰著《十八经注疏》以接续儒学传统、弘扬蜀学学统，以及谢无量倡议编修《蜀藏》、对巴蜀学统之学术梳理，都具有高远的追求与深远的意义。或许，这就是"蜀学"后人在未来的奋斗方向与努力重点。

---

① 廖平：《今古学考》（卷下），《廖平选集》（上），成都：巴蜀书社，1998年，第89页。
② 蒙文通：《议蜀学》，《经学抉原》，上海：上海人民出版社，2006年，第49页。
③ 张之洞：《四川省城尊经书院记》，胡昭曦：《四川书院史》，成都：四川大学出版社，2006年，附录第352—353页。

结　语

近代巴蜀学术的特色

总体而言，近代巴蜀学术的特色大致可以概括为以下三点[①]：

一、经史为基，国学为本

本处所说的"经史"，包括"经学""史学"以及辅翼经史之学的"小学"（文字、音韵、训诂等）。经史为治学之基、国学之本，此属士人之通识，亦属蜀人之共识。在读书治学、著书立说、作育人才等方面，巴蜀人士基本上都恪守了这一理念。诚因如此，笔者谨将近代巴蜀学术（广义的"蜀学"）的第一个特色表述为"经史为基，国学为本"。

下文将以尊经书院、东川书院，以及廖平、宋育仁、赵熙、向楚、蒙文通、刘咸炘等人为例，对此略加论述。之所以选择尊经书院、东川书院这两个机构，是因为它们分别位于四川省东、西部的两大城市重庆、成都，不但影响大，而且具有代表性。之所以选择以上诸人，是因为他们是近代巴蜀学术的代表性学人。

1875年，尊经书院在四川省城成都建成（院址在今成都市文庙西街）。尊经书院的设立，诚如四川学政张之洞（1837—1909）所说，意在"以通经学古课蜀士"，"欲诸生绍先哲，起蜀学"[②]。张之洞提醒尊经书院诸生，"凡学之根

[①] 以下内容与文字，综合参考了彭华：《贺麟的文化史观》，《湖南科技学院学报》，2006年第3期。彭华：《宋育仁与近代蜀学略论》，《历史教学问题》，2011年第2期。彭华：《贺麟与蜀学——关于现代蜀学的梳理与思考》，《西华师范大学学报》，2013年第4期。彭华：《蜀学之形神与风骨综论——以文史哲或经史子集为考察对象》，《殷都学刊》，2014年第3期。

[②] 张之洞：《四川省城尊经书院记》，胡昭曦：《四川书院史》，成都：四川大学出版社，2006年，附录第352—353页。

柢必在经史，读群书之根柢在通经，读史之根柢亦在通经，通经之根柢在通小学，此万古不废之理也"；因此，尊经书院严禁学习诗文贴括，八股文被排斥在学习内容之外，凡"经史小学、舆地推步、算术经济、诗古文辞，皆学也"。①

尊经书院的历任山长（如王闿运、宋育仁等），都较好地践履了张之洞的这些理念与主张②；而尊经书院的教学是成功的，效果是良好的。这是时人与后人的一致评价。

比如，黄崇麟在为吴之英（尊经书院学生）《寿栎庐丛书》作序时，尝云："自南皮张文襄公督学吾蜀，创建尊经书院，以经、史、词章之学倡导后进，而湘潭王壬甫先生为之师，于是文雅彬彬，比于江浙。"③

再如，吴虞（尊经书院学生）在追溯蜀中学术发展时，亦云："窃以蜀中文献，明末以来渐灭殆尽。蔽于帖括，人不知学。至学使张公孝达来川，建立尊经书院，蜀中人士始通古学，比于齐鲁。"④

又如，张祥龄（尊经书院学生）在提要《受经堂集》时，亦勾勒了尊经书院与近代蜀学："吾蜀学术思想其由文章空言而入经史实学，实启于南皮（按：指张之洞），成于湘潭（按：指王闿运），至廖季平、吴之英诸人出，研经治史，发扬而光大之，于是自杨升庵、李雨村后，蜀中学人复为世重。"⑤

黄崇麟、吴虞、张祥龄三人，都不约而同地谈到了张之洞、王闿运以及经史之学、古学与蜀学等，这有力地说明：当时的尊经书院，所秉承的确实就是这些理念，所传授的确实就是这些学术。而张祥龄所说"蜀中学人复为世重"，

---

① 张之洞：《四川省城尊经书院记》，附录于胡昭曦：《四川书院史》，成都：四川大学出版社，2006年，第353、354页。

② 在尊经书院的八位山长中，伍肇龄（1826—1915）是比较奇特的一位。伍肇龄出长尊经书院后（1886—1895），意欲将锦江书院的学术路径移植过来，即由尊崇"汉学"转而提倡"宋学"，而且"张之洞、王闿运所培育的经世致用的学风也遭到了压抑"。参看魏红翎：《成都尊经书院史》，成都：巴蜀书社，2016年，第265-269页。

③ 黄崇麟：《寿栎庐丛书序》，载吴洪武、彭静中、吴洪泽校注：《吴之英诗文集》，成都：四川大学出版社，2008年，第565页。

④ 吴虞：《王柞堂传》，载赵清、郑城：《吴虞集》，成都：四川人民出版社，1985年，第36—37页。

⑤ 中国科学院图书馆整理：《续修四库全书总目提要（稿本）》（第三十六册），济南：齐鲁书社，1996年，第254页。

则又表明：尊经书院有复兴近代蜀学的功绩与作用。

而尊经书院的莘莘学子，也多能恪守规范、践行理念。比如说，尊经书院所培养的学子，许多人都有"小学"论著。例如，廖平著有《文字源流考》《六书旧义》等，宋育仁著有《说文部首笺正》《说文讲义》等，吕翼文著有《说文释例》《释文理董》等，张森楷著有《文字类要》《叠韵无双谱》《同声字谱》《六书半解》等①。尊经书院所培养的不少学生，后来又陆续进入各个大学，从事教书育人工作，而他们依然保持着尊经书院的"遗风"。姜亮夫（1902—1995）回忆 20 世纪 20 年代在国立成都高等师范学校（简称"成都高师"）读书，说当时"学校里功课重点是小学"②，这是颇能说明问题的。

作为机构的尊经书院，其历史是较为短暂的，仅仅存在了短短的 27 年（1875—1902）。但不可否认的是，尊经书院是"聚集英才、领引风气、兴起蜀学的重要阵地"③。换句话说，尊经书院对近代巴蜀学术的复兴确实起到了奠基作用。

下面，笔者将以蜀中的几位重要学人为代表，揭示其治学精神与学术特色的一个层面，即"经史为基，国学为本"。

廖平（1852—1932）是近代巴蜀学术的核心人物，"事实上，清季四川在国内学术界的名声，泰半系于廖平一人"④。因此，本处考察的第一位重要学人，便是廖平。

廖平治学虽然"善变"，但"善变"之中实则有"不变"之宗旨。所"不变"者，即本小节所说"经史为基，国学为本"也。廖平自云，"著作百种，而尊孔宗旨前后如一"（《尊孔篇》），"平毕生学说，专以尊孔尊经为主"⑤。廖平的"夫子自道"虽然得其要领，但不免过于简单。相较而言，廖平高足蒙文

---

① 详见本书第一章第四节。
② 姜亮夫：《忆成都高师》，载王元化：《学术集林》（卷二），上海：上海远东出版社，1994年，第 278 页。
③ 刘复生、徐亮工、王东杰等：《近代蜀学的兴起与演变》，成都：四川大学出版社，2017年，第 113 页。
④ 刘复生、徐亮工、王东杰等：《近代蜀学的兴起与演变》，成都：四川大学出版社，2017年，第 20 页。
⑤ 廖平：《孔经哲学发微》，《廖平选集》（上），成都：巴蜀书社，1998 年，第 303 页。

通《议蜀学》的总结①，则要详明得多。蒙文通（1894—1968）指出，"夫清儒述论，每喜以小辨相高，不务守大体，碎辞害义，野言乱德，究历数，穷地望，卑卑于章句文字之末，于一经之大纲宏旨或昧焉"，而"清学之敝，为不可讳也"。在指明清儒学术的偏敝之处后，蒙文通接着点明清代学术的优长之处，"盖三百年间之经术，其本在小学，其要在声韵，其详在名物，其道最适于《诗》《书》，其源则导自顾氏者也。廖氏之学，其要在《礼经》，其精在《春秋》，不循昔贤之旧轨，其于顾氏（按：指顾炎武），固各张其帜以相抗者也"。蒙文通的这一席话，点明了廖平之学渊源于有清"三百年间之经术"，可谓"渊源有自"；但廖平又能"推陈出新"，即于"经之大纲宏旨"能钩沉索隐，其精要就在于对《礼经》与《春秋》的发覆（"其要在《礼经》，其精在《春秋》"）。刘师培（1884—1919）说廖平"长于《春秋》，善说礼制"，可谓"海内最知廖氏学者"。

廖平是典型的经学家，也是晚清经学的最后高峰。诚如今人所说，"在廖平的观念中，国学即是国粹，国粹即是儒学，儒学即是尊孔"②。但是，廖平的登高疾呼与尊孔宣言以及晚年的神化孔子与荒诞立说，同时也宣告了"经学时代之结束"③。

继廖平之后的蒙文通，"把廖季平那些稀奇古怪的想法用现代学术加以表现出来"④，最终完成了"从经学向史学的过渡"⑤。至此，本节所说"经史为基，国学为本"，似乎是"经学"淡出（fade out）、"史学"登场（come on）。这不由得使人联想到蜀中天才学者刘咸炘（1896—1932）的一个判断——"统观蜀学，大在文史"，"隋前成书，仅存十数，蜀得其二"（按：即陈寿《三国志》、常璩《华阳国志》），"唐后史学，莫隆于蜀"，"唐宋八家，晚学所祖，蜀得其三"（按：即眉山三苏）⑥。刘咸炘如此立论，自然与外在的学科范式

---

① 本段以下引文，均出自蒙文通：《议蜀学》，《经学抉原》，上海：上海人民出版社，2006年，第48—50页。
② 谢桃坊：《四川国学小史》，成都：巴蜀书社，2009年，第24页。
③ 冯友兰：《中国哲学史》（下册），上海：华东师范大学出版社，2000年，第343页。
④ 程千帆：《桑榆忆往》，上海：上海古籍出版社，2000年，第157页。
⑤ 王汎森：《从经学向史学的过渡——廖平与蒙文通的例子》，《历史研究》，2005年第2期。
⑥ 刘咸炘：《蜀学论》，《推十书》之《推十文》（卷一），成都：成都古籍书店，1996年（影印本）。

（paradigm）的转移有关，即由"经学"转而为"史学"。其实，也与刘咸炘内在的价值判断（valuation）有关，即反对在现代学校继续"读经"①。退一步说，本小节以"国学为本"赅括，尚属差强人意。

再以宋育仁（1857—1931）为例。宋育仁是近代著名的维新思想家，是"四川睁眼看世界的第一人"，在海内有"新学巨子"之誉②。但其骨子里仍然坚持"中体西用"，而其晚年更是全然皈依"国学"，怀抱"旧学"。

《蜀学报》第一期载有宋育仁所拟定的《蜀学会章程》，共计二十八条。③开篇第一条便是，蜀学会"以通经致用为主，以扶圣教而济时艰"；其第二、三、四条又相继标明，"入会皆以忠信为本，孝弟为先"，"此会以经训为主，与祖尚西人专门学者有别"，"学会原为发扬圣道，讲求实学"。所谓"经训""忠信""孝弟""圣教"，即儒家经典、儒家学说也；而所谓"与祖尚西人专门学者有别"，则昭然明示此乃"国学"而非"西学"。这些要点与要义，在宋育仁晚年所撰《重修四川通志例言》中体现得非常真切。宋育仁认为，重修《四川省志》是为了"维持旧学，以恢张国学"，而其最终目的则在于"改良社会"。

以上所说，主要是"蜀地"的学校、学人与学术。接下来，让我们看一看"巴地"的情况，看一看重庆的东川书院是否亦属"经史为基，国学为本"。

1897年，赵熙（1867—1948）应重庆府之聘，赴渝主讲于东川书院，任山长。赵熙以"有教无类"办教育，亲自撰写对联"合古今中外为师，曲观其通，两派春潮归渤海；任纲常伦纪之重，先立乎大，万峰晴雪照昆仑"，并以小篆刻成楹联，立于书院大门两旁。赵熙在东川书院三年（1897—1899），"裁成不少知名之士，向楚、江庸、冉慈、龚秉权等，皆为其中著名者"④。

向楚（1877—1961）在东川书院求学时，赵熙教他读"诗古文辞"。赵熙对向楚说："学'诗古文辞'，必以'经学'为基础。读经应以'三礼'（《礼

---

① 参看谢桃坊：《四川国学小史》，成都：巴蜀书社，2009年，第40—41页。
② 《华阳县志》（卷16），民国23年（1934）刻本。
③ 《蜀学会章程》，《蜀学报》第一期，1898年。
④ 陶道恕：《赵熙》，载任一民：《四川近现代人物传》（第一辑），成都：四川省社会科学院出版社，1985年，第190页。

记》《周礼》《仪礼》)为根底。先从《说文》段(玉裁)注,文字音韵入手,以许(慎)、郑(玄)为门户。经学有了基础,然后才能写出好的文章。"① 不难发现,赵熙的读书理念与治学理路,实"本张之洞办尊经书院之旨",即"读书之根柢在通经","通经之根柢在通小学","故坚持以段注《说文》为门户,进而遍读群经"。在赵熙的引导与指导下,向楚"于文字形义之外,更精研音韵",而所为诗古文词"深得赵(熙)先生嘉赏"②。

从更宽泛意义而言,"经史为基,国学为本"不仅仅是四川士人的通识与共识,同时也合乎地方政府的精神与规定。兹仅举一例。1919年3月,四川省长杨庶堪(1881—1942)发布《四川省长公署训令第2533号令》:"国学为国民精神所寄托,并与各学科知识在在相关。此科若无根柢,其阻碍科学之进步者弊尤小,其断丧本国国民固有之精神者实深。此川省自反正以来所以有国学学校之设也。"③ 由此一例,"可见其民国建立以来,四川历届省长对于设办国学学校极为重视,以为国学是中国国民精神的基础,而且深刻指出国学与科学知识的关系"④。

二、熔铸古今,会通中西

上文所说的"经史为基,国学为本",揭示的是近代蜀学的"外在状貌";本处所说的"熔铸古今,会通中西",阐释的是近代蜀学的"内在追求";而下文所说的"勇开风气,经世致用",呈现的是近代蜀学的"学以致用"。

张之洞简放四川学政之时(1873—1876),即以"博通今古"劝导四川学子。为指导四川士子读书,张之洞编写了《书目答问》和《輶轩语》⑤。《輶轩语·语行》明言晓示:"古人为士,期于博通今古,德成名立。"张之洞所说"博通今古",即古代"通人"的追求,其境界高于一般的"儒生"。汉王充

---

① 向在淞:《前川大文学院长向楚》,载成都市政协文史学习委员会:《成都文史资料选编·教科文卫卷》(下册),成都:四川人民出版社,2007年,第54页。说明:标点有改动。
② 黄稚荃:《对辛亥革命及四川教育、文化事业卓有贡献的学者向楚》,《四川近现代文化人物续编》,成都:四川人民出版社,1989年,第305页。
③ 转引自谢桃坊:《四川国学小史》,成都:巴蜀书社,2009年,第4—5页。
④ 谢桃坊:《四川国学小史》,成都:巴蜀书社,2009年,第5页。
⑤ 《輶轩语》上篇语行,中篇语学,下篇语文。

(27—约97)《论衡·超奇》:"能说一经者为儒生,博览古今者为通人。""夫富人不如儒生,儒生不如通人。"王充之语,非常经典。

毋庸置疑,"博古通今"也正是杰出学者、史学大家蒙文通的自觉追求。蒙文通说,"我很赞同搞古代史,但不能放弃现代。从来没有只搞古代不搞现代或只搞现代不搞古代而成功的史学家","治史应专治一二时段,但通史终不可忽。每一代有些问题还是要从通史中才能求得解决,以免滞固不通"。① 除会通"古今"之外,蒙文通还有更大期许、更大追求,即不同学科的"会通"。蒙文通说,"总的说来,学问是循环反复的事。哲学和文学都不可忽,这对理解历史是大有帮助的。乃至书画艺术之事应该都要留心,不过有轻重缓急之分而已"②。

本文所说的"博通""会通",不是粗略的"沟通",更不是简单的"拼凑",而是"融会贯通"。而且,"会通"仅仅是手段与途径,并不是目的与指归。刘咸炘曾经明确指出,蜀学注重思辨(speculation),有"深玄之风";并且特意强调,"蜀学复兴,必收兹广博以辅深玄"③。换句话说,即经由"博通"与"会通",达致"集成"与"创新"。在四川近现代学术史上,由"博通"而"集成",由"会通"而"创新",其最为经典、最为典型者,恐怕非贺麟与唐君毅莫属。

贺麟(1902—1992)与唐君毅(1909—1978),均为"现代新儒家"的杰出代表,并且其思想皆自成体系、自成一派;同时,又能会通中西印,融冶儒释道。贺麟与唐君毅的新儒学体系,合乎上文所说由"博通"而"集成"、由"会通"而"创新"。

在中国哲学史上,贺麟起到了一种会通、融合的作用(融通中西文化、打通理学心学)。在哲学方法上,贺麟自觉地把儒家思想方法与黑格尔的辩证法

---

① 蒙文通:《治学杂语》,载蒙默:《蒙文通学记》(增补本),北京:生活·读书·新知三联书店,2006年,第33、34页。
② 蒙文通:《治学杂语》,载蒙默:《蒙文通学记》(增补本),北京:生活·读书·新知三联书店,2006年,第34页。
③ 刘咸炘:《蜀诵·绪论》,《刘咸炘论史学》,上海:上海科学技术文献出版社,2008年,第267页。

结合起来，从而形成了一个将直觉方法与抽象方法相结合的方法论系统。① 贺麟的哲学思想走的是一条中西哲学比较参证、融会贯通的道路，具有非常鲜明的"会通"特色。

兹谨以"会通"为例。1930年8月，贺麟完成了其学术生涯中具有里程碑意义的论文《朱熹与黑格尔太极说之比较观》②。贺麟试图把儒家传统哲学同西方哲学融合起来，以推进儒家哲学的现代化，这是他开始从事中西哲学比较的标志。贺麟说，"（该文）着重比较两位讲太极的大师思想异同，以促进相互理解，而启发读者的颖思。这种对中西文化、哲学的比较研究在我国还是较早的尝试"③，"我是想从对勘比较朱熹的太极和黑格尔的绝对理念的异同，来阐发两家的学说。这篇文章表现了我的一个研究方向或特点，就是要走中西哲学比较参证、融会贯通的道路"④。今人说，"用这样的中西比较的方法研究以黑格尔为具体对象的德国哲学，这是现代中国研究西方哲学的学术史上的创获"⑤。可以说，"比较参证"是手段和过程，"融会贯通"则是追求和目的。诚如贺麟所云，"谈学应打破中西新旧的界限，而以真理所在实事求是为归"，对各种学说要以"求真、求是的眼光去评判"⑥。贺麟又曾旗帜鲜明地指出，"今后中国哲学的新发展，有赖于对于西洋哲学的吸收与融会"⑦；而所谓"吸收与融会"，亦即"华化"或"儒化"西洋哲学。

唐君毅被牟宗三（1909—1995）誉为"文化意识宇宙中之巨人"⑧，并被

---

① 张祥龙：《贺麟的治学之道》，《哲学研究》，1992年第11期，第50—53页。彭华：《贺麟的文化史观》，《湖南科技学院学报》，2006年第3期，第96—99页。张学智：《贺麟思想研究》，北京：人民出版社，2016年。

② 该文刊于《大公报·文学副刊》第147期（1930年11月3日），后又作为附录收入《黑格尔学述》（1936年），又收入《黑格尔哲学讲演集》（1986年）。

③ 贺麟：《黑格尔哲学讲演集》，上海：上海人民出版社，2011年，序言第1页。

④ 贺麟：《五十年来的中国哲学》，沈阳：辽宁教育出版社，1989年，第119页。

⑤ 李鹏程：《简论贺麟师新心学中的中西文化融通》，载岑庆祺：《濠江哲学文集》，保定：河北大学出版社，2002年，第335页。

⑥ 贺麟：《〈黑格尔学述〉译序》，《黑格尔哲学讲演集》，上海：上海人民出版社，2011年，第607页。

⑦ 贺麟：《中国哲学与西洋哲学》，《哲学与哲学史论文集》，北京：商务印书馆，1990年，第127页。

⑧ 牟宗三：《悼念唐君毅先生》，《唐君毅全集》（卷三十），台北：台湾学生书局，1991年，第26页。

西方有的学者誉为"中国自朱熹、王阳明以来的杰出哲学家"①。在哲学理路上，唐君毅旗帜鲜明地提出"即哲学史以研究哲学，或本哲学以言哲学史"②，亦即研究中国哲学史是唐君毅的治学中介，构筑自己的哲学体系才是唐君毅的终极旨归。换句话说，"哲学史家"是唐君毅的外在表象，"哲学家"才是唐君毅的内在本色，这是唐君毅思想和学术的两个向度、两个层面③。唐君毅的学术思想进路，被海外学者概括为：以黑格尔型的方法及华严宗型的系统，展开其"生命存在与心灵境界"都为"一心"所涵摄的文化哲学体系，名曰"唯心论的本体——文化论的哲学系统"④。

比较贺麟与唐君毅，我们可以发现：二人既有颇多惊人相似之点，也有巨大差异之处⑤。毋庸置疑的是，二人都是会通中外、赫赫有名的思想家、哲学家。

三、但开风气，经世致用

所谓"通经致用"，所谓"经世致用"，所谓"学以致用"，是中国自古以来就形成的优良传统；在风云激荡的近代中国，这种风气尤为浓厚。在近代四川，自然概莫能外。

先就全国而言。比如，在魏源（1794—1857）看来，经学教育长期以来存在一个最大的弊端，即"经术之教"和"政事之教"相分离；因此，他振臂高呼"以经术为治术"，提倡"通经致用"⑥。

再就四川而言。张之洞在任四川学政期间，即以通经致用、"利国利民"

---

① 中国大百科全书出版社《简明不列颠百科全书》编辑部：《简明不列颠百科全书》（第七卷），北京：中国大百科全书出版社，1986年，第677页。
② 唐君毅的这一思想认识与理论方法，贯穿于其《中国哲学原论》全书的"导论篇""原道篇""原性篇""原教篇"。有兴趣的读者，不妨翻阅中国社会科学出版社2005年出版的《中国哲学原论》。
③ 萧萐父：《唐君毅之哲学史观及其对船山哲学之阐释——读〈中国哲学原论〉》，《哲学研究》，1989年第7期。彭华：《唐君毅的中国哲学史研究——关于方法论的讨论与比较》，《宜宾学院学报》，2001年第1期。
④ 罗义俊：《评新儒家》，上海：上海人民出版社，1989年，第611页。
⑤ 彭华：《贺麟与唐君毅——人生经历、社会交往与学术思想》，《宜宾学院学报》，2006年第8期。
⑥ 魏源：《默觚上·学篇九》，《魏源集》，北京：中华书局，1976年，第23页。

诱导四川学子，要求士子关注国家与社会，关心国计与民生。张之洞说，"扶持世教，利国利民，正是士人分所应为。宋范文正（按：即范仲淹）、明孙文正（按：即孙承宗），并皆身为诸生，志在天下。国家养士，岂仅望其能作文字乎？通晓经术，明于大义，博考史传，周悉利病，此为根柢"（《輶轩语·语行》），"读书期于明理，明理归于致用"（《輶轩语·语学》）①。尊经书院山长王闿运（1833—1916）推广了张之洞的思想，并且践行了张之洞的理念。王闿运反复告诫尊经书院的学子："论学只须论事，事乃见学也。通经不致用，孔子谓之小人儒。……言则知之，行则忘之，岂非分事、学而二之之误哉！"② 王闿运鼓励学生博览群书而又心怀天下，勤奋读书而又学以致用，"这是其教育活动核心所系"③。在晚清时期的四川，尊经书院是改良主义思想的"基地"④。

张之洞的提倡、尊经书院的教导，在尊经书院学子身上起到了立竿见影的效果。比如，宋育仁对维新变法思想的提倡，筹办《渝报》《蜀学报》宣传新思想，在四川兴办各类实业公司，都是经典的例子。⑤ 再如，张森楷除著书立说、教书育人外，也曾创办"四川民立蚕桑公社"，创建"四川民立蚕桑中学堂"，亦属典型事例。⑥

接下来，笔者将从"事功"与"学术"两个层面，对"但开风气"加以论述。在"事功"层面，近代四川人士有"敢为天下先"的勇气与豪迈。其中的伟大壮举，有保路运动、川军抗日等（下文即以保路运动为例）。在"学术"层面，近代巴蜀的英杰俊彦，则往往能够推陈出新、创立新说，甚至能够成己成物、自成一派。其中的代表人物，有廖平、蒙文通、郭沫若、李劼人、贺麟、唐君毅等（下文即以廖平、郭沫若、李劼人为例）。

众所周知，1911 年（辛亥年）由四川人民掀起的保路运动⑦，是武昌起义

---

① 陈山榜：《张之洞教育文存》，北京：人民教育出版社，2008 年，第 25 页。
② 王闿运著，马积高主编：《湘绮楼诗文集》，长沙：岳麓书社，1996 年，第 517-518 页。
③ 魏红翎：《成都尊经书院史》，成都：巴蜀书社，2016 年，第 422 页。
④ 隗瀛涛：《四川保路运动史》，成都：四川人民出版社，1981 年，第 89 页。
⑤ 请参看本书第七章第一节。
⑥ 请参看本书第七章第一节。
⑦ 参看戴执礼：《四川保路运动史料》，北京：科学出版社，1959 年。四川省档案馆：《四川保路运动档案选编》，成都：四川人民出版社，1981 年。隗瀛涛：《四川保路运动史》，成都：四川人民出版社，1981 年。

的前奏，是辛亥革命的导火线。伟大的革命先行者孙中山（1866—1925）曾经指出："若没有四川保路同志会的起义，武昌革命或许还要迟一年半载的。"①经历过辛亥革命的董必武（1886—1975）也曾经指出："有广大群众参加的四川保路斗争对辛亥革命起了直接的推动作用。所以，四川保路运动以加速革命形势的发展，点燃武昌起义的导火线的历史功绩而彪炳史册。"② 早年亲身参加了辛亥革命的杰出无产阶级革命家朱德（1886—1976），缅怀往事，曾感慨吟咏："群众争修铁路权，志同道合会全川。排山倒海人民力，引起中华革命先。"③ 无产阶级革命家林伯渠（1886—1960）在评论四川保路运动时说："它反映了当时全国人民的爱国和民主的迫切要求。"④ 蒋介石（1887—1975）也说，辛亥革命"虽然起义于武汉，实则发动于四川，四川保路的风潮，实为辛亥革命的导火线"⑤。以上诸人之所言，都是对四川保路运动的崇高评价，是对四川保路运动首创之功的充分肯定。

对于作为经学家的廖平，本处将从自我的追求、老师的评论、学生的评价三个方面揭示其"为学善变""学贵自立""但开风气"。

在廖平看来，清朝的经学既有其长，更有其短，"国朝经学，喜言声音训诂，增华踵事，门户一新，固非宋明所及。然微言大义，犹尝未闻。嘉道诸君，虽云通博，观其撰述，多近骨董"⑥。廖平说清朝经学"多近骨董"，意谓清朝经学犹如博物馆之流于"收藏"古董而弱于"研究"，故而"微言大义，犹尝未闻"。为了探赜索隐"微言大义"，廖平可谓殚精竭虑、苦思冥想，甚至不惜"今日之我与昨日之我相斗争"⑦，以致以"善变"面貌著称于世——前后有"六变"之多。一个"变"字，可以说是"廖平治学最重要的特点"⑧。

---

① 冯玉祥：《我所认识的蒋介石》，哈尔滨：黑龙江人民出版社，1980年，第182页。
② 董必武：《董必武副主席在辛亥革命五十周年纪念大会上的讲话》，《人民日报》，1961年10月10日。
③ 朱德：《辛亥革命杂咏》，《人民日报》，1961年10月10日。
④ 林伯渠：《在公祭张澜先生大会上的悼词》，《新华月报》，1955年第3号。
⑤ 周开庆编著：《四川与辛亥革命》，台北：四川文献研究社，1964年，第2页。
⑥ 廖平：《经话甲编》（卷一），《廖平选集》（上册），成都：巴蜀书社，1998年，第401页。
⑦ 此语化用自梁启超（1873—1929）。梁启超尝自言："不惜以今日之我，难昔日之我。"（梁启超：《清代学术概论》，上海：上海古籍出版社，1998年，第86页。）
⑧ 魏红翎：《成都尊经书院史》，成都：巴蜀书社，2016年，第424页。

其实，能"变"而又多"变"，说明廖平本人在不断探索，而其学问在不断精进。诚如廖平自己所说，"经学至郑（玄）一大变，至今又一大变。郑变而违古，今变而合古"①。这虽然是廖平"初变"之时的"夫子自道"，但确实也能反映其学术追求。后来，廖平又坦诚相言，"为学须善变，十年一大变，三年一小变，每变愈上，不可限量，所谓士别三日当刮目相待者也。变不贵在枝叶，而贵在主宰，但修饰整齐无益也"②。

一般认为，廖平"六变"的前三变学理性较强，而后三变则愈变愈奇，流于玄虚怪诞，可谓荒诞不经。廖平的孙子廖宗泽（1898—1960）说，"三变以后冥心独造，破空而行，知者甚少。五变、六变语益诡，理益玄，举世非之，胡适之至目为方士"③。姑举"五变"为例。廖平"五变"提出"六书文字为孔子所造"，认为"六书文字"是今后世界大同所唯一通行的文字，可以"传之万世，一统全球"（《文字源流考》）。为千秋万世立法，为寰宇全球立法，廖平俨然已为"通天教主"也。

对于自己的弟子廖平，王闿运可谓心知肚明。王闿运曾经对其子王代功说，弟子杨度（1874—1932）乃"依我以立名"，而廖平则"思外我以立名"，并终许其"能自立"。所谓许其"能自立"，指的是廖平没有亦步亦趋王闿运之后尘，而是戛戛独造、学能自立。王闿运死后，廖平祭文"亦有避水画火之语"④。而所谓"画水""画火"，指的是廖平经学与王闿运经学判然有别。蒙文通曾经谈到过这一点，"廖先生（季平）讲经学与王湘绮（闿运）不同，湘绮不高兴。廖先生说：'先生画水，弟子画火，但是画是从老师那里学的，问题不在画水画火。'"⑤由此可见，廖平确实是要在、并且能在王氏之外求"学术自立"与"学术独立"。诚如章太炎（1869—1936）所言："而湘潭王闿运，遍注五经。闿运弟子有井研廖平，自名其学，时有新义，以庄周为儒术，《左

---

① 廖平：《今古学考》（卷下），《廖平选集》（上册），成都：巴蜀书社，1998年，第89页。说明：《今古学考》初版于清光绪十二年（1886）。
② 廖平：《经话甲编》（卷一），《廖平选集》（上册），成都：巴蜀书社，1998年，第412页。说明：《经话》初版于清光绪二十三年（1897）。
③ 廖宗泽：《六译先生行述》，载廖幼平：《廖季平年谱》，成都：巴蜀书社，1985年。
④ 吴虞：《爱智庐随笔》，《吴虞集》，成都：四川人民出版社，1985年，第93页。
⑤ 蒙文通：《治学杂语》，载蒙默：《蒙文通学记》（增补本），北京：生活·读书·新知三联书店，2006年，第51页。

氏》为六经总传，说虽不根，然犹愈魏源辈绝无伦类者。"①

作为廖平弟子的吴虞（1872—1949），也曾经指出廖平勇于创新，敢于立说。1932年9月26日，吴虞在日记中评价廖平，"（廖平）耻为《经籍籑诂》之子孙，超出阮王二家，自成六变；直指《读书杂志》无师法，离开湘潭一派，独有千秋"②。吴虞的这一番评语，说的是廖平不但能够超越清代乾嘉学派，而且能够在湘潭王闿运之外另立新说。吴虞又说，"（廖平）于湘潭之学，不肯依傍。……盖学贵自立，无与感情；依傍既空，方觇真识。依人以立名，奴隶之学也；不依人以立名，豪杰之士也"③。所谓廖平"不肯依傍""不依人以立名"，可以作为上引王闿运"思外我以立名"一语之注脚。

贺麟、唐君毅之"创立新说""自成一派"，已见上文和前文。④ 兹谨以作为文学家的郭沫若、李劼人为例，述说民国时期巴蜀文学之"但开风气"。

郭沫若（1892—1978），原名开贞，号尚武，后改名沫若，号鼎堂，四川乐山人。著名文学家、历史学家、考古学家、古文字学家、翻译家。主要著作被整理为三十八卷《郭沫若全集》，分《文学编》二十卷、《历史编》八卷、《考古编》十卷，分别由人民文学出版社、人民出版社、科学出版社出版。以文学而言，现代中国的第一部新诗集是胡适（1891—1962）的《尝试集》（1920年）；但新诗之成熟而杰出的作品，则当推郭沫若的《女神》（1921年），《女神》"在思想性和艺术性上都达到了前所未有的高度"⑤，"宣告诗坛上'胡适的时代'的结束，和真正的现代自由体新诗时代的到来"⑥。化用郭沫若之语，中国现代文学之有《女神》，一如凤凰涅槃，浴火重生。

李劼人（1891—1962），原名李家祥，笔名老懒、抄公、云云、菱窠等，四川成都人。著名作家。发表各种著译作品近600万字。代表著作有《死水微

---

① 章炳麟：《訄书》，北京：华夏出版社，2002年，第52页。
② 吴虞著，中国革命博物馆整理，荣孟源审校：《吴虞日记》，成都：四川人民出版社，1984年，第651页。
③ 吴虞：《爱智庐随笔》，《吴虞集》，成都：四川人民出版社，1985年，第93—94页。
④ 参看本书第一章第四节以及"结语"第一节。
⑤ 张宪文等：《中华民国史》，南京：南京大学出版社，2012年，第464页。
⑥ 朱栋霖等：《中国现代文学史：1917—2000》（上册），北京：高等教育出版社，2007年，第70页。

澜》《暴风雨前》和《大波》①，三部小说以四川为背景，描写了从甲午战争到辛亥革命前后20年的广阔社会画面。李劼人的这三部小说，在中国现代文学史上享有盛名。舒新城（1892—1960）誉之为"近时文学创作界特有魄力之大著作"②；杨联芬称赞三部小说"撞响了中国现代历史小说的洪钟，开中国现代历史小说之先河"③；郭沫若誉之为"小说的近代史""小说的《华阳国志》"④，郭沫若甚至将李劼人誉为"中国的左拉"⑤。

王国维曾经明确而直白地断言，"异日昌大吾国固有之哲学者，必在深通西洋哲学之人无疑也"⑥，"异日发明光大我国之学术者，必在兼通世界学术之人，而不在一孔之陋儒，固可决也"⑦，"余谓中、西二学，盛则俱盛，衰则俱衰。风气既开，互相推助。且居今日之世，讲今日之学，未有西学不兴而中学能兴者，亦未有中学不兴而西学能兴者"⑧。王国维此语，高瞻远瞩，指明方向。

贺麟曾经郑重其事地写道："今后中国哲学的新发展，有赖于对于西洋哲学的吸收与融会，同时中国哲学家也有复兴中国文化、发扬中国哲学，以贡献于全世界人类的责任自不待言。……无论中国哲学，甚或印度哲学，都是整个哲学的一支，代表整个哲学的一方面，我们都应该把它们视为人类的公共精神产业，我们都应该以同样虚心客观的态度去承受，去理会，去撷英咀华，去融会贯通，去发扬光大。"⑨贺麟此语，视野宏大，追求宏远。

---

① 李劼人的这三部长篇小说，分别于1936年和1937年由（上海）中华书局出版。
② 舒新城：《舒新城日记》，《出版史料》，1988年第2期。
③ 杨联芬：《李劼人长篇小说艺术批评》，《文学评论》，1990年第3期。
④ 洪钟：《李颉人》，载任一民：《四川近现代人物传》（第一辑），成都：四川省社会科学院出版社，1985年，第230页。
⑤ 郭沫若：《中国左拉之待望》，《中国文艺》，1937年6月第1卷第2期。
⑥ 王国维：《哲学辨惑》（1903年），载谢维扬、房鑫亮：《王国维全集》（第十四卷），杭州·广州：浙江教育出版社·广东教育出版社，2009年，第9页。
⑦ 王国维：《奏定经学科大学文学科大学章程书后》（1906年），载谢维扬、房鑫亮：《王国维全集》（第十四卷），杭州·广州：浙江教育出版社·广东教育出版社，2009年，第36页。
⑧ 王国维：《国学丛刊序》（1911年），载谢维扬、房鑫亮：《王国维全集》（第十四卷），杭州·广州：浙江教育出版社·广东教育出版社，2009年，第131页。
⑨ 贺麟：《中国哲学与西洋哲学》，《哲学与哲学史论文集》，北京：商务印书馆，1990年，第127页。

贺麟亦尝满怀信心地展望："如果无论政治、社会、文化、学术上各项问题的解决，都能契合儒家精神，都能代表中国人的真意思、真态度，同时又能善于吸收西洋文化的精华，从哲学、科学、宗教、道德、艺术、技术各方面加以发扬和改进，我们相信，儒家思想的前途是光明的，中国文化的前途也是光明的。"[①] 哲人斯语，苦口婆心，信心满满。

于此，或可借用王国维、贺自昭之语以结束本书——

中国文化的前途是光明的。

巴蜀文化的前途也是光明的。

---

① 贺麟：《儒家思想的新开展》（1941年），《文化与人生》，北京：商务印书馆，1988年，第17页。

附录一

巴蜀学术编年（1911—1950）

1911 年（宣统三年，辛亥）

4月21日（三月二十三）①，赵尔丰署理四川总督。

5月9日，清政府宣布"铁路干线国有"政策。5月，四川发生保路运动。6月17日，四川保路同志会在成都成立。9月7日（七月十五），"成都血案"发生。川籍同盟会员乘势发动各县同志军起义，武装包围成都，成为武昌起义的前奏。

10月10日（八月十九），武昌起义爆发，各省相继起义相应。

11月22日（十月初二），重庆独立，成立蜀军政府。张培爵任都督，夏之时任副都督。

11月27日（十月初七），成都光复，成立大汉四川军政府，蒲殿俊任都督。

12月8日（十月十八），成都发生兵变，尹昌衡调兵平定变乱。12月9日，改组大汉四川军政府，尹昌衡任都督。12月22日，尹昌衡捕杀赵尔丰。

1912 年（民国元年，壬子）

1月1日（十一月十三），孙中山在南京就任中华民国临时大总统，宣告中华民国成立。2月12日（十二月二十五），宣统帝下退位诏书。

1月，四川军政府以整理四川文献、编写光复史等为由，将前大汉四川军政府枢密院改组为国学院，院址设于成都城东三圣街。2月，存古学堂改名为国学馆，仍由谢无量任校长。6月，国学院迁入存古学堂内，并与之合并，称

---

① 说明：本年表中的公历日月以阿拉伯数字表示，旧历日月以汉字表示。

"四川国学院"。9月，存古学堂亦因之改名为"四川国学院附属国学学校"，刘师培任校长。吴之英任四川国学院院正，谢无量、刘师培任院副，另聘浙江诸暨楼黎然、四川温江曾学传、井研廖平、新繁曾瀛、资中李尧勋、天全杨赞襄、成都大慈寺大和尚释圆乘和谢无量八人为院员。

2月，吴稚晖、汪兆铭、李石曾、吴玉章等七人在北京发起留法勤工俭学会。其后，吴玉章、黄复生、朱芾煌等亦相继发起四川留法勤工俭学会，并在成都设四川留法勤工俭学预备学校。

3月11日，成、渝两军政府合并，成立中华民国四川都督府，尹昌衡、张培爵分别担任正、副都督。

4月11日，中国佛教总会成立于上海静安寺，又名中国佛教会、中华佛教协进会、佛教大同会。根据总会的指示，四川立即组建了"中华佛教总会四川支部"（后改为支会、分会），各县也相应建立了县支部。这是四川历史上佛教界的第一次联合。

6月13日，《女界报》在成都创刊。次年停刊。这是四川第一家妇女报纸。《女界报》由孙少荆、方琢章、饶伯康等创办，主要撰稿人有吴虞及其妻曾兰等。

7月，四川通省师范学堂奉命改为"四川优级师范学校"。1913年，又改名为"四川高等师范学校"（1914年7月重新招生）。

夏，巴县中学校长文伯鲁等接收重庆书报社和字水书院的书籍，租用神仙口文昌宫成立重庆图书馆，文伯鲁为首任馆长。1916年迁夫子池原重庆府学署旧址，改称巴县图书馆。1938年改为私立巴县图书馆。

9月，《四川国学杂志》月刊在成都出版（1914年后改名为《国学荟编》），廖平、吴之英、刘师培、谢无量、曾学传等均曾在该刊发表论著。《四川国学杂志》以"发扬精深国粹，考证文献"为办刊宗旨，而且宣扬以"国学拯救世道人心"。所刊文章以学术性、考据性文章为主，在四川和全国有一定影响。杂志由存古书局发行。1919年停刊。

本年，"三庆会"在成都成立。三庆会是川剧艺人自发组织的戏曲团体，对川剧的发展起到了重要作用。

本年，李宗吾写成《厚黑学》一书，在《公论日报》连载，而李宗吾亦以

"厚黑教主"自居。

1913年（民国二年，癸丑）

3月，四川第一届省议会在成都成立。

春，四川优级师范学校改名为四川高等师范学校。

夏，原四川军政府都督尹昌衡致电袁世凯，倡议尊孔读经。同时，封建文人曾学传在成都发起组织"孔教扶轮会"，旋改为孔教会成都支会。6月，各县成立支会者20处，并于年底向国会请愿，要求立"孔教"为"国教"。

5月31日，四川省道教总分会成立。四川省道教总分会直接受北京白云观"中国全国道教总会"的领导，是四川省道教徒的最高组织。1943年2月，改为四川省道教分支部。

6月，《四川译学报》在成都出版。月刊，四川译学会主办。社长李芛皋，总经理李璜（幼椿）。在第一期《刊例》中，明确提出"扶持国粹，输入欧化，巩固共和，发扬国魂"，并主张"无党界，无教界，无国界"，强调翻译新书、输入文明的重要性。

（农历）五月，紧接民国元年中央道教总会准予立案之后，按照《道教会宣言书》精神和《道教会大纲》规定，四川青羊宫刘教宾、二仙庵王妙生、宝云庵余至樵、天师洞魏至龄、二王庙李元刚、长生宫周至容、丹达庙吴清照、昭烈庙周宗庸等八大宫观的住持，联名发起建立四川道教总分会。5月31日，四川省行政公署批示，"准予立案"。据民国政府《人民团体总登记表》所载，四川省登记总分会经批准立案后，大约于民国十二年（1923）二月改组为四川省道教分支部；又于民国三十五年（1946）五月改组为四川省道教会，并由四川省政府社会处委派赖鼎立为改组指导员。

8月，熊克武、杨庶堪等在重庆通电讨袁，响应"二次革命"。

1914年（民国三年，甲寅）

4月20日，《普通白话报》在重庆创刊。这是重庆创办的第一家晚报。

4月25日，重庆总商会机关报《商务日报》创刊。重庆总商会主席曾禹钦聘请周文钦（家桢）为该报社长兼总编辑。《商务日报》具备现代报刊的装帧设计特点。《商务日报》重视现代新闻的客观写实性，申明该报是公众舆论的代言人，在新闻报道中不带倾向性，在各种社会纷争和对立观点中保持中立客观。1951年，因经济困难，自动申请停办。

5月，谢无量《（新制）哲学大要（师范学校适用）》（署名"谢蒙"）、《（新制）哲学大要参考书》（署名"谢蒙"）由（上海）中华书局出版。

6月，在美国康奈尔大学就读的中国留学生任鸿隽、胡明复、秉志、赵元任、杨铨（杏佛）、胡适、周仁、章元善、金邦正、过探先等人，受国内形势的鼓舞，决定成立一个独立的科学组织，即1915年10月成立的中国科学社。

8月，谢无量编《新制国文教本》（全四册）由（上海）中华书局出版。

9月，谢无量《伦理学精义》（署名"谢蒙"）由（上海）中华书局出版。

本年，能海法师与刘洙源（刘复礼）、谢子厚诸居士，发起创设成都佛学社。原名华严坛，后改名佛经流通处，最后定名为"成都佛学社"。社址在少城公园（今成都市人民公园）内。成都佛学社的经常活动是延请法师、居士在学社讲经说法，办理佛经、法器流通，每月初一、十五诵经念佛、举办慈善救济事业等。成都佛学社于1951年宣告结束。

1915 年（民国四年，乙卯）

10月25日，中国科学社举行成立大会，任鸿隽等五人当选为董事会理事，并由任鸿隽兼任社长。中国科学社于1918年迁回国内，在上海、北京、南京、苏州、杭州、广州、沈阳、青岛、重庆等地设有会友社。中国科学社是中国成立最早的现代意义上的独立的自然科学研究组织，以"联系同志，研究学术，以共图中国科学之发达"为宗旨，出版《科学》杂志、《科学画报》、科学丛书、科学译丛等，对中国的自然科学研究和科学知识普及起到积极作用，是"我国近代科技史上一件大事"。1960年5月4日，中国科学社停止活动。

11月，谢无量《阳明学派》由（上海）中华书局出版。

12月，谢无量《孔子》由（上海）中华书局出版。

12月，袁世凯宣布实行帝制，护国战争爆发，云南护国军入川。

本年，刘咸烺在成都创办明善书塾。1918年，改名为尚友书塾。刘咸炘任塾长，刘咸烺任少学部主讲。

本年，宋育仁回川，其门人范天杰、胡淦等汇集宋氏经、史、集著作，编为《问琴阁丛书》。

1916 年（民国五年，丙辰）

2月，林振翰《川盐纪要》由商务印书馆出版。

5月22日（四月二十一），袁世凯亲信、四川都督陈宧宣布四川独立。

7月，蔡锷任四川督军兼省长，护国战争结束。

8月，谢无量《韩非》（署名"谢蒙"）、《朱子学派》、《佛学大纲》（署名"谢蒙"）由（上海）中华书局出版。

10月，谢无量《中国哲学史》由（上海）中华书局出版。

10月，谢无量《中国妇女文学史》由（上海）中华书局发行（9月印刷）。

11月，根据教育部的决定，四川高等师范学校正式定名为国立成都高等师范学校。

12月，谢无量《中国六大文豪》由（上海）中华书局出版。

12月，《女铎报》在重庆创办。这是重庆妇女界创办报纸的开始。

冬，向楚赴广州，任孙中山大元帅府秘书。孙中山以向楚学识渊博、诲人不倦，亲笔题赠"蔚为儒宗"。

本年，吴永权与王兆荣、陈豹隐等筹组"丙辰学社"，筹办《学艺》杂志。1917年，《学艺》杂志创刊。

1917 年（民国六年，丁巳）

1月，谢无量《国民立身训》、《实用文章义法》（上下册）由（上海）中华书局出版。

1月，《新制国文教本评注》（谢无量编、朱宝瑜评注）由（上海）中华书局出版。

2月，吴虞在《新青年》第二卷第六号发表《家族制度为专制主义之根据论》。6月1日，吴虞以妻子曾兰名义发表文章《女权平议》。吴虞本年所发表的反儒学的文章，还有《吃人与礼教》等。

4月，谢无量《实用美文指南》（上、中、下卷）、《妇女修养谈》由（上海）中华书局出版。

4月，川军刘存厚与滇军罗佩金在成都爆发"刘罗之战"，滇军退出成都。

5月，谢无量《王充哲学》由（上海）中华书局出版。

上半年，四川教育会曾鉴、廖平、宋育仁、徐炯等290余人联名上书北京政府，认为"中国道德之要，备载群经，不读经何以言道德，将何以为国乎"，要求"明令学校次第读经，以正人心，以明国教"。

7月14日，著名书法家包弼臣卒。包弼臣曾任资州教谕，并与吴之英切磋书艺。

8月24日，北京政府任命张澜暂行护理四川省长。11月5日，张澜到达成都，接省长印，开始视事。11月20日，北京政府正式任命张澜为四川省长。

10月，四川护法战争爆发。

本年，华西大学的叶长青（James Huston Edjar）在《长江上游和岷江的石器》一文中，公布了在岷江采集的新石器时代遗物。

1918年（民国七年，戊午）

1月10日，广州护法军政府秘书长章太炎，奉孙中山大元帅派遣于上年10月下旬到西南联络护法力量。是日下午由綦江抵达重庆，受到熊克武及重庆各界人士1000余人的热烈欢迎。1月11日，章太炎自重庆致电孙中山，报告四川护法进展情况。1月12日，重庆军政绅商学各界集会，庆贺章太炎50寿辰，熊克武主持会议并致辞。1月16日，孙中山致电在重庆的章太炎，嘱其召集熊克武和黄复生二人商定四川护法军总司令人选。2月23日，孙中山致电在重庆的章太炎，嘱其联合川滇黔各军，以求巩固护法军政府。5月22日，孙中山派到重庆的特别代表章太炎离开重庆，乘轮船东下出川。

3月，熊克武继刘存厚为四川督军，杨庶堪任四川省长。

7月1日，《川报》创办。李劼人任社长兼总编辑。《川报》拥有一批积极拥护新文化运动的编辑和撰稿人。

10月，谢无量《中国大文学史》由（上海）中华书局出版。

11月，谢无量《诗学指南》《词学指南》《骈文指南》由（上海）中华书局出版。

3月，华法教育会四川分会，成都留法勤工俭学预备学校开办。

本年，涪陵天竺寺僧人佛源和居士孙道修、龚缉熙、谢子厚、陶阎士、朱叔痴、孙保滋等人发起成立重庆佛学社。1950年，重庆佛学社停办。

本年，古洛东《圣教入川记》（附《五马先生纪年》）由（重庆）圣家书局出版。《圣教入川记》是一部研究张献忠起义、明清之交四川历史、四川地区基督教传教史的重要参考著作。

11月11日（十月初八），第一次世界大战结束。

1919年（民国八年，己未）

2月16日，北京政府据原四川省省长张澜呈请，下令嘉奖合川县绅士张森楷，以表彰他在合川创建四川最早的实业学校——"蚕桑学校"，为四川的蚕桑事业做出的重大贡献。

4月，四川督军熊克武公布"四川靖国军各军驻防区域表"，四川军阀防区割据制正式形成。

5月4日（四月初五），五四运动爆发。其后，成都《川报》等予以报道，成都、重庆等地学生和各界群众纷纷集会、游行、抵制日货，声援"五四"爱国运动。

6月30日，"少年中国学会"在北京顺治门（即宣武门）外岳云别墅举行发起人会议，与会者七人（李大钊、王光祈、周无、陈淯、张尚龄、曾琦、雷宝菁）。会议决定该学会由王光祈任书记，李大钊任编辑，周无（周太玄）任文牍。

7月1日，"少年中国学会"正式成立。总会设北京（1924年迁往南京），南京、成都和法国巴黎设分会。会务活动有出版刊物、讲演、学术讨论等。1925年年底，因会员严重分化而停止活动。

12月12日，川东学生联合会主办的《川东学生周刊》出版。该刊以"主张公理，排斥强权，研究学术，改良社会"为宗旨。1921年6月，改名为《川东学生联合会周刊》。

1920 年（民国九年，庚申）

1月4日，由王光祈、吴芳吉、陈启修、叶麟、杨廉等人发起，成立《新四川》杂志社。

5月8日，雷铁厓逝世。

5月23日，经四川督军熊克武、省长杨庶堪批准，成立四川通志局，负责编修《四川通志》。1924年，杨森任四川军务管理后，改立"重修四川通志局"于成都陕西街。聘宋育仁为通志局总纂，负责编修《四川通志》。1931年，《四川通志》尚未修完，宋育仁逝世。后由陈钟信等辑补，1936年编修成稿本共计300余册。1942年，张澜、李璜等向四川省主席张群提议编修省志，经张群批准，同年9月成立"四川通志馆"，由省府秘书长李肇甫兼任馆长，舒君实为主任秘书。1950年，该馆被接管，后解散。该馆成立以来，连总纂都未聘定，到1944年仅编成四川方志简编稿本30万字。

8月，熊克武联合刘存厚发动"靖川"之战。

1920年冬至1921年春，王右木等人以成都高师为基地，联合一批进步青年，在成都组建了四川第一个"马克思主义读书会"。1922年2月，在王右木的倡导下，又在原读书会的基础上成立了"马克思主义学会"。

1921 年（民国十年，辛酉）

2月1日，《新蜀报》在重庆正式发刊。《新蜀报》由川东道尹公署秘书长陈愚生同刘泗英共同开办的新文化印刷社创办，社长陈愚生，编辑刘泗英、穆济波、邓少琴。陈毅、萧楚女、漆树芬、周钦岳等曾任主笔。1950年1月停刊，共出10579号。《新蜀报》注重宣传新思潮，支持学生抵制日货的爱国行动，在新文化方面发挥过积极作用。抗日战争期间，增加了一批进步人士担任编辑，使《新蜀报》成为宣传抗日主张的重要阵地。

2月10日，四川省议会宣布四川自治，开始四川省自治运动。后于1923年3月流产。

上半年，重庆联中学生团体益社创办《渝江评论》。该刊宗旨是"下切实的批评，作沉痛的呼唤，以求群众觉醒和社会的改进"。

8月，郭沫若《女神》由（上海）泰东图书局出版。

9月，佛源在四川顺庆办佛学研究社。

10月，《吴虞文集》由（上海）亚东图书馆出版。

11月，重庆联中校友会《友声》杂著创刊。该刊宗旨是"提倡改革旧教育，讲行新教育和学问的社会化"。

本年，廖平《六译馆丛书》由成都存古书局印行。

本年，"五老七贤"之一的徐炯集合诸人，倡办大成学校。该校取书院、学校、私塾三制混合而成，"以尊孔读经、正伦理、辩义理为宗旨，以高尚、谨严、宏毅为校训"。

1922年（民国十一年，壬戌）

2月7日，《人声》报在成都创刊发行。这是四川省第一份专门宣传马克思主义的刊物。由王右木、袁诗荛等人创办，王右木自兼社长和主笔。最初出日刊，后出周刊，后又改为旬刊。6月初，《人声》报停刊。

3月，"华西边疆研究学会"（West China Border Research Society）成立。学会的创始人是美籍人类学家、解剖学家莫尔思，成员有华西协合大学理学院教授戴谦和。这是一个国际性的学术团体，由来自不同国度的学者组成，具有跨学科、跨地域、跨学校的特点。学会的目的，是研究华西（包括甘肃、西藏、云南、贵州、四川等地区）的民族风俗习惯及自然环境等，特别是它对外国人的影响。1950年以后，学会停止活动。

5月，川军第二军刘湘被迫辞去总司令兼省长职，将第二军总司令职交杨森接任。7月，一军熊克武击败第二军，刘湘下野逃回老家，杨森逃往宜昌，史称"一二军"之战。

6月，四川教育界发生大规模的教育经费独立运动。王右木因领导运动被成都高师解除了学监和任教资格。

夏，全川教育改进会成立，重庆设总部，四川各县设支部。该会创办有月刊《教育改进新杂志》。

8月16日，吴玉章被任命为成都高等师范学校校长。9月4日，吴玉章到校视事，正式就任国立成都高等师范学校校长。吴玉章到校后，实行大刀阔斧的教育改革。1924年3月，由于军阀混战，成都易帜，吴玉章被迫辞职。

10月，《国学月刊》在成都创刊。四川国学会所办，宋育仁主编。原由成都国学月刊馆出版，后改由成都少城公园图书馆出版。1924年终刊，共出27期。

10月，叶伯和《中国音乐史》（上卷）由（成都）昌福公司出版。叶著《中国音乐史》是中国第一部真正意义上的音乐史。

本年，华西边疆研究学会创办了大型学术刊物《华西边疆研究学会杂志》(*Journal of the West China Border Research Society*)。杂志每年出版一期，以英文向全世界公开发行，是当时研究这一流域的世界性的权威刊物。自1922年创刊至1946年停刊，共发行16卷20期，刊文341篇。从1940年起，分为A、B两编，A编为人文科学版，B编为自然科学版（其中1941年的第13卷为A、B合编）。

1923年（民国十二年，癸亥）

3月24日，炉霍、道孚发生7.25级地震，震中强度10级。

5月，谢无量《诗经研究》《楚词新论》由（上海）商务印书馆出版。

6月，谢无量《平民文学之两大文豪》《古代政治思想研究》由（上海）商务印书馆出版。

12月2日，曾琦在法国巴黎玫瑰村与李璜、何鲁之等川籍留学生组建中国国家主义青年团（1929年改称青年党）。

1924年（民国十三年，甲子）

4月17日，罗哲文出生于四川省宜宾县城林家巷。

6月，王光祈《少年中国运动》由（上海）中华书局出版。

本年，在成都文殊院开办四川佛学院。嗣后，在四川汉族地区还办有空林佛学院（成都，1925）、峨山佛学院（峨眉山，1926）、昭觉佛学院（成都，1930）、宝光佛学院（新都，1930）、龟山书院（南充，1931）、汉藏教理院（重庆，1932）、地藏庵尼校（成都，1934）、天台教理院（重庆，1934）、支那内学院蜀院（重庆，1937）、东方文教研究院（内江，1940）、大觉佛学院（开县，1940）、华西佛学院（什邡，1941）、法王佛学院（合江，1941）等数十处佛学院校。

本年，蜀评社在上海成立。《上海蜀评社章程》云，"本社以挽救蜀民艰苦，振兴全蜀百业，促进社会文化，增加蜀人幸福为宗旨，由志同道合之士商创组之"。蜀评社办有《蜀评》杂志，地点在上海五马路西广福里九号。该社和其他四川在外地的团体同声呼应，互相支持，共同参与诸多社会事件，具有一定的影响力。

本年，中华平民教育促进会四川分会成立。首届会长为杨伯钦。

1925年（民国十四年，乙丑）

9月4日，中法大学开学，吴玉章任校长。

9月，郭沫若《文艺论集》由（上海）光华书局出版。

10月11日，成都佛学社集会欢迎大勇法师。法师向僧众、居士宣讲《佛教前途之悲观及其救助办法》。大勇法师系北京佛教藏文院院长。9月初率留藏学法团入川，10月4日自峨眉山抵达成都，住大慈寺。大勇法师在成都期间，先后在大慈寺、文殊院、草堂寺、昭觉寺、宝光寺等处设坛传法，每次听众数百人，有时达千人以上。大勇法师在成都吸收了不少佛教徒加入留藏学法团。次年春，大勇法师离开四川，前往西藏。

10月，督理四川善后事宜的杨森发动武力统一全川之战。10月，杨森兵败，逃往汉口。

11月25日，四川佛学会在成都文殊院召开成立大会。该会由佛学界人士李其相、邓叔才、陈岳安、周心甫、章亥伯等发起和筹办。应邀出席成立大会的军政首脑，有刘湘、赖心辉、邓锡侯、刘成勋、田颂尧等。出席大会的，还有各界居士、诸山长老等。大会公推黄肃方为临时主席。刘湘等在会上发表演说。

12月，四川善后会议在成都召开。

本年，私立西南实用艺术职业学校开办，地址在重庆两路口。

本年，草堂图书馆在四川成都开馆。

1926年（民国十五年，丙寅）

2月，四川善后会议赞成成立成都大学。4月初，张澜被省长公署任命为成都大学校长。4月6日，正式就职。12月1日，北京政府正式任命张澜为成都大学校长。

3月，官道尊《诸葛亮〈心书〉集注》由（成都）昌福公司出版。

5月中旬，受日本外务省对支文化局派遣，日本文学家迟塚丽水护送日本政府赠送四川省成都市的《大正藏经》2部及《古榴集》1部，由日本抵达成都。5月18日，迟塚离蓉返日。

6月10日，"民生实业股份有限公司"在重庆成立，卢作孚任总经理。

9月5日，英国军舰炮轰万县，制造震惊中外的"万县惨案"。

10月，[法]朗格诺瓦、瑟诺博思合著、李思纯译《史学原论》由（上海）商务印书馆出版。

11月，国立成都大学成立。

12月，李思纯著《元史学》由（上海）中华书局出版。本书内容包括元史学之鹄的、过去之元史学及其史料、元史学之各项问题、元史学之将来。

1927年（民国十六年，丁卯）

4月，刘湘、杨森、刘文辉、邓锡侯等四川军阀通电"反共拥蒋"。

5月，杨森出兵进攻武汉国民政府。

6月23日，张森楷在北京病逝。

9月，"华西自然科学社"在南京中央大学成立。发起人是在中央大学就读的李秀峰、郑集等川籍同学。1928年7月，在南京举行华西自然科学社第一届年会时，决议改名为"中华自然科学社"。1951年4月，中华自然科学社停止活动，宣告学社解散。

10月，华西协合大学向四川省教育厅呈文立案。

本年，四川公立法政专门学校、四川公立农业专门学校、四川公立外国语专门学校、四川公立工业专门学校、四川公立国学专门学校等五大专门学校合组为"公立四川大学"。

本年，蒙文通著《古史甄微》刊行。本书后又于1933年3月由（上海）商务印书馆出版。作者认为，中国上古民族可分为江汉、海岱、河洛三系。

1928年（民国十七年，戊辰）

5月，爱国实业家卢作孚在北碚创办"峡区图书馆"。1946年，该馆与当地的民众图书馆、北碚图书馆合并，定名"北碚图书馆"，以藏书丰富而闻名四川。

1929年（民国十八年，己巳）

1月25日，国民政府颁布《管理寺庙条例》。条例颁布后，各地佛教团体纷纷表示抵制和抗议，而四川的反对呼声最为强烈。11月30日，立法院通过《监督寺庙条例》。12月7日，国民政府正式废止《管理寺庙条例》。

2月15日，重庆市政府成立，为省直辖市。

3月22日，四川省政府在成都成立。

7月28日，由日本驻成都外交官博松治平将2部《大正藏经》共66卷分赠成都文殊院及成都市立图书馆。7月底，继至的《大正藏经》共14卷再次分赠成都文殊院及成都市立图书馆。

8月10日，大勇法师在甘孜札迦寺示寂。

9月1日，《新新新闻》创刊。社长马秀峰，经理陈斯孝，总编辑刘启明。1950年1月12日，《新新新闻》因刊载谣言，被成都市军管会勒令停刊。《新新新闻》是成都市在中华人民共和国成立前出报时间最长、发行量最大、经济效益最好、影响面最广的一份民办商业性报纸。

10月12日，重庆大学在菜园坝杨家花园创办并正式行课。重庆建市后，四川省政府根据1925年善后会议议案开办重庆大学，由刘湘兼任校长，聘甘迹镛为副校长。1929年秋先设预科，1932年开办本科。1935年春，聘胡庶华任校长，并在教育部正式立案。重庆大学校址初设南区菜园坝，后迁瓷器镇沙坪坝，占地750亩，各类校舍483间，年度经费为37.5万元，由省政府支付。抗战前夕，重庆大学已建成理学、工学、商学3院，有数理、化学、地质、土木、电机、采矿、化工、工商管理、会计、银行保险10个系和体育专修科，共有34个班，学生720人，教职员196人。

11月，拨提书店在重庆创建。

本年，王恩洋在家乡南充县集凤场创办龟山书房。1942年停办。

1930 年（民国十九年，庚午）

3月，郭沫若《中国古代社会研究》由（上海）联合书店出版。这是中国学术史上划时代的大事。

8月30日，由四川实业家卢作孚发起，在四川军阀当局及学者蔡元培、黄炎培、秉农三、翁文灏等的支持和赞助下，中国西部科学院在四川创办（院址在重庆北碚文星湾）。刘湘任董事长，卢作孚任院长。中国西部科学院曾先后派员随同中外学者调查地质、采集生物标本，相继成立了生物、理化、农林、地质四个研究所和博物馆、图书馆等。

8月，郭沫若《甲骨文字研究》由（上海）大东书局出版。作者序云："余之研究卜辞，志在探讨中国社会之起源，本非拘拘于文字史地之学。然识字乃一切探讨之第一步，故于此不能不有所注意。且文字乃社会文化之一要征，于社会之生产状况与组织关系略有所得，欲进而追求其文化之大凡，尤舍此而莫由。"

10月9日，太虚法师应邀至成都，驻锡于文殊院。11月18日，太虚法师返回重庆。在此期间，太虚法师在四川省佛学会、成都佛学社、四川大学、成都大学、华西协合大学等处演讲。其演说后被结集为《西来演说集》，由刘肇乾居士出资刊行。

本年，黄致祥在成都开设"茹古书局"。

本年，原西南学院负责人梁伯龙在成都创办"西南大学"，传播马列主义。军阀当局逮捕梁伯龙，强行解散"西南大学"。

本年，著名川剧班社三庆会由康芷林率领首次至重庆，在鼎新模范舞台演出。名角荟萃，演出达半年之久。重庆清音歌曲改进会成立。从此原"唱月琴""唱小调"的曲艺形式，改称四川清音。

1931 年（民国二十年，辛未）

3月29日，四川省佛教会举行全省佛教徒代表大会，到会各地代表111人。大会改选执监委员，选举存智、禅安、昌圆、德光、贯一、行乐、戒明7人当选为僧伽执行委员，陈显、傅雨村、牛德封、皮怀白、司徒濬伯、朱伯6

人当选为居士执行委员，谢子厚、徐深清2人当选为居士监察委员。

5月，华西协合大学向教育部申请立案。

9月，四川省政府发布拟将原国立成都大学、国立成都师范大学、公立四川大学三校合并为国立四川大学的训令。10月9日，四川省政府主席刘文辉再次以公函形式予以确认。10月26日，国民政府教育部复电四川省政府，同意原国立成都大学、国立成都师范大学、公立四川大学三校正式合并成立国立四川大学。11月9日，在皇城致公堂举行三大学合并仪式暨国立四川大学开学典礼。

9月，郭沫若《文艺论集续集》由（上海）光华书局出版。

本年，郭沫若《殷周青铜器铭文研究》由（上海）大东书局出版。

本年，在汉州（今四川广汉）南兴镇真武宫燕家院沟内出土大量玉石器，此即三星堆遗址之最早出土物。

1932年（民国二十一年，壬申）

2月，经张澜推荐，国民政府行政院任命王兆荣为国立四川大学校长。5月2日，王兆荣到校任职。

3月，刘湘、刘文辉争夺四川统治权的"二刘大战"爆发。大战历时一年，刘文辉战败，刘湘基本统一全川。

5月9日，吴芳吉逝世。

6月5日，廖平去世。

7月，蒙文通《经学抉原》由（上海）商务印书馆出版。

8月9日，刘咸炘病逝。

8月20日，世界佛学苑汉藏教理院在重庆北碚缙云山缙云寺创办，并正式开学。汉藏教理院的最高领导机构为董事会，由潘文华、刘湘、刘文辉、王缵绪、卢作孚等21人组成董事会，潘文华、张为炯、甘绩镛、李公度、张富安和荣誉院董释昌圆等6人为常务董事。公推刘文辉为名誉董事长，刘湘任名誉院长，聘请太虚法师任院长。汉藏教理院以"澹、宁、明、敏"为院训，旨在"培养佛学人材，沟通汉藏文化，联络汉藏感情，巩固西陲边防，保全中国领土"。太虚法师汉藏教理院创办于1932年，结束于1950年秋。

12月，谢无量著《中国古田制考》由（上海）商务印书馆出版。

本年，华西协合大学教育科与文科合并成立文学院。

本年，华西协合大学博物馆正式成立（1914年开始筹建，此前称博物部），葛维汉任首任馆长。1952年全国院系调整期间，博物馆的大部分藏品拨归四川大学，更名为四川大学博物馆。

本年，重庆大学图书馆成立。次年，自城区迁沙坪坝，新建专馆。这是重庆第一个大学图书馆。

本年，郭沫若《两周金文辞大系》《金文丛考》《金文馀释之馀》在日本东京文求堂出版。1935年，《两周金文辞大系》增订为《图录》和《考释》两卷出版。本书对两周重要的青铜器进行了编年、考订，在学术界产生了极大的影响。

1933年（民国二十二年，癸酉）

5月，郭沫若《卜辞通纂》在日本东京文求堂出版。作者通过卜辞对商代社会经济、政治、文化、风俗等各方面进行了研究。

8月20日，中国植物学会在重庆北碚中国西部科学院成立。学会决定出版《中国植物学》季刊。

8月25日，茂县叠溪发生7.5级地震，叠溪古城及附近20个羌寨全部毁灭。

9月，成渝公路全线通车。

9月23日，四川省教育厅转发教育部指令："私立华西大学，应准予立案。"华西大学开始了大学历史的新篇章。

12月，郭沫若《古代铭刻汇考四种》在日本东京文求堂出版。

本年，刘湘创办四川省乡村建设学院。校址在重庆沙坪坝磁器口。1936年，改名为四川省立教育学院。首任院长是高显鉴。

本年，任乃强《西康图经·境域篇》由新亚细亚学会出版。

本年，杨天智等发起成立四川佛教居士林。

1934年（民国二十三年，甲戌）

3月初，华西协合大学博物馆美籍学者葛维汉和中国学者林名均等前往广汉，对三星堆遗址进行科学发掘。在未经扰乱的地层中，获得了大量陶片、石器和玉器。

5月，郭沫若《古代铭刻汇考续编》在日本东京文求堂出版。

6月，王光祈《中国音乐史》由（上海）中华书局出版。据《自序》，该书成书于1931年2月。王光祈的《中国音乐史》"虽晚于叶伯和的《中国音乐史》（上册）、郑觐文的《中国音乐史》、许之衡的《中国音乐小史》、缪天瑞的《中国音乐史话》，但他比前人提供了不少新东西，有新的发现，新的开创，而更胜一筹，不愧为中国音乐史上学术领域里的一部拓荒之作"。

6月，王光祈以《论中国古典歌剧》一文获波恩大学博士学位。该文由日内瓦中国国际书店出版。

12月21日，国民政府明令改组四川省政府。本月，国民政府行政院免去刘文辉四川省政府主席兼职，任命刘湘为四川省政府主席。

12月，四川省政府开始实施行政改革，恢复保甲制度。

本年，任乃强《西康图经·民俗篇》由新亚细亚学会出版。

本年，晏阳初《定县的乡村建设实验》英文单行本由中华平民教育促进会出版。

本年，易心莹在青城山古常道观写成《道学系统表》。

1935年（民国二十四年，乙亥）

1月，蒋介石参谋团入川。

2月10日，改组后的四川省政府在重庆成立。7月6日，四川省政府开始由重庆迁往成都。9月1日，四川省政府正式在成都督院街本部办公，刘湘宣誓就任四川省政府主席。

2月，四川省政府主席刘湘废除防区制，实现川政统一。

3月，重庆市立通俗图书馆成立，馆址设中央公园内。1938年8月改为重庆市立图书馆。中华人民共和国成立后，更名为重庆市人民图书馆。

7月，《四川大学季刊》创刊。

8月，国民政府行政院任命任鸿隽为四川大学校长。

夏，四川大学成立西南社会科学研究处，从事四川及西南地区的经济、民俗和人口的调查研究工作。下设社会经济组、人文组。社会经济组调研社会经济（经济发展状况、物价指数等）；人文组开展少数民族地区调查，搜罗蜀中文献，考察蜀中金石、古物等。

12月25日，由四川大学史学系师生组织的"历史研究会"成立。1939年4月，该会改名为"史地研究会"。

本年，重庆大学的文学院并入四川大学。

本年，常隆庆等著《雷马峨屏调查记》，作为中国西部科学院特刊第1号，由（重庆）中国西部科学院出版。

据统计，1934—1935年时全国高校有110所，上海、北平拥有41所，而四川仅有4所，湖南、广西各2所，甘肃、陕西、云南、新疆等边远省份各有1所，贵州、西藏竟然一所也没有。

1936年（民国二十五年，丙子）

1月12日，王光祈病逝于德国波恩。

2月，李源澄《诸子概论》由（上海）开明书店出版。

4月，陈铨《中德文学研究》由（上海）商务印书馆出版。

4月，李宗吾《厚黑学》由（成都）华西日报社刊行。

5月5日，成都新闻学会成立。

7月13日，重庆新闻学会成立。

7月，汉藏教理院呈请四川省政府教育厅，正式立案。

8月7日，《四川日报》在重庆创刊。陈远光（地下党员）任社长兼总编辑，蒲剑秋任总主笔。日出对开报纸一张。该报宗旨为"唤起民众，努力救国"。1937年5月5日，该报迁到成都出版。车耀先任董事长，陈远光任社长兼总编辑。1939年4月30日停刊，共出710号。

8月24日，成都爆发反对日本设领事馆的大川饭店事件。

10月12日，重庆市政府社会科学发表登记的合格报社，计有日报15家，夜报2家。报社名称及负责人如下：《国民公报》（何北衡），《服务报》（任宗德），《缩影报》（孔宪斌），《快报》（曾子唯），《商务日报》（潘昌猷），《济川日报》（傅真吾），《重庆晚报》（赖健君），《齐报》（李裕生），《新川夜报》（蒲仰峦)、《民声日报》(陈均陶)、《人民日报》(冯均琏、张有林)、《四川日报》(陈远光)、《重庆新报》(刘星拱)、《新蜀报》(周钦岳)、《四川星星报》(吴顺卿、王焕如)、《妇女时报》(陈国华)、《四川午报》(陈光荣)。

本年7月和12月,李劼人的长篇小说《死水微澜》《暴风雨前》由(上海)中华书局出版。

本年,四川国医学院成立。其前身为四川医学院,成立于1929年,1933年交由中央国医馆四川省分馆主办。经筹办于1936年正式成立。初名中央国医馆四川省分馆国医学院,1945年改名为四川国医学院。校址在成都市兴禅寺。该院于1949年停办,累计毕业学生近千人。

1936年,华西协合大学哲学系美籍教授费尔朴及其妻历时四年,将清末黄绶芙、谭钟岳等编著的《峨山图志》译成英汉对照本,经四川大学哲学系教授黄方纲修订,作为《华西大学哈佛燕京学社丛书》之一出版(成都日新工业印刷社),向全世界发行。

本年,李宗吾《心理与力学》由(成都)公论社出版。

本年,四川发生旱灾。旱灾延续至1937年夏,全省100余县受灾,灾民3000万,通江、巴中等地出现吃人肉现象。

1937年(民国二十六年,丁丑)

1月17日,《大声》周刊在成都出版。社长兼编辑车耀先,发行人薛特恩。社址在成都祠堂街172号"努力餐"饭店楼上。1938年年初,编务由胡景祥负责。

5月,重庆文化界救国联合会成立。11月23日,更名为重庆市文化界救国协会。

6月,瑞典地质学家、考古学家安特生(Johan Gunnar Andersson)与华西协合大学、四川大学联合组织"川康地质考古旅行团"。

6月,现代歌舞剧团、艺化旅行歌剧团、蝴蝶歌剧团相继至重庆演出歌剧。这是重庆公演歌剧之始。

7月7日,卢沟桥事变发生,抗日战争全面爆发。

9月15日,怒吼剧社在重庆成立。这是抗战时期重庆成立的第一个业余话剧团体。10月1—3日，怒吼剧社在国泰大戏院连续公演抗战话剧《保卫卢沟桥》，取得极大成功。

10月11日，中央大学自南京内迁重庆，觅定沙坪坝松林坡为校址，动工建校。11月，中央大学复课。

10月，中央大学医学院迁至成都华西坝，与华西协合大学合作办学。

10月29日，蒋介石在国防最高会议上作题为《国府迁渝与抗战前途》的讲话，确定四川为抗日战争的大后方，重庆为国民政府驻地。10月30日，国民政府决定迁都重庆。11月20日，国民政府发表移驻重庆宣言，四川省政府主席刘湘代表全川民众竭诚欢迎。

10月，山东大学由青岛迁至四川万县。1946年返回青岛复校。

11月，首批川军出川抗日。四川省政府主席、川康绥靖公署主任刘湘出川赴南京，就任第七战区司令长官。

11月，金陵大学由南京迁至成都华西坝。自1946年4月起，金陵大学师生陆续迁返南京，于当年9月中旬开学复课。在成都期间，蒙文通、冯汉骥等受聘到金陵大学任教。

12月，"中苏文化协会"（1936年成立于南京）迁至重庆。1946年迁回南京。

12月，《重光》杂志在成都创刊。李源澄、唐君毅编辑。1938年6月停刊，共出版六期。

12月，王光祈《西洋音乐史纲要》由（上海）中华书局出版。

12月31日，中华全国戏剧界抗敌协会在重庆成立。这是第一个全国性的文艺工作者抗日团体。

本年底，欧阳渐率众将支那内学院迁至四川江津，建立支那内学院蜀院，继续刻经、讲学。

本年，在四川省政府的支持下，张怡荪在成都正式成立了西陲文化院，张怡荪自任院长。西陲文化院是私立藏学研究机构，以研究西陲文化尤其是藏族文化为宗旨，中心工作则是编纂藏汉辞典。1937年，编成《藏汉集论词汇》《藏汉语对勘》《藏文书牍轨范》和《汉藏语汇》。1938年8月，刊印《藏文书牍轨范》《汉藏语汇》。1939年，编成《藏汉译名大辞典》。1945年，编成《藏汉大辞典资料本》十六册，这是中华人民共和国成立前全国藏汉辞书中资料最为丰富的一部稿本。

本年，四川省佛教会组织成立四川省抗敌后援会成都市僧伽支会，地点设在成都文殊院。

本年，李劼人的长篇小说《大波》由（上海）中华书局出版。

1938年（民国二十七年，戊寅）

1月20日，刘湘病逝于武汉。4月，王缵绪继任四川省政府主席。

1月，原设于南京的金陵女子文理学院迁至成都华西坝（校长吴贻芳）。1946年，迁返南京。

1月27日，中华全国电影界抗敌协会在重庆成立。

2月19日，日军对重庆广阳坝机场进行试探性轰炸，拉开轰炸四川序幕。据不完全统计，抗日战争期间，日军至少出动飞机7380架次，对四川66个县市进行至少321天战略轰炸。其中，1939年至1941年轰炸尤其猛烈。

2月，国立中央图书馆迁渝，觅定两浮支路为馆址。

3月1日，上海光华大学成都分部开学（校长张寿镛）。1945年秋，光华大学复校，成都分部移赠川人接办，更名为"成华大学"（意为"成都光华大学"）。中华人民共和国成立后，光华大学与其他院校合组四川财经学院（现名西南财经大学）。

3月21日，四川第六区（宜宾）专员公署专员暨所属各县县长，联名致电教育部部长陈立夫，希望能在"所属各界请迁川大学移设一二所于宜宾"，并报告自己的意愿与条件。

3月中旬，国立东北大学迁至四川省三台县。4月下旬，东北大学师生抵达三台。5月10日，复课。

3月，独立出版社在重庆创建。

4月，武汉大学部分师生员工先行内迁乐山上课。7月，武汉大学校长王星拱带领600多名师生员工迁至乐山。9月，新生、老生在乐山同时开课。从此，武汉大学在乐山艰苦奋斗八年，直至1946年秋迁返武昌。

5月16日，复旦大学迁川，在重庆北碚夏坝觅定校址。1942年11月，由私立改为国立。1946年5月，迁返上海。

7月，北平的朝阳学院由湖北沙市西迁至四川成都，以新南门外法云庵为校址，仍设法律、政治、经济三系，全校学生300余人。1941年暑假，国民政府教育部强令陪都重庆附近的巴县，学生增至800余人。

7月，《战时图书杂志原稿审查办法》《战时图书杂志审查标准》颁布。10月1日，"中央图书杂志审查委员会"在重庆九道门成立，专门负责图书杂志审查事宜。

夏，吴其昌兼任武汉大学历史系主任。期间，曾先后邀请顾颉刚、商承祚、王恩洋、郭沫若等来校做学术讲演。

9月15日，《中央日报》自长沙迁重庆出版。

秋，中央政治学校迁至重庆南温泉，并恢复教学工作。

秋，"正则蜀校"在四川璧山县天上宫创办。学校分设正则中学和正则职校两部分，同时还兼办"江苏省旅川临时中学璧山分校"。其后，又将正则职校专科部扩大为正则艺专。1942年6月，获教育部批准立案，正式成立"正则艺术专科学校"。1946年秋，吕凤子校长将校舍修葺一新，捐赠璧山县政府继续办学。

秋，冯汉骥在四川西北部岷江上游羌族地区调查古代的石棺墓。

10月10日，中华民国第一届戏剧节在重庆开幕。

10月25日，武汉失陷。《新华日报》在武汉停刊，同日在重庆出版发行。《新华日报》总馆迁重庆苍坪街。

10月，国民政府正式迁都重庆。中共中央代表团、八路军驻渝办事处和《新华日报》迁至重庆。

11月1日，《大公报》由汉口迁重庆出版。

11月，国民政府国史馆筹备处在重庆成立。

12月，汪精卫逃离重庆，飞赴河内，发表"艳电"，投降日本。

12月13日，国民政府行政院任命程天放为国立四川大学校长。许多师生反对程天放接管四川大学，时称"驱程"运动。

12月25日，中国文化服务社在重庆成立。总社在磁器街39号。总经理刘百闵。

12月25日，中苏文化协会在重庆召开第二次年会，修改章程，推孙科为会长。中国全国音乐界抗敌协会在重庆成立，盛家伦、贺绿汀等当选为理事。国民党中宣部组织的中国文化服务社在重庆成立，王世杰为董事长，程希孟任总编辑，刘百闵任社长，全国共设立分支机构616个。

年底，重庆市成立战时民众补习教育推行委员会，开始进行扫盲教育。

年底，重庆缙云山慈云寺住持、汉藏佛学教理院院长太虚法师率中国佛教国际访问团由重庆抵达昆明，赴缅甸访问。1940年1月9日，访问团赴印度访问。3月，访问团赴菲律宾、斯里兰卡、泰国等地访问。4月，赴越南访问。5月4日，由越南飞抵昆明。6月初，返抵重庆。

本年，成都老南门城垣发现孟蜀石经残石十余块，内容有《周易》《尚书》《诗经》等。

本年，蒙文通著《周秦民族史》由四川大学出版。本书1958年改名为《周秦少数民族研究》，由龙门联合书局再版。

本年，蒙思明著《元代社会阶级制度》由哈佛燕京学社出版。

1939年（民国二十八年，己卯）

1月1日，西康省政府正式成立。省会设康定，刘文辉任省主席。

1月2日，迁渝的兵工专门学校开设本科大学部。

1月13日，成都华西坝"五大学学生战时服务团"邀请冯玉祥将军来校讲演。冯玉祥发表了题为《坚持抗战到底》的演讲，又挥毫题写"还我河山"几个大字。演讲后，冯玉祥与"五大学学生战时服务团"合影。

3月12日，在孙中山逝世14周年纪念日上，国民政府公布了《国民精神总动员纲领及实施办法》，分为绪论、共同目标、救国之道德、救国之信仰、精神之改造等。

4月上旬，著名学者马衡、朱希祖、常任侠等考察盘溪汉阙，是为重庆现代考古之始。

4月16日，谢持逝世。

4月，铭贤学院（原系美国欧伯林大学在中国的分校，设于山西太谷，即今山西农业大学的前身）一路辗转迁移，最终迁入四川金堂。1950年10月，铭贤学院由成都迁返山西。

4月,国立戏剧专科学校迁至四川江安。

5月,敌机空袭重庆,重庆市立图书馆全部被炸,图书损失严重。夏,清华大学寄存于重庆北碚中央工业试验所的所有善本书与仪器300箱,亦被敌机炸毁。

5月,李旦丘(李亚农)《铁云藏龟零拾》在上海出版。

7月20日,育才学校在重庆北碚开学。

9月,蒋介石兼任四川省政府主席。

9月,《海潮音》移重庆北碚缙云寺,由法舫编辑。本月,汉藏教理院设刻经处。

9月,马一浮在乐山创办的复性书院正式开学。一般认为,乐山复性书院、重庆勉仁书院、大理民族文化书院是抗日战争时期现代新儒家的三大书院。

8月,四川大学为避日机空袭,迁至峨眉山,以伏虎寺(校本部和文、法、师范学院)、报国寺(教职员宿舍)、万行庄(含保宁寺,理学院)、鞠槽将军府(新生院)为等四处大寺庙为校舍。校长时为程天放。1943年2月1日,四川大学迁返成都望江路原址。

11月,吴玉章离开重庆,回到延安。28日,吴玉章就任鲁迅艺术文学院院长。

本年,太虚大师组织的"中国佛教国际访问团"仍在东南亚访问。

本年,马一浮《复性书院讲录》卷一由复性书院木刻发行。《复性书院讲录》卷二至卷六,后由复性书院于1940—1942年木刻发行。

1940年(民国二十九年,庚辰)

1月,国立东北大学主办的《志林》在四川三台创刊。《志林》分文史号、财经号两种,间隔出版。《志林》共出版发行9期,于1946年3月停刊。

2月3日,中华全国文艺界抗敌协会在重庆举行第一次诗歌晚会,讨论如何推进诗歌运动。中华全国文艺界抗敌协会1938年3月27日成立于武汉,同年8月迁至重庆,1945年10月21日更名为中华全国文艺界协会。

2月28日，四川省立图书馆开馆。馆址在城守街中城小学内。首任馆长是曹祖彬。

3月1日，全川开始实施"新县制"。

3月16日，齐鲁大学国学研究所主办的《责善半月刊》在成都创刊。本刊由顾颉刚创办。1942年3月停刊。

3月，齐鲁大学国学研究所主办的《史学季刊》在成都创刊。第1卷第1期由蒙文通、周谦冲编辑，第1卷第2期由顾颉刚、张维华编辑。

4月14日，郭沫若、卫聚贤、马衡、常任侠等联合学术团体，在重庆嘉陵江北发掘了多座汉墓。

4月，《战国策》半月刊在昆明创刊。本刊由陈铨、何永佶、林同济、雷海宗等人创办。1941年7月停刊，共出版17期。后来，诸人又在重庆《大公报》创办《战国》副刊。

5月中旬，国立音乐院在巴县青木关成立，院长杨仲子，教务主任李抱忱。

5月，郭沫若、卫聚贤、沈尹默、马衡、金毓黻、杨家骆、邓少琴、商承祚、姜亮夫、杜钢百、蒙文通、卢作孚等发起组织"巴蜀史地研究会"。会址设于重庆北碚温泉公园。

5月，《蒙藏月刊》在重庆创刊。

6月8日，由孔祥熙、孙科、陈立夫、邵力子等发起的中华交响乐团在李子坝嘉陵宾馆成立。

6月，《史学季刊》在成都创刊，顾颉刚在发刊词中倡议成立中国史学会。该刊由顾颉刚、蒙文通、萧一山、吕思勉、黄文弼、金毓黻、张维华等74名史学界同人发起创办。

7月10日，中国边疆学会在重庆成立。

7月，中国乡村建设学院在重庆北碚歇马场大磨滩成立，院长是晏阳初。原名"乡村建设育才院"，是中华平民教育促进会（简称"平教会"）培养乡村建设人才的机构。1945年8月，扩充为中国乡村建设学院。

8月1日，中国地理研究所在重庆北碚成立。

夏，梁漱溟在四川璧山来凤驿创办勉仁中学。

9月6日，国民政府发布训令，正式定重庆为"陪都"。

9月，国立女子师范学院在江津白沙成立。首任院长谢循初。这是当时国内唯一的最高女子学府。

10月1日，军事委员会政治部文化馆长委员会成立，郭沫若任主任。

10月20日，张善子在重庆病逝。

11月1日，国民政府军委会政治部文化工作委员会在重庆成立，郭沫若、阳翰笙任正、副主任。国民党借改组军委会政治部之机，撤销了政治部第三厅。周恩来对此表示严重不满，并表示愿将第三厅全部文化人接到延安。后经新任政治部部长张治中转圜，在政治部下设立学术性的文化改组委员会。

11月1日，齐鲁大学国学研究所主办的《齐大国学季刊》在成都创刊。顾颉刚任主编。1941年6月1日，在出版第1卷第2期后停刊。

冬（12月13日），中国营造学社随中央研究院历史语言研究所迁至李庄。

冬，罗哲文被中国营造学社录取为练习生。

1940年年底，为宣传抗日救国，由重庆北碚慈云寺青年僧侣乐观发起组织的中国佛教国际步行宣传队曼林、觉华、能仁一行4人，由渝出发赴滇，准备步行前往东南亚各国，"志在与敌人在国际上作长期之战斗"。慈云寺住持太虚法师热情支持，主动捐资100元。乐观等僧人的请求得到国民党中央宣传部国际宣传处、国民政府行政院社会部和国民党重庆市党部等机关的积极支持，中央国际广播电台为此进行了专题报道。行前，众僧侣收到国际反侵略大会中国分会、中缅文化协会赠送的"苦行救世""大同正轨"锦旗各1面。12月24日，宣传队循滇缅公路抵达仰光。中国佛学会仰光分会及仰光市各法团代表到车站迎接。1941年1月5日，缅甸华侨精神动员总会召开第18次国民月会，到会者约七八百人，邀请乐观等人到会演讲。乐观介绍中国抗战形势，宣传人类和平，日本帝国主义必败。为使缅甸人民和佛教徒认识到日寇在华暴行，乐观在缅甸印行了有中、英、缅文的特刊，收录缅甸高僧宇煞格巴拿、宇宫点乃、宇宋省达等大师的反战文章，在仰光、瓦城、毛淡棉等城市散发。1941年7月，缅甸局势恶化，英国宣布封锁滇缅公路。宣传队被迫取消原定前往印度、斯里兰卡、泰国的宣传计划，于8月返回中国。

本年，梁漱溟在重庆北碚创办勉仁书院，约熊十力前往主讲。

本年，东方文教研究院在内江圣水寺创办。王恩洋任院长。1947年迁成都外西罗家碾，1951年停办。

本年，华西协合大学成立中国文化研究所（1939年筹建）。所长闻宥。聘请韩儒林、吕叔湘、刘朝阳、缪钺等人为研究员，函聘陈寅恪、刘咸、李方桂、吴定良、滕固、董作宾等人为特约研究员和名誉导师。该所对中国文化特别是人类学、考古学、语言学、历史学等方面，进行"专门而高深的研究"。研究所出版的刊物有《华西协合大学中国文化研究所集刊》《华西协合大学中国文化研究所专刊》《中国文化研究汇刊》，并与金陵大学、齐鲁大学联合出版《中国文化研究汇刊》。

本年，经国民政府教育部批准，四川大学成立文科研究所，分史学、中国文学、语言文字学三组。专任教师有向楚（仙樵）、林思进（山腴）、庞俊（石帚）、彭举（云生）等。研究生有十多人。1947年，奉教育部令，文科研究所改称中国文学研究所。

本年，中央研究院历史语言研究所迁至四川南溪县李庄。前后迁移到李庄的重要学术机构和教育机构，还有中央研究院社会科学研究所、国立中央博物院、中国营造学社、同济大学等。中外闻名的学者，如李约瑟、费正清、金岳霖等，都到李庄访问过。

本年，同济大学迁到四川南溪县李庄。

本年，马一浮《泰和会语》《宜山会语》《尔雅台答问》《尔雅台答问续编》《濠上杂著》由复性书院木刻发行。

1941年（民国三十年，辛巳）

1月，《文史杂志》在重庆创刊。顾颉刚主编。到1948年，共出版了6卷63期。

1月15日，《志学》在四川温江县创刊。1942年1月停刊，1944年11月复刊。社长先后为周儒海、徐仁甫。由成都学道街茹古书局总经销。

2月，叶绍钧、朱自清编撰《精读指导举隅》由四川省教育厅印行。

3月1日，中国边疆学会在成都成立。顾颉刚任理事长。6月1日，中国边疆学会（总会）在重庆成立。总会由位于重庆、成都、榆林的三个同名学会合并成立，以赵守钰为会长，以赵守钰、顾颉刚等人为常务理事。总会刊行《中国边疆》月刊，成都分会刊行《边疆》周刊，陕西分会刊行《边疆》双周刊。1946年，中国边疆学会随国民政府迁回南京，会址设在南京江苏路8号。

3月19日，中国民主政团同盟成立大会在重庆举行。张澜、黄炎培、梁漱溟、章伯钧、罗隆基等17人出席。会上，推举黄炎培、张澜、章伯钧等13人为中央执行委员，推举黄炎培为主席。8月，黄炎培辞去主席之职。10月，张澜就任中国民主政团同盟主席。

3月，中央研究院在重庆举行第二届第一次年会，决议发行院刊英文刊物《科学纪录》、中文刊物《学术汇刊》。

3月，国讯书店在重庆成立，由中华职业教育社与生活书店合办。

3月，五十年代出版社在重庆成立。

3月，李源澄发表《东晋南朝之学风》，《史学集刊》第1卷第2期，1941年3月。

5月30日，中华全国文艺界抗敌协会在重庆举行第一届"诗人节"庆祝会。推举于右任为诗人节纪念会主席，老舍等53人联名签署了《诗人节宣言》。

5月，《金陵学报》核准出版。发行人李小缘。社址在华西坝金陵大学中文研究所内。

6月9日，在中央研究院成立13周年纪念日之际，由中央研究院与同济大学组织的"文物科普展览会"，分别在李庄板栗坳、祖师殿举行——在板栗坳举办殷墟等地所出古物展览，在祖师殿厅堂举办"人体解剖展览"。这是抗战期间川南地区的一个重大文化事件，当时的新闻媒体如《中央日报》《新华日报》等报刊，都分别做了报道。经过展览宣传和科学普及，消除了本地人对下江人"吃人"的误会，改善了下江人与本地人的关系。

6月14日，教育部在璧山县设立社会教育学院。

6月，西南联合大学常委会主席梅贻琦、北京大学文科研究所副所长郑天挺和教授罗常培，从昆明到四川李庄，参加研究生的论文答辩。7月4日，罗常培约见任继愈，评订其毕业论文《理学探源》（汤用彤、贺麟指导）。

7月27日，成都被日机大轰炸。

8月1日，代表贺麟"新儒学"思想的重要文章《儒家思想的新开展》，发表于《思想与时代》第1期。该文后收入《文化与人生》，被誉为"现代新儒家的宣言书"。

8月31日，西南联合大学叙永分校停办，全体师生返回昆明。10月23日，西南联合大学决定将原在叙永的先修班也迁返昆明。

8月，中华剧艺社在重庆成立，应卫云为理事长。

8月，国立社会教育学院在重庆璧山成立。抗战胜利后，学院迁至南京。

夏，吴玉章就任延安大学校长，并兼任陕甘宁边区政府文化委员会主任、自然科学研究会会长。

9月24日，向宗鲁逝世于峨眉山报国寺。

9月，《中国文化研究汇刊》在成都创刊。该刊由齐鲁、华西、金陵三大学联合创办，主要发表考证论文、调查报告、重要史料和书报评论，每年出版一卷。

1941年10月、1942年8月，《说文月刊》第3卷第4期、第7期推出"巴蜀文化"专号，刊登卫聚贤、郭沫若、常任侠、于右任、张继、吴敬恒、王献唐、郑德坤、林名均、董作宾、朱希祖、缪凤林、徐中舒、傅振伦等人研究巴蜀文化的论文。

秋，金岳霖赴四川李庄休假，重新写作《知识论》（原稿在昆明跑空袭时遗失）。

11月3日，由北平迁川之私立朝阳大学，自成都迁至巴县兴隆场。

11月16日，根据周恩来提议和安排，重庆各界在中苏文化协会集会，庆祝郭沫若50寿辰和创作生活25周年。冯玉祥致开会词，周恩来、老舍、黄炎培、沈钧儒、张申府、潘公展、张道藩等先后在会上致词。《新华日报》出版了纪念特刊，周恩来为特刊题写刊头，并撰写代社论《我要说的话》。11月20日，《棠棣之花》在重庆抗建堂首演。同时，延安、桂林、昆明、成都、香港等地也先后举行了纪念活动。

12月8日，太平洋战争爆发。

12月，林同济、雷海宗等在重庆《大公报》上开辟《战国副刊》。1942年9月停刊。

本年，四川省博物馆建成，冯汉骥任首任馆长。馆址初设郫县东岳庙，1945年迁至成都皇城明远楼。

本年，中央博物院、中央研究院历史语言研究所、中国营造学社合组"川康古迹考察团"，调查了四川新津、彭山等县境内的遗址，并对彭山江口镇、砦子山、豆坊沟等地的汉代崖墓进行清理、发掘。

本年，李旦丘（李亚农）《殷契摭佚》、《金文研究》由（上海）来薰阁书店出版。

1942年（民国三十一年，壬午）

1月3日，中、美、英三国组成中国战区，蒋介石任最高统帅，史迪威任参谋长，指挥中国、越南、泰国、缅甸对日作战。

1月15日，齐鲁大学《学思》获准出版。半月刊。发行人先后为汤吉禾、张国安。社址在成都华西坝齐鲁大学内。1945年3月停刊。

1月，《中国边疆》创刊。该刊由中国边疆学会出版。

3月18日，彭椿仙逝世。

3月，《图书集刊》在成都创刊。《图书集刊》由四川省立图书馆编辑发行，蒙文通任主编。1949年停刊，共出9期。2020年4月，巴蜀书社影印出版《图书集刊》。

3月，叶绍钧、朱自清编撰《精读指导举隅》由商务印书馆出版。

春，郭沫若完成历史剧《屈原》的编写，并在重庆上演。在此前后，作者还创作了历史剧《虎符》《棠棣之花》《孔雀胆》《高渐离》《南冠草》等。

春，中央研究院历史语言研究所、中央博物院筹备处、北京大学文科研究所和中国地理研究所联合组成西北史地考察团。

4月3日，中华剧艺社在重庆国泰戏院公演郭沫若新编历史剧《屈原》。

4月20日，《文化报导》创刊。半月刊。发行人黄大白，主编任之的。社址在祠堂街119号。

4月，张澜七十寿辰，好友和学生在成都为其祝寿，并集资铅印张澜近著《说仁》《说义》二文，文前有张澜《自传》以及黄炎培题《说仁·说义》诗。11月5日，张澜完成论文《四勉·一戒》。篇首《自序》云："人不可以不自爱，不可以不自修，不可以不自尊，不可以不自强，而断不可以自欺。"

5月3日至24日，受英国文化协会派遣，英国剑桥大学李约瑟教授在成都华西坝作了12场专门讲演，内容涉及生物学、胚胎学、中西方科学史和战时世界科学状况等方面。

5月6日至20日，澳大利亚首任驻华公使艾格斯顿在成都华西坝作了6场专门讲演。

5月27日，陈独秀在江津逝世。

5月，重庆市社会局公布：陪都有书店180家，杂志141种，印刷厂所145家。

6月，贺麟《近代唯心论简释》由（重庆）独立出版社出版（初版）。《近代唯心论简释》收论文15篇，书末附录《最近五十年来的西洋哲学》。这是贺麟的第一本论文集，也是反映他"新心学"思想的代表作之一。

7月，郭沫若发表《论儒家的发生》，刊于《学习生活》第3卷第2期，1942年7月。

8月13日，郭沫若在重庆创立群益出版社。

9月，因挖掘防空洞，偶然发现排列整齐的砖砌地下建筑。华西协合大学教授、考古学家冯汉骥闻讯前往考察，断定为一座古代陵墓。经四川省古物保管委员会和四川省博物馆组织发掘和专家鉴定，这个长期被称作"抚琴台"的土丘，实际上是五代时期前蜀皇帝王建的"永陵"。在永陵墓中发现了壁画百余幅，以及石刻、石棺等大量文物资料，它们具有重要的考古价值。

10月，北温泉博物馆在重庆北碚成立。

10月，北京的燕京大学迁至成都华西坝，并正式开学。

11月初，费正清（美国驻华使馆文化参赞）访问李庄，与陶孟和、梁思成、林徽因等人交谈。

11月19日，东西文化学社在华西协合大学创立。名誉社长孔祥熙、张岳军（张群）、张公权、孙哲生、顾维钧，社长罗忠恕，副社长倪青原，总干事何文俊，中文书记姜蕴刚，英文书记夏敬亭、D. N. Sargent，常务委员钱穆、施友忠、蒙文通、何鲁之，基本社员钱穆、蒙文通、施友忠、何鲁之、姜蕴刚、倪青原、罗忠恕、何文俊、王云五、杭立武、冯友兰、萧公权、萧一山、张君劢、冯汉骥、李安宅、汤腾汉、刘国钧、闻宥、李珩、董时进、常乃德、侯宝璋、顾颉刚、罗念生、郑集、陈钟凡、梁仲华、于斌、王绳祖、吴共玉、吴俊升、高翰、张其昀、郑德坤、唐君毅、贺百群、刘崇鋐、吴蔼宸、牟宗三、郭本道、吕湘、蒙思明、陈国桦、王云槐、叶叶琴、陈志良、潘泰封、Frederi Eggleston（艾格斯顿）、Joseph Needham（李约瑟）、A. F. Lutley、W. Fenn、E. R. Dodds（陶育礼）、A. E. Zinern、R. F. Piper、D. N. Sargent、D. L. Phelps、R. G. Agnew、F. W. Prce、H. J. Paton、A. E. Taylor、A. D. Lindsay（林则）、G. Murray、W. D. Ros、J. L. Hyres、John Dewy（杜威），名誉社员张凌高、方叔轩、梅贻宝、汤吉禾、陈裕光、张伯苓、黄季陆、朱经农、郭泰祺、蒋梦麟、郭子杰、何北衡、郭有守、Prof. Radhakrishnan、H. N. Spalding，赞助社员张澍霖、黄应乾、胡传藩、罗慎庄、徐明远、郭祝崧、高尚仁。

12月22日，昌圆法师圆寂。

12月29日，行政院决定：省立重庆大学改为国立。

12月，《理想与文化》月刊在成都创刊，由（成都）路明书店出版。1946年5月停刊，共出版8期。

本年，华西协合大学成立华西边疆研究所，由校长张凌高任所长，李安宅任副所长。研究所的研究工作，实际上由李安宅主持。华西边疆研究所的前身是1922年成立的华西边疆研究学会，主要研究中国西部边疆的自然环境和文化。出版的刊物有《华西边疆研究会杂志》，到1942年共出版了10余卷，内容包括自然环境、风俗民情、医药卫生、中医、针灸等。该杂志向国内外销售或交换，国外有美国、英国、加拿大、瑞典、印度、苏联等20多个国家。研究所于1944年秋曾组织考察团赴西康，分南北两路进行考查，收获颇多。

本年，华西协合大学成立历史研究部。由钱穆主持。

本年，四川大学在峨眉山成立理科研究所。由杨秀夫教授主持，研究生仅1人。1943年迁返成都后，研究所逐渐扩大。到1944年之时，研究所已有专任指导教授4人（杨秀夫、汤腾汉、曹四勿、张贻侗），研究生17人。研究所虽然只设化学部，但分工细密，有无机组、有机组、理论组、药学组。多数项目与军事工业、医药有关。

本年，袁焕仙在四川灌县（今都江堰市）灵岩寺主持"灵岩禅七法会"，会聚圈内群贤如钱穆、冯友兰、朱自清、蒙文通、牟宗三、唐君毅等讲学论道，形成现代中国文化史上群贤论道、传授儒佛道三家之学的奇观。

本年，刘尊棋、孙伏园在重庆创立中外出版社。

本年，莽原出版社在成都成立。

本年，英文版《中华医学杂志》在成都创刊（中文版在重庆出版）。

本年，任乃强《康藏史地大纲》由《建康日报》社出版。

本年，唐幼峰《重庆方言》在重庆旅行指南社出版。

本年，教育部在重庆颁发第二届自然科学奖，共19个。其中，苏步青、周培源获一等奖。

1943年（民国三十二年，癸未）

1月11日，英、美两国宣布，放弃在华治外法权及相关特权，归还上海等地的租界。

1月16日，教育部艺术文物考察团在重庆中央图书馆举办敦煌艺术展览，共展出魏、唐文物200余件。

1月5日，国民政府行政院任命黄季陆为四川大学校长。1月23日，黄季陆由成都赴峨眉就任四川大学校长职务。

1月，国立中央大学《文史哲季刊》在重庆创刊。

1月，叶绍钧、朱自清编撰《略读指导举隅》由商务印书馆出版。

2月1日，重庆市教育局成立。

2月1日，欧阳渐作函回复蒙文通，此为其绝笔之作。欧阳渐复函提示研究孔学"最胜极最胜三事"，即"道定于一尊""学得其根本""研学必革命"。

2月27日，王献唐到四川南溪李庄，寓居中央研究院历史语言研究所内，"形成图书馆办事处设乐山，服务在重庆国史馆，办公在南溪史语所之'三足鼎立'局面"。1945年9月11日，王献唐告别李庄。在李庄期间，王献唐撰有《中国古代货币通考》《国史金石志稿》《古文字中所见之火烛》等专著，完成《说料》《说挞线》《说美》（即《释每美》）《释关》《释丑》《周康季甗铭读记》《张自忠入祀忠烈祠令》《传钵大师传》《近百年山东之学风》等文。

2月23日，欧阳渐在江津逝世。

2月，世界书局总管理处迁重庆。

2月，沈钧儒在重庆创办峨眉出版社。

2月，四川省道教会员代表大会召开，出席代表20人。这次会议将四川省道教分会改为四川省道教会分支，选举赵永安（青羊宫住持）为会长，申宗筠（二仙庵住持）为副会长。

3月10日，蒋介石《中国之命运》（实由陶希圣撰）一书在（重庆）正中书局出版。该书宣扬封建法西斯理论，妄图为其独裁统治建立理论基础，恶毒攻击中国共产党和中国革命，随即受到共产党人和革命人士的坚决批判。

3月24日，中国史学会在重庆成立。

3月，中央研究院历史语言研究所考古组、中央博物院筹备处、四川古物保管委员会、四川省博物院联合发掘前蜀王陵王建墓。这是国内首次用科学方法发掘的帝王陵墓。

2月至3月，受英国文化协会派遣，英国学者、汉学家、英国东西文化学社牛津大学分会委员、牛津大学希腊文教授陶德斯来华讲学。2月4日，到达重庆。2月8日，拜访中央研究院院长朱家骅、中央设计局局长王世杰、南开大学校长张伯苓、北京大学校长蒋梦麟、高等教育部长蔡俊时等科教界名人。2月9日，中英文化协会举办茶会招待陶德斯，国民政府外长兼中英文化协会会长王世杰、英国驻华大使恭穆、澳大利亚驻华大使艾格斯顿等40余名来宾出席。2月24日，陶德斯到成都，在各大学讲学，前后逗留3周。3月14日，由成都抵乐山参观。3月16日，在武汉大学演讲。3月20日，赴峨眉山游览。陶德斯在西南各地巡回讲学历时一年。

春，第二次西北史地考察团出发。

4月15日，国民政府行政院公布《非常时期报社、通讯社、杂志登记管制暂行办法》。

4—5月，李约瑟在成都四川大学、华西协合大学、东西文化学社讲学。

6月，郭沫若主编的文艺理论刊物《中原》在重庆创刊。1945年10月停刊。

6月，李约瑟（英国驻重庆大使馆战时科学参赞）访问李庄，受到困境中的知识分子的热烈欢迎。

7月12日，国讯书店股份公司在重庆创立。

7月18日，中国科学社、中国数学会、中国地理学会、中国动物学会、中国植物学会、中国地质学会在重庆北碚联合举行年会和科学展览。决议请政府注重纯理科学，鼓励科学研究，并决定设立中国西部科学博物院筹备委员会。

7月，郭沫若《屈原研究》由（重庆）群益出版社出版。

8月1日，国民政府主席林森在重庆逝世。

8月下旬，国立东北大学文学院教授丁山、孔德、高亨、陈述等人创建"草堂书院"。11月，奉教育部令，改为"三台草堂国学专科学校"。李宏锟为校董事会董事长，杨向奎为代理校长，赵纪彬为教务长，杨荣国为训导长。1946年东北大学迁离三台后，草堂国专迁至成都西门外金牛坝，并改校名为"私立尊经国学专科学校"。1949年12月，成都解放，尊经国专宣告解散。

9月28日，李宗吾逝世。

9月18日，张澜发表著名政论文章《中国需要真正民主政治》。该文虽被蒋介石列为禁书，但在成都、昆明、广州等十几个城市被秘密翻印。

11月，重庆20家书店发表《争取出版自由的紧急呼吁》。

12月，重庆生活书店、读书出版社、新知书店、上海杂志公司等19家书店发起，在重庆成立新出版业联合总处。黄洛峰任董事长，张静庐任总经理。抗日战争胜利后，参加的有54家书店。

本年，经世学社在重庆成立，萧一山被选为理事长。此前的1937年1月，萧一山创办《经世半月刊》，大力提倡学术"经世致用"。期间，萧一山多次在《经世半月刊》发表文章，呼吁学界唤起民众的民族精神，团结抗战，以达到中华民族复兴之目的。

本年，中国教育学会四川分会成立。

本年5月，袁焕仙与贾题韬、朱之洪（叔痴）、但懋辛、萧静轩、傅真吾、释昌圆、谢子厚、许止烦、南怀瑾等人在成都发起成立"维摩精舍"。1944年2月，维摩精舍正式成立。地址在成都市提督街三义庙内。其宗旨是昌明佛法，整饬戒律，发扬大乘救世精神，促进中国固有文化之发展，"期兼取新旧之长，并收知行之效"。1945年1月，维摩精舍被四川省政府拒绝登记。

本年，黄季陆被任命为四川大学校长。在任职期间，黄季陆把四川大学由峨眉迁回成都，多方筹集资金，扩建校舍，增添设施，延聘名师，增设院系，扩大办学规模，使四川大学成为多院系的综合大学。

本年，华西协合大学成立国学研究所。李培甫任所长。

本年，中英科学合作馆（Sino－British Science Cooperation Bureau）在重庆成立。总部设在重庆两浮支路胜利村1号，在昆明设分部。该项目由英国文化协会提供经费，由国民政府行政院下辖的科学促进会提供场地，共有高级研究人员7名（英籍4名，华籍2名，英属印籍1名），由李约瑟主持工作。其中，沟通战时中国的中外科技交流，是中英科学合作馆的最主要工作，也是最有成效的工作。1946年3月，李约瑟离开重庆回到英国。中英科学合作馆工作宣告结束。

本年12月至1945年5月，在成都附近修建供B－29轰炸机使用的机场，征调四川29县民工共计55万余人。

1944年（民国三十三年，甲申）

1月1日，重庆《新华日报》以提要形式介绍毛泽东《在延安文艺座谈会上的讲话》。

2月14日，中华全国戏剧界抗敌协会在重庆召开改定后的首届戏剧节大会，郭沫若、阳翰笙、洪深、曹禺等200余人出席。

2月，经教育部批准，四川大学创办夜校。夜校校址设在南较场。

2月，《李源澄学术论著初编》由（成都）路明书店出版。

3月18日，董作宾五十寿诞。王献唐《平乐印庐日记》记载，"午饭后至彦堂（处），是日所中同人以饮食公祝彦堂，彦堂亦以作品陈列"。

3月19－22日，郭沫若著《甲申三百年祭》由《新华日报》连载。1944年为明亡300周年，《新华日报》号召借此机会讨论和研究明亡史，郭氏特撰本文。3月10日脱稿，经董必武修改后由《新华日报》连载。作者述其写作之旨云："甲申年总不失为一个值得纪念的历史年。规模宏大而经历长久的农民革命，在这一年使明朝最专制的王权统治崩溃了。而由于种种的错误却不幸换来了异族的入主，人民的血泪更替流了二百六十余年。这无论怎样说也是值得我们回味的事。"本文发表后，《中央日报》曾发表社论批评，延安的《解放日报》则附编者按后全文转载。"文化大革命"中，毛泽东曾要求干部重读本文。

3月，胡厚宣著《甲骨学商史论丛》（初集）由（成都）齐鲁大学国学研究所出版。本书之二集、三集于1945年出版，四集于1946年出版。1948年，《甲骨学商史论丛》（初集）荣获全国科学发明奖（二等奖）。

4月，唐雕版印本《陀罗尼经咒》出土于成都锦江河畔四川大学校园内的一座唐代墓葬中。这是国内现存的最早的印刷品之一（现藏北京中国国家博物馆）。

4月，李源澄《经学通论》由（成都）路明书店出版。

5月1日，重庆新出版业联合总处创办联营书店，经理陆梦生。参加者有上海杂志公司等21家。抗日战争胜利后迁上海，在武汉、广州、北平等地设分店。

5月3日，重庆文化界名流张申府、孙伏园、曹禺、马彦祥、沈志远等50人举行集会，要求取消新闻、图书、杂志、戏剧演出审查制度。

6月20日，美国副总统华莱士（Henry Wallace，1888—1965）一行4人来华访问。6月30日，离蓉返美。

夏，罗哲文跟随梁思成自李庄前往重庆，担任《战区文物保存委员会文物目录》（梁思成主编）的地图标注工作。

9月19日，中国民主政团同盟在重庆召开全国代表大会，通过决议将"中国民主政团同盟"改组为"中国民主同盟"。会上，张澜当选为中国民主同盟主席。

10月，《中国营造学社汇刊》七卷一期出版。这是《中国营造学社汇刊》继1937年6月在北京出版六卷四期后，在大后方复刊出版的一期，故开篇有梁思成的《复刊辞》。

11月5日，中国著作人协会在重庆成立。

11月，蒙文通著《儒学五论》由（成都）路明书店出版。

12月5日，日军攻陷贵州独山，重庆人心紧张，四川震动。经中国军队反攻，8日收复独山。

12月22日，昌圆法师圆寂于灌县灵岩寺莲宗院。

1944年，华西大学成立中国社会史研究室，由姜蕴刚主持，出版《中国社会》月刊。

本年，中央研究院植物研究所在重庆北碚成立。

本年，在成都四川大学校园内一座唐墓中发现《陀罗尼经咒》一片，印有"唐成都府成都县龙池坊卞家印卖咒本"字样。成都原称蜀郡，后于唐肃宗至德二年（757）改为成都府。据此，该经咒残片当是至德二年后的印刷品。该印刷残片现藏中国历史博物馆，是国内现存最早的印刷品。

1944、1945年，胡厚宣《甲骨学商史论丛》初集、二集由（成都）齐鲁大学国学研究所出版（石印本）。

1945年（民国三十四年，乙酉）

2月22日，重庆文化界知名人士郭沫若、茅盾、巴金、夏衍、陶行知、沈钧儒、胡绳、侯外庐、柳亚子、马寅初、傅抱石、徐悲鸿、顾颉刚等312人联名发表《文化界对时局进言》，要求召开各党各派和民主人士参加的国是会议，制定战时政治纲领，组织举国一致的联合政府等六条具体意见。《文化界对时局进言》在《新华日报》发表，引起了极大的轰动。

2月，《大义周刊》在成都创刊。发行人王白与，社长杜重石。《大义周刊》以宣扬袍哥的民族意识、爱国思想，以激励袍哥抗日救亡为宗旨。发起人有张澜、谢无量等民主人士以及川康军人、袍哥将领、社会名流、工商业者。主要撰稿人有杨伯恺、沈志远、张友渔等。《大义周刊》发刊后，主张维护抗日民族统一战线，反对国民党独裁。1946年秋，因悼念李公朴、闻一多，揭露国民党特务罪行，《大义周刊》被国民党当局查封。

4月27日，大足石刻考察团杨家骆、陈有刚、马衡、顾颉刚、傅振伦、何遂、朱锦江等一行10余人抵达大足县，开始考察大足石刻。考察团对大足石刻进行测量、著录、编号、断代、拓片，并对其历史价值、艺术价值等予以评价（后于1946年纂集成《大足石刻图征初编》）。5月10日，大足唐代石刻考察团返渝。中国辞典馆馆长、考察团成员杨家骆及朱锦江在渝报告北山、宝顶山石刻考察的丰硕成果，大足石刻的艺术价值开始为世人所认识。

4月，中国哲学会成都分会建立。

4月，董作宾《殷历谱》（四册）作为中央研究院历史语言研究所专刊，在四川南溪李庄出版。

6月，中美联合空军飞机从成都起飞首次开始对日本本土实施轰炸。

6月，国立戏剧专科学校迁离四川江安。

7月1日，中国科学工作者协会在重庆成立。竺可桢任理事长，李四光任监事长，涂长望任总干事，谢立惠任组织干事。

8月15日，日本宣布无条件投降，抗日战争结束。

8月，重庆的生活、读书、新知三家书店实行联营，并正式使用"生活书店、读书出版社、新知书店三联书店"名字。抗日战争胜利后，三家迁上海，分别出书并设门市部。1948年10月，在香港正式合并为三联书店。

10月10日，国共双方签订"双十协定"。

10月，《中国营造学社汇刊》七卷二期出版。

11月6日，叶伯和逝世（投井自尽）。叶伯和撰写出了中国最早的一部《中国音乐史》专著，弥补了长期以来的这项空白。

11月初，贺麟《当代中国哲学》由（重庆）胜利出版社出版。

11月，郭沫若著《青铜时代》《十批判书》在重庆出版。《青铜时代》由（重庆）文治出版社出版，《十批判书》由（重庆）群益出版社出版。

12月1日，汉藏教理院译场正式成立。初，法尊迎喇嘛东本格西来川，得刘文辉、格桑泽仁、牛次封赞助，成立译场于缙云山之石华寺。太虚任场主，东本任译主。

冬，四川大学文学院中国文学系师生组织成立国学研究会。在成立大会上，文学院长向楚代表校长训词。1946年2月，《国学会刊》第一期出版。

本年，华西协合大学自然历史博物馆正式成立。首任馆长是刘承钊。

本年，李源澄在四川灌县（今都江堰市）创办灵岩书院。

1946年（民国三十五年，丙戌）

1月9日，重庆出版业35家提出要求：废止《出版法》，取消《期刊登记办法》，撤销《收复区管理办法》，以及取消一切非法的检扣和寄递限制等。1月28日，国防最高委员会废止《管理收复区报纸、通讯社、杂志、电影、广播事业暂行办法》。

1月10日，政治协商会议在重庆召开。

1月12日，重庆发生"沧白堂事件"。

1月，中央研究院历史语言研究所在即将离开李庄之前，石印了一套《六同别录》。《六同别录》线装，上中下三册，毛边纸，每册150页左右，共收论文27篇。《六同别录》连同先前已出版的历史语言研究所集刊第九本、第十本、第十一本三种，是史语所在李庄的学术成果展示。

2月5日，蒋介石宣布，"还都以后，重庆将永久为中国之陪都"。

2月10日，重庆发生"较场口事件"。

3月6日，边疆音乐舞蹈大会在重庆青年馆举行（10日闭幕）。大会由中国民间乐舞研究会、新疆同学会、中央大学边疆研究会、边疆学校藏族同学联谊会主办，由戴爱莲主持并主演。这是首次将中国少数民族舞蹈搬上舞台。

4月22日，公开的四川省委成立。

4月30日，国民政府正式发布"还都令"，定于5月5日还都南京。

5月5日，国民政府还都南京。

5月5日，四川省道教徒在成都青羊宫召开第一次会议代表大会，通过了《四川省道教会章程》，将四川省道教会分部改为四川省道教会。

5月，东北大学由四川三台迁回沈阳。5月16日，私立川北农工学院承东北大学之脉，诞生于三台。9月20日，川北农工学院成立董事会。10月8日，川北农工学院正式开学行课。1948年11月，川北农工学院第五次董事扩大会议决定改成"私立川北大学"。1949年秋，川北农工学院正式使用"私立川北大学"校名招生。1950年7月15日，成立公立川北大学校务整理委员会，正式接管私立川北大学和私立川北文学院，两校合并成立公立川北大学。1950年9月，"公立川北大学"改称"川北大学"。1952年11月11日，根据全国院系调整精神，西南文教部决定将川北大学改称四川师范学院。1954年年底，决定迁校至成都东郊狮子山。1956年8月，迁校至成都。原专修科各专业留在南充成立南充师范专科学校，1958年改为南充师范学院。

6月1日，伍非百创立私立川北文学院（原名西山书院），校址在南充赛云寨。

7月1日，北碚图书馆开馆。该馆由民生公司图书馆、中国西部科学院图书馆、北碚管理局民众图书馆合并而成。藏书达24万册，是当时全国最好的公共图书馆之一。

7月，国立罗斯福图书馆筹备委员会成立，主任委员由教育部长朱家骅兼任。馆址设于重庆。1947年5月1日，罗斯福图书馆正式开放。罗斯福图书馆是当时中国抗战文献收集最全、保藏最多和最完整的图书馆。重庆解放后，罗斯福图书馆改名为重庆图书馆。

夏，四川大学学生组成"边疆研究学会"。

夏，刘致平、莫宗江、罗哲文等押运中国营造学社资料和仪器离开李庄，乘船前往北平。1947年春，回到北平。

8月，八路军驻重庆办事处撤回延安。

9月，邓锡侯代理四川省主席。

9月，勉仁国学专科学校在重庆北碚成立。1948年，改为勉仁文学院。

9月，私立相辉学院招生。1950年，相辉学院并入西南农学院（后改名为"西南农业大学"）。

10月，《灵岩学报》在四川灌县（今都江堰市）创刊。仅出版一期。

11月，陈铨《从叔本华到尼采》由（上海）大东书局出版。

冬，中央研究院历史语言研究所迁回南京。

本年，中央研究院历史语言研究所芮逸夫、石钟健考察四川珙县、兴文悬棺葬，并清理了三具悬棺。嗣后，芮逸夫撰成《僚为仡佬试证》（1948年），并且在论文中第一次把"悬棺葬"作为专用名词提了出来。

1946年，谢国安与任乃强等共同发起成立了中国第一个专门从事康藏研究的民间学术团体"康藏研究社"。任乃强被推选为理事长，谢国安任研究部主任。出版《康藏研究月刊》，共发行29期。

1947年（民国三十六年，丁亥）

1月，贺麟《当代中国哲学》由（南京）胜利出版公司出版。

2月，《新华日报》社和中共驻渝联络人员撤回延安。

3月1日，《新华日报》停止出版。该报自1938年1月11日在汉口创刊，在国统区出版发行了9年49天。

4月，李源澄《秦汉史》由（上海）商务印书馆出版。

5月，全川学生开展"反饥饿，反内战，反迫害"运动，声援南京"五·二〇"血案受害学生。

6月17日，四川省道教会第二次全体代表大会在成都二仙庵方丈堂举行。

7月，邓锡侯被正式任命为四川省主席。

8月，郭沫若《历史人物》由（上海）海燕书店出版。

11月，贺麟《文化与人生》由（上海）商务印书馆出版。

12月16日，罗忠恕在美国普林斯顿大学高级研究所拜会了爱因斯坦。

1948年（民国三十七年，戊子）

3月，王陵基被任命为四川省主席。

4月9日，成都学生组织"反饥饿，反内战"游行被镇压，酿成"四·九"血案。

7月3日，乔大壮投水自尽。

8月，勉仁国学专科学校改名为勉仁文学院，梁漱溟特为此写作《勉仁文学院创办缘起及旨趣》。

9月27日，赵熙逝世。

10月13日，四川省道教会第三次全体代表大会在成都二仙庵方丈堂举行。大会通过《道教宣言》和表决提案，选举王伏阳为理事长。

10月26—31日，张君劢在四川大学、成华大学、东西文化协会、华西协合大学、成都理学院、三七联谊会等演讲。演讲题目有《民主政治之哲学基础》《道德与法律》《原子能时代之道德论》《国际形势及中国前途之展望》《科学外行说原子弹之经过》《我的学生时代》《美国立法程序与援华法案》。

11月12日，重庆市立艺术馆在夫子池成立。

12月9日，西安国立西北大学、西北工学院、西北农学院三校决定南迁重庆及自流井等地。

1948年，国民政府任命了81位著名学者组成中央研究院第一届院士，其中有四川省籍人士郭沫若等。9月23日，"国立中央研究院成立而受周年纪念会暨第一次院士会议"在南京鸡鸣寺中央研究院礼堂举行，81位院士有51位出席。

本年，张澜写成《墨子贵义》一文，文前有周善培序。文章将墨子学说中的精华和当时的社会情况进行了比对和分析，认为墨子所说的"仁"和"义"应当作为人们努力践行的道德和行为准则。

本年，马悦然（Goran Malmqvist）获美国洛克菲勒基金会的奖学金，到四川调查方言，并拜闻宥为师。在成都，马悦然结识了陈宁祖，后二人结婚。1950年冬，马悦然回到瑞典。

1949 年

2月11日，戴季陶自杀。

4月27日，吴虞病逝。

8月19日，二野刘邓首长下达"川黔作战基本命令"，解放军挺进四川。

10月1日，中华人民共和国成立。

10月14日，国民政府从广州再迁都重庆。

10月20日（九月十三），傅增湘在北京去世。

11月1日，中国科学院在北京成立，郭沫若任院长。

11月27日，周均时在重庆被杀害。

11月30日，蒋介石飞抵成都，召开高级军事会议，决定进行"川西决战"。

11月30日，重庆解放。

11月，成都路明书店出版梁漱溟《中国文化要义》《梁漱溟先生近年言论集》。

12月2日，中央人民政府任命刘伯承为西南军政委员会主席，邓小平、贺龙为副主席；陈锡联、曹荻秋为重庆市正、副市长。

12月7日，贺龙、李井泉命令第十八兵团由陕南迅速南下四川，会同二野主力解放成都。

12月9日，川康军队将领刘文辉、邓锡侯、潘文华在彭县通电起义，随即西康和平解放。

12月10日，蒋介石由成都飞抵台湾。

12月23日，"川西决战"总指挥胡宗南从成都飞抵海南岛。

12月27日，贺龙指挥第十八兵团解放成都。

12月31日，"中国人民解放军成都市军事管制委员会"成立，李井泉任主任。

1950年

1月，人民政府对华西协合大学实行军管监督。

5月14日，西南人民革命大学在重庆成立。

6月5日（四月二十），刘洙源圆寂。

9月14日，西南文教部决定将国立女子师范学院与省立四川教育学院合并，定名为西南师范学院。10月12日，西南师范学院成立。

9月，按照教育部指示，国立四川大学正式改称四川大学。

10月，贺麟所译黑格尔的《小逻辑》由（上海）商务印书馆出版。

11月1日，西南农学院在北碚区夏坝成立。1954年，迁至北碚天生桥。

年底，汉藏教理院移交人民政府管理。

附录二
主要参考资料

包华德：《民国名人传记辞典》，沈自敏译，北京：中华书局，1979—1981年。
北京图书馆：《民国时期总书目（1911—1949）》（哲学·心理学），北京：书目文献出版社，1991年。
北京图书馆：《民国时期总书目（1911—1949）》（文学理论·世界文学·中国文学），北京：书目文献出版社，1992年。
北京图书馆：《民国时期总书目（1911—1949）》（历史·传记·考古·地理），北京：书目文献出版社，1994年。
北京图书馆：《民国时期总书目（1911—1949）》（宗教），北京：书目文献出版社，1994年。
北京图书馆：《民国时期总书目（1911—1949）》（教育·体育），北京：书目文献出版社，1995年。
北京图书馆：《民国时期总书目（1911—1949）》（社会科学）（总类部分），北京：书目文献出版社，1995年。
北京图书馆：《民国时期总书目（1911—1949）》（综合性图书），北京：书目文献出版社，1995年。
蔡方鹿、刘兴淑：《蒙文通经学与理学思想研究》，成都：巴蜀书社，2007年。
陈兵、邓子美：《二十世纪中国佛教》，北京：民族出版社，2000年。
陈波：《李安宅与华西学派人类学》，成都：巴蜀书社，2010年。
陈存仁：《抗战时代生活史》，桂林：广西师范大学出版社，2007年。
陈德述等：《廖平学术思想研究》，成都：四川省社会科学院出版社，1987年。
陈廷湘、徐学初、张力开：《中国抗日战争全景录·四川卷》，成都：四川人民出版社，2015年。

陈文豪：《廖平经学思想研究》，台北：文津出版社，1995年。

陈星灿：《中国史前考古学史研究（1895—1949）》，北京：社会科学文献出版社，2007年。

陈远：《燕京大学1919—1952》，杭州：浙江人民出版社，2013年。

陈中：《儒道会通：刘咸炘哲学思想研究》，贵阳：孔学堂书局有限公司，2017年。

成都市地方志编纂委员会：《成都市志·图书出版志》，成都：四川辞书出版社，1998年。

成都市地方志编纂委员会：《成都市志·宗教志》，成都：四川辞书出版社，1998年。

成都市地方志编纂委员会：《成都市志·报业志》，成都：四川辞书出版社，2000年。

成都市武侯区地方志编纂委员会办公室：《华西坝记忆》，北京：中国文史出版社，2016年。

成都市政协文史学习委员会：《成都文史资料选编·教科文卫卷》（上、下），成都：四川人民出版社，2007年。

成都市政协文史学习委员会：《成都文史资料选编·蓉城杂俎卷》，成都：四川人民出版社，2007年。

程雨辰：《抗战时期重庆的科学技术》，重庆：重庆出版社，1995年。

程志华：《中国近现代儒学史》，北京：人民出版社，2010年。

重庆出版志编纂委员会：《重庆出版纪实》（第一辑），重庆：重庆出版社，1988年。

重庆大学校史编写组：《重庆大学校史》（上、下），重庆：重庆大学出版社，1984年。

《重庆历史文化丛书》编写委员会：《抗战文化》（上、下），成都：四川大学出版社，2011年。

重庆市地方志编纂委员会总编辑室：《重庆大事记》，重庆：科学技术文献出版社重庆分社，1989年。

重庆市图书馆：《抗战时期出版图书目录：1937—1945》（第一辑），重庆：重庆市图书馆，1957年。

重庆市图书馆：《抗战时期出版图书目录：1937—1945》（第二辑），重庆：重庆市图书馆，1957年。

崔宗复：《张澜先生年谱》，重庆：重庆出版社，1985年。

岱峻：《发现李庄》，成都：四川文艺出版社，2009年。

岱峻：《消失的学术城》，天津：百花文艺出版社，2009年。

岱峻：《民国衣冠：风雨中研院》，北京：北京联合出版公司，2012年。

岱峻：《风过华西坝：战时教会五大学纪》，南京：江苏文艺出版社，2013年。

戴知贤、李良志：《抗战时期的文化教育》，北京：北京出版社，1995年。

党跃武：《川大记忆——校史文献选辑》（第一辑），成都：四川大学出版社，2010年。

党跃武：《张澜与四川大学》（上、下），成都：四川大学出版社，2013年。

党跃武：《四川大学校史读本》，成都：四川大学出版社，2013年。

党跃武：《四川尊经书院举贡题名碑》，成都：四川大学出版社，2013年。

党跃武：《四川大学校长传略》（第一辑），成都：四川大学出版社，2014年。

党跃武：《四川大学史话》，成都：四川大学出版社，2017年。

邓力：《那时　那人　那些事儿：西南大学漫话96则》，成都：四川大学出版社，2012年。

邓子美：《传统佛教与中国近代化》，上海：华东师范大学出版社，1994年。

邓子美、陈兵：《二十世纪中国佛教》，北京：民族出版社，2000年。

丁成明、胡金玉：《抗战时期的四川》，重庆：重庆出版社，2014年。

丁守和等：《抗战时期期刊介绍》，北京：社会科学文献出版社，2009年。

董凌锋：《宋育仁维新思想研究》，北京：北京燕山出版社，2016年。

窦忠如：《梁思成传》，天津：百花文艺出版社，2007年。

窦忠如：《罗哲文传》，北京：中国建筑工业出版社，2010年。

杜学元、郭明蓉、彭雪明：《晏阳初年谱长编》（上、下），上海：上海交通大学出版社，2017年。

杜正胜、王汎森：《新学术之路：中央研究院历史语言研究所七十周年纪念》，台北:"中央研究院"历史语言研究所,1998年。

段玉明等:《成都佛教史》,北京:宗教文化出版社,2017年。

段渝:《抗战时期的四川》,成都:巴蜀书社,2005年。

樊洪业等:《中国近代思想家文库·任鸿隽卷》,北京:中国人民大学出版社,2014年。

范玉春:《移民与中国文化》,桂林:广西师范大学出版社,2005年。

方汉奇:《中国近代报刊史》(上、下),太原:山西人民出版社,1981年。

方汉奇:《中国新闻事业通史》,北京:中国人民大学出版社,1996年。

方汉奇:《中国新闻传播史》,北京:中国人民大学出版社,2002年。

方立天:《中国佛教简史》,北京:宗教文化出版社,2001年。

费正清、刘广京:《剑桥中国晚清史(1800—1911)》,中国社会科学院历史研究所编译室译,北京:中国社会科学出版社,1985年。

费正清、费维恺:《剑桥中华民国史》,刘敬坤,等译,北京:中国社会科学出版社,1994年。

冯汉骥:《冯汉骥考古学论文集》,北京:文物出版社,1985年。

冯开文:《中国民国教育史》,北京:人民出版社,1994年。

冯学成等:《巴蜀禅灯录》,成都:成都出版社,1992年。

傅增湘:《藏园群书经眼录》,北京:中华书局,1983年。

傅增湘:《藏园群书题记》,上海:上海古籍出版社,1989年。

傅正:《古今之变:蜀学今文学与近代革命》,上海:华东师范大学出版社,2018年。

高朴实等:《巴蜀述闻》,成都:巴蜀书社,1992年。

高瑞泉:《中国近代社会思潮》,上海:华东师范大学出版社,1996年。

高振农、刘新美:《中国近现代高僧与佛学名人小传》,上海:华东师范大学出版社,1990年。

高振农:《佛教文化与近代中国》,上海:上海人民出版社,1992年。

葛维汉著,李绍明、周蜀蓉选编:《葛维汉民族学考古学论著》,成都:巴蜀书社,2004年。

龚书铎:《中国近代文化概论》,北京:中华书局,2004年。

国家图书馆、上海图书馆：《全国中文期刊联合目录（1833—1949）》（补充本），北京：中央民族大学出版社，2000年。

龚继民、方仁念：《郭沫若年谱》，天津：天津人民出版社，1992年。

顾潮：《顾颉刚年谱》（增订本），北京：中华书局，2011年。

顾颉刚：《当代中国史学》，上海：上海古籍出版社，2002年。

顾颉刚：《顾颉刚日记》（十二卷），台北：联经出版事业公司，2012年。

顾颉刚：《顾颉刚自传》，北京：北京大学出版社，2012年。

郭沫若：《郭沫若全集》（文学编、历史编、考古编），北京：人民文学出版社、人民出版社、科学出版社，1982—1992年。

郭沫若著，何崝编校：《中国现代学术经典：郭沫若卷》，石家庄：河北教育出版社，1996年。

郭朋等：《中国近代佛学思想史稿》，成都：巴蜀书社，1989年。

郭卫东：《近代外国在华文化机构综录》，上海：上海人民出版社，1993年。

韩子渝：《学界拾遗》，重庆：重庆出版社，2006年。

郝明工：《抗战时期的重庆文化》，北京：商务印书馆，2016年。

何炳棣：《读史阅世六十年》，桂林：广西师范大学出版社，2009年。

何一民：《成都通史》（卷七·民国时期），成都：四川人民出版社，2011年。

贺麟：《近代唯心论简释》，上海：上海人民出版社，2009年。

贺麟：《文化与人生》，上海：上海人民出版社，2011年。

贺麟：《五十年来的中国哲学》，上海：上海人民出版社，2012年。

贺麟：《哲学与哲学史论文集》，北京：商务印书馆，1990年。

侯成亚、张桂权、张文达：《张颐论黑格尔》，成都：四川大学出版社，2000年。

侯德础：《抗日战争时期中国高校内迁史略》，成都：四川教育出版社，2001年。

侯江：《中国西部科学院研究》，北京：中央文献出版社，2012年。

侯开嘉、赵仁春：《四川著名碑学书家：包弼臣　余沙园》，成都：巴蜀书社，2009年。

胡昌健：《恭州集》，重庆：重庆出版社，2008年。

胡绳：《理性与自由》，上海：华夏书店，1949年。

胡绳：《胡绳文集（1979—1994）》，北京：中国社会科学出版社，1994年。

胡绳：《中国共产党的七十年》，北京：中共党史出版社，1991年。

胡文辉：《现代学林点将录》，广州：广东人民出版社，2010年。

胡昭曦：《四川书院史》（修订本），成都：四川大学出版社，2006年。

胡昭曦：《旭水斋存稿》，成都：四川大学出版社，2012年。

胡昭曦：《旭水斋存稿续集》，成都：四川大学出版社，2017年。

《华西坝风云录》编辑组：《华西坝风云录》，成都：中共川大宣传部，2004年。

华西校史编委会：《华西医科大学校史（1910—1985）》，成都：四川教育出版社，1990年。

黄淳浩：《郭沫若书信集》（上、下），北京：中国社会科学出版社，1992年。

黄翠红：《任鸿隽传》，北京：社会科学文献出版社，2017年。

黄建秋：《百年中国考古》，南京：江苏人民出版社，2013年。

黄开国：《廖平评传》，南昌：百花洲文艺出版社，2010年。

黄开国、邓星盈：《巴山蜀水圣哲魂——巴蜀哲学史稿》，成都：四川人民出版社，2001年。

黄志强等：《近现代居士佛学》，成都：巴蜀书社，2005年。

黄宗凯等：《宋育仁思想评传》，成都：西南交通大学出版社，2007年。

霍巍：《川大史学·考古学卷》，成都：四川大学出版社，2006年。

季啸风：《中国高等学校变迁》，上海：华东师范大学出版社，1992年。

贾大泉：《四川通史》（卷七·民国），成都：四川人民出版社，2010年。

贾顺先、戴大禄：《四川思想家》，成都：巴蜀书社，1988年。

蒋顺兴、孙宅巍：《民国大迁都》，南京：江苏人民出版社，1997年。

蒋维乔：《中国佛教史》，上海：上海古籍出版社，2004年。

焦润明：《傅斯年传》，北京：人民出版社，2002年。

金开泰：《百年耀千秋——华西协合大学建校百年历史人物荟萃（1910—2010）》，北京：中国文化出版社，2010年。

军事科学院外国军事研究部：《侵华日军暴行录》，北京：解放军出版社，

1995 年。

来新夏等：《中国近代图书事业史》，上海：上海人民出版社，2000 年。

雷喻义：《巴蜀文化与四川旅游资源开发》，成都：四川人民出版社，1999 年。

李北东：《四川抗战哲学史》，北京：中国文联出版社，2015 年。

李殿元、李松涛：《巴蜀高劭振玄风——巴蜀百贤》，成都：四川人民出版社，2001 年。

李定开：《抗战时期重庆的教育》，重庆：重庆出版社，1995 年。

李济著，李光谟编：《李济学术文化随笔》，北京：中国青年出版社，2000 年。

李庆：《重庆历史文化》，上海：格致出版社，2014 年。

李世平：《四川人口史》，成都：四川大学出版社，1987 年。

李世平、程贤敏：《近代四川人口》，成都：成都出版社，1993 年。

李向平：《救世与救心——中国近代佛教复兴思潮研究》，上海：上海人民出版社，1993 年。

李新：《中华民国大事记》，北京：中国文史出版社，1997 年。

李耀仙：《廖平与近代经学》，成都：四川人民出版社，1987 年。

李耀仙：《梅堂述儒》，成都：四川大学出版社，2005 年。

李源澄：《诸子概论》，上海：华东师范大学出版社，2010 年。

梁启超：《饮冰室合集》（全十二册），北京：中华书局，1989 年。

廖平著，李耀仙主编：《廖平选集》（二册），成都：巴蜀书社，1998 年。

廖幼平：《廖季平年谱》，成都：巴蜀书社，1985 年。

林甘泉：《文坛史林风雨路——郭沫若交往的文化圈》，杭州：浙江人民出版社，1999 年。

林洙：《中国营造学社史略》，天津：百花文艺出版社，2008 年。

凌耀伦、熊甫：《卢作孚集》，武汉：华中师范大学出版社，1991 年。

凌耀伦、熊甫：《卢作孚文集》，北京：北京大学出版社，1999 年。

刘长荣、何兴明：《国学大师谢无量》，北京：中国文史出版社，2006 年。

刘成有：《近现代居士佛学研究》，成都：巴蜀书社，2002 年。

刘复生、徐亮工、王东杰等：《近代蜀学的兴起与演变》，成都：四川大学出版社，2017 年。

刘文耀、杨世元：《吴玉章年谱》，成都：四川人民出版社，1998年。

刘咸炘：《推十书》（全三册），成都：成都古籍书店，1996年（影印本）。

刘振宇、维微：《中国李庄》，成都：四川人民出版社，2005年。

刘洙源著，鲜成、王家葵编：《刘洙源集》，成都：巴蜀书社，2018年。

柳无忌：《南社纪略》，《柳亚子文集》，上海：上海人民出版社，1983年。

柳无忌、柳无非：《自传·年谱·日记》，《柳亚子文集》，上海：上海人民出版社，1986年。

龙显昭：《张澜文集》，成都：四川教育出版社，1991年。

罗常培：《沧洱之间》，沈阳：辽宁教育出版社，1996年。

罗传勋：《重庆抗战大事记》，重庆：重庆出版社，1995年。

罗中枢：《四川大学：历史·精神·使命》，成都：四川大学出版社，2009年。

骆郁廷：《乐山的回响：武汉大学西迁乐山七十周年纪念文集》，武汉：武汉大学出版社，2008年。

骆郁廷：《烽火西迁路：武汉大学西迁乐山七十周年纪念图集》，武汉：武汉大学出版社，2008年。

吕建福：《中国密教史》，北京：宗教文化出版社，1995年。

麻天祥：《晚清佛学与近代社会思潮》，开封：河南大学出版社，2005年。

马亮宽：《傅斯年评传》，北京：中国社会科学出版社，2014年。

蒙默：《蒙文通学记》（增补本），北京：生活·读书·新知三联书店，2006年。

蒙思明：《元代社会阶级制度》，上海：上海人民出版社，2006年。

蒙思明：《魏晋南北朝的社会》，上海：上海人民出版社，2006年。

蒙文通：《巴蜀古史论述》，成都：四川人民出版社，1981年。

蒙文通：《越史丛考》，北京：人民出版社，1983年。

蒙文通：《古学甄微》（《蒙文通文集》第一卷），成都：巴蜀书社，1987年。

蒙文通：《古族甄微》（《蒙文通文集》第二卷），成都：巴蜀书社，1993年。

蒙文通：《经史抉原》（《蒙文通文集》第三卷），成都：巴蜀书社，1995年。

蒙文通：《古地甄微》（《蒙文通文集》第四卷），成都：巴蜀书社，1998年。

蒙文通：《古史甄微》（《蒙文通文集》第五卷），成都：巴蜀书社，1999年。

蒙文通：《道书辑校十种》（《蒙文通文集》第六卷），成都：巴蜀书社，
　　2001年。

蒙文通：《经学抉原》，上海：上海人民出版社，2006年。

蒙文通：《中国史学史》，上海：上海人民出版社，2006年。

蒙文通：《先秦诸子与理学》，桂林：广西师范大学出版社，2006年。

蒙文通：《儒学五论》，桂林：广西师范大学出版社，2007年。

蒙文通：《蒙文通中国古代民族史讲义》，天津：天津古籍出版社，2008年。

蒙文通：《佛道散论》，北京：商务印书馆，2011年。

孟国祥：《大劫难：日本侵华对中国文化的破坏》，北京：中国社会科学出版
　　社，2005年。

孟国祥：《烽火薪传：抗战时期文化机构大迁移》，北京：商务印书馆，
　　2015年。

潘桂明：《中国居士佛教史》，北京：中国社会科学出版社，2000年。

庞石帚遗著，屈守元整理：《养晴室笔记》，成都：四川文艺出版社，1985年。

庞石帚著，白敦仁编辑：《养晴室遗集》，自印本，1995年。

齐春风、郑忠、严海建：《抗日战争与中国社会变迁》，北京：团结出版社，
　　2015年。

齐鲁大学校友会：《齐鲁大学八十八年（1864—1952）：齐鲁大学校友回忆录》，
　　北京：现代教育出版社，2010年。

钱穆：《八十忆双亲·师友杂忆》，北京：生活·读书·新知三联书店，
　　1998年。

清秋子：《百年心事：卢作孚传》，北京：新星出版社，2016年。

全国图书联合目录编辑组：《全国中文期刊联合目录（1833—1949）》，北京：
　　书目文献出版社，1981年。

任鸿隽著，樊洪业、张久春选编：《科学救国之梦——任鸿隽文存》，上海：上
　　海科技教育出版社·上海科学技术出版社，2002年。

任乃强著，任新建编：《川大史学·任乃强卷》，成都：四川大学出版社，
　　2006年。

任一民：《四川近现代人物传》（第一辑），成都：四川省社会科学院出版社，

1985年。

任一民：《四川近现代人物传》（第二辑），成都：四川省社会科学院出版社，1986年。

任一民：《四川近现代人物传》（第三辑），成都：四川人民出版社，1987年。

任一民：《四川近现代人物传》（第四辑），成都：四川大学出版社，1987年。

任一民：《四川近现代人物传》（第五辑），成都：四川大学出版社，1988年。

任一民：《四川近现代人物传》（第六辑），成都：四川大学出版社，1990年。

任一民：《四川近现代人名录》，成都：四川辞书出版社，1993年。

商务印书馆：《商务印书馆图书目录（1897—1949）》，北京：商务印书馆，1981年。

释东初：《中国佛教近代史》（上、下册），台北：中华佛教文化馆，1974年。

舒大刚著，刘慧敏编：《蜀学论衡：舒大刚学术论集》，贵阳：孔学堂书局有限公司，2018年。

舒新城：《中国近代教育史资料》（上、中、下），北京：人民教育出版社，1981年。

帅彦：《乱世浮生：1937—1945中国知识分子生活实录》，北京：中华书局，2007年。

四川百科全书编纂委员会：《四川百科全书》，成都：四川辞书出版社，1997年。

四川大学历史文化学院：《蒙文通先生诞辰110周年纪念文集》，北京：线装书局，2005年。

四川大学历史系：《徐中舒先生九十寿辰纪念文集》，成都：巴蜀书社，1990年。

四川联合大学历史系：《徐中舒先生百年诞辰纪念文集》，成都：巴蜀书社，1998年。

四川大学历史文化学院：《纪念徐中舒先生诞辰110周年国际学术研讨会论文集》，成都：巴蜀书社，2010年。

四川大学历史文化学院考古学系：《冯汉骥教授百年诞辰纪念文集》，成都：四川大学出版社，2001年。

四川大学校史编写组：《四川大学史稿》，成都：四川大学出版社，1985 年。

《四川大学史稿》编审委员会：《四川大学史稿》（全五卷），成都：四川大学出版社，2006 年。

四川省档案馆：《川魂：四川抗战档案史料选编》，成都：西南交通大学出版社，2005 年。

四川省地方志编纂委员会：《四川省志·报业志》，成都：四川人民出版社，1996 年。

四川省地方志编纂委员会：《四川省志·哲学社会科学志》，成都：四川人民出版社，1998 年。

四川省地方志编纂委员会：《四川省志·科学技术志》（上、下册），成都：四川科学技术出版社，1998 年。

四川省地方志编纂委员会：《四川省志·宗教志》，成都：四川人民出版社，1998 年。

四川省地方志编纂委员会：《四川省志·大事纪述》（上、中、下），成都：四川人民出版社，1999 年。

四川省地方志编纂委员会：《四川省志·政务志》，北京：方志出版社，2000 年。

四川省地方志编纂委员会：《四川省志·教育志》（上、下），北京：方志出版社，2000 年。

四川省地方志编纂委员会：《四川省志·人物志》，成都：四川人民出版社，2001 年。

四川省地方志编纂委员会：《四川省志·出版志》，成都：四川人民出版社，2001 年。

四川省教育厅：《抗战时期之四川教育》，1945 年。

四川省人民政府参事室、四川省文史研究馆：《辛亥革命到五四时期四川大事记》，成都：四川人民出版社，2001 年。

四川省人民政府参事室、四川省文史研究馆：《第一次国内革命战争时期四川大事记》，成都：四川人民出版社，1998 年。

四川省人民政府参事室、四川省文史研究馆：《第二次国内革命战争时期四川大事记》，成都：四川人民出版社，1993年。

四川省人民政府参事室、四川省文史研究馆：《抗日战争时期四川大事记》，北京：华夏出版社，1987年。

四川省人民政府参事室、四川省文史研究馆：《解放战争时期四川大事记》，成都：四川人民出版社，1990年。

四川省新闻出版局史志编纂委员会：《四川新闻出版史料》（1、2），成都：四川人民出版社，1992年。

四川省政协文史资料委员会：《四川文史资料集粹》（全六册），成都：四川人民出版社，1996年。

四川省政协文史资料研究委员会、四川省文史馆：《四川近现代文化人物》，成都：四川人民出版社，1989年。

四川省政协文史资料研究委员会、四川省文史馆：《四川近现代文化人物续编》，成都：四川人民出版社，1989年。

四川省中心图书馆委员会：《抗日战争时期出版图书联合目录》，成都：四川大学出版社，1992年。

宋恩荣、章咸：《中华民国教育法规选编》，南京：江苏教育出版社，2005年。

苏光文：《抗战时期重庆的文化》，重庆：重庆出版社，1995年。

苏渊雷：《钵水斋选集》，北京：电子工业出版社，1989年。

苏智良等：《去大后方：中国抗战内迁实录》，上海：上海人民出版社，2005年。

苏智良等：《中国抗战内迁实录》，上海：上海人民出版社，2015年。

苏中立、陈建林：《大变局中的涵化与转型——中国近代文化觅踪》，北京：中国工人出版社，1992年。

孙海英：《金陵百屋房——金陵女子大学》，石家庄：河北教育出版社，2004年。

孙晓芬：《清代前期的移民填四川》，成都：四川大学出版社，1997年。

孙晓芬：《明清的江西湖广人与四川》，成都：四川大学出版社，2005年。

孙中山：《孙中山全集》（全十一卷），北京，中华书局，1981—1986年。

唐宏毅：《东北大学在三台》，成都：四川大学出版社，1991年。

唐君毅：《唐君毅全集》（三十卷），台北：台湾学生书局，1991年。

唐唯目：《张森楷史学遗著辑略》，重庆：西南师范大学出版社，1998年。

唐正芒等：《中国西部抗战文化史》，北京：中共党史出版社，2004年。

陶维全：《中国乡村建设学院在北碚（1940—1950）》，重庆：西南师范大学出版社，1992年。

王斌：《四川现代史》，重庆：西南师范大学出版社，1988年。

王承军：《蒙文通先生年谱长编》，北京：中华书局，2012年。

王川：《李源澄先生年谱长编》，北京：中华书局，2012年。

王川：《〈李安宅自传〉的整理与研究》，北京：中国藏学出版社，2018年。

王川平、李大刚：《中国地域文化通览·重庆卷》，北京：中华书局，2014年。

王笛：《跨出封闭的世界——长江上游区域社会研究》，北京：中华书局，1993年。

王东杰：《国家与学术的地方互动：四川大学国立化进程（1925—1939）》，北京：生活·读书·新知三联书店，2005年。

王恩洋：《中国佛教与唯识学》，北京：宗教文化出版社，2003年。

王汎森：《晚明清初思想十论》，上海：复旦大学出版社，2004年。

王汎森：《中国近代思想与学术的谱系》，石家庄：河北教育出版社，2001年。

王汎森：《近代中国的史家与史学》，上海：复旦大学出版社，2010年。

王辅：《日军侵华战争（1931—1945）》，沈阳：辽宁人民出版社，1990年。

王纲：《清代四川史》，成都：电子科技大学出版社，1991年。

王继权、童炜钢：《郭沫若年谱》（上、下），南京：江苏人民出版社，1983年。

王利器著，王贞琼、王贞一整理：《王利器学述》，杭州：浙江人民出版社，1999年。

王绿萍、程祺：《四川报刊集览》（1897—1930），成都：成都科技大学出版社，1993年。

王绿萍：《四川近代新闻史》，成都：四川大学出版社，2007年。

王绿萍：《四川报刊五十年集成（1897—1949）》，成都：四川大学出版社，2011年。

王叔岷：《慕庐忆往——王叔岷回忆录》，北京：中华书局，2007 年。

王文岭：《陶行知年谱长编》，成都：四川教育出版社，2012 年。

王余光、吴永贵：《中国出版通史·民国卷》，北京：中国书籍出版社，2008 年。

王泽华、王鹤：《民国时期的老成都》，成都：四川文艺出版社，1999 年。

王仲镛：《赵熙集》，成都：巴蜀书社，1996 年。

隗瀛涛等：《四川近代史》，成都：四川社会科学院出版社，1985 年。

隗瀛涛：《四川近代史稿》，成都：四川人民出版社，1990 年。

隗瀛涛：《重庆城市研究》，成都：四川大学出版社，1989 年。

隗瀛涛：《近代重庆城市史》，成都：四川大学出版社，1991 年。

魏红翎：《成都尊经书院史》，成都：巴蜀书社，2016 年。

魏红翎：《四川国学院史》，北京：中华书局，2020 年。

吴洪武、彭静中、吴洪泽校注：《吴之英诗文集》，成都：四川大学出版社，2008 年。

吴华：《民国成都佛教研究（1912—1949）》，北京：宗教文化出版社，2016 年。

吴康零：《四川通史》（卷六·清），成都：四川人民出版社，2010 年。

吴相湘：《民国人和事》，台北：三民书局，1971 年。

吴相湘：《民国人物列传》（上、下），北京：中国大百科全书出版社，2009 年。

吴雁南等：《中国近代社会思潮（1840—1949）》（第一卷），长沙：湖南教育出版社，1998 年第一版，2011 年第二版。

吴永贵：《民国出版史》，福州：福建人民出版社，2011 年。

吴虞著，中国革命博物馆整理，荣孟源审校：《吴虞日记》，成都：四川人民出版社，1984 年。

吴虞著，赵清、郑城编：《吴虞集》，成都：四川人民出版社，1985 年。

吴玉章：《辛亥革命》，北京：人民出版社，1961 年。

吴玉章：《吴玉章回忆录》，北京：中国青年出版社，1978 年。

向楚著，陶道恕、蓝泽苏编：《向楚集》，北京：中华书局，2015 年。

肖平：《近代中国佛教的复兴》，广州：广东人民出版社，2003年。

肖效钦、钟兴锦：《抗日战争文化史（1937—1945）》，北京：中共党史出版社，1992年。

夏鼐：《夏鼐日记》（十卷），上海：华东师范大学出版社，2011年。

谢保成：《郭沫若评传》，南昌：百花洲文艺出版社，2010年。

谢保成：《民国史学述论稿（1912—1949）》，上海：上海人民出版社，2011年。

谢保成：《龙虎斗与马牛风——论中国现代史学与史家》，北京：生活·读书·新知三联书店，2012年。

谢本书、温贤美：《抗战时期的西南大后方》，北京：北京出版社，1997年。

谢儒弟：《重庆抗战文化史》，北京：团结出版社，2006年。

谢桃坊：《四川国学小史》，成都：巴蜀书社，2009年。

谢无量：《谢无量文集》（九卷），北京：中国人民大学出版社，2011年。

谢增寿、康大寿：《张澜传略》，北京：档案出版社，1992年。

新华月报资料室：《悼念郭老》，北京：生活·读书·新知三联书店，1979年。

熊复：《中国抗日战争时期大后方出版史》，重庆：重庆出版社，1999年。

熊吕茂：《梁漱溟的文化思想与中国现代化》，长沙：湖南教育出版社，2000年。

熊明安：《中国高等教育史》，重庆：重庆出版社，1988年。

熊明安：《中华民国教育史》，重庆：重庆出版社，1990年。

熊明安：《四川教育史稿》，成都：四川教育出版社，1993年。

熊晓梅：《东北大学》，重庆：重庆大学出版社，2008年。

徐辉：《抗战大后方教育研究》，重庆：重庆出版社，2015年。

徐友春：《民国人物大辞典》，石家庄：河北人民出版社，1991年。

徐志福：《抗日"救亡"运动中的陈铨》，成都：四川人民出版社，2009年。

徐中舒：《论巴蜀文化》，成都：四川人民出版社，1982年。

徐中舒：《徐中舒历史论文选辑》（上、下），北京：中华书局，1998年。

薛其林：《融合创新的民国学术》，长沙：湖南大学出版社，2005年。

薛新力：《重庆文化史：远古—1949年》，重庆：重庆出版社，2001年。

严耕望：《怎样学历史——严耕望的治史三书》，沈阳：辽宁教育出版社，2006年。

杨光彦：《重庆国民政府》，重庆：重庆出版社，1995年。

杨佩祯等：《东北大学八十年》，沈阳：东北大学出版社，2003年。

杨武能、邱沛篁：《成都大词典》，成都：四川辞书出版社，1995年。

杨向奎：《清儒学案新编》，济南：齐鲁书社，1985年（第一卷），1988年（第二卷），1994年（第三—八卷）。

叶圣陶：《我与四川》，成都：四川人民出版社，1984年。

叶文心：《民国时期大学校园文化研究（1919—1937）》，冯夏根，等译，北京：中国人民大学出版社，2012年。

叶再生：《中国近现代出版通史》（四卷），北京：华文出版社，2002年。

余科杰：《张澜评传》，北京：群言出版社，2002年。

余子侠：《民族危机下的教育应对》，武汉：华中师范大学版社，2001年。

余子侠、冉春：《抗日战争时期中国教育研究》，北京：团结出版社，2015年。

袁庭栋：《巴蜀文化志》（修订本），成都：巴蜀书社，2009年。

袁旭等：《第二次中日战争纪事：1931.9—1945.9》，北京：档案出版社，1988年。

岳南：《李庄往事：抗战时期中国文化中心纪实》，杭州：浙江人民出版社，2005年。

岳南：《那时的先生：1940—1946中国文化的根在李庄》，长沙：湖南文艺出版社，2016年。

曾健戎：《郭沫若在重庆》，西宁：青海人民出版社，1982年。

张弓、牟之先：《国民政府重庆陪都史》，重庆：西南师范大学出版社，1993年。

张国镛：《中国抗战重庆陪都史专题研究》，成都：四川人民出版社，2005年。

张丽萍等：《华西坝——华西协合大学影录》，成都：四川人民出版社，2000年。

张丽萍：《相思华西坝——华西协合大学》，石家庄：河北教育出版社，2005年。

张丽萍：《中西合冶：华西协合大学》，成都：巴蜀书社，2013年。

张利源：《张澜思想研究丛谈》，成都：巴蜀书社，1997年。

张莉红、张学君：《成都通史》（卷六·清时期），成都：四川人民出版社，2011年。

张岂之：《民国学案》，长沙：湖南教育出版社，2005年。

张世林：《学林春秋：著名学者自序集》，北京：中华书局，1998年。

张守广： 《卢作孚年谱长编》 （上、下），北京：中国社会科学出版社，2014年。

张书学、李勇慧：《王献唐年谱长编》（上、下），上海：华东师范大学出版社，2017年。

张维：《西南角：民国文人抗战年月的那些事》，南京：江苏文艺出版社，2014年。

张宪文等：《中华民国史》，南京：南京大学出版社，2012年。

张宪文：《中国抗日战争史：1931—1945》，南京：南京大学出版社，2001年。

张宪文等：《中华民国史大辞典》，南京：江苏古籍出版社，2001年。

张学智：《贺麟思想研究》，北京：人民出版社，2016年。

张彦：《四川抗战》，成都：四川人民出版社，2014年。

张远东、熊泽文：《廖平先生年谱长编》，上海：上海书店，2016年。

张在德、唐建军：《中国地域文化通览·四川卷》，北京：中华书局，2014年。

张在军：《东北大学往事：1931—1949》，北京：九州出版社，2018年。

张昭军、孙燕京：《中国近代文化史》，北京：中华书局，2012年。

张忠：《民国时期成都出版业研究》，成都：巴蜀书社，2011年。

章开沅：《辛亥革命辞典》，武汉：武汉出版社，1991年。

章开沅：《辛亥革命与近代社会》，天津：天津人民出版社，1985年。

赵沛：《廖平春秋学研究》，成都：巴蜀书社，2007年。

郑大华：《晚清思想史》，长沙：湖南师范大学出版社，2005年。

郑大华：《民国思想史论》，北京：社会科学文献出版社，2006年。

郑大华：《民国思想史论续集》，北京：社会科学文献出版社，2010年。

郑师渠总主编，黄兴涛分册主编：《中国文化通史·民国卷》，北京：北京师范大学出版社，2009年。

郑晓江：《融通孔佛：一代佛学大师欧阳竟无——全国欧阳竟无学术研讨会论文集》，北京：宗教文化出版社，2004年。

政协成都市委员会文史资料委员会：《成都文史资料选辑》（第二十八辑·蜀都俊彦），成都：成都出版社，1995年。

政协西南地区文史资料委员会：《抗战时期西南的教育事业》，贵阳：贵州省文史书店，1994年。

中共成都市委党史研究室：《八年抗战在蓉城》，成都：成都出版社，1994年。

中共四川省委党史工作委员会、重庆市博物馆：《吴玉章生平影集》，重庆：重庆出版社，1988年。

中国第二历史档案馆：《中华民国史档案资料汇编》（第三辑·教育），南京：江苏古籍出版社，1991年。

中国郭沫若研究学会、巴蜀文化研究基金会：《郭沫若史学研究》，成都：成都出版社，1990年。

中国人民政治协商会议成都市委员会文史资料研究委员会：《成都文史资料》（近代科学教育文化医卫界知名人士专辑），1988年。

中国人民政治协商会议四川省重庆市委员会文史资料研究委员会：《重庆抗战纪事》，重庆：重庆出版社，1985年。

中国人民政治协商会议四川省重庆市委员会文史资料研究委员会：《重庆抗战纪事》（续编），重庆：重庆出版社，1991年。

中国人民政治协商会议四川省叙永县委员会文史资料委员会：《叙永县文史资料选辑》（第13辑·西南联大在叙永），1990年。

中国人民政治协商会议西南地区文史资料协作会议：《抗战时期西南的文化事业》，成都：成都出版社，1990年。

中国人民政治协商会议西南地区文史资料协作会议：《抗战时期内迁西南的高等院校》，贵阳：贵州民族出版社，1988年。

中国现代史资料编辑委员会翻印：《抗战中的中国文化教育》，1957年。

中华书局编辑部：《中华书局图书总目（1912—1949）》，北京：中华书局，1987年。

钟叔河：《走向世界——近代知识分子考察西方的历史》，北京：中华书局，1985年。

周开庆：《四川与辛亥革命》，台北：四川文献研究社，1964年。

周开庆：《四川与对日抗战》，台北：台湾商务印书馆，1971年。

周开庆：《民国四川人物传记》，台北：台湾商务印书馆，1966年。

周开庆：《民国四川人物续传》，台北：四川文献研究社，1976年。

周开庆：《民国川事纪要》（上、下册），台北：四川文献研究社，1972年。

周蜀蓉：《发现边疆：华西边疆研究学会研究》，北京：中华书局，2018年。

周勇：《辛亥革命重庆纪事》，重庆：重庆出版社，1986年。

周勇：《重庆：一个内陆城市的崛起》，重庆：重庆出版社，1997年。

周勇：《重庆通史》（三卷），重庆：重庆出版社，2002年。

周勇：《重庆抗战史：1931—1945》，重庆：重庆出版社，2013年。

周勇：《西南抗战史》，重庆：重庆出版社，2013年。

周勇：《中国抗战大后方出版史》，重庆：重庆出版社，2015年。

朱汉民：《湖湘文化与巴蜀文化》，长沙：湖南大学出版社，2013年。

朱庆钧：《抗战时期的陪都沙磁文化区》，重庆：科学技术出版社重庆分社，1989年。

后 记

一

在与老师、朋友、学生、读者的交流中,本人曾经坦言:个人的读书、治学、写作,其领域主要是"一头一尾"与"一家一地"。"一头"是先秦、秦汉史,"一尾"是近现代学术史;"一家"是中国儒学,"一地"是巴蜀文化。

不论是"一头一尾",还是"一家一地",鄙人均尝辛勤耕耘,而且似乎略有所得,或可谓"驽马十驾,功在不舍"。

"一头"之作,已经出版的作品有《燕国史稿》(2005 年初版本、2013 年修订本)、《燕国八百年》(2018 年)、《阴阳五行研究(先秦篇)》(2011 年)、《中国文化探秘·先秦篇:"北京人"的头盖骨去了哪里?》(2010 年、2020 年),即将出版的作品有《汉字中国·阴阳》,考虑在未来出版的作品有《上古史与古文献论稿》。

"一尾"之作,目前尚无付梓者,而考虑在未来出版的作品有《印川集:近代学述(近代中国的学人与学术)》和《贺麟年谱长编》。

"一家"之作,已经出版的作品有《忠恕与礼让:儒家的和谐世界》(2008年,合著)、《王国维儒学论集》(2010 年,选编),即将出版的作品有《会通与建设:贺麟文化思想研究》。

"一地"之作,已经出版的作品有《印川集:蜀学散论》(2020 年),而未来有意重写"巴蜀上古史"(先秦到两汉)。

显而易见,本书(《民国巴蜀学术研究》)所考察、所论述的主题与范围,便属于本处所说的"一尾"与"一地";其中心与重点,是民国时期(时间)、巴蜀之地(空间)的学术(包括学校与学科、学人与学术等)。

二

本书是国家社会科学基金一般项目"民国时期巴蜀学术研究"（批准号：12BZS014）的结项成果。

说来惭愧，该项目自2012年6月立项，到2019年6月提交结项，前后正好历时整整七年。2019年12月25日，全国哲学社会科学工作办公室颁发结项证书（结项证书编号：20194688）。

在提交结项之后，本人结合平时的涉猎与阅读，对该成果不时加以修补和修订。虽然修补和修订的篇幅不大，但这一"工作"似乎也不可不提。

当然，本人也清醒地认识到：关于"民国时期的巴蜀学术"，本书所做的工作带有基础性、奠基性；虽然对"民国时期的巴蜀学术"的面向与面貌做了全面梳理与勾勒，但还是不够专精与深入。

因本人目前的学术兴趣与关注重点，已经逐渐回归"一头"的先秦、秦汉史，故而对"一尾"与"一地"的关注与耕耘将暂时放一放。

对于"民国时期的巴蜀学术"这一课题而言，如果本成果能对"后来者"与"同好者"提供一些参考与借鉴，则本人的这一工作似乎不算"枉费心血"——或可谓，"此情可待成追忆，回首当时不惘然"。

三

本项目的完成，本成果的推出，离不开诸多师友的关心与鼓励、帮助与指正。国内外学界的诸多师友，不便在此一一胪列其姓名。对本项目、本成果提出建设性指导意见的学界朋友，有西南民族大学的徐希平教授、四川大学的杨世文研究员、四川师范大学的王川教授。在此，谨对广大师友一并致谢。

文末，谨以此简短之语，结束本书"后记"——

感谢家人、亲人、同学以及众多师友与报刊媒体长期以来的关心与支持！

2021年7月18日，草拟

2021年7月19日，续写